新编 政府会计学

孙玉栋 主编

中国财经出版传媒集团
经济科学出版社
Economic Science Press

图书在版编目（CIP）数据

新编政府会计学/孙玉栋主编．—北京：经济科学出版社，2020.12
ISBN 978－7－5218－2236－6

Ⅰ.①新… Ⅱ.①孙… Ⅲ.①预算会计－高等学校－教材 Ⅳ.①F810.6

中国版本图书馆 CIP 数据核字（2020）第 263953 号

责任编辑：周国强
责任校对：齐　杰
责任印制：王世伟

新编政府会计学
孙玉栋　主编
经济科学出版社出版、发行　新华书店经销
社址：北京市海淀区阜成路甲 28 号　邮编：100142
总编部电话：010－88191217　发行部电话：010－88191522
网址：www.esp.com.cn
电子邮箱：esp@esp.com.cn
天猫网店：经济科学出版社旗舰店
网址：http://jjkxcbs.tmall.com
北京季蜂印刷有限公司印装
787×1092　16 开　29.75 印张　680000 字
2021 年 2 月第 1 版　2021 年 2 月第 1 次印刷
ISBN 978－7－5218－2236－6　定价：78.00 元
（图书出现印装问题，本社负责调换。电话：010－88191510）
（版权所有　侵权必究　打击盗版　举报热线：010－88191661
QQ：2242791300　营销中心电话：010－88191537
电子邮箱：dbts@esp.com.cn）

前言

中共十八大以来，我国开始进行现代财政制度框架的建立，其中，在预算管理中就明确要建立权责发生制的政府综合财务报告，这之后，实行了近70年的原预算会计进入到改革的具体落实阶段。从2015年开始，我国陆续出台了《政府会计准则》的基本准则和若干的具体准则及应用指南，2018年，发布了《政府会计制度》。从2019年开始，我国的政府会计体系正式开始实施。这是一次重大的变革，无论从核算体系、记账基础、信息披露等多方面都有了非常多的变化，并且这一改革还在不断地进行与完善之中。

本书对政府会计的理论架构、核算体系、具体业务的账务处理、会计报告的编制列报都进行了详细的介绍，还对后续可能进行改革的财务管理及财务分析进行了前瞻性的讨论。本书既可以作为高等院校会计、财政、国民经济管理和公共管理相关专业本专科学生的教材，也可以作为MPAcc、MPA和MBA专业学位研究生的教学参考书目，同时也可以作为实际部门财务人员的工具书和培训用书。

本书由孙玉栋进行全书内容框架的设计、提纲的编写并负责全书的统稿，具体参加编写的包括（排名不分先后）：郑垚、梅正午、丁鹏程、王强、席毓、张伟佳、陈悦、安江明、童华丽、王琼瑶、徐智勋、史菡、冀翔。

本书编写过程中，我们参考了很多专家学者的论述及已经出版的相关教材，均在本书的参考文献中进行了标注，在此向这些论述和教材的作者表示衷心的感谢。

由于政府会计的具体准则和制度解释还在不断地出台，我们在编写过程中有些制度依据还是征求意见稿，加之我们的水平有限，书中难免有不足之处，恳请读者不吝指正。

孙玉栋
2020年8月

目录

第一章　政府会计概述　1
　　第一节　政府与政府会计　1
　　第二节　政府会计的历史变迁　5
　　第三节　政府会计的基本理论　9
　　第四节　政府会计的法规体系　17
　　第五节　政府会计的制度框架　19

第二章　政府会计的资产管理与核算　23
　　第一节　资产的管理　23
　　第二节　货币资金　28
　　第三节　应收及预付账款　38
　　第四节　存货　52
　　第五节　投资　63
　　第六节　固定资产　81
　　第七节　在建工程　98
　　第八节　无形资产　108
　　第九节　公共基础设施　121
　　第十节　政府储备物资　129
　　第十一节　其他资产　137

第三章　政府会计负债的管理与核算　152
　　第一节　负债的管理　152
　　第二节　借入款项　159
　　第三节　应付及预收款项　161
　　第四节　应交款项　172
　　第五节　其他负债　182

第四章　政府会计收入的管理与核算 ………………………………… 185
  第一节　收入的管理 ……………………………………………………… 185
  第二节　财政拨款类收入 ………………………………………………… 189
  第三节　业务类收入 ……………………………………………………… 194
  第四节　其他类收入 ……………………………………………………… 202

第五章　政府会计费用的管理与核算 ………………………………… 215
  第一节　费用的管理 ……………………………………………………… 215
  第二节　业务类费用 ……………………………………………………… 217
  第三节　经营类费用 ……………………………………………………… 232
  第四节　其他费用 ………………………………………………………… 240

第六章　政府会计净资产的管理与核算 ……………………………… 248
  第一节　净资产的管理 …………………………………………………… 248
  第二节　本期盈余及其分配 ……………………………………………… 250
  第三节　无偿调拨净资产 ………………………………………………… 253
  第四节　会计调整与以前年度盈余调整 ………………………………… 256
  第五节　累计盈余 ………………………………………………………… 261
  第六节　专用基金 ………………………………………………………… 263
  第七节　权益法调整 ……………………………………………………… 264

第七章　政府会计预算收入的管理与核算 …………………………… 267
  第一节　预算收入的管理 ………………………………………………… 267
  第二节　拨款类预算收入 ………………………………………………… 268
  第三节　业务类预算收入 ………………………………………………… 273
  第四节　债务预算收入 …………………………………………………… 278
  第五节　其他的预算收入 ………………………………………………… 280

第八章　政府会计预算支出的管理与核算 …………………………… 285
  第一节　预算支出的管理 ………………………………………………… 285
  第二节　业务类预算支出 ………………………………………………… 288
  第三节　投资支出 ………………………………………………………… 299
  第四节　债务还本支出 …………………………………………………… 301

第五节　其他的预算支出 ………………………………………………… 302

第九章　政府会计预算结余的管理与核算 ………………………………… 309

第一节　预算结余的管理 ………………………………………………… 309
第二节　资金结存 ………………………………………………………… 311
第三节　财政拨款结转与结余 …………………………………………… 317
第四节　非财政拨款结转与结余 ………………………………………… 327
第五节　其他结余 ………………………………………………………… 336
第六节　专用结余 ………………………………………………………… 339
第七节　经营结余 ………………………………………………………… 340

第十章　政府会计的成本会计 ………………………………………………… 342

第一节　政府成本会计的理论框架 ……………………………………… 342
第二节　政府成本会计的核算方法 ……………………………………… 344

第十一章　政府与社会资本合作项目合同的管理与核算 ………………… 355

第一节　政府与社会资本合作（PPP）概述 …………………………… 355
第二节　政府与社会资本合作（PPP）项目合同的管理 ……………… 360
第三节　政府与社会资本合作项目合同的核算 ………………………… 365
第四节　政府与社会资本合作项目合同的绩效评价 …………………… 368

第十二章　政府会计财务报表的编制与列报 ……………………………… 378

第一节　财务报表列报的原则 …………………………………………… 378
第二节　资产负债表的编制 ……………………………………………… 380
第三节　收入费用表的编制 ……………………………………………… 386
第四节　现金流量表的编制 ……………………………………………… 390
第五节　净资产变动表的编制 …………………………………………… 395
第六节　财务报表附注的编制 …………………………………………… 398

第十三章　政府会计预算会计报表的编制与列报 ………………………… 412

第一节　预算会计报表概述 ……………………………………………… 412
第二节　预算收入支出表的编制 ………………………………………… 413
第三节　预算结转结余变动表的编制 …………………………………… 417

  第四节 财政拨款预算收入支出表的编制 ……………………………………… 421

第十四章 政府会计的综合财务报告 ………………………………………………… 426

  第一节 合并财务报表的编制 ……………………………………………………… 427
  第二节 合并报表附注的编制 ……………………………………………………… 437

第十五章 政府会计的财务分析 ……………………………………………………… 450

  第一节 政府财务分析的原则及目标 ………………………………………………… 450
  第二节 财务分析的方法与指标 …………………………………………………… 453
  第三节 政府会计资金运行的绩效评价 ………………………………………………… 459

参考文献 ………………………………………………………………………………… 465

第一章
政府会计概述

【本章要点】
- 了解政府会计的基本概念
- 了解我国政府会计的变迁过程
- 熟悉政府会计的基本理论
- 掌握政府会计的法规体系
- 掌握政府会计的制度框架

第一节 政府与政府会计

一、政府的基本概念、特征与职能

（一）政府的基本概念

中共十八届三中全会提出："全面深化改革的目标是完善和发展中国特色社会主义制度，推进国家治理体系和治理能力现代化。"国家治理体系和治理能力现代化的实现需要组织机构的支撑，而政府便是最为重要的组织机构。所谓政府，是指由有权制定公共政策和处理国家事务的机构与个人构成的政治组织。通常而言，政府是由"公共当局及其通过政治程序设立的机构所组成。"依据政治学理论，可以把政府分为广义的政府和狭义的政府。

就广义的政府而言，其指的是国家权力机关的总称，包括立法、司法、行政等机关，在一定程度上是一个国家公共权力的象征。在我国，共产党是执政党，其在我国的政治生活中具有主导地位。党会通过各种各样的方式来影响立法、司法和行政机关的权力关系。因而，广义的地方政府的核心就是党的领导。

就狭义的政府而言，其在范围方面则相对较窄，指的是与国家立法机关和司法机关相对应的行政机关，行政机关依法享有相应的行政权力。在我国，狭义的政府是指从中央到地方的各级人民政府及其组成部门、直属机构和派出机构之和。

具体到我国的实际国情，由于受到过去长时期计划经济的影响，我国政府除了按照相应的法律程序设立了对应的行政机关之外，还积极地兴办了多种多样的事业单位。例如，教育事业单位、医疗事业单位、文化事业单位、社会福利事业单位、体育事业单位、城市公用事业单位等。这些事业单位的资金来源于政府的财政资金，在某种程度上也在积极地履行着政府的部分职能。

（二）政府的特征

总体来讲，政府作为一种非营利的政治性组织，其特征主要包含以下五大方面的特征：

1. 公共性

所谓公共性，强调的是政府是为了满足社会大众的公共需求而存在。随着人民群众需求的不断变化，政府的公共性会也会随之发生相应的改变。通常而言，由于市场失灵的存在，有些公共物品私人部门可能不太愿意供给，有些公共物品如果由私人部门来供给的话又会导致效率的低下，而这些公共物品往往就需要由政府来提供。此时，政府的公共性就会得以充分的显现。政府的公共性对于提高社会的资源配置效率、满足群众美好生活需求至关重要。

2. 法定性

所谓法定性，强调的是政府组织必须经过法律的授权以后才有资格成立。在没有经过法律程序以前，任何的政府或者领导人无权设置、整合以及撤销政府组织。通常情况下，政府组织的设立都是具有法律依据的，政府组织的权力或者责任是由法律或者其他法律条文所规定的。政府的行政活动与行为需要遵守相应的法律法规。在我国，行政机关、司法机关都是由我国的最高权力机关——人民代表大会所批准与产生的。除此之外，我国的事业单位也需要遵守法律法规，事业单位需要取得法人的资格，并且按照《事业单位登记管理条例》向有关部门依法进行登记。

3. 统一性

所谓统一性，强调的是政府拥有统一的制度规范。无论是中央政府还是地方政府，其在机构的设置、人员的编制、财政的收支、政策的制定等方面都有统一的制度规范。政府的统一性，在一定的程度上能够更好地提升政府这一组织的运作效率。

4. 非营利性

组织可以分为营利性组织和非营利性组织。政府是一种典型的非营利性组织。所谓非营利性，强调的是政府的设立并非是为了获取相应的利润，而是为了实现公共利益的最大化。2020年春节期间，我国暴发了新冠肺炎疫情。习近平总书记指出，要"始终把人民生命安全放在首位"，这充分体现了我国政府对公共利益最大化的重视。

5. 组织目标的模糊性

毫无疑问，政府组织的最终目的是为了更好地满足人民群众的需求以及实现公共利益的最大化。但是现实中，公共利益往往又是抽象的和模糊的，关于公共利益范围的界定尚未达成一致的意见，这在一定程度上也导致了政府组织目标的模糊性。

（三）政府的职能

政府职能，指的是政府在日常的管理活动中所承担的基本职责和功能作用。具体来讲，政府的职能可以分为三个职能。

1. 政治职能

政治职能是政府用以维护国家统治的最根本的职能。具体包含军事保卫职能、维护社会稳定职能以及民主建设职能。其中，军事保卫职能与维护社会稳定职能主要是指行政机关利用军事、外交、公安、检察等手段，来防御外敌的入侵、维护政治秩序、经济秩序、社会秩序的正常运转，保护公民的合法权益不受到损害，从而促进社会的健康、有序、良性运转。民主建设职能是指要进一步完善民主制度，提升公民参政议政的意识，丰富公民表达自身需求的渠道，以更好地维护公民的权利，确保公民的利益不受到损害。

2. 经济职能

经济职能，主要是指政府在日常的经济活动中所承担的基本职责。政府的经济职能更多地体现为经济调节、市场监管等方面的职能。其中，经济调节职能是指政府综合利用财政政策、货币政策等手段来调控国民经济，维护国民经济的健康运行。中共十九届四中全会《中共中央关于坚持和完善中国特色社会主义制度 推进国家治理体系和治理能力现代化若干重大问题的决定》（以下简称《决定》）指出，要"健全以国家发展规划为战略导向，以财政政策和货币政策为主要手段，就业、产业、投资、消费、区域等政策协同发力的宏观调控制度体系"。市场监管职能是指政府为了确保市场交易的正常、公平、有序而对企业和市场进行的监管。中共十九届四中全会《决定》提出，要"严格市场监管、质量监管、安全监管，加强违法惩戒"。

3. 社会职能

社会职能指的是政府为社会生产、生活提供各种各样服务方面所承担的基本职责。社会职能应当包括社会管理职能、公共服务职能和生态环境保护职能。其中，社会管理职能，是指政府对社会发展、社会生活的不同领域进行的组织、协调、控制、监督、服务的过程。城乡基层政权的建设、社会组织的管理与引导等都属于社会管理职能的范畴。公共服务职能，是指政府为了满足人民群众的公共需求而向民众提供的有保障的公共产品，包括教育、医疗、住房等。随着社会不断发展，公共服务的供给主体日益多元化，包括政府、市场、社会等，这有助于更好地满足人民群众的公共服务需求，当然政府在公共服务的供给中依旧是处于主导地位。中国进入特色社会主义新时代，基本公共服务的均等化和可及性是公共服务供给的重点。中共十九届四中全会《决定》提出，要"完善公共服务体系，推进基本公共服务均等化、可及性"。生态环境保护职能是 2019 年中共十九届四中全会《决定》中新提出的政府职能。生态环境保护职能，主要是指为了加快生态文明建设步伐和改善环境质量而由政府承担的相应职责。生态环境保护职能的提出，对于打赢三大攻坚战之一的"污染防治攻坚战"至关重要。

总的来说，政治职能是政府的根本职能，经济职能和社会职能也是政府的重要职能。政府的职能需要不断地完善和发展，以更好地满足人民群众的公共需求，促进社会的健康、有序发展。中共十九届四中全会明确要求，要"完善政府经济调节、市场监管、社会管理、公共服务、生态环境保护等职能，实行政府权责清单制度，厘清政府和市场、政府和社会关系"。

二、政府会计的概念、特征与功能

（一）政府会计的概念

从广义上讲，政府会计是指各级政府财政机关、行政事业单位反映和监督政府财政资金活动的会计。政府会计以货币作为主要的计量单位，对各级政府财政资金活动的过程和结果进行系统、完整、连续的反映和监督，从而增强预算管理与财务管理，促进资金使用效益的提高，全面地反映政府组织的各种受委托责任。政府会计的范围既包括财政总预算会计，也包括行政事业单位会计。所谓财政总预算会计，是指各级政府财政部门核算和监督政府预算执行与财政资金等各项财政性资金活动的一门专业会计。而行政事业单位会计指的是以政府所属（主办）的各级各类行政事业单位实际发生的各类经济业务或事项作为对象，核算、反映和监督行政事业单位年度财务收支计划和预算收支计划执行过程和结果的一门专业会计。

就本书而言，政府会计指的是行政事业单位会计（财政总预算会计不属于本书的研究范围），即主要是指以行政单位、事业单位实际发生的经济业务为对象，对行政事业单位年度财务收支计划和预算收支计划执行过程和结果进行核算、反映和监督的一门专业会计。其中，行政单位指的是进行国家行政管理、从事经济和文化建设、维持社会有序运转的单位，行政单位包括国家的权力、行政、司法、立法、检察机关以及政党、人民团体等；事业单位则指的是由国家机关所举办的或者利用国有资产举办的，以公共利益为服务目的，从事科技、教育、文化、卫生等方面建设的社会服务组织。

（二）政府会计的特征

通常，政府会计是与企业会计相比较而言的政府会计的特征如下：

1. 资金的使用不以营利为目的，且具有一定的限制性

政府会计主体资金使用的性质是由政府部门自身的性质所决定的。一方面，政府会计主体的主要活动是向社会大众提供优质高效的公共服务，满足大众的公共需求。因而，在资金的使用方面并非是以盈利为目的，而是具有一定的公益性。另一方面，政府会计的核算反映资金的筹集、分配和使用，这就要求在资金的使用方面做到专款专用，而不能随意挪用，故在资金的使用方面有一定的限制。

2. 会计核算使用的双基础

对于企业会计而言，其会计核算的基础是权责发生制；对于政府会计而言，其会计核算使用的则是双基础，即除了权责发生制外，还有收付实现制。其在资金的使用方面是无偿的，一般无须进行成本和盈亏方面的核算。需要注意的是，虽然政府会计在资金的使用方面并不考虑盈亏，但是对于政府会计主体资金的使用也应当力求节俭，提高资金的使用效益。

3. 集中于再分配领域

对于企业会计，其主要是应用于生产和流通领域，需要准确地核算、反映与监督企业经营资金的运行过程和结果。政府会计则主要反映和监督社会再生产过程中再分配领域的政府资金的运转情况及结果。

4. 遵循统一的政府会计准则和制度

对于政府会计而言，其在科目的设置、会计核算的程序和方法以及报表的格式等方面，都有一套统一的政府会计准则和制度可供遵循，从而可以系统、全面和精确地反映政府会计主体资金的执行情况和执行结果。

(三) 政府会计的功能

1. 反映功能

所谓政府会计的反映功能,是指凭借各种专门的方法和技术,把行政事业单位经济活动过程中的各种原始信息,经过分类、整理和汇总以后,在账簿报表中进行相应的记录,从而全面地反映政府会计主体资金的执行过程和执行结果。

2. 监控功能

所谓政府会计的监控功能,指的是运用专门的方法和技术,对政府主体的会计活动进行适当的控制,并对政府会计主体活动的合法性、合规性以及效率进行相应的监督。政府会计的监控功能,在一定程度上可以确保政府会计主体的活动达到预期的目标。同时,政府会计的监控功能也可以及时地发现资金使用过程中出现的问题,并及时地进行修正。

3. 评价功能

所谓政府会计的评价功能,就是指可以对政府会计主体资金的执行情况和执行结果进行评价。由于政府会计可以比较全面、客观地反映政府会计主体资金的执行过程和执行结果,这有利于公共部门的管理者和决策者及时地获取有关资产、负债、净资产、收入、费用、预算收入、预算支出、预算结余等方面的信息,从而便于对政府会计主体的资金使用情况进行及时的评估。

第二节　政府会计的历史变迁

我国的政府会计自新中国成立以来已经经历了 70 多年的历程。在 70 多年的时间里,经过了多次的修订和改革,其历程可以分为五个阶段,分别是初建阶段、逐步发展阶段、改革探索阶段、改革全面展开阶段、预算会计向政府会计转变阶段。

一、初建阶段（1949 ~ 1953 年）

1949 年新中国成立后,财政部在 1950 年发布了适用于各级财政机关的《各级人民政府暂行总预算会计制度》和适用于各级各类行政事业单位的《各级人民政府暂行单位预算会计制度》,这两项制度是新中国预算会计制度体系的奠基石。1951 年,政务院发布的《预算决算暂行条例》,正式以国家行政法规的形式确立了我国的财政管理体制和预算会计管理体制。就这一时期的预算体制而言,主要是高度集中的统收统支的预算体制。这一时期的政府会计取得了一系列的成就。

（一）确立了预算会计体系

我国的预算会计由财政总预算会计和单位预算会计构成。其中,财政总预算会计指的是各级财政机关核算总预算会计执行情况的一门会计;单位会计指的是各级行政事业单位核算单位预算执行情况的一门会计。财政总预算会计包括中央总会计、大中央区或者自治区总会计、省总会计;单位预算会计有一级、二级、三级单位会计之分。

（二）统一了预算会计科目

依据《各级人民政府暂行总预算会计制度》第五条,财政总预算的会计科目包括五大类，分别是岁入、岁出、资产、负债和资产负债；依据《各级人民政府暂行单位预算会计制度》第十二条，单位预算的会计科目也包括五大类，分别是收入、支出、资产、负债和资产负债。

（三）统一规定了预算会计报表格式

这一时期的财政总预算会计报表主要有资产负债表、收入支出决算表，分为日报、月报、季报以及年报；单位预算会计报表则主要有资产负债表、支出计算表和基本数字表，分为日报、月报和年报。

（四）明确了会计基础和会计核算方法

这一时期的政府会计基础是收付实现制，会计核算方法为资金收付记账法，依据实际的情况，也可以采用借贷记账法。

二、逐步发展阶段（1953～1978年）

在预算会计建立的基础上，1953～1978年是我国预算会计的逐步发展阶段。这一时期，我国实行的预算体制为"统一领导、分级管理"。具体做法就是：地方的收支指标由中央统一核定，对于收大于支的地区，由地方向中央上解收入；对于支大于收的地区，由中央进行相应的补助。这一时期的会计制度也经过了多次修订，发生了一系列的变化，可以分为以下几个阶段：

（一）"一五"时期（1953～1957年）

1953年，在借鉴苏联经验的基础上，我国的会计科目、凭证、记账方法和会计报表等进行了相应的修订。1954年，我国的《各级人民政府暂行总预算会计制度》《各级人民政府暂行单位预算会计制度》中去掉了"暂行"一词，改为正式执行。这一时期的会计制度的变化如下：第一，总预算会计制度的使用范围发生了变化。由大行政区或自治区总预算会计和省（市）总预算会计调整为中央、省和县（市）两部分。第二，记账方法发生了相应的改变。财政部1955年发布的《各级国家机关单位预算会计制度》中规定，记账方法由现金收付记账法转变成借贷记账法。第三，会计报表发生了改变。总预算会计报表中去掉日报，分为月报、季报和年报三类。1955年，我国的会计报表基本定型，月报为预算收支执行情况表，季报包含预算收支计算表、资产负债表和定员定额情况表，年报包括最终资产负债表、收入支出总决算表和附表。第四，总预算会计的要素发生了相应的变化。1956年，总预算会计要素由原先的岁入、岁出、资产、负债和资产负债五类调整为货币资金、预算支出、贷出款项、预算收入、借入款项和预算执行结果六类。

（二）"大跃进"时期（1958～1960年）

1958～1960年是我国的"大跃进"时期，这一时期，国家的经济运行受到损害，国民经济比例出现了失调，预算会计工作的运行也随之受到影响，无法正常运行。为了确保政府会计的正常运转，财政部于1959年对《地方财政机关总预算会计制度》和《单位预算机关会计制度》进行了相应的修订。

（三）"大跃进"至"文革"的中间期（1961～1966年）

1963年，财政部重新制定了《地方财政机关总预算会计制度》。1965年，财政部召开了全国预算会计工作会议，在会议上讨论了《预算会计工作改革要点》和《行政事业单位会计制度》，其中《行政事业单位会计制度》于1966年1月1日实施。这一时期，会计制度发生的变化有以下三点：第一，对会计科目进行了相应的调整。会计科目包括资金来源、资金运用、资金结存三大类。第二，会计恒等式的变化。会计恒等式从"资产＝负债"转变为"资金来源、资金运用＝资金结存"。第三，记账方法发生了变化。记账方法"借贷记账法"转变为"收付记账法"。收付记账法是指同收同付、有收有付的一种记账方法。

1966年"文革"开始之后，跟其他工作一样，我国的预算会计也遭受到了严重的破坏，预算会计工作的作用被忽视。到处都是"脑袋账""门框账"，会计资料残缺不全，财政决算报表从原来的30多种减为4种，放松了预算会计的管理，打乱了预算会计工作秩序，其结果是账目混乱、收支不实、财产不清，国家经济建设和国家财产遭受严重损失。

三、改革探索阶段（1978～1992年）

1978～1992年，我国进入了有计划的商品经济体制时期。我国的财税体制随之发生了相应的变化，这一时期的预算体制为"划分收支、分级包干"。随着预算体制的调整，政府会计工作也随之发生了相应的转变。

在会计制度方面，1984年，我国开始实施新的《财政机关总预算会计制度》。该制度指出，各级财政总会计的基本任务有以下六个方面：处理财政总会计的日常会计事项和账务；定期反映预算收支执行情况；妥善调度预算资金，保证按计划及时供应；协助国库做好工作；制定各项预算会计制度、国库制度和有关实施办法；组织和指导本地区的预算会计工作。1988年，我国对《财政机关总预算会计制度》进行了修订（1989年实行），此次修订把财政信用资金纳入了财政总预算会计核算范围，把会计报表修改成了年报和月报。

在财政总预算会计体系方面。1989年，我国开始实施新的《行政事业单位预算会计制度》。新的制度依据各级单位预算同各级财政总预算的关系，分为全额预算管理（全额单位）、差额预算管理（差额单位）和自收自支预算管理（自收自支单位）三大类预算管理方式，并对这三类不同预算管理方式的单位设置了与之相对应的会计科目，规定了会计核算方法。同时，新的制度也增加了会计核算的内容，例如，专用资金和专项基金的核算与管理、预算外收支的核算与管理等。新的《行政事业单位预算会计制度》为我国政府会计事业的发展提供了良好的条件，极大地促进我国政府会计事业的发展与进步。

在法律依据方面。1985年，我国颁布了第一部有关会计的法律——《会计法》，《会计法》在会计核算、会计监督、会计机构和人员等方面都作出了相应的规定，在一定程度上为我国预算会计工作的更好开展提供了法律依据。

在会计主体、基础和记账方法方面。这一时期的会计要素为资金来源、资金运用、资金结存，会计基础为收入实现制，记账方法为收付记账法。对于事业单位而言，在简单的成本费用核算的会计事项中，其会计核算可以采用权责发生制。

四、改革全面展开阶段（1992~1999年）

1992~1994年是我国预算会计改革全面展开的阶段。1994年，我国进入了社会主义市场经济时期，同时我国颁布了《预算法》，该法规定我国实行中央和地方分税制，这也决定了这一时期是"分税制"的预算管理体制。随着我国进入社会主义市场经济和预算管理体制的调整，原有的预算会计已经无法适应现实的需要，必须及时地进行调整和修改。1996年，财政部发布了《预算会计核算制度改革要点》，在预算会计改革的指导思想、改革目标、会计体系、核算方法等方面都作出了规定，为后期的预算会计改革全面展开奠定了基础。1997年和1998年，财政部先后发布了《财政总预算会计制度》《行政单位会计制度》《事业单位会计准则》《事业单位会计制度》等文件，并指出在1998年1月1日开始执行，以上制度和准则构建了现行预算会计体系的制度框架。这次改革的主要目标是逐步建立适应我国社会主义市场经济体制需要，具有中国特色、科学规范的预算会计模式和运行机制，以利于加强财政预算管理和国家宏观经济管理，加强单位财务管理和促进建立自我发展、自我约束机制，提高资金使用效果，促进社会事业发展。

这一时期的预算会计改革，完善了我国的国库会计、基建会计、社保基金会计等，重新构建了预算会计核算体系。预算会计要素包括资产、负债、净资产、收入、支出，会计基础为收付实现制或者权责发生制，采用的记账法为借贷记账法，并且统一了科目设置。

五、预算会计向政府会计转变阶段（1999年至今）

虽然1994的分税制改革使得中国的财税体制走上了制度创新之路，当时的改革只是零敲碎打型的局部调整固然重要，并没有作为一个整体的财税体制及其运行机制的重新构造。因此，将包括收入、支出、管理以及体制在内的所有财税改革事项融入一个整体的框架之中，便被提上了政策议程，这一框架便是公共财政体制框架。1998年，全国财政工作会议上提出了构建与社会主义市场经济体制相适应的公共财政框架。2006年，中共十六届六中全会《中共中央关于构建社会主义和谐社会若干重大问题的决定》提出，要"完善公共财政制度，逐步实现基本公共服务均等化"。2013年，中共十六届三中全会通过的《关于完善社会主义市场经济体制若干问题的决定》中提出，要"健全公共财体制，明确各级政府的支出责任"。随着我国公共财政体制的建立和不断完善，预算会计改革也需要进行相应的调整和转变。只有这样，才能更好地与公共财政体制相适应。

这一时期的改革趋势是预算会计逐步向政府会计过渡。可以分为以下三个阶段：

（一）制度调整和补充修订阶段（1998~2010年）

2000年以后，我国实施了部门预算、国库集中收付、政府采购和政府收支分类改革等一系列财政管理方式改革，构建了新的预算管理模式。为了适应部门预算、政府采购、国库集中支付、政府收支分类等改革的需要。会计制度也随之进行了相应的调整和修补。这一时期，会计制度得到了进一步完善，先后制定了土地储备资金、新农合资金等制度。2008年2月，财政部印发了《新型农村合作医疗基金会计制度》，规定新农合基金的会计核算主要以收付实现制为基础，会计记账采用借贷记账法。2008年9月，财政部印发了《土地储备资金会计核算办法（试行）》，该办法指出，土地储备资金的会计核算主要以权责发生制为基础，对土地储备项目应进行成本核算，土地储备资金的会计记账采用借贷记账法，并明确了会计科目和使用说明。

（二）全面修订和完善阶段（2010~2013年）

就这一时期而言，会计制度更加丰富和完善。2010年，财政部先后印发了《基层医疗卫生机构会计制度》《医院会计制度》。2012年，财政部分别发布了新的《事业单位会计准则》《事业单位会计制度》。2013年，财政部对原有的《行政单位会计制度》（财预字〔1998〕49号）、《科学事业单位会计制度》（财预字〔1997〕460号）、《高等学校会计制度》（财预字〔1998〕105号）、《中小学校会计制度》（财预字〔1998〕104号）进行了修订，并且印发了《彩票机构会计制度》。

（三）政府会计准则和制度出台的阶段（2013年至今）

2013年，中共十八届三中全会《中共中央关于全面深化改革若干重大问题的决定》中提出，要"建立权责发生制的政府综合财务报告制度"。2014年修订的《新预算法》第九十七条规定，各级政府财政部门应当按年度编制以权责发生制为基础的政府综合财务报告，报告政府整体财务状况、运行情况和财政中长期可持续性，报本级人民代表大会常务委员会备案。2014年，《国务院关于批转财政部权责发生制政府综合财务报告制度改革方案的通知》指出，要"通过构建统一、科学、规范的政府会计准则体系，建立健全政府财务报告编制办法，适度分离政府财务会计与预算会计、政府财务报告与决算报告功能，力争在2020年前建立起具有中国特色的政府会计准则体系和权责发生制政府综合财务报告制度。"

基于上述背景，财政部于2015年发布了《政府会计准则——基本准则》，规定自2017年1月1日起实施。这一准则指出，政府会计由预算会计和财务会计构成。其中，预算会计实行收付实现制，财务会计实行权责发生制。此外，政府会计主体应当编制决算报告和财务报告。在政府会计准则体系中，"基本准则"是"顶层设计"，它的颁布为建立统一、科学、规范的政府会计准则体系奠定了基础。2017年，财政部印发了《政府会计制度——行政事业单位会计科目和报表》，规定自2019年1月1日起实施，并鼓励事业单位提前执行。该政府会计制度是政府会计改革中具有里程碑意义的一个文件，它的颁布为具体核算的实务操作提供了有价值的参考。

第三节　政府会计的基本理论

一、会计主体

明确界定政府会计主体意义重大。第一，只有明确界定政府会计主体，才可以划定政府会计所需要处理的各项交易或者事项的范围。第二，明确会计主体才可以将会计主体的交易或者事项同会计主体所有者的交易或者事项或其他会计主体的交易或事项区分开来。

根据《政府会计准则——基本准则》第二条的规定，政府会计的主体为各级政府、各部门、各单位，其中，各部门、各单位是指与本级政府财政部门直接或者间接发生预算拨款关系的国家机关、军队、政党组织、社会团体、事业单位和其他单位。

需要注意的是，纳入部门预决算管理的社会组织，原执行《事业单位会计制度》（财会〔2012〕22号）的，应当执行政府会计准则制度，军队、已纳入企业财务管理体系的单位和执行《民间非营利组织会计制度》的社会团体，不作为政府会计主体。

企业集团中纳入部门预算编报范围的事业单位（不含执行《军工科研事业单位会计制度》的事业单位，下同）应当按照政府会计准则制度进行会计核算；企业集团中未纳入部门预算编报范围的事业单位，可以不执行《政府会计制度》中的预算会计内容，只执行财务会计内容。

二、会计要素

根据《政府会计准则——基本准则》，政府会计主要围绕两套会计（财务会计和预算会计）建立了八大会计要素。其中，财务会计要素包括五大类，分别是资产、负债、净资产、收入、费用；预算会计包括三大类，分别是预算收入、预算支出、预算结余。

（一）财务会计要素

1. 资产

资产是指政府会计主体过去的经济业务或者事项形成的，由政府会计主体控制的，预期能够产生服务潜力或者带来经济利益流入的经济资源。政府会计主体的资产按照流动性，分为流动资产和非流动资产。流动资产是指预计在1年内（含1年）耗用或者可以变现的资产，包括货币资金、短期投资、应收及预付款项、存货等。非流动资产是指流动资产以外的资产，包括固定资产、在建工程、无形资产、长期投资、公共基础设施、政府储备资产、文物文化资产、保障性住房和自然资源资产等。

2. 负债

负债是指政府会计主体过去的经济业务或者事项形成的，预期会导致经济资源流出政府会计主体的现时义务。政府会计主体的负债按照流动性，分为流动负债和非流动负债。流动负债是指预计在1年内（含1年）偿还的负债，包括应付及预收款项、应付职工薪酬、应缴款项等。非流动负债是指流动负债以外的负债，包括长期应付款、应付政府债券和政府依法担保形成的债务等。

3. 净资产

净资产是指政府会计主体资产扣除负债后的净额。净资产金额取决于资产和负债的计量。净资产与预算结余的关系为：资产－负债＝净资产；收入－费用＝当期净资产变动额（本期盈余）；预算收入－预算支出＝当期预算结余。通过"本期盈余和预算结余调节表"，可以反映财务会计与预算会计的衔接。

4. 收入

收入是指报告期内导致政府会计主体净资产增加的、含有服务潜力或者经济利益的经济资源的流入。收入的确认应当同时满足以下条件：第一，与收入相关的含有服务潜力或者经济利益的经济资源很可能流入政府会计主体；第二，含有服务潜力或者经济利益的经济资源流入会导致政府会计主体资产增加或者负债减少；第三，流入金额能够可靠地计量。

5. 费用

费用是指报告期内导致政府会计主体净资产减少的、含有服务潜力或者经济利益的经济资源的流出。费用的确认应当同时满足以下条件：第一，与费用相关的含有服务潜力或者经济利益的经济资源很可能流出政府会计主体；第二，含有服务潜力或者经济利益的经济资源流出会导致政府会计主体资产减少或者负债增加；第三，流出金额能够可靠地计量。

（二）预算会计要素

1. 预算收入

预算收入是指政府会计主体在预算年度内依法取得的并纳入预算管理的现金流入。预算收入一般在实际收到时予以确认，以实际收到的金额计量。

2. 预算支出

预算支出是指政府会计主体在预算年度内依法发生并纳入预算管理的现金流出。预算支出一般在实际支付时予以确认，以实际支付的金额计量。

3. 预算结余

预算结余包括结余资金和结转资金。结余资金是指年度预算执行终了，预算收入实际完成数扣除预算支出和结转资金后剩余的资金。结转资金是指预算安排项目的支出年终尚未执行完毕或者因故未执行，且下一年需要按原用途继续使用的资金。

三、会计基础

政府会计的基础有两个：权责发生制与收付实现制。对于单位的财务会计核算而言，其采用权责发生制；对于单位的预算会计核算而言，其采用收付实现制。

权责发生制是指以取得收取款项的权利或支付款项的义务为标志来确定本期收入和费用的会计核算基础。凡是当期已经实现的收入和已经发生的或应当负担的费用，不论款项是否收付，都应当作为当期的收入和费用；凡是不属于当期的收入和费用，即使款项已在当期收付，也不应当作为当期的收入和费用。

收付实现制是指以现金的实际收付为标志来确定本期收入和支出的会计核算基础。凡在当期实际收到的现金收入和支出，均应作为当期的收入和支出；凡是不属于当期的现金收入和支出，均不应当作为当期的收入和支出。

四、会计科目

（一）科目的分类

就会计科目而言，财务会计的科目主要有资产类、负债、净资产、收入、费用五大类科目，预算会计的科目主要有预算收入、预算支出、预算结余三大类科目（具体的科目见表 1-1）。

表1-1　　　　　　　　　政府会计的具体科目

序号	科目编码	会计科目
一、财务会计科目		
(一) 资产类		
1	1001	库存现金
2	1002	银行存款
3	1011	零余额账户用款额度
4	1021	其他货币资金
5	1101	短期投资
6	1201	财政应返还额度
7	1211	应收票据
8	1212	应收账款
9	1214	预付账款
10	1215	应收股利
11	1216	应收利息
12	1218	其他应收款
13	1219	坏账准备
14	1301	在途物品
15	1302	库存物品
16	1303	加工物品
17	1401	待摊费用
18	1501	长期股权投资
19	1502	长期债券投资
20	1601	固定资产
21	1602	固定资产累计折旧
22	1611	工程物资
23	1613	在建工程
24	1701	无形资产
25	1702	无形资产累计摊销
26	1703	研发支出
27	1801	公共基础设施
28	1802	公共基础设施累计折旧（摊销）
29	1811	政府储备物资
30	1821	文物文化资产
31	1831	保障性住房

续表

序号	科目编码	会计科目
32	1832	保障性住房累计折旧
33	1891	受托代理资产
34	1901	长期待摊费用
35	1902	待处理财产损溢

（二）负债类

序号	科目编码	会计科目
36	2001	短期借款
37	2101	应交增值税
38	2102	其他应交税费
39	2103	应缴财政款
40	2201	应付职工薪酬
41	2301	应付票据
42	2302	应付账款
43	2303	应付政府补贴款
44	2304	应付利息
45	2305	预收账款
46	2307	其他应付款
47	2401	预提费用
48	2501	长期借款
49	2502	长期应付款
50	2601	预计负债
51	2901	受托代理负债

（三）净资产类

序号	科目编码	会计科目
52	3001	累计盈余
53	3101	专用基金
54	3201	权益法调整
55	3301	本期盈余
56	3302	本年盈余分配
57	3401	无偿调拨净资产
58	3501	以前年度盈余调整

续表

序号	科目编码	会计科目
(四) 收入类		
59	4001	财政拨款收入
60	4101	事业收入
61	4201	上级补助收入
62	4301	附属单位上缴收入
63	4401	经营收入
64	4601	非同级财政拨款收入
65	4602	投资收益
66	4603	捐赠收入
67	4604	利息收入
68	4605	租金收入
69	4609	其他收入
(五) 费用类		
70	5001	业务活动费用
71	5101	单位管理费用
72	5201	经营费用
73	5301	资产处置费用
74	5401	上缴上级费用
75	5501	对附属单位补助费用
76	5801	所得税费用
77	5901	其他费用
二、预算会计科目		
(一) 预算收入类		
1	6001	财政拨款预算收入
2	6101	事业预算收入
3	6201	上级补助预算收入
4	6301	附属单位上缴预算收入
5	6401	经营预算收入
6	6501	债务预算收入
7	6601	非同级财政拨款预算收入
8	6602	投资预算收益
9	6609	其他预算收入

续表

序号	科目编码	会计科目
（二）预算支出类		
10	7101	行政支出
11	7201	事业支出
12	7301	经营支出
13	7401	上缴上级支出
14	7501	对附属单位补助支出
15	7601	投资支出
16	7701	债务还本支出
17	7901	其他支出
（三）预算结余类		
18	8001	资金结存
19	8101	财政拨款结转
20	8102	财政拨款结余
21	8201	非财政拨款结转
22	8202	非财政拨款结余
23	8301	专用结余
24	8401	经营结余
25	8501	其他结余
26	8701	非财政拨款结余分配

（二）科目的使用要求

（1）单位应当按照政府会计制度的规定设置和使用会计科目。在不影响会计处理和编制报表的前提下，单位可以根据实际情况自行增设或减少某些会计科目。

（2）单位应当执行政府会计制度统一规定的会计科目编号，以便于填制会计凭证、登记账簿、查阅账目，实行会计信息化管理。

（3）单位在填制会计凭证、登记会计账簿时，应当填列会计科目的名称，或者同时填列会计科目的名称和编号，不得只填列会计科目编号、不填列会计科目名称。

（4）单位设置明细科目或进行明细核算，除遵循政府会计制度规定外，还应当满足权责发生制政府部门财务报告和政府综合财务报告编制的其他需要。

五、会计报表

政府会计报表是政府会计的重要组成部分，通常来讲，其由财务报表和预算会计报表所构成。

所谓财务报表，是指可以反映政府会计主体的财务状况、运行状况以及现金流量等的书面文件。财务报表的编制主要以权责发生制为基础,以单位财务会计核算生成的数据为准,其由会计报表及其附注构成。会计报表则由资产负债表、收入费用表、净资产变动表和现金流量表构成。

所谓预算会计报表,是反映政府会计主体预算执行情况的书面文件。预算会计报表的编制主要以收付实现制为基础,以单位预算会计核算生成的数据为准。依据所反映内容的差异,预算会计报表由预算收入支出表、预算结转结余变动表、财政拨款预算收入支出表构成。

专栏 1-1

会计报表与会计报告有何区别?

(1) 两者的构成不同。政府会计报表由财务报表和预算会计报表构成。政府会计报告则由政府财务报告和政府决算报告所构成。

(2) 两者的范围不同。通常来讲,政府会计报告的范围更加广,政府会计报表是政府会计报告的重要组成部分。政府财务报表是政府财务报告的重要来源,政府预算会计报表则是政府决算报告的重要来源。

(3) 两者的目标不同。政府会计报表主要是用以日常的核算和总结,政府会计报告则是要向会计报告的使用者(各级人民代表大会常务委员会、债权人、各级政府及其有关部门和其他利益相关者等等)提供决策、监督、管理的参考和依据。

六、会计核算的原则

根据政府会计的基本准则的规定,政府会计进行核算,需要遵循以下原则,同时也是财务信息的质量要求:

(一) 可靠性

政府会计主体应当以实际发生的经济业务或者事项为依据进行会计核算,如实反映各项会计要素的情况和结果,保证会计信息真实可靠。

(二) 全面性

政府会计主体应当将发生的各项经济业务或者事项统一纳入会计核算,确保会计信息能够全面反映政府会计主体预算执行情况和财务状况、运行情况、现金流量等。

(三) 相关性

政府会计主体提供的会计信息,应当与反映政府会计主体公共受托责任履行情况以及报告使用者决策或者监督、管理的需要相关,有助于报告使用者对政府会计主体过去、现在或者未来的情况作出评价或者预测。

(四) 及时性

政府会计主体对已经发生的经济业务或者事项,应当及时进行会计核算,不得提前或者延后。

（五）可比性

同一政府会计主体不同时期发生的相同或者相似的经济业务或者事项，应当采用一致的会计政策，不得随意变更。确需变更的，应当将变更的内容、理由及其影响在附注中予以说明。

不同政府会计主体发生的相同或者相似的经济业务或者事项，应当采用一致的会计政策，确保政府会计信息口径一致，相互可比。

（六）清晰性

政府会计主体提供的会计信息应当清晰明了，便于报告使用者理解和使用。

（七）实质重于形式

政府会计主体应当按照经济业务或者事项的经济实质进行会计核算，不限于以经济业务或者事项的法律形式为依据。

第四节 政府会计的法规体系

政府会计的法规体系主要是指用以规范政府会计活动的各种法律、准则、制度等文件的总称。

一、政府会计法律

所谓会计法律，是指全国人民代表大会及其常务委员会在通过法定程序以后而制定的有关会计工作的法律。我国目前同政府会计有关的法律主要有两部，分别是《中华人民共和国会计法》和《中华人民共和国预算法》。

《中华人民共和国会计法》是我国会计工作的根本大法，同时也为其他会计法律法规的制定提供依据。该法最早颁布于 1985 年，1993 年、1999 年、2017 年先后经历过三次修订。现行的《会计法》是 2017 年修订以后的版本。新的《会计法》包括 7 章，内容涵盖总则，会计核算，公司、企业会计核算的特别规定，会计监督，会计机构和会计人员，法律责任，附则。新《会计法》的实施，有助于规范会计行为，保证会计资料真实、完整，加强经济管理和财务管理，提高经济效益，维护社会主义市场经济秩序。

就《中华人民共和国预算法》而言，其最早颁布于 1994 年，2014 年、2018 年经历过两次修订。现行的《预算法》是 2018 年修订后的版本。新的《预算法》包括 11 章，内容涵盖总则，预算管理职权，预算收支范围，预算编制，预算审查和批准，预算执行，预算调整，决算，监督，法律责任，附则。新的《预算法》对于提高行政事业单位的会计效率、确保报表质量至关重要。

二、政府会计准则

政府会计准则是我国政府会计核算工作大的基本规范。2015 年，财政部发布了《政府会计准则——基本准则》，规定自 2017 年 1 月 1 日起实施。这一准则共有 6 章，分别是总则、政府会计信息质量要求、政府预算会计要素、政府财务会计要素、政府决算报告和财务报告、附则。此后，为了适应适应权责发生制政府综合财务报告制度改革需要，规范政府存货、投资、固定资产等方面的会计核算，进一步提升政府会计信息的质量。财政部又相继发布了一系列的政府会计具体准则（见表1-2）。

表1-2　　　　　　　　　　　政府会计的具体准则

序号	准则名称	文件号	发布日期	实施日期
1	《政府会计准则第1号——存货》	财会〔2016〕12号	2016年7月6日	2017年7月1日起
2	《政府会计准则第2号——投资》	财会〔2016〕12号	2016年7月6日	2017年7月1日起
3	《政府会计准则第3号——固定资产》	财会〔2016〕12号	2016年7月6日	2017年7月1日起
4	《政府会计准则第4号——无形资产》	财会〔2016〕12号	2016年7月6日	2017年7月1日起
5	《政府会计准则第5号——公共基础设施》	财会〔2017〕11号	2017年4月17日	2018年1月1日起
6	《政府会计准则第6号——政府储备物资》	财会〔2017〕23号	2017年7月28日	2018年1月1日起
7	《政府会计准则第7号——会计调整》	财会〔2018〕28号	2018年10月21日	2019年1月1日起
8	《政府会计准则第8号——负债》	财会〔2018〕31号	2018年11月9日	2019年1月1日起
9	《政府会计准则第9号——财务报表编制和列报》	财会〔2018〕37号	2018年12月26日	2019年1月1日起
10	《政府会计准则第10号——政府和社会资本合作项目合同》	财会〔2019〕23号	2019年12月17日	2021年1月1日起

三、政府会计制度

政府会计制度指的是由国务院财政部门依据《中华人民共和国会计法》《中华人民共和国预算法》所制定的同会计核算、会计监督等密切相关的会计工作管理的制度。本书所讲的政府会计制度，主要是指国务院财政部门颁发的同行政事业单位的会计核算、会计监督等密切相关的会计工作管理的制度。

（一）政府会计制度

2017年10月，财政部印发了《政府会计制度——行政事业单位会计科目和报表》，规定自2019年1月1日起实施，行政事业单位提前执行该规定。《政府会计制度——行政事业单位会计科目和报表》的制定，是适应权责发生制政府综合财务报告制度改革的必然要求，同时也有助于规范行政事业单位的会计核算，提高行政事业单位的会计质量。《政府会计制度——行政事业单位会计科目和报表》颁布后，将原有的《行政单位会计制度》和《事业单位会计制度》统一，同时还将不同行业的会计制度，包括《医院会计制度》《高等学校会计制度》《中小学校会计制度》《科学事业单位会计制度》《基层医疗卫生机构会计制度》《测绘单位会计制度》《地质勘察单位会计制度》

《彩票机构会计制度》《国有林场（苗圃）会计制度》等 9 项事业单位分行业的会计制度全部统一，总共统一了 11 项制度。经过对一系列的会计制度进行整合，在一定程度上使各单位之间的会计信息变得具有可比性，并且为各行政事业单位编制合并报表提供了便利。《政府会计制度——行政事业单位会计科目和报表》共有五大部分。第一部分为总说明，第二部分为会计科目名称和编号，第三部分为会计科目使用说明，第四部分为报表格式，第五部分为报表编制说明。附录部分是主要业务和事项账务处理举例。

（二）行政事业单位财务规则

1998 年，财政部印发了《行政单位财务规则》，2012 年对该规则进行过一次修订，现行的规则为 2012 年修订后的《行政单位财务规则》。新的《行政单位财务规则》一共有 11 个部分，分别是总则、单位预算管理、收入管理、支出管理、结转和结余管理、资产管理、负债管理、行政单位划转撤并的财务处理、财务报告和财务分析、财务监督、附则。

1997 年，财政部印发了《事业单位财务规则》，2012 年对该规则进行过一次修订，现行的规则为 2012 年修订后的《事业单位财务规则》。新的《事业单位财务规则》一共有 12 个部分，分别是总则、预算管理、收入管理、支出管理、结余管理、基金管理、资产管理、负债管理、单位清算、财务报告、财务监督、附则。

结合上述介绍可知，政府会计的法律与规章之间是相互关联、层层递推的，具有一定的逻辑关系，其逻辑关系见图 1-1。

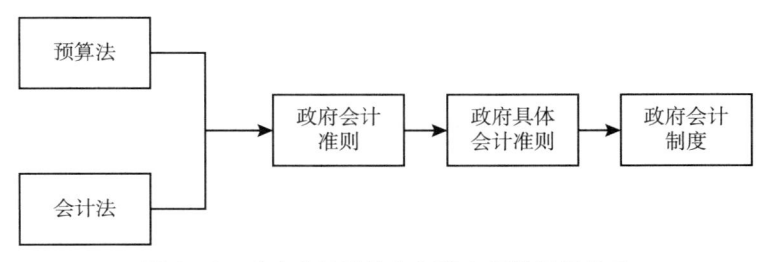

图 1-1 政府会计法律与规章之间的逻辑关系

第五节 政府会计的制度框架

我国现行的会计制度框架为三双模式，即双功能、双基础、双报告（见图 1-2）。

一、双功能

所谓双功能，是指政府会计需要同时具备财务会计与预算会计，实现单位会计与预算会计适度分离并相互衔接，全面、清晰地反映单位的财务信息和预算执行信息。其中，预算会计是指以收付实现制为基础对政府会计主体预算执行过程中发生的全部收入和全部支出进行会计核算，主要反映和监督预算收支执行情况的会计；财务会计，是指以权责发生制为基础对政府会计主体发生的各项经济业务或者事项进行会计核算，主要反映和监督政府会计主体财务状况、运行情况和现金流量等的会计。

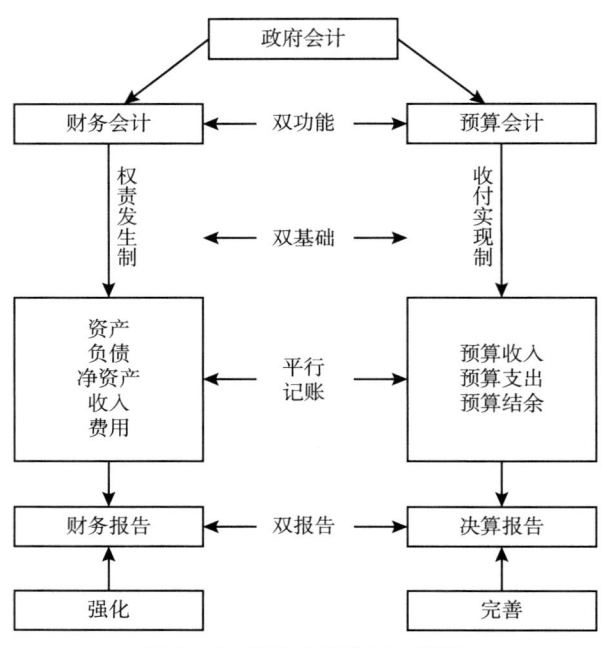

```
                    政府会计
                   ↙      ↘
          财务会计  ←双功能→  预算会计
            │                    │
          权责               收付
          发生    ←双基础→    实现
           制                    制
            ↓                    ↓
          资产                预算收入
          负债   ←平行记账→   预算支出
         净资产                预算结余
          收入
          费用
            ↓                    ↓
         财务报告  ←双报告→   决算报告
            ↓                    ↓
          强化                  完善
```

图 1-2　政府会计的制度框架

专栏 1-2

平行记账

当作财务会计和预算会计时，是按照八大会计要素来进行核算的，但对于一个事业单位而言，当其发生一项业务时，该业务可能不仅涉及财务会计的问题，也会涉及预算会计的问题。这个时候应当如何进行处理？

此时，使用平行记账可以较好地解决这一问题。所谓平行记账，指的是所有的业务都需要进行财务核算，但是对于纳入预算管理的现金收支业务，在进行财务核算的同时，还需要进行预算会计核算。平行记账确立了政府财务会计的功能地位，兼顾了公共资金运动中不同管理目标，是对同一个基础数据源，财务会计与预算会计不同功能模块的数据再加工。

二、双基础

所谓双基础，指的是单位的财务会计核算采用权责发生制；单位的预算会计核算采用收付实现制。

权责发生制，是指以取得收取款项的权利或支付款项的义务为标志来确定本期收入和费用的会计核算基础。凡是当期已经实现的收入和已经发生的或应当负担的费用，不论款项是否收付，都应当作为当期的收入和费用；凡是不属于当期的收入和费用，即使款项已在当期收付，也不应当作为当期的收入和费用。

收付实现制，是指以现金的实际收付为标志来确定本期收入和支出的会计核算基础。凡在当期实际收到的现金收入和支出，均应作为当期的收入和支出；凡是不属于当期的现金收入和支出，均不应当作为当期的收入和支出。

三、双报告

所谓双报告，指的是政府会计主体需要同时编制决算报告和财务报告。其中，政府财务报告的编制基于权责发生制，以财务会计核算生成的数据为准；政府决算报告的编制基于收付实现制，以预算会计核算生成的数据为准。

（一）政府财务报告

政府财务报告是反映政府会计主体某一特定日期的财务状况和某一会计期间的运行情况和现金流量等信息的文件，其应当包括财务报表和其他应当在财务报告中披露的相关信息和资料。所谓财务报表，指的是对政府会计主体财务状况、运行情况和现金流量等信息的结构性表述。政府会计主体应当根据相关规定编制合并财务报表。

政府财务报告分为政府综合财务报告和政府部门财务报告。其中，政府综合财务报告是指由政府财政部门编制的，反映各级政府整体财务状况、运行情况和财政中长期可持续性的报告。政府部门财务报告是指政府各部门、各单位按规定编制的财务报告。

在会计信息使用者方面，政府财务报告的使用者包括各级人民代表大会常务委员会、债权人、各级政府及其有关部门、政府会计主体自身和其他利益相关者。

在目标方面，财务报告的目标是向财务报告使用者提供与政府财务状况、运行情况（含运行成本，下同）和现金流量等有关的信息，反映政府会计主体公共受托责任履行情况，有助于财务报告使用者作出决策或者进行监督和管理。

（二）政府决算报告

所谓政府决算报告，指的是综合反映政府会计主体年度预算收支执行结果的文件，需要包括决算报告和其他应当在决算报告中反映的相关信息和资料。

在会计信息使用者方面，政府决算报告使用者包括各级人民代表大会及其常务委员会、各级政府及其有关部门、政府会计主体自身、社会公众和其他利益相关者。

在目标方面，政府决算报告的目标是向决算报告使用者提供与政府预算执行情况有关的信息，综合反映政府会计主体预算收支的年度执行结果，从而有助于决算报告使用者进行监督和管理，并为编制后续年度预算提供参考和依据。

由此可见，我国目前的政府会计的架构是一种"5+3"的要素、两种功能会计平行记账的模式，未来，政府成本会计将会进一步强化。

【复习思考题】

1. 简述政府会计的概念。
2. 简述政府会计的特征。
3. 简述政府会计的功能。

4. 如何理解政府会计主体？
5. 简述政府会计的要素。
6. 简述政府会计的法规体系。
7. 简述政府会计的制度框架。
8. 简述平行记账的逻辑，并举例说明。

第二章
政府会计的资产管理与核算

【本章要点】
- 了解政府资产的管理规定
- 掌握政府会计资产具体准则的规定
- 了解政府会计资产的科目设置
- 掌握政府会计资产的核算规定
- 掌握政府会计资产的账务处理

第一节 资产的管理

一、资产的概念与特征

人们对于"资产"一词并不陌生,其频繁出现在各行各业甚至是普通家庭的日常生活中。一般认为,资产的规模反映了财富的多少,人们常以企业的资产来衡量其商业实力,以家庭的资产来衡量其生活水平。但是在具体的会计领域中,资产有着更为明确具体的定义(见表2-1)。

表2-1　　　　　　　　　部分准则制度中的资产概念

准则制度	资产定义
《行政单位会计制度》	资产是行政单位占有或者使用的,能以货币计量的经济资源。由行政单位直接支配,供社会公众使用的政府储备物资、公共基础设施等,也属于行政单位核算的资产。
《事业单位会计准则》	资产是指事业单位占有或者使用的能以货币计量的经济资源,包括各种财产、债权和其他权利。
《财政总预算会计制度》	资产是指政府财政占有或者控制的,能以货币计量的经济资源。
《企业会计准则——基本准则》	资产是指企业过去的交易或者事项形成的,由企业拥有和控制的,预期会给企业带来经济利益的资源。
《小企业会计准则》	资产,是指小企业过去的交易或者事项形成的、由小企业拥有或者控制的、预期会给小企业带来经济利益的资源。

续表

准则制度	资产定义
《民间非营利组织会计制度》	资产，是指过去的交易或者事项形成并由民间非营利组织拥有或者控制的资源，该资源预期会给民间非营利组织带来经济利益或者服务潜力。
《国际公共部门主体通用财务报告概念框架》	资产是主体当前控制的，因过去事项产生的，能够产生服务潜力或经济利益流入的资源。

资料来源：政策文件整理所得。

《政府会计准则——基本准则》第二十七条对政府会计中的资产做出如下定义：资产是指政府会计主体过去的经济业务或者事项形成的，由政府会计主体控制的，预期能够产生服务潜力或者带来经济利益流入的经济资源。

根据上述定义，资产应具有以下特征：

（1）资产限定为政府会计主体过去的包括生产、建造和购买行为以及其他交易或者事项。预期在将来发生的交易和事项不形成资产。

（2）资产是受政府会计主体控制的经济资源。这包括政府会计主体直接拥有该资源的所有权，或者能够控制该资源产生的经济利益。

（3）资产预期会给政府会计主体带来服务潜力或者经济利益流入。服务潜力是指政府会计主体利用资产提供公共产品和服务以履行政府职能的潜在能力。也就是说，服务潜力能使主体在不产生净现金流的情况下实现其目标。而经济利益流入表现为现金及现金等价物的流入，或者现金及现金等价物流出的减少。

专栏 2-1

如何理解被会计主体"控制"？

《政府会计准则——基本准则》第二十七条明确了资产是受到政府会计主体控制的经济资源。这里的"控制"一词主要有两方面表现，一是会计主体能够使用该资源产生的各项利益，包括服务潜力或经济利益；二是会计主体能够指导其他方使用该资源所产生的利益，包括使用性质和使用方式等。

在判断会计主体控制某项经济资源时，需要考虑是否存在以下因素：第一，主体能够使用资源，反之，能够拒绝或限制其他方对资源的使用；第二，主体有措施可以保障资源的使用是为了实现主体的目标；第三，主体对资源产生的服务潜力和经济利益有可强制性执行的权力。

从资产的管理属性来看，占有、使用、经管和受托管理都是"控制"的表现形式。

常见的资产有货币资金、用于开展业务所购买的各种材料和物资、固定资产、购买或自行研发的无形资产、公共基础设施等。

二、资产管理的规范与要求

资产的类别按照流动性，分为流动资产和非流动资产两类。根据《政府会计准则——基本准则》第二十八条：流动资产是指预计在1年内（含1年）耗用或者可以变现的资产，包括货币资金、短期投资、应收及预付款项、存货等。非流动资产是指流动资产以外的资产，包括固定资产、在建工程、无形资产、长期投资、公共基础设施、政府储备资产、文物文化资产、保障性住房和自然资源资产等。

在政府会计中，为了进行科学合理的管理核算，首先需要对资产进行确认。某经济资源能够被确认为资产，除了满足对资产的定义之外，还需同时满足两个确认条件：

（1）与该经济资源相关的服务潜力很可能实现或者经济利益很可能流入政府会计主体；

（2）该经济资源的成本或者价值能够可靠地计量。

只有同时满足资产定义和资产确认条件的经济资源才能被认定为资产。针对不同类型的资产，《政府会计准则——具体准则》进一步细化了确认条件，例如，针对存货，确认条件为"与该存货相关的服务潜力很可能实现或者经济利益很可能流入政府会计主体"和"该存货的成本或者价值能够可靠地计量"。

【例2-1】某政府会计主体于某年度聘用了一名网站维护人员。该职员属于人力资源，符合资源的定义，且其服务潜力很可能实现，带来的经济利益也将流入政府会计主体。但是其价值很难可靠地计量，因此不能将其认定为资产。

【例2-2】某政府会计主体于某年度发生研究支出1000万元。该研究支出虽然能够被可靠地计量，但是其能否被认定为资产，需依据研发完成之后是否形成能带来经济利益和服务潜力的无形资产来确定，如无法形成无形资产，则视作费用处理。因此在研发阶段无法判断其是否为资产，但在会计处理上形成了一种过渡性的处理，就是在资产类的科目下设置了一个"研发支出"的科目，这也是会计遵循确认原则的一种变通处理。

资产确认之后，需要对其进行计量，因此资产具有计量属性，主要包括历史成本、重置成本、现值、公允价值和名义金额。

（1）在历史成本计量下，资产按照取得时支付的现金金额或者支付对价的公允价值计量。

（2）在重置成本计量下，资产按照现在购买相同或者相似资产所需支付的现金金额计量。

（3）在现值计量下，资产按照预计从其持续使用和最终处置中所产生的未来净现金流入量的折现金额计量。

（4）在公允价值计量下，资产按照市场参与者在计量日发生的有序交易中，出售资产所能收到的价格计量。

（5）无法采用上述计量属性的，采用名义金额（即人民币1元）计量。

> **专栏 2-2**
>
> 什么是"名义金额"？
>
> 　　提到名义金额，许多政府会计的第一反应是"1元钱"入账。那是不是意味着该资产的实际价值只有1元呢？答案是否定的。"名义金额"事实上是政府会计的一种资产计量方法，是相对资产的历史成本、重置成本、现值和公允价值而言的，被用来计量无法采用上述4种方法的资产。
>
> 　　根据现行的政府会计准则制度，可以按照名义金额计量的资产只包括接受捐赠或盘盈的，但无法以其他方式确定成本的存货、固定资产和无形资产。例如，某行政单位接受一项固定资产捐赠，但是该固定资产没有相关凭据、也未经过资产评估，且同类或类似固定资产的市场价格也无法可靠取得，因此将该固定资产按照名义金额入账，相关税费计入当期费用。
>
> 　　需要注意的是，以名义金额入账的资产需要在列报的时候进行披露，包括以该资产的名称、数量，以及以名义金额计量的理由。

　　政府会计主体在对资产进行计量时，一般应当采用历史成本。例如，政府会计主体在购入设备、建造厂房等，应当以取得资产所发生的实际成本作为该资产计量的金额。在某些情况下，为了提高会计信息质量，实现财务报告目标，会计准则允许采用重置成本、现值、公允价值进行计量，但应当保证所确定的资产金额能够持续、可靠计量。例如，未经资产评估的盘盈存货或盘盈固定资产，其成本可按照重置成本确定。

　　政府会计主体在对资产进行确认和计量之后，应当按要求列示在资产负债表的对应项目中，同时在附注中进行披露。例如，固定资产对应的是资产负债表的"固定资产原值""固定资产累计折旧"和"固定资产净值"三个项目，同时需要在附注中披露"固定资产的分类和折旧方法""各类固定资产的使用年限、折旧率"等信息。

三、资产核算的会计科目

　　资产核算的会计科目是对资产的具体内容进行分类核算的项目。资产类会计科目按照资产的特点和经济管理要求进行分类，并确定项目名称，规定其核算内容，从而能够连续、系统、全面地核算和监督经济活动所引起的单位资产的增减变化。

　　根据《政府会计制度——行政事业单位会计科目和报表》，资产类会计科目共计35个（见表2-2）。其中"短期投资"等6个科目只适用于事业单位，"财政应返还额度"科目只适用于实行国库集中支付的单位，其余科目皆适用于行政和事业单位。相比以往的《行政单位会计制度》和《事业单位会计制度》，新制度的资产类科目首次增设了"其他货币资金""应收股息""应收利息""在途物品""加工物品""工程物资""研发支出""文物文化资产""保障性住房""保障性住房累计折旧"等科目；并在行政和事业单位全面使用了"公共基础设施""公共基础设施累计折旧（摊销）"

"政府储备物资""受托代理资产""待摊费用""长期待摊费用"等科目。这不仅实现了行政单位和事业单位会计科目的统一,也便于更全面系统地核算和监督单位资产的变动情况。

表 2-2　　　　　　　　　　资产类科目一览表

序号	科目编码	会计科目	适用单位
1	1001	库存现金	行政、事业
2	1002	银行存款	行政、事业
3	1011	零余额账户用款额度	行政、事业
4	1021	其他货币资金	行政、事业
5	1101	短期投资	事业
6	1201	财政应返还额度	实行国库集中支付的单位
7	1211	应收票据	事业
8	1212	应收账款	行政、事业
9	1214	预付账款	行政、事业
10	1215	应收股利	事业
11	1216	应收利息	事业
12	1218	其他应收款	行政、事业
13	1219	坏账准备	事业
14	1301	在途物品	行政、事业
15	1302	库存物品	行政、事业
16	1303	加工物品	行政、事业
17	1401	待摊费用	行政、事业
18	1501	长期股权投资	事业
19	1502	长期债券投资	事业
20	1601	固定资产	行政、事业
21	1602	固定资产累计折旧	行政、事业
22	1611	工程物资	行政、事业
23	1613	在建工程	行政、事业
24	1701	无形资产	行政、事业
25	1702	无形资产累计摊销	行政、事业
26	1703	研发支出	行政、事业
27	1801	公共基础设施	行政、事业
28	1802	公共基础设施累计折旧(摊销)	行政、事业
29	1811	政府储备物资	行政、事业

续表

序号	科目编码	会计科目	适用单位
30	1821	文物文化资产	行政、事业
31	1831	保障性住房	行政、事业
32	1832	保障性住房累计折旧	行政、事业
33	1891	受托代理资产	行政、事业
34	1901	长期待摊费用	行政、事业
35	1902	待处理财产损溢	行政、事业

第二节 货币资金

货币资金是指直接以货币形态存在的资产。根据存放的地点、方式和用途不同，货币资金可分为库存现金、银行存款、零余额账户用款额度、其他货币资金等。财务会计核算体系将库存现金、银行存款、零余额账户用款额度、其他货币资金作为一级科目进行核算。预算会计核算体系将库存现金、银行存款、零余额账户用款额度、其他货币资金并作"资金结存"科目核算。

一、库存现金

（一）定义

现金管理是我国一项重要的财经制度，其不论是对控制货币投放、全面推行公务卡结算、防止通货膨胀，还是对集中闲散资金、加速资金周转、维护财经纪律，都具有非常重要的作用。

现金是政府会计主体可以立即投入流通的交换媒介。从狭义上理解，现金指库存现金，这也是我国通常的现金概念，即单位在预算执行过程中为保障日常开支需要而存放于财务部门的货币资金。从广义上理解，现金包括库存现金、即期票据、银行存款等。

（二）科目的设置

通过"库存现金"科目核算库存现金的收入、支出和结存。"库存现金"科目下应当设置"受托代理资产"明细科目，核算单位受托代理、代管的现金。"库存现金"科目期末借方余额，反映单位实际持有的库存现金。

政府单位应当严格按照国家有关现金管理的规定收支现金，并按照制度规定核算现金的各项收支业务。

政府单位应当设置"库存现金日记账"，由出纳人员根据收付款凭证，按照业务发生顺序逐笔登记。每日终了，应当计算当日的现金收入合计数、现金支出合计数和结余数，并将结余数与实际库存数相核对，做到账款相符。

(三) 账务处理

1. 现金的收付

现金的账务处理，如表 2-3 所示。

表 2-3　　　　　　　　　　　现金的账务处理

经济业务与事项	财务会计处理	预算会计处理
提现	借：库存现金 　　贷：银行存款	不做处理
存现	借：银行存款 　　贷：库存现金	不做处理

【例 2-3】2020 年 1 月 23 日，某事业单位签发现金支票，从银行提取现金 10 000 元备用。财务处理如表 2-4 所示。

表 2-4　　　　　　　　　　　〖例 2-3〗的账务处理

经济业务与事项	财务会计处理	预算会计处理
2020 年 1 月 23 日，提现	借：库存现金　　　　10 000 　　贷：银行存款　　　　10 000	不做处理

2. 差旅费的预借与报销

差旅费预借与报销的账务处理，如表 2-5 所示。

表 2-5　　　　　　　　差旅费预借与报销的账务处理

经济业务与事项	财务会计处理	预算会计处理
职工出差等借出现金	借：其他应收款 　　贷：库存现金	不做处理
出差人员报销差旅费	借：业务活动费用/单位管理费用等［实际报销金额］ 　　库存现金［实际报销金额小于借款金额的差额］ 　　贷：其他应收款 或 借：业务活动费用/单位管理费用等［实际报销金额］ 　　贷：其他应收款 　　　　库存现金［实际报销金额大于借款金额的差额］	借：行政支出/事业支出等［实际报销金额］ 　　贷：资金结存——货币资金

【例 2-4】2020 年 3 月 25 日，某行政单位职工姜某公务出差，预借差旅费 5 000 元，用现金支付。账务处理如表 2-6 所示。

表 2-6　　　　　　　　　　【例 2-4】 的账务处理

经济业务与事项	财务会计处理	预算会计处理
2020 年 3 月 25 日，预借差旅费	借：其他应收款——姜某　5 000 　　贷：库存现金　　　　　　5 000	不做处理

3. 其他涉及现金的业务

其他涉及现金业务的账务处理，如表 2-7 所示。

表 2-7　　　　　　　　　其他涉及现金业务的账务处理

经济业务与事项	财务会计处理	预算会计处理
因开展业务等其他事项收到现金	借：库存现金 　　贷：事业收入/应收账款等	借：资金结存——货币资金 　　贷：事业预算收入等
因购买服务、商品或其他事项支出现金	借：业务活动费用/单位管理费用/其他费用/应收账款等 　　贷：库存现金	借：行政支出/事业支出/其他支出等 　　贷：资金结存——货币资金
对外捐赠现金资产	借：其他费用 　　贷：库存现金	借：其他支出 　　贷：资金结存——货币资金

4. 受托代理、代管现金

受托代理、代管现金的账务处理，如表 2-8 所示。

表 2-8　　　　　　　　　受托代理、代管现金的账务处理

经济业务与事项	财务会计处理	预算会计处理
收到现金	借：库存现金——受托代理资产 　　贷：受托代理负债	不做处理
支付现金	借：受托代理负债 　　贷：库存现金——受托代理资产	不做处理

5. 现金溢余的处理

现金溢余的账务处理，如表 2-9 所示。

表 2-9　　　　　　　　　　现金溢余的账务处理

经济业务与事项	财务会计处理	预算会计处理
按照溢余金额转入待处理财产损溢	借：库存现金 　　贷：待处理财产损溢	借：资金结存——货币资金 　　贷：其他预算收入

续表

经济业务与事项	财务会计处理	预算会计处理
属于应支付给有关人员或单位的部分	借：待处理财产损溢 　　贷：其他应付款 借：其他应付款 　　贷：库存现金	借：其他预算收入 　　贷：资金结存——货币现金
属于无法查明原因的部分，报经批准后	借：待处理财产损溢 　　贷：其他收入	不做处理

【例2-5】2020年3月5日，某事业单位对当日的现金进行盘查，发现库存现金账面余额20 500元，现金盘点20 800元，本日现金溢余300元，原因待查。账务处理如表2-10所示。

表2-10　　　　　　　　　【例2-5】的账务处理

经济业务与事项	财务会计处理	预算会计处理
2020年3月5日，按照溢余金额转入待处理财产损溢	借：库存现金　　　　　　300 　　贷：待处理财产损溢——现金溢余　　　　　　300	借：资金结存——货币资金　300 　　贷：其他预算收入　　　300

6. 现金短缺的处理

现金短缺的账务处理，如表2-11所示。

表2-11　　　　　　　　　现金短缺的账务处理

经济业务与事项	财务会计处理	预算会计处理
按照短缺金额转入待处理财产损溢	借：待处理财产损溢 　　贷：库存现金	借：其他支出 　　贷：资金结存——货币资金
属于应由责任人赔偿的部分	借：其他应收款 　　贷：待处理财产损溢 借：库存现金 　　贷：其他应收款	借：资金结存——货币资金 　　贷：其他支出
属于无法查明原因的部分，报经批准后	借：资产处置费用 　　贷：待处理财产损溢	不做处理

二、银行存款

（一）定义

银行存款指单位存入银行或者其他金融机构的各种存款。银行存款是单位行使职能的物质保证,因此,银行存款必须安全可靠,按照有关规定进行开户等管理,便于监管。

根据银行结算制度的有关规定,银行结算方式主要包括银行汇票、银行本票、商业汇票、汇兑、支票、委托收款、异地托收承付等。由于单位涉及银行结算的业务主要是在其公务活动中使用政府资金所引起的,因此在实际工作中,单位经常使用的银行结算方式主要是支票和汇兑。

(二)科目的设置

通过"银行存款"科目核算单位存入银行或者其他金融机构的各种存款。单位应当严格按照国家有关支付结算办法的规定办理银行存款收支业务,并按照规定核算银行存款的各项收支业务。"银行存款"科目应当设置"受托代理资产"明细科目,核算单位受托代理、代管的银行存款。

单位应当按照开户银行或其他金融机构、存款种类及币种等,分别设置"银行存款日记账",由出纳人员根据收付款凭证,按照业务的发生顺序逐笔登记,每日终了应结出余额。"银行存款日记账"应定期与"银行对账单"核对,至少每月核对一次。月度终了,单位银行存款日记账账面余额与银行对账单余额之间如有差额,应当逐笔查明原因并进行处理,按月编制"银行存款余额调节表",以调节相符。

(三)账务处理

1. 将款项存入银行等金融机构、提现、支付款项等

将款项存入银行等金融机构、提现、支付款项等的账务处理,如表2-12所示。

表2-12 将款项存入银行等金融机构、提现、支付款项等的账务处理

经济业务与事项	财务会计处理	预算会计处理
将款项存入银行或其他金融机构	借:银行存款 贷:库存现金/事业收入/其他收入等	借:资金结存——货币资金 贷:事业预算收入/其他预算收入等
提现	借:库存现金 贷:银行存款	不做处理
支付款项	借:业务活动费用/单位管理费用/其他费用等 贷:银行存款	借:行政支出/事业支出/其他支出等 贷:资金结存——货币资金

【例2-6】2020年3月23日,某事业单位收到财政预算拨款10 000元。

表2-13 〖例2-6〗的账务处理

经济业务与事项	财务会计处理	预算会计处理
2020年3月23日,将相关款项存入银行	借:银行存款　　　　10 000 　贷:财政补助收入　　　10 000	借:资金结存——货币资金 　　　　　　　　　10 000 　贷:财政补助预算收入　10 000

2. 银行存款账户相关利息、手续费

银行存款账户相关利息、手续费的账务处理，如表 2-14 所示。

表 2-14　　　　　银行存款账户相关利息、手续费的账务处理

经济业务与事项	财务会计处理	预算会计处理
收到银行存款利息	借：银行存款 　　贷：利息收入	借：资金结存——货币资金 　　贷：其他预算收入
支付银行手续费等	借：业务活动费用/单位管理费用等 　　贷：银行存款	借：行政支出/事业支出等 　　贷：资金结存——货币资金

3. 受托代理、代管银行存款

受托代理、代管银行存款的账务处理，如表 2-15 所示。

表 2-15　　　　　受托代理、代管银行存款的账务处理

经济业务与事项	财务会计处理	预算会计处理
收到银行存款	借：银行存款——受托代理资产 　　贷：受托代理负债	不做处理
支付银行存款	借：受托代理负债 　　贷：银行存款——受托代理资产	不做处理

4. 外币业务

外币业务的账务处理，如表 2-16 所示。

表 2-16　　　　　外币业务的账务处理

经济业务与事项	财务会计处理	预算会计处理
以外币购买物资、劳务等	借：在途物品/库存物品等 　　贷：银行存款［外币账户］/应付账款等［外币账户］	借：事业支出等 　　贷：资金结存——货币资金
以外币收取相关款项等	借：银行存款［外币账户］/应付账款等［外币账户］ 　　贷：事业收入等	借：资金结存——货币资金 　　贷：事业预算收入等
期末把即期汇率调整后的人民币余额与原账面人民币余额的差额，作为汇兑损益	借：银行存款/应收账款/应付账款等 　　贷：业务活动费用/单位管理费用等［汇兑收益］ 借：业务活动费用/单位管理费用等［汇兑损失］ 　　贷：银行存款/应收账款/应付账款等	借：资金结存——货币资金 　　贷：行政支出/事业支出等［汇兑收益］ 借：行政支出/事业支出等［汇兑损失］ 　　贷：资金结存——货币资金

【例2-7】2020年3月3日，某单位银行存款户收到外事服务收入1 000美元，当日人民币与美元的汇率为6.8∶1。账务处理如表2-17所示。

表2-17　　　　　　　　　　　〖例2-7〗的账务处理

经济业务与事项	财务会计处理	预算会计处理
2020年3月3日，存款户收到外事服务收入	借：银行存款——美元户　6 800 　　贷：其他收入　　　　　　6 800	借：资金结存——货币资金　6 800 　　贷：其他预算收入　　　　　6 800

三、零余额账户用款额度

（一）定义

我国政府目前实行国库集中收付制度。在这种制度下，零余额账户用款额度是财政部门授权相关单位根据批复的用款计划收到和使用资金的额度。单位的零余额账户是财政国库单一账户体系中的一类账户，是由财政部门为相关单位在商业银行开设，用于单位财政授权支付结算。财政部门定期向相关单位下达财政授权支付额度，单位在下达的额度内，自行签发授权支付指令，通知代理银行办理支付手续；代理银行于每日终了与财政国库存款账户进行资金清算后，余额为零，故称为"零余额账户"。

（二）科目的设置

通过"零余额账户用款额度"核算实行国库集中支付的单位根据财政部门批复的用款计划收到和支用的零余额账户用款额度。"零余额账户用款额度"科目期末借方余额，反映单位尚未支用的零余额账户用款额度。年末注销单位零余额账户用款额度后，"零余额账户用款额度"科目应无余额。

（三）账务处理

1. 收到额度

收到额度的账务处理，如表2-18所示。

表2-18　　　　　　　　　　　收到额度的账务处理

经济业务与事项	财务会计处理	预算会计处理
收到财政授权支付到账通知书	借：零余额账户用款额度 　　贷：财政拨款收入	借：资金结存——零余额账户用款额度 　　贷：财政拨款预算收入

【例2-8】2020年3月5日，某行政单位收到代理银行转来的"授权支付到账通知书"，本月用于项目支出的财政授权支付用款额度100 000元已经到账。账务处理如表2-19所示。

表2-19 〖例2-8〗的账务处理

经济业务与事项	财务会计处理	预算会计处理
2020年3月5日，收到财政授权支付到账通知书	借：零余额账户用款额度 100 000 　　贷：财政拨款收入 100 000	借：资金结存——零余额账户用款额度 　　　　　　　　　　　　　　100 000 　　贷：财政拨款预算收入 100 000

2. 按照规定支出额度

按照规定支出额度的账务处理，如表2-20所示。

表2-20 按照规定支出额度的账务处理

经济业务与事项	财务会计处理	预算会计处理
支付日常活动费用	借：业务活动费用/单位管理费用等 　　贷：零余额账户用款额度	借：行政支出/事业支出等 　　贷：资金结存——零余额账户用款额度
购买库存物品或购建固定资产等	借：库存物品/固定资产/在建工程等 　　贷：零余额账户用款额度	借：行政支出/事业支出等 　　贷：资金结存——零余额账户用款额度

3. 提现与退回现金

提现与退回现金的账务处理，如表2-21所示。

表2-21 提现与退回现金的账务处理

经济业务与事项	财务会计处理	预算会计处理
从零余额账户提取现金	借：库存现金 　　贷：零余额账户用款额度	借：资金结存——货币资金 　　贷：资金结存——零余额账户用款额度
将现金退回单位零余额账户	借：零余额账户用款额度 　　贷：库存现金	借：资金结存——零余额账户用款额度 　　贷：资金结存——货币资金

4. 因购货退回等发生国库授权支付

因购货退回等发生国库授权支付的账务处理，如表2-22所示。

表2-22 因购货退回等发生国库授权支付的账务处理

经济业务与事项	财务会计处理	预算会计处理
本年度授权支付的款项	借：零余额账户用款额度 　　贷：库存物品等	借：资金结存——零余额账户用款额度 　　贷：行政支出/事业支出等
以前年度授权支付的款项	借：零余额账户用款额度 　　贷：库存物品/以前年度盈余调整等	借：资金结存——零余额账户用款额度 　　贷：财政拨款结转/财政拨款结余

5. 年末注销额度

年末注销额度的账务处理，如表 2-23 所示。

表 2-23　　　　　　　　　　年末注销额度的账务处理

经济业务与事项	财务会计处理	预算会计处理
根据代理银行提供的对账单注销财政授权支付额度	借：财政应返还额度——财政授权支付 　贷：零余额账户用款额度	借：资金结存——财政应返还额度 　贷：资金结存——零余额账户用款额度
本年度财政授权支付预算指标数大于零余额账户额度下达数的，根据未下达的用款额度处理	借：财政应返还额度——财政授权支付 　贷：财政拨款收入	借：资金结存——财政应返还额度 　贷：财政拨款预算收入

6. 下年初恢复额度

下年初恢复额度的账务处理，如表 2-24 所示。

表 2-24　　　　　　　　　　下年初恢复额度的账务处理

经济业务与事项	财务会计处理	预算会计处理
根据代理银行提供的额度恢复到账通知书恢复财政授权支付额度	借：零余额账户用款额度 　贷：财政应返还额度——财政授权支付	借：资金结存——零余额账户用款额度 　贷：资金结存——财政应返还额度
收到财政部门批复的上年末未下达零余额账户用款额度	借：零余额账户用款额度 　贷：财政应返还额度——财政授权支付	借：资金结存——零余额账户用款额度 　贷：资金结存——财政应返还额度

【例 2-9】2020 年 1 月 5 日，某行政单位根据代理银行提供的额度恢复到账通知书，恢复上年未使用完的零余额账户用款额度 200 000 元。账务处理如表 2-25 所示。

表 2-25　　　　　　　　　　〖例 2-9〗的账务处理

经济业务与事项	财务会计处理	预算会计处理
2020 年 1 月 5 日，根据代理银行提供的额度恢复到账通知书恢复财政授权支付额度	借：零余额账户用款额度　200 000 　贷：财政应返还额度——财政授权支付 　　　　　　　　　　　　200 000	借：资金结存——零余额账户用款额度 　　　　　　　　　　　　200 000 　贷：资金结存——财政应返还额度 　　　　　　　　　　　　200 000

> **专栏 2-3**
>
> **从本单位零余额账户向本单位实有资金账户划转资金的账务处理**
>
> 单位在某些特定情况下按规定从本单位零余额账户向本单位实有资金账户划转资金用于后续相关支出的，可在"银行存款"或"资金结存——货币资金"科目下设置"财政拨款资金"明细科目，或采用辅助核算等形式，核算反映按规定从本单位零余额账户转入实有资金账户的资金金额，并应当按照以下规定进行账务处理：
>
> （1）从本单位零余额账户向实有资金账户划转资金时，按照划转的资金金额，借记"银行存款"科目，贷记"零余额账户用款额度"科目；同时，在预算会计中借记"资金结存——货币资金"科目，贷记"资金结存——零余额账户用款额度"科目。
>
> （2）将本单位实有资金账户中从零余额账户划转的资金用于相关支出时，按照实际支付的金额，借记"应付职工薪酬""其他应交税费"等科目，贷记"银行存款"科目；同时，在预算会计中借记"行政支出""事业支出"等支出科目下的"财政拨款支出"明细科目，贷记"资金结存——货币资金"科目。

四、其他货币资金

（一）定义和科目设置

通过"其他货币资金"科目核算单位的外埠存款、银行本票存款、银行汇票存款、信用卡存款等各种其他货币资金。本科目应当设置"外埠存款""银行本票存款""银行汇票存款""信用卡存款"等明细科目，进行明细核算。

（二）账务处理

1. 形成其他货币资金

形成其他货币资金的账务处理，如表 2-26 所示。

表 2-26　　　　　　　　形成其他货币资金的账务处理

经济业务与事项	财务会计处理	预算会计处理
取得银行本票、银行汇票、信用卡等时	借：其他货币资金——银行本票存款/银行汇票存款/信用卡存款等 　　贷：银行存款	不做处理

2. 发生相关支付

发生相关支付的账务处理，如表 2-27 所示。

表 2-27　　　　　　　　发生相关支付的账务处理

经济业务与事项	财务会计处理	预算会计处理
用银行本票、银行汇票、信用卡等支付时	借：在建物品/库存物品等 　贷：其他货币资金——银行本票存款/ 　　　银行汇票存款/信用卡存款	借：事业支出等 　贷：资金结存——货币资金

3. 余款退回时处理

余款退回时的账务处理，如表 2-28 所示。

表 2-28　　　　　　　　余款退回时的账务处理

经济业务与事项	财务会计处理	预算会计处理
用银行本票、银行汇票、信用卡的余款退回时	借：在银行存款 　贷：其他货币资金——银行本票存款/ 　　　银行汇票存款/信用卡存款	不做处理

需要注意的是，单位通过支付宝、微信等方式取得相关收入的，对于尚未转入银行存款的支付宝、微信收付款等第三方支付平台账户的余额，应当通过"其他货币资金"科目核算。

第三节　应收及预付账款

应收及预付款项，是指行政单位在日常业务活动中发生的各项债权，包括财政应返还额度、应收票据、应收账款、预付账款、应收股利、应收利息和其他应收款等。

一、财政应返还额度

（一）财政应返还额度的定义

财政应返还额度，是指实行国库集中支付的行政单位或事业单位应收财政下年度返还的资金额度，也就是结转到下一年使用的用款额度。包括可以使用的以前年度财政直接支付资金额度和财政应返还的财政授权支付资金额度。

（二）财政应返还额度的科目设置

"财政应返还额度"科目的借方登记财政应返还额度增加数、贷方则登记财政应返还额度减少数。同时，该科目应当设置"财政直接支付"和"财政授权支付"这两个明晰科目进行明细核算。

（三）财政应返还额度的账务处理

财政应返还额度的核算方式包括财政直接支付和财政授权支付两种方式。

1. 财政直接支付

财政直接支付的账务处理，如表 2-29 所示。

表 2-29　　　　　　　　　　　财政直接支付的账务处理

经济业务与事项	财务会计处理	预算会计处理
年末，单位根据本年度财政直接支付预算指标数大于当年财政直接支付实际数的发生额	借：财政应返还额度——财政直接支付 　　贷：财政拨款收入	借：资金结存——财政应返还额度 　　贷：财政拨款预算收入
下年度，单位使用以前年度财政直接支付额度支付款项	借：业务活动费用/单位管理费用/库存物品等 　　贷：财政应返还额度——财政直接支付	借：行政支出（行政单位）/事业支出（事业单位） 　　贷：资金结存——财政应返还额度

2. 财政授权支付

财政授权支付的账务处理，如表 2-30 所示。

表 2-30　　　　　　　　　　　财政授权支付的账务处理

经济业务与事项	财务会计处理	预算会计处理
年末，根据代理银行提供的对账单作注销额度的相关财务处理	借：财政应返还额度——财政授权支付 　　贷：零余额账户用款额度	借：资金结存——财政应返还额度 　　贷：资金结存——零余额账户用款额度
年末，单位本年度财政授权支付预算指标数大于零余额账户用款额度下达数的，根据未下达的用款额度	借：财政应返还额度——财政授权支付 　　贷：财政拨款收入	借：资金结存——财政应返还额度 　　贷：财政拨款预算收入
下年度，单位根据代理银行提供的上年度注销额度恢复到账通知书作恢复额度的相关账务处理	借：零余额账户用款额度 　　贷：财政应返还额度——财政授权支付	借：资金结存——零余额账户用款额度 　　贷：资金结存——财政应返还额度

【例 2-10】某单位发生如下业务：

（1）年底，该单位"财政应返还额度"项目的金额为 200 万元，其中，应返还财政直接支付额度为 40 万元，财政授权支付额度为 160 万元。

（2）下年，收到"财政直接支付额度恢复通知书"，恢复上年底注销的财政直接支付额度 40 万元和财政授权支付额度 160 万元。

账务处理如表 2-31 所示。

表 2-31　　　　　　　　　　　　〖例 2-10〗的账务处理

经济业务与事项	财务会计处理	预算会计处理
对财政直接支付额度部分	借：财政应返还额度——财政直接支付　　400 000　　贷：财政拨款收入　　400 000	借：资金结存——财政应返还额度（财政直接支付）　　400 000　　贷：财政拨款预算收入　　400 000
对财政授权支付额度部分	借：财政应返还额度——财政授权支付　　1 600 000　　贷：零余额账户用款额度　　1 600 000	借：资金结存——财政应返还额度（财政授权支付）　　1 600 000　　贷：资金结存——零余额账户用款额度　　1 600 000

二、应收票据

（一）应收票据的定义

应收票据，是指单位因开展业务经营活动销售产品、提供有偿服务等而收到的商业汇票，包括银行承兑汇票和商业承兑汇票。

（二）应收票据的科目设置

事业单位应当设置"应收票据"总账科目。"应收票据"科目期末借方余额，反映事业单位持有的商业汇票票面金额。应收票据应当按照开出、承兑商业汇票的单位等进行明细核算。事业单位应当设置应收票据备查簿，逐笔登记每一应收票据的种类、号数、出票日期、到期日、票面金额、交易合同号和付款人、承兑人、背书人姓名或单位名称、背书转让日、贴现日期、贴现率和贴现净额、收款日期、收回金额和退票情况等。应收票据到期结清票款或退票后，应当在备查簿内逐笔注销。

（三）应收票据的账务处理

1. 收到商业汇票

收到商业汇票的账务处理，如表 2-32 所示。

表 2-32　　　　　　　　　　　　收到商业汇票的账务处理

经济业务与事项	财务会计处理	预算会计处理
销售产品、提供服务等收到商业汇票时	借：应收票据　　贷：经营收入等	不做处理

2. 商业汇票向银行贴现

商业汇票向银行贴现的账务处理，如表 2-33 所示。

表 2-33　　　　　　　　　　商业汇票向银行贴现的账务处理

经济业务与事项	财务会计处理	预算会计处理
持未到期的商业汇票向银行贴现	借：银行存款［贴现净额］ 　　经营费用等［贴现利息］ 　贷：应收票据［不附追索权］/短期借款［附追索权］	借：资金结存——货币资金 　贷：经营预算收入等［贴现净额］
附追索权的商业汇票到期未发生追索事项	借：短期借款 　贷：应收票据	不做处理

3. 商业汇票背书转让

商业汇票背书转让的账务处理，如表 2-34 所示。

表 2-34　　　　　　　　　　商业汇票背书转让的账务处理

经济业务与事项	财务会计处理	预算会计处理
将持有的商业汇票背书转让以取得所需物资	借：库存物品等 　贷：应收票据 　　　银行存款［差额］	借：经营支出等［支付的金额］ 　贷：资金结存——货币资金

4. 商业汇票到期

商业汇票到期的账务处理，如表 2-35 所示。

表 2-35　　　　　　　　　　商业汇票到期的账务处理

经济业务与事项	财务会计处理	预算会计处理
商业汇票到期，收回应收票据	借：银行存款 　贷：应收票据	借：资金结存——货币资金 　贷：经营预算收入等
商业汇票到期，付款人无力支付票款时	借：应收账款 　贷：应收票据	不做处理

【例 2-11】某事业单位销售一批商品给企业，货已发出，增值税专用发票上注明的商品价款为 100 000 元，增值税销项税额为 17 000 元。当日收到企业签发的不带息商业承兑汇票一张，该票据的期限为 3 个月。相关销售商品收入符合收入确认条件。

该政府会计主体的账务处理如表 2-36 所示。

表 2-36　　　　　　　　　　　　　〖例 2-11〗的账务处理

经济业务与事项	财务会计处理	预算会计处理
销售产品收到商业汇票时	借：应收账款　　　　　117 000 　　贷：经营收入　　　　　100 000 　　　　应交增值税——销项税额（增值税一般纳税人）　34 000	不做处理
3个月后，应收票据到期，该政府会计主体收回款项117 000元，存入银行	借：银行存款　　　　　117 000 　　贷：应收票据　　　　　117 000	借：资金结存——货币资金 　　　　　　　　　　　117 000 　　贷：经营预算收入　　117 000

三、应收账款

（一）应收账款的定义

应收账款，是指核算单位提供服务、销售产品等应收取的款项，以及单位因出租资产、出售物资等应收取的款项。

（二）应收账款的科目设置

单位应当设置"应收账款"总账科目。该科目核算事业单位提供服务、销售产品等应收取的款项，以及单位因出租资产、出售物资等应收取的款项。"应收账款"科目应当按照债务单位（或个人）进行明细核算。"应收账款"科目期末借方余额，反映单位尚未收回的应收账款。

（三）应收账款的账务处理

1. 发生应收账款时

发生应收账款时的账务处理，如表 2-37 所示。

表 2-37　　　　　　　　　　　发生应收账款时的账务处理

经济业务与事项	财务会计处理	预算会计处理
应收账款收回后不需上缴财政	借：应收账款 　　贷：事业收入/经营收入/其他收入等	不做处理
应收账款收回后需上缴财政	借：应收账款 　　贷：应缴财政款	不做处理

2. 收回应收账款时

收回应收账款时的账务处理，如表 2-38 所示。

表 2-38　　　　　　　　　　收回应收账款时的账务处理

经济业务与事项	财务会计处理	预算会计处理
应收账款收回后不需上缴财政	借：银行存款等 　贷：应收账款	借：资金结存——货币资金等 　贷：事业预算收入/经营预算收入/其他预算收入等
应收账款收回后需上缴财政	借：银行存款等 　贷：应收账款	不做处理

【例 2-12】某事业单位 2020 年 5 月 10 日开展活动产生事业收入 20 000 元，款项未收。5 月 20 日，收到对方单位公司款项 20 000 元。账务处理如表 2-39 所示。

表 2-39　　　　　　　　　　【例 2-12】的账务处理

经济业务与事项	财务会计处理	预算会计处理
2020 年 5 月 10 日，开展业务，产生应收账款	借：应收账款——公司　20 000 　贷：事业收入　　　　　　20 000	不做处理
2020 年 5 月 20 日，收到应收账款	借：银行存款　　　　　　20 000 　贷：应收账款——甲公司　20 000	借：资金结存——货币资金　20 000 　贷：事业预算收入　　　　　　20 000

3. 逾期无法收回的应收账款

逾期无法收回的应收账款的账务处理，如表 2-40 所示。

表 2-40　　　　　　逾期无法收回的应收账款的账务处理

经济业务与事项	财务会计处理	预算会计处理
报批后予以核销	借：坏账准备/应缴财政款 　贷：应收账款	不做处理
事业单位已核销不需上缴财政的应收账款在以后期间收回	借：应收账款/银行存款 　贷：坏账准备/应收账款	借：资金结存——货币资金 　贷：非财政拨款结余等
事业单位已核销需上缴财政的应收账款在以后期间收回	借：银行存款等 　贷：应缴财政款	不做处理

四、预付账款

（一）预付账款的定义

预付账款，是指核算单位按照购货、服务合同或协议规定预付给供应单位（或个人）的款项，以及按照合同规定向承包工程的施工企业预付的备料款和工程款。

（二）预付账款的科目设置

预付账款应当按照供应单位（或个人）以及具体科目进行明细核算。对于基本建设项目发生的预付账款，还应当在本科目所属基建项目明细科目下设置"预付备料款""预付工程款""其他预付款"等明细科目，进行明细核算。"预付账款"科目期末借方余额，反映范围实际预付但尚未结算的款项。

（三）预付账款的账务处理

1. 发生预付账款时

发生预付账款时的账务处理，如表 2-41 所示。

表 2-41　　　　　　　　　发生预付账款时的账务处理

经济业务与事项	财务会计处理	预算会计处理
发生预付账款时	借：预付账款 　　贷：财政拨款收入/零余额账户用款额度/银行存款等	借：行政支出/事业支出等 　　贷：财政拨款预算收入/资金结存

2. 收到所购物资或劳务，以及根据工程进度结算工程价款等时

收到所购物资或劳务，以及根据工程进度结算工程价款等时的账务处理，如表 2-42 所示。

表 2-42　　　收到所购物资或劳务，以及根据工程进度结算工程价款等时的账务处理

经济业务与事项	财务会计处理	预算会计处理
收到所购物资或劳务，以及根据工程进度结算工程价款等时	借：业务活动费用/库存物品/固定资产/在建工程等 　　贷：预付账款/零余额账户用款额度/财政拨款收入/银行存款等［补付款项］	借：行政支出/事业支出等［补付款项］ 　　贷：财政拨款预算收入/资金结存

3. 预付账款退回

预付账款退回的账务处理，如表 2-43 所示。

表 2-43　　　　　　　　　预付账款退回的账务处理

经济业务与事项	财务会计处理	预算会计处理
当年预付款退回	借：零余额账户用款额度/财政拨款收入/银行存款等 　　贷：预付账款	借：财政拨款预算收入/资金结存 　　贷：行政支出/事业支出等

续表

经济业务与事项	财务会计处理	预算会计处理
以前年度预付款退回	借：零余额账户用款额度/财政应返还额度/银行存款等 贷：预付账款	借：资金结存 贷：财政拨款结余——年初余额调整/财政拨款结转——年初余额调整等

4. 逾期无法收回的预付账款转为其他应收款

逾期无法收回的预付账款转为其他应收款的账务处理，如表2－44所示。

表2－44　　　　逾期无法收回的预付账款转为其他应收款的账务处理

经济业务与事项	财务会计处理	预算会计处理
逾期无法收回的预付账款转为其他应收款	借：其他应收款 贷：预付账款	不做处理

【例2－13】某单位发生如下经济业务：

（1）为购买办公用品，向公司预付货款20 000元的50%，尚未收到实物，开出财政授权支付凭证，通知代理银行付款。

（2）月末，签收全部所购办公用品，支付剩余50%的价款。

账务处理如表2－45所示。

表2－45　　　　　　　　【例2－13】的账务处理

经济业务与事项	财务会计处理	预算会计处理
购买物品，预付货款，尚未收到实物	借：预付账款——向公司预付货款　　10 000 贷：零余额账户用款额度　10 000	借：事业支出——财政拨款支出——基本支出　　10 000 贷：资金结存——零余额账户用款额度　10 000
签收物品，支付剩余货款	借：库存物品　　20 000 贷：预付账款　　10 000 零余额账户用款额度　10 000	借：事业支出——财政拨款支出——基本支出　　10 000 贷：资金结存——零余额账户用款额度　10 000

五、应收股利

（一）应收股利的定义

应收股利，是指核算事业单位持有长期股权投资应当收取的现金股利或应当分得的利润。

（二）应收股利的科目设置

为核算事业单位因持有股权投资应当收取的现金股利或利润，事业单位会计应设置"应收股利"总账科目。"应收股利"科目属于资产类科目,应当按照被投资主体进行明细核算。"应收股利"科目期末借方余额反映政府尚未收回的现金股利或利润。

(三)应收股利的账务处理

1. 取得的长期股权投资

取得的长期股权投资的账务处理,如表 2-46 所示。

表 2-46　　　　　　　　　　取得的长期股权投资的账务处理

经济业务与事项	财务会计处理	预算会计处理
取得长期股权投资	借:长期股权投资 　　应收股利[取得投资支付价款中包含的已宣告但尚未发放的股利或利润] 　贷:银行存款[取得投资支付的全部价款]	借:投资支出[取得投资支付的全部价款] 　贷:资金结存——货币资金
收到取得投资所支付价款中包含的已宣告但尚未发放的股利或利润时	借:银行存款 　贷:应收股利	借:资金结存——货币资金 　贷:投资支出等

2. 持有投资期间

持有投资期间的账务处理,如表 2-47 所示。

表 2-47　　　　　　　　　　持有投资期间的账务处理

经济业务与事项	财务会计处理	预算会计处理
被投资单位宣告发放现金股利或利润	借:应收股利 　贷:投资收益/长期股权投资	不做处理
收到现金股利或利润时	借:银行存款 　贷:应收股利	借:资金结存——货币资金 　贷:投资预算收益

六、应收利息

(一)应收利息的定义

应收利息,是指核算事业单位长期债券投资应当收取的利息。

(二)应收利息的科目设置

事业单位应当设置"应收利息"总账科目。应收利息应当按照被投资单位等进行明细核算。"应收利息"科目期末借方余额,反映事业单位应收未收的长期债券投资利息。事业单位购入的到期一次还本付息的长期债券投资持有期间的利息,应当通过"长期债券投资——应计利息"科目核算,不通过"应收利息"科目核算。

(三) 应收利息的账务处理

1. 取得的债券投资

取得的债券投资的账务处理，如表 2-48 所示。

表 2-48　　　　　　　　　　取得的债券投资的账务处理

经济业务与事项	财务会计处理	预算会计处理
取得长期债券投资	借：长期债券投资 　　应收利息 [取得投资支付价款中包含的已到付息期但尚未领取的利息] 　贷：银行存款 [取得投资支付的全部价款]	借：投资支出 [取得投资支付的全部价款] 　贷：资金结存——货币资金
收到取得投资所支付价款中包含的已到付息期但尚未领取的利息时	借：银行存款 　贷：应收利息	借：资金结存——货币资金 　贷：投资支出等

2. 持有投资期间

持有投资期间的账务处理，如表 2-49 所示。

表 2-49　　　　　　　　　　持有投资期间的账务处理

经济业务与事项	财务会计处理	预算会计处理
按期计提利息	借：应收利息 [分期付息、到期还本债券计提的利息] 　贷：投资收益	不做处理
实际收到利息	借：银行存款 　贷：应收利息	借：资金结存——货币资金 　贷：投资预算收益

七、其他应收款

(一) 其他应收款的定义

其他应收款是指核算单位除财政应返还额度、应收票据、应收账款、预付账款、应收股利、应收利息以外的其他各项应收及暂付款项，如职工预借的差旅费、已经偿还银行尚未报销的本单位公务卡欠款、拨付给内部有关部门的备用金、应向职工收取的各种垫付款项、支付的可以收回的订金或押金、应收的上级补助和附属单位上缴款项等。

(二) 其他应收款的科目设置

其他应收款应当设置"其他应收款"总账科目。该科目核算单位除财政应返还额度、应收票据、应收账款、预付账款、应收股利、应收利息以外的其他各项应收与暂付款项，如职工预借的差旅费、已经偿还银行尚未报销的本单位公务卡欠款、拨付给内部有关部门的备用金等。"其他应收款"按照其他应收款的类别以及债务单位（或个人）进行明细核算。"其他应收款"科目借方余额，反映单位尚未收回的其他应收款。

（三）其他应收款的账务处理

1. 发生暂付款项（包括偿还未报销的公务卡款项）

发生暂付款项的账务处理，如表 2 - 50 所示。

表 2 - 50　　　　　　　　　　发生暂付款项的账务处理

经济业务与事项	财务会计处理	预算会计处理
暂付款项时	借：其他应收款 　贷：银行存款/库存现金/零余额账户用款额度等	不做处理
报销时	借：业务活动费用/单位管理费用等［实际报销金额］ 　贷：其他应收款	借：行政支出/事业支出等［实际报销金额］ 　贷：资金结存
收回暂付款项时	借：库存现金/银行存款等 　贷：其他应收款	

2. 发生其他各种应收款项

发生其他各种应收款项的账务处理，如表 2 - 51 所示。

表 2 - 51　　　　　　　　发生其他各种应收款项的账务处理

经济业务与事项	财务会计处理	预算会计处理
确认其他应收款时	借：其他应收款 　贷：上级补助收入/附属单位上缴收入/其他收入等	不做处理
收到其他应收款项时	借：银行存款/库存现金等 　贷：其他应收款	借：资金结存——货币资金 　贷：上级补助预算收入/附属单位上缴预算收入/其他预算收入等

3. 拨付给内部有关部门的备用金

拨付给内部有关部门的备用金的账务处理，如表 2 - 52 所示。

表 2 - 52　　　　　　　拨付给内部有关部门的备用金的账务处理

经济业务与事项	财务会计处理	预算会计处理
财务部门核定并发放备用金时	借：其他应收款 　贷：库存现金	不做处理

续表

经济业务与事项	财务会计处理	预算会计处理
根据报销数用现金补足备用金定额时	借：业务活动费用/单位管理费用等 　　贷：库存现金	借：行政支出/事业支出等 　　贷：资金结存——货币资金

4. 逾期无法收回的其他应收款

逾期无法收回的其他应收款的账务处理，如表2-53所示。

表2-53　　　　　　　　逾期无法收回的其他应收款的账务处理

经济业务与事项	财务会计处理	预算会计处理
经批准核销时	借：坏账准备［事业单位］/资产处置费用［行政单位］ 　　贷：其他应收款	不做处理
已核销的其他应收款在以后期间收回	事业单位： 借：其他应收款 　　贷：坏账准备 借：银行存款等 　　贷：其他应收款 行政单位： 借：银行存款等 　　贷：其他收入	借：资金结存——货币资金 　　贷：其他预算收入

【例2-14】某事业单位发生如下业务：

（1）工作人员小李因公务出差预借差旅费9 000元，通过现金账户予以支付。

（2）小李出差归来报销差旅费，报销金额为10 000元，报销差额1 000元以现金支付。

账务处理如表2-54所示。

表2-54　　　　　　　　　　〖例2-14〗的账务处理

经济业务与事项	财务会计处理	预算会计处理
小李借差旅费	借：其他应收款——小李　　9 000 　　贷：库存现金　　　　　　　9 000	不做处理
报销差旅费	借：业务活动费用　　　　　10 000 　　贷：其他应收款——小李　　9 000 　　　　库存现金　　　　　　1 000	借：事业支出——财政拨款支出——基本支出　　　　　　　　　　　10 000 　　贷：资金结存——货币资金10 000

> **专栏 2-4**
>
> ## 公 务 卡
>
> 所谓公务卡，是指财政预算单位工作人员持有的、主要用于日常公务支出和财务报销业务的贷记卡。公务卡消费的资金范围主要包括差旅费、会议费、招待费和零星购买支出等费用。
>
> 公务卡支付结算的范围主要是中央预算单位原使用现金结算的公用经费支出，包括差旅费、会议费、招待费和5万元以下的零星购买支出等。对于预算单位原使用支票结算的有关支出是否改为使用公务卡结算，可以由单位根据实际情况自行确定。
>
> 公务卡的财务会计核算：单位偿还尚未报销的本单位公务卡欠款时，按照偿还的款项，借记"其他应收款"科目，贷记"零余额账户用款额度""银行存款"等科目；持卡人报销时，按照报销金额，借记"业务活动费用""单位管理费用"等科目，贷记"其他应收款"科目。
>
> 公务卡的预算会计核算：单位偿还尚未报销的本单位公务卡欠款时，预算会计不进行账务处理；单位公务卡持卡人报销时，按照实际报销金额，借记"行政支出""事业支出"等科目，贷记"资金结存"科目。

另外，行政事业单位（以下简称"单位"）按规定报经财政部门审核批准，在财政授权支付用款额度或财政直接支付用款计划下达之前，用本单位实有资金账户资金垫付相关支出，再通过财政授权支付方式或财政直接支付方式将资金归还原垫付资金账户的，应当按照以下规定进行账务处理：

（1）用本单位实有资金账户资金垫付相关支出时，按照垫付的资金金额，借记"其他应收款"科目，贷记"银行存款"科目；预算会计不做处理。

（2）通过财政直接支付方式或授权支付方式将资金归还原垫付资金账户时，按照归垫的资金金额，借记"银行存款"科目，贷记"财政拨款收入"科目，并按照相同的金额，借记"业务活动费用"等科目，贷记"其他应收款"科目；同时，在预算会计中，按照相同的金额，借记"行政支出""事业支出"等科目，贷记"财政拨款预算收入"科目。

八、坏账准备

（一）坏账准备的定义

坏账准备，是指核算事业单位对收回后不需上缴财政的应收账款和其他应收款提取的坏账准备。

（二）坏账准备的科目设置

单位应设置"坏账准备"会计科目，用以核算单位提取的坏账准备。单位应当定期或者至少每年年度终了，对应收款项进行全面检查，预计各项应收款项可能发生的坏账，对于没有把握收回的应收款项，应当计提坏账准备。坏账准备的科目设置应当分别"应收账款""其他应收款"进行明细核算。

（三）坏账准备的财务处理

1. 年末全面分析不需上缴财政的应收账款和其他应收款

年末全面分析不需上缴财政的应收账款和其他应收款的账务处理，如表2-55所示。

表2-55　年末全面分析不需上缴财政的应收账款和其他应收款的账务处理

经济业务与事项	财务会计处理	预算会计处理
计提坏账准备，确认坏账损失	借：其他费用 　贷：坏账准备	不做处理
冲减坏账准备	借：其他费用 　贷：坏账准备	不做处理

2. 逾期无法收回的应收账款和其他应收款

逾期无法收回的应收账款和其他应收款的账务处理，如表2-56所示。

表2-56　逾期无法收回的应收账款和其他应收款的账务处理

经济业务与事项	财务会计处理	预算会计处理
报批后予以核销	借：坏账准备 　贷：应收账款/其他应收款	不做处理
已核销不需上缴财政的应收款项在以后期间收回	借：银行存款 　贷：应收账款/其他应收款	借：资金结存——货币资金 　贷：非财政拨款结余等

【例2-15】2019年末，某事业单位收回不再上缴财政的应收账款的借方余额为100 000元，经认真分析发生坏账的可能性，该单位确定按"应收账款"余额的5‰提取坏账准备。2020年7月9日，该单位应收账款发生了坏账损失750元，2020年末应收账款为120 000元。

表2-57　〖例2-15〗的账务处理

经济业务与事项	财务会计处理	预算会计处理
2019年末计提坏账准备	借：其他费用　　　500 　贷：坏账准备　　　　500	不做处理
2020年7月9日报批核销坏账	借：坏账准备　　　750 　贷：应收账款　　　　750	不做处理

· 51 ·

续表

经济业务与事项	财务会计处理	预算会计处理
2020 年末补提坏账准备	借：其他费用　　　　　850 　　贷：坏账准备　　　　　　850	不做处理

九、待摊费用

（一）待摊费用的定义

待摊费用，是指核算单位已经支付，但应当由本期和以后各期分别负担的分摊期在 1 年以内（含 1 年）的各项费用，如预付航空保险费、预付租金等。

（二）待摊费用的科目设置

待摊费用应当按照待摊费用种类进行明细核算。摊销期限在 1 年以上的租入固定资产改良支出和其他费用，应当通过"长期待摊费用"科目核算，不通过本科目核算。待摊费用应当在其受益期限内分期平均摊销，如预付航空保险费应在保险期的有效期内、预付租金应在租赁期内分期平均摊销，计入当期费用。

（三）待摊费用的财务核算

待摊费用的账务处理，如表 2－58 所示。

表 2－58　　　　　　　　　　待摊费用的账务处理

经济业务与事项	财务会计处理	预算会计处理
发生待摊费用时	借：待摊费用 　　贷：财政拨款收入/零余额账户用款额度/ 　　　　银行存款等	借：行政支出/事业支出等 　　贷：财政拨款预算收入/资金结存
按受益期限分期平均摊销时	借：业务活动费用/单位管理费用/经营费用等 　　贷：待摊费用［每期摊销金额］	不做处理
将摊余金额一次全部转入当期费用时	借：业务活动费用/单位管理费用/经营费用等 　　贷：待摊费用［全部未摊销金额］	不做处理

第四节　存　货

一、存货概述

（一）存货的概念及确认

依据《政府会计准则第 1 号——存货》，存货是指政府会计主体在开展业务活动及其他活动中为耗用或出售而储存的资产，如材料、产品、包装物和低值易耗品等，以及未达到固定资产标准的用具、装具、动植物等。政府储备物资、收储土地等，适用其他相关政府会计准则。

同时满足以下两个条件,才能确认为存货:
(1) 与该存货相关的服务潜力很可能实现或者经济利益很可能流入政府会计主体;
(2) 该存货的成本或者价值能够可靠地计量。

(二) 存货的特点

存货一般具有以下特点:
(1) 作为有形资产,存货具有较强的流动性,经常处于不断销售、耗用、购买或重置中,具有较快的变现能力和明显的流动性。
(2) 存货具有时效性和发生潜在损失的可能性。在正常的经营活动下,存货能够规律地转换为货币资产或其他资产,但长期不能耗用的存货就有可能变为积压物资或降价销售,从而造成损失。

(三) 存货的分类

按经济内容不同,存货可分为原材料、在产品、半成品、产成品、商品、周转材料、委托代销商品等。依据《政府会计制度——行政事业单位会计科目和报表》,在会计处理中,存货可以分为在途物品、库存物品、加工物品三类。

二、存货的计价

(一) 初始计量

存货在取得时应当按照成本进行初始计量。按照取得方式不同,其计价方式有所区别,具体如下:

(1) 政府会计主体购入的存货,其成本包括购买价款、相关税费、运输费、装卸费、保险费以及使得存货达到目前场所和状态所发生的归属于存货成本的其他支出。

(2) 政府会计主体自行加工的存货,其成本包括耗用的直接材料费用、发生的直接人工费用和按照一定方法分配的与存货加工有关的间接费用。

(3) 政府会计主体委托加工的存货,其成本包括委托加工前存货成本、委托加工的成本(如委托加工费以及按规定应计入委托加工存货成本的相关税费等)以及使存货达到目前场所和状态所发生的归属于存货成本的其他支出。

(4) 政府会计主体通过置换取得的存货,其成本按照换出资产的评估价值,加上支付的补价或减去收到的补价,加上为换入存货发生的其他相关支出确定。

(5) 政府会计主体接受捐赠的存货,其成本按照有关凭据注明的金额加上相关税费、运输费等确定;没有相关凭据可供取得,但按规定经过资产评估的,其成本按照评估价值加上相关税费、运输费等确定;没有相关凭据可供取得、也未经资产评估的,其成本比照同类或类似资产的市场价格加上相关税费、运输费等确定;没有相关凭据且未经资产评估、同类或类似资产的市场价格也无法可靠取得的,按照名义金额入账,相关税费、运输费等计入当期费用。

(6) 政府会计主体无偿调入的存货,其成本按照调出方账面价值加上相关税费、运输费等确定。

(7) 政府会计主体盘盈的存货,按规定经过资产评估的,其成本按照评估价值确定;未经资产评估的,其成本按照重置成本确定。

另外，需要注意的是，下列各项应当在发生时确认为当期费用，不计入存货成本：

（1）非正常消耗的直接材料、直接人工和间接费用。

（2）仓储费用（不包括在加工过程中为达到下一个加工阶段所必需的费用）。

（3）不能归属于使存货达到目前场所和状态所发生的其他支出。

（二）后续计量

《政府会计准则第1号——存货》规定了三种确定发出存货实际成本的计价方法，分别为先进先出法、加权平均法、个别计价法。在运用三种方法进行计量时，需要注意以下几点：

（1）计价方法一经确定，不得随意变更。

（2）对于性质和用途相似的存货，应当采用相同的成本计价方法确定发出存货的成本。

（3）对于不能替代使用的存货、为特定项目专门购入或加工的存货，通常采用个别计价法确定发出存货的成本。

（4）对于已发出的存货，应当将其成本结转为当期费用或者计入相关资产成本。

（5）按规定报经批准对外捐赠、无偿调出的存货，应当将其账面余额予以转销，对外捐赠、无偿调出中发生的归属于捐出方、调出方的相关费用应当计入当期费用。

（6）政府会计主体应当采用一次转销法或者五五摊销法对低值易耗品、包装物进行摊销，将其成本计入当期费用或者相关资产成本。

（7）对于发生的存货毁损，应当将存货账面余额转销计入当期费用，并将毁损存货处置收入扣除相关处置税费后的差额按规定作应缴款项处理（差额为净收益时）或计入当期费用（差额为净损失时）。

（8）存货盘亏造成的损失，按规定报经批准后应当计入当期费用。

专栏 2-5

存货的三种计价方法

1. 先进先出法是以先购入的存货先发出这样一种存货实物流转假设为前提，对发出存货进行计价的一种方法。采用这种方法，先购入的存货成本在后购入的存货成本之前转出，据此确定发出存货和期末存货的成本。采用这种方法的具体做法是：先按存货的期初余额的单价计算发出的存货的成本，领发完毕后，再按第一批入库的存货的单价计算，依此从前向后类推，计算发出存货和结存货的成本。

2. 加权平均法也称月末一次加权平均法，指以期初存货数量和本月购进存货数量作为权数去除本月全部收货成本加上月初存货成本，计算出存货的加权平均单位成本，来确定本期存货发出成本和期末存货成本。这种方法只需在月末计算一次，比较方便。

3. 个别计价法是假设存货的成本流转与实物流转相一致,按照各种存货,逐一辨认分批发出存货和期末存货所属的购进批别或生产批别,分别按其购入或生产时所确定的单位成本作为计算各批发出存货和期末存货成本的方法。

【例 2-16】某事业单位 2020 年 2 月甲材料的进出明细如下:
(1) 2020 年 2 月初,甲材料库存数量为 40 件,单价为 8 元/件;
(2) 2020 年 2 月 4 日,购入甲材料 80 件,单价为 11 元/件;
(3) 2020 年 2 月 7 日,发出甲材料 60 件。

解析:
(1) 先进先出法计算成本:2 月 7 日,发出材料 60 件,先进入仓库的是月初库存材料 40 件,每件 8 元。然后再从 2 月 4 日购入的 80 件中取出 20 件,每件 11 元。所以发出甲材料 60 件的成本确定为:40×8+20×11=540 元。
(2) 加权平均法计算成本:先计算现有材料的平均单价,即(40×8+80×11)/(40+80)=10 元/件。因此发出甲材料 60 件的成本为 600 元。

三、在途物品

(一) 在途物品的定义

在途物品是指单位采购材料等物资时货款已付或已开出商业汇票但尚未验收入库的物品。"在途物品"科目即对其采购成本进行核算。

(二) 在途物品的科目设置

"在途物品"科目借方登记尚在运输途中的购入材料,贷方登记已验收入库的材料的实际成本。期末借方余额,反映单位在途物品的采购成本。本科目可按照供应单位和物品种类进行明细核算。

(三) 在途物品的账务处理

在途物品的账务处理,如表 2-59 所示。

表 2-59　　　　　　　　　　在途物品的账务处理

经济业务与事项	财务会计处理	预算会计处理
购入材料等物资,结算凭证收到货未到,款已付或已开出商业汇票	借:在途物品 　贷:财政拨款收入/零余额账户用款额度/银行存款/应付票据等	借:行政支出/事业支出/经营支出等 　贷:财政拨款预算收入/资金结存
所购材料等物资到达验收入库	借:库存物品 　贷:在途物品	不做处理

【例 2-17】2020 年 2 月 1 日某事业单位从国外购入一批专业耗材,价值 50 000 元货款已支付,结算凭证已收到,目前专业耗材正在清关,还未收到。有关账务处理如下:

(1) 假设用基本账户资金支付，账务处理如表 2-60 所示。

表 2-60 〖例 2-17〗(1) 的账务处理

经济业务与事项	财务会计处理	预算会计处理
2020 年 2 月 1 日，购入专业耗材（已支付，未到货）	借：在途物品　　　　50 000 　贷：银行存款　　　　　50 000	借：事业支出　　　　50 000 　贷：资金结存——货币资金 　　　　　　　　　　50 000

(2) 若 2020 年 3 月 23 日收到耗材并验收入库，账务处理如表 2-61 所示。

表 2-61 〖例 2-17〗(2) 的账务处理

经济业务与事项	财务会计处理	预算会计处理
2020 年 3 月 23 日，收到耗材并验收入库	借：库存物品　　　　50 000 　贷：在途物品　　　　　50 000	不做处理

四、库存物品

(一) 库存物品的定义

库存物品是指单位在开展业务活动及其他活动中为耗用或出售而储存的各种材料、产品、包装物、低值易耗品，以及达不到固定资产标准的用具、装具、动植物等。"库存物品"科目即对其成本进行核算。已完成的测绘、地质勘察、设计成果等成本，也通过本科目核算。

需要注意以下四种情况不通过本科目核算：

(1) 单位随买随用的零星办公用品，可以在购进时直接列作费用，不通过本科目核算。

(2) 单位控制的政府储备物资，应当通过"政府储备物资"科目核算，不通过本科目核算。

(3) 单位受托存储保管的物资和受托转赠的物资，应当通过"受托代理资产"科目核算，不通过本科目核算。

(4) 单位为在建工程购买和使用的材料物资，应当通过"工程物资"科目核算，不通过本科目核算。

(二) 库存物品的科目设置

"库存物品"科目借方登记入库物品的成本，贷方登记发出物品的成本，期末借方余额，反映单位库存物品的实际成本。

本科目应当按照库存物品的种类、规格、保管地点等进行明细核算。单位储存的低值易耗品、包装物较多的，可以在本科目（低值易耗品、包装物）下按照"在库""在用"和"摊销"等进行明细核算。

（三）库存物品的账务处理

1. 取得的库存物品，应当按照其取得时的成本入账

取得库存物品的账务处理，如表2-62所示。

表2-62　　　　　　　　　　取得库存物品的账务处理

经济业务与事项		财务会计处理	预算会计处理
外购的库存物品验收入库		借：库存物品 　贷：财政拨款收入/财政应返还额度/零余额账户用款额度/银行存款/应付账款等	借：行政支出/事业支出/经营支出等 　贷：财政拨款预算收入/资金结存
自制的库存物品加工完成、验收入库		借：库存物品——相关明细科目 　贷：加工物品——自制物品	不做处理
委托外单位加工收回的库存物品		借：库存物品——相关明细科目 　贷：加工物品——委托加工物品	不做处理
置换换入的库存物品		借：库存物品［换出资产评估价值＋其他相关支出］ 　　固定资产累计折旧/无形资产累计摊销 　　资产处置费用［借差］ 　贷：库存物品/固定资产/无形资产等［账面余额］ 　　银行存款等［其他相关支出］ 　　其他收入［贷差］	借：其他支出［实际支付的其他相关支出］ 　贷：资金结存
涉及补价的	①支付补价的	借：库存物品［换出资产评估价值＋其他相关支出＋补价］ 　　固定资产累计折旧/无形资产累计摊销 　　资产处置费用［借差］ 　贷：库存物品/固定资产/无形资产等［账面余额］ 　　银行存款等［其他相关支出＋补价］ 　　其他收入［贷差］	借：其他支出［实际支付的补价和其他相关支出］ 　贷：资金结存
	②收到补价的	借：库存物品［换出资产评估价值＋其他相关支出－补价］ 　　银行存款等［补价］ 　　固定资产累计折旧/无形资产累计摊销 　　资产处置费用［借差］ 　贷：库存物品/固定资产/无形资产等［账面余额］ 　　银行存款等［其他相关支出］ 　　应缴财政款［补价－其他相关支出］ 　　其他收入［贷差］	借：其他支出［其他相关支出大于收到的补价的差额］ 　贷：资金结存

续表

经济业务与事项	财务会计处理	预算会计处理
接受捐赠的库存物品	借：库存物品［按照确定的成本］ 　　贷：银行存款等［相关税费］ 　　　　捐赠收入	借：其他支出［实际支付的相关税费］ 　　贷：资金结存
无偿调入的库存物品	借：库存物品［按照确定的成本］ 　　贷：银行存款等［相关税费］ 　　　　无偿调拨净资产	借：其他支出［实际支付的相关税费］ 　　贷：资金结存
按照名义金额入账的接收捐赠、无偿调入的库存物品同时发生的相关税费、运输费等	借：库存物品［名义金额］ 　　贷：捐赠收入［接受捐赠］ 　　　　/无偿调拨净资产［无偿调入］ 借：其他费用 　　贷：银行存款等	不做处理 借：其他支出 　　贷：资金结存

【例 2-18】2020 年 2 月 1 日某事业单位向某企业外购材料一批。材料成本为 50 000 元（不含增值税），材料已验收入库，双方适用的增值税税率为 13%。款项采用授权支付方式，用零余额账户用款额度支付。单位按实际成本核算原材料，作为单位非独立核算经营。有关账务处理如表 2-63 所示。

表 2-63　　　　　　　　　　　〖例 2-18〗的账务处理

经济业务与事项	财务会计处理	预算会计处理
2020 年 2 月 1 日，购入专业耗材（已验收入库）	借：库存物品　　　　　　　　50 000 　　应交增值税——应交税金（进项税额） 　　　　　　　　　　　　　　6 500 　　贷：零余额账户用款额度　　56 500	借：经营支出　　　　　　　　56 500 　　贷：资金结存——零余额账户用款额度 　　　　　　　　　　　　　　56 500

【例 2-19】2020 年 3 月某单位收到另一单位捐赠实验材料一批。单位收到的存货作为经营非独立存货核算。捐赠的实验材料价值为 50 000 元，取得专用发票，适用的增值税税率为 13%。单位支付含增值税运输费 436 元，适用的增值税税率为 9%，已经通过银行存款支付。有关账务处理如表 2-64 所示。

表 2-64　　　　　　　　　　　〖例 2-19〗的账务处理

经济业务与事项	财务会计处理	预算会计处理
2020 年 3 月，接受捐赠的库存物品（实验材料）	借：库存物品——实验材料 　　　　　　　　　　　　　　50 400 　　应交增值税——应交税金（进项税额） 　　　　　　　　　　　　　　6 536 　　贷：银行存款等　　　　　　　436 　　　　捐赠收入　　　　　　56 500	按照支付的相关税费： 借：其他支出　　　　　　　　　436 　　贷：资金结存　　　　　　　　436

2. 发出库存物品

发出库存物品的账务处理，如表2-65所示。

表2-65 发出库存物品的账务处理

经济业务与事项	财务会计处理	预算会计处理
开展业务活动、按照规定自主出售或加工物品等领用、发出库存物品时①	借：业务活动费用/单位管理费用/经营费用/加工物品等 　　贷：库存物品 [按照领用、发出成本]	不做处理
经批准对外捐赠的库存物品发出时	借：资产处置费用 　　贷：库存物品 [账面余额] 　　　　银行存款 [归属于捐出方的相关费用]	借：其他支出 [实际支付的相关费用] 　　贷：资金结存
经批准无偿调出的库存物品发出时	借：无偿调拨净资产 　　贷：库存物品 [账面余额] 借：资产处置费用 　　贷：银行存款等 [归属于调出方的相关费用]	借：其他支出 [实际支付的相关费用] 　　贷：资金结存
经批准对外出售 [自主出售除外] 的库存物品发出时	借：资产处置费用 　　贷：库存物品 [账面余额] 借：银行存款等 [收到的价款] 　　贷：银行存款等 [发生的相关税费] 　　　　应缴财政款	不做处理
经批准置换换出的库存物品	参照置换换入"库存物品"的处理	

【例2-20】2020年2月13日，某事业单位开展业务活动领用库存物品，领用、发出的实际成本为13 000元，管理活动领用库存物品实际成本为5 000元。有关账务处理如表2-66所示。

表2-66 〖例2-20〗的账务处理

经济业务与事项	财务会计处理	预算会计处理
2020年2月13日，开展业务活动领用库存物品	借：业务活动费用　　　　13 000 　　单位管理费用　　　　5 000 　　贷：库存物品　　　　　18 000	不做处理

---

① 采用一次转销法摊销低值易耗品、包装物的，在首次领用时将其账面余额一次性摊销计入有关成本费用，借记有关科目，贷记本科目；采用五五摊销法摊销低值易耗品、包装物的，首次领用时，将其账面余额的50%摊销计入有关成本费用，借记有关科目，贷记本科目；使用完时，将剩余的账面余额转销计入有关成本费用，借记有关科目，贷记本科目。

3. 库存物品定期盘点及毁损、报废

库存物品定期盘点及毁损、报废的账务处理,如表 2-67 所示。

表 2-67　　　　　　库存物品定期盘点及毁损、报废的账务处理

经济业务与事项	财务会计处理	预算会计处理
盘盈的库存物品	借:库存物品 　贷:待处理财产损溢	不做处理
盘亏或者毁损、报废的库存物品转入待处理资产	借:待处理财产损溢 　贷:库存物品〔账面余额〕	不做处理
增值税一般纳税人购进的非自用材料发生盘亏或者毁损、报废的	借:待处理财产损溢 　贷:应交增值税——应交税金(进项税额转出)	不做处理

【例 2-21】某单位 2020 年 12 月 20 日对库存物品进行盘点,发现一批实验用品已经损坏,无法使用,价值 3 000 元,经批准,转入待处理资产,有关账务处理如表 2-68 所示。

表 2-68　　　　　　　　〖例 2-21〗的账务处理

经济业务与事项	财务会计处理	预算会计处理
2020 年 12 月 20 日,毁损的库存物品转入待处理资产	借:待处理财产损溢　　3 000 　贷:库存物品　　　　　3 000	不做处理

五、加工物品

(一) 加工物品的定义

加工物品是指单位自制或委托外单位加工的各种物品。"加工物品"科目即对其实际成本进行核算。未完成的测绘、地质勘察、设计成果的实际成本,也通过本科目核算。

(二) 加工物品的科目设置

"加工物品"科目借方登记正在加工的物品,贷方登记加工完成入库物品的成本。期末借方余额,反映单位自制或委托外单位加工但尚未完工的各种物品的实际成本。

加工物品分为自制物品与委托加工物品两类。因此在实际操作中,本科目下设置"自制物品""委托加工物品"两个一级明细科目,并按照物品类别、品种、项目等设置明细账,进行明细核算。

"自制物品"一级明细科目下应当设置"直接材料""直接人工""其他直接费用"

等二级明细科目归集自制物品发生的直接材料、直接人工（专门从事物品制造人员的人工费）等直接费用；对于自制物品发生的间接费用，在"自制物品"一级明细科目下单独设置"间接费用"二级明细科目予以归集，期末再按照一定的分配标准和方法，分配计入有关物品的成本。

（三）加工物品的账务处理

1. 自制物品

自制物品的账务处理，如表 2-69 所示。

表 2-69　　　　　　　　　　　自制物品的账务处理

经济业务与事项	财务会计处理	预算会计处理
为自制物品领用材料时	借：加工物品——自制物品（直接材料） 　　贷：库存物品（相关明细科目）	不做处理
专门从事物资制造的人员发生的直接人工费用	借：加工物品——自制物品（直接人工） 　　贷：应付职工薪酬	不做处理
为自制物品发生其他直接费用和间接费用	借：加工物品——自制物品（其他直接费用、间接费用） 　　贷：财政拨款收入/零余额账户用款额度/银行存款等	借：事业支出/经营支出等［实际支付金额］ 　　贷：财政拨款预算收入/资金结存
自制加工完成、验收入库	借：库存物品（相关明细科目） 　　贷：加工物品——自制物品（直接材料、直接人工、其他直接费用、间接费用）	不做处理

其中，间接费用一般按照生产人员工资、生产人员工时、机器工时、耗用材料的数量或成本、直接费用（直接材料和直接人工）或产品产量等进行分配。单位可根据具体情况自行选择间接费用的分配方法。分配方法一经确定，不得随意变更。

【例 2-22】2020 年 1 月某单位自行加工材料一批。材料成本为 10 000 元，支付的加工费为 4 000 元。3 月份加工完成并验收入库，加工费用等通过银行存款支付。单位按实际成本核算原材料。有关账务处理如下：

（1）领用材料的账务处理如表 2-70 所示。

表 2-70　　　　　　　　　　　【例 2-22】（1）的账务处理

经济业务与事项	财务会计处理	预算会计处理
2020 年 1 月，为自制物品领用材料	借：加工物品——自制物品　　　　　　　　　　　10 000 　　贷：库存物品　　　　　　　10 000	不做处理

(2) 加工费用的账务处理如表 2-71 所示。

表 2-71　　　　　　　　〖例 2-22〗（2）的账务处理

经济业务与事项	财务会计处理	预算会计处理
2020 年 3 月，提取应付加工费用	借：加工物品——自制物品　4 000 　贷：应付职工薪酬　　　　　　4 000	不做处理
2020 年 3 月，支付加工费用	借：应付职工薪酬　　　　　　4 000 　贷：银行存款　　　　　　　　4 000	借：经营支出　　　　　　　　4 000 　贷：资金结存——货币资金　4 000

(3) 加工完成验收入库的账务处理如表 2-72 所示。

表 2-72　　　　　　　　〖例 2-22〗（3）的账务处理

经济业务与事项	财务会计处理	预算会计处理
2020 年 3 月，验收入库	借：库存物品——产品　　　　14 000 　贷：加工物品——自制物品 　　　　　　　　　　　　　　14 000	不做处理

2. 委托加工物品

委托加工物品的账务处理，如表 2-73 所示。

表 2-73　　　　　　　　委托加工物品的账务处理

经济业务与事项	财务会计处理	预算会计处理
发给外单位加工的材料	借：加工物品——委托加工物品 　贷：库存物品（相关明细科目）	不做处理
支付加工费用等	借：加工物品——委托加工物品 　贷：财政拨款收入/零余额账户用款额度/银行存款等	借：行政支出/事业支出/经营支出等 　贷：财政拨款预算收入/资金结存
委托加工完成的物品验收入库	借：库存物品（相关明细科目） 　贷：加工物品——委托加工物品	不做处理

【例 2-23】2019 年 2 月某事业单位委托某企业加工材料一批。材料成本为 10 000 元，加工费为 6 000 元。双方约定于 2019 年 6 月交货，并通过银行存款支付加工费用。此单位按实际成本核算原材料。有关账务处理如下：

(1) 发出委托加工材料的账务处理如表 2-74 所示。

表 2-74　　　　　　　　〖例 2-23〗（1）的账务处理

经济业务与事项	财务会计处理	预算会计处理
2019 年 2 月，发出委托加工材料	借：加工物品——委托加工物品　　10 000　　贷：库存物品　　10 000	不做处理

（2）支付加工费用的账务处理如表 2-75 所示。

表 2-75　　　　　　　　〖例 2-23〗（2）的账务处理

经济业务与事项	财务会计处理	预算会计处理
2019 年 6 月，支付加工费用	借：加工物品——委托加工物品　　6 000　　贷：银行存款　　6 000	不做处理

（3）加工完成后收回委托加工物品作为库存物品的账务处理如表 2-76 所示。

表 2-76　　　　　　　　〖例 2-23〗（3）的账务处理

经济业务与事项	财务会计处理	预算会计处理
2019 年 6 月，收回委托加工物品作为库存物品	借：库存物品——乙材料　16 000　　贷：加工物品——委托加工物品　　16 000	不做处理

六、存货的披露

政府会计主体应当在附注中披露与存货有关的下列信息：
（1）各类存货的期初和期末账面余额。
（2）确定发出存货成本所采用的方法。
（3）以名义金额计量的存货名称、数量，以及以名义金额计量的理由。
（4）其他有关存货变动的重要信息。

第五节　投　　资

一、投资概述

投资是指政府会计主体按规定以货币资金、实物资产、无形资产等方式形成的债权或股权投资。其中，投资可以分为短期投资和长期投资，长期投资又可以进一步分为长期股投资和长期债权投资。对于政府会计主体外币投资的折算，则适用其他相关政府会计准则。

总体来讲，投资具有以下特点：

（1）投资有一定的时间性。投资既可以是短期的（1年以内，包含1年），也可以是长期的（大于1年）。

（2）投资的最终目的是为了获取收益，政府会计主体以货币资金、实物资产、无形资产等方式去获取对方的债权或者股权，最终目的是为了可以从所拥有的债权或者股权中获取收益。

（3）投资收益有一定的风险性。投资通常会面临一系列风险，例如，政治风险、市场风险等等。投资的时间越长，投资收益面临的不确定性也就越大，从而获取收益的风险就越大。

二、短期投资

（一）定义及特点

短期投资是指政府会计主体取得的持有时间不超过1年（含1年）的投资。通常来讲，短期投资具有以下特点：

（1）投资时间短，变现容易。短期投资的持有时间通常不超过1年，并且便于变现。

（2）投资目的非常清晰。短期投资往往是政府会计主体为了提升临时闲散资金的使用效率而进行的对外投资。

（二）科目设置

本科目应当按照投资的种类等进行明细核算。本科目期末借方余额，反映事业单位持有短期投资的成本。

（三）账务处理

1. 取得短期投资

取得短期投资的账务处理，如表2-77所示。

表2-77　　　　　　　　取得短期投资的账务处理

经济业务与事项	财务会计处理	预算会计处理
取得短期投资	借：短期投资 　　贷：银行存款等	借：投资支出 　　贷：资金结存——货币资金
收到购买时已到付息期但尚未领取的利息时	借：银行存款 　　贷：短期投资	借：资金结存——货币资金 　　贷：投资支出

【例2-24】2019年2月1日，某事业单位以银行存款购买60 000元的有价债券（其中包含已到付息期但尚未领取的利息2 000元），准备8个月内出售。账务处理如表2-78所示。

表 2-78　　　　　　　　　　〖例 2-24〗的账务处理

经济业务与事项	财务会计处理	预算会计处理
2019 年 2 月 1 日，取得短期投资	借：短期投资　　　　60 000 　　贷：银行存款　　　　　60 000	借：投资支出　　　　　　60 000 　　贷：资金结存——货币资金 　　　　　　　　　　　　60 000

【例 2-25】2019 年 3 月 1 日，该事业单位收到购买时已到付息期但尚未领取的利息 2 000 元。账务处理如表 2-79 所示。

表 2-79　　　　　　　　　　〖例 2-25〗的账务处理

经济业务与事项	财务会计处理	预算会计处理
2019 年 3 月 1 日，收到购买时已到付息期但尚未领取的利息	借：银行存款　　　　2 000 　　贷：短期投资　　　　　2 000	借：资金结存——货币资金 2 000 　　贷：投资支出　　　　　2 000

2. 短期投资持有期间收到利息

短期投资持有期间收到利息的账务处理，如表 2-80 所示。

表 2-80　　　　　　　　短期投资持有期间收到利息的账务处理

经济业务与事项	财务会计处理	预算会计处理
短期投资持有期间收到利息	借：银行存款 　　贷：投资收益	借：资金结存——货币资金 　　贷：投资预算收益

【例 2-26】2019 年 7 月 1 日，该事业单位收到持有该债券的利息 6 000 元。账务处理如表 2-81 所示。

表 2-81　　　　　　　　　　〖例 2-26〗的账务处理

经济业务与事项	财务会计处理	预算会计处理
2019 年 7 月 1 日，短期投资持有期间收到利息	借：银行存款　　　　6 000 　　贷：投资收益　　　　　6 000	借：资金结存——货币资金 6 000 　　贷：投资预算收益　　　6 000

3. 出售短期投资或到期收回短期投资（国债）本息

出售短期投资或到期收回短期投资（国债）本息的账务处理，如表 2-82 所示。

表 2-82　　　出售短期投资或到期收回短期投资（国债）本息的账务处理

经济业务与事项	财务会计处理	预算会计处理
出售短期投资或到期收回短期投资（国债）本息	借：银行存款［实际收到的金额］ 　　投资收益［借差］ 贷：短期投资［账面余额］ 　　投资收益［贷差］	借：资金结存——货币资金［实收款］ 　　投资预算收益［实收款小于投资成本的差额］ 贷：投资支出［出售或收回当年投资的］/其他结余［出售或收回以前年度投资的］ 　　投资预算收益［实收款大于投资成本的差额］

【例 2-27】2019 年 10 月 1 日，该事业单位出售其持有的债券，收到 66 000 元，并收到持有期间的其他利息 3 000 元。账务处理如表 2-83 所示。

表 2-83　　　　　　　　　　〖例 2-27〗的账务处理

经济业务与事项	财务会计处理	预算会计处理
2019 年 10 月 1 日，出售短期投资	借：银行存款　　　69 000 贷：短期投资　　　　60 000 　　投资收益　　　　　9 000	借：资金结存——货币资金 　　　　　　　　　　69 000 贷：投资支出　　　　60 000 　　投资预算收益　　　9 000

三、长期股权投资

（一）定义及特点

长期股权投资是指政府会计主体取得的持有时间超过 1 年（不含 1 年）的股权性质的投资。通常来讲，长期股权投资具有以下的特点：

（1）时间较长，变现能力差。长期股权投资的时间通常要多于 1 年，并且不太容易变现。

（2）在享受收益的同时，也承担相应的风险。对于长期股权投资而言，虽然可以享受较高的收益，但如果被投资单位发生相应的亏损，那么政府会计投资主体也会面临承受一定损失的风险。

（二）科目设置

本科目应当按照被投资单位和长期股权投资取得方式等进行明细核算。长期股权投资采用权益法核算的，还应当按照"成本""损益调整""其他权益变动"设置明细科目，进行明细核算。本科目期末借方余额，反映事业单位持有的长期股权投资的价值。

（三）财务处理

1. 取得长期股权投资

取得长期股权投资的账务处理，如表 2-84 所示。

表2-84　　　　　　　　　　　　取得长期股权投资的账务处理

经济业务与事项	财务会计处理	预算会计处理
以现金取得的长期股权投资	借：长期股权投资——成本/长期股权投资 　　应收股利［实际支付价款中包含的已宣告但尚未发放的股利或利润］ 　贷：银行存款等［实际支付的价款］	借：投资支出［实际支付的价款］ 　贷：资金结存——货币资金
收到取得投资所支付价款中包含的已宣告但尚未发放的股利或利润	借：银行存款 　贷：应收股利	借：资金结存——货币资金 　贷：投资支出等
以现金以外的其他资产置换取得长期股权投资	参照"库存物品"科目中置换取得库存物品的账务处理	
以未入账的无形资产取得的长期股权投资	借：长期股权投资 　贷：银行存款/其他应交税费 　　其他收入	借：其他支出［支付的相关税费］ 　贷：资金结存
接受捐赠的长期股权投资	借：长期股权投资——成本/长期股权投资 　贷：银行存款等［相关税费］ 　　捐赠收入	借：其他支出［支付的相关税费］ 　贷：资金结存
无偿调入的长期股权投资	借：长期股权投资 　贷：无偿调拨净资产 　　银行存款等［相关税费］	借：其他支出［支付的相关税费］ 　贷：资金结存

【例2-28】2020年2月1日，某事业单位经批准以自有资金630 000元购买一项长期股权投资，其中包括已宣告但尚未发放的现金股利30 000元。账务处理如表2-85所示。

表2-85　　　　　　　　　　　　【例2-28】的账务处理

经济业务与事项	财务会计处理	预算会计处理
2020年2月1日，购买长期股权投资	借：长期股权投资——成本　　600 000 　　应收股利　　　　　　　　30 000 　贷：银行存款　　　　　　　630 000	借：投资支出　　　　　　　630 000 　贷：资金结存——货币资金 　　　　　　　　　　　　　630 000

【例2-29】2020年4月25日，该事业单位收到现金股利30 000元。账务处理如表2-86所示。

表 2-86　〖例 2-29〗的账务处理

经济业务与事项	财务会计处理	预算会计处理
2020 年 4 月 25 日，收到现金股利	借：银行存款　　　　30 000 　　贷：应收股利　　　　30 000	借：资金结存——货币资金 　　　　　　　　　　30 000 　　贷：投资支出　　　　30 000

【例 2-30】2020 年 3 月 1 日，某事业单位以未入账的专利权对 D 有限责任公司进行投资。这一专利权的评估价值为 300 000 元，支付评估费用 10 000 元，发生相关税费 12 000 元。账务处理如表 2-87 所示。

表 2-87　〖例 2-30〗的账务处理

经济业务与事项	财务会计处理	预算会计处理
2020 年 3 月 1 日，以未入账的专利权投资，支付评估费用，发生相关税费	借：长期股权投资　　322 000 　　贷：银行存款　　　　10 000 　　　　其他应交税费　12 000 　　　　其他收入　　　300 000	借：其他支出　　　　10 000 　　贷：资金结存——货币资金 　　　　　　　　　　10 000

【例 2-31】2020 年 4 月 5 日，某事业单位接受 D 有限责任公司捐赠的 5% 股权，该股权的市场价值是 200 000 元。在接受捐赠过程中，该事业单位发生了相关税费 10 000 元。账务处理如表 2-88 所示。

表 2-88　〖例 2-31〗的账务处理

经济业务与事项	财务会计处理	预算会计处理
2020 年 4 月 5 日，接受捐赠股权投资，发生相关税费	借：长期股权投资——成本 　　　　　　　　　　210 000 　　贷：银行存款　　　　10 000 　　　　捐赠收入　　　200 000	借：其他支出　　　　10 000 　　贷：资金结存——货币资金 　　　　　　　　　　10 000

【例 2-32】2020 年 5 月 1 日，某事业单位无偿调入某兄弟单位所拥有的 D 有限责任公司 5% 的股权，该股权的市场价值是 200 000 元。该事业单位在无偿调入过程中发生相关税费 7 000 元，以银行存款支付。账务处理如表 2-89 所示。

表 2-89　〖例 2-32〗的账务处理

经济业务与事项	财务会计处理	预算会计处理
2020 年 5 月 1 日，无偿调入股权投资	借：长期股权投资　　207 000 　　贷：无偿调拨净资产　200 000 　　　　银行存款　　　　7 000	借：其他支出　　　　　7 000 　　贷：资金结存——货币资金　7 000

2. 长期股权投资持有期间的收付

根据政府会计制度的要求,在长期持有股权投资期间,依据相关规定,可以采用权益法、成本法、权益法与成本法之间的转换进行财务处理。

(1) 成本法下。

成本法下的账务处理,如表2-90所示。

表2-90　　　　　　　　　　成本法下的账务处理

经济业务与事项	财务会计处理	预算会计处理
被投资单位宣告发放现金股利或利润	借：应收股利 　贷：投资收益	不做处理
收到被投资单位发放现金股利	借：银行存款 　贷：应收股利	借：资金结存——货币资金 　贷：投资预算收益

【例2-33】2019年4月1日,某事业单位以300 000元的价格购入D有限责任公司5%的股权,并支付13 000元的相关税费。该事业单位在取得公司的股权后,未以任何方式参与D公司的财务和生产经营决策。该事业群单位在取得股权投资后,D公司实现的净利润及利润分配情况,如表2-91所示。2020年4月1日,D公司宣布发放股利。账务处理如表2-92所示。

表2-91　　　　　　　　D公司实现的净利润及利润分配情况

年度	实现净利润	当年分配利润
2019	1 500 000	500 000
2020	2 000 000	1 100 000

注：D公司2019年度分配的利润属于其对2018年及以前实现的净利润分配。

表2-92　　　　　　　　　　【例2-33】的账务处理

经济业务与事项	财务会计处理	预算会计处理
2020年4月1日,被投资单位宣告发放现金股利或利润	借：应收股利 　　(1 100 000×5%)　55 000 　贷：投资收益　　　　　55 000	不做处理

【例2-34】2020年6月1日,该事业单位收到D公司发放的现金股利。账务处理如表2-93所示。

表 2－93　〖例 2－34〗的账务处理

经济业务与事项	财务会计处理	预算会计处理
2020 年 6 月 1 日，收到被投资单位发放的现金股利	借：银行存款 　　（110 000×5%）　　55 000 　　贷：应收股利　　　　　　55 000	借：资金结存——货币资金 　　　　　　　　　　　　55 000 　　贷：投资预算收益　　　55 000

（2）权益法下。

权益法下的账务处理，如表 2－94 所示。

表 2－94　　权益法下的账务处理

经济业务与事项	财务会计处理	预算会计处理
被投资单位实现净利润	借：长期股权投资——损益调整 　　贷：投资损益	不做处理
被投资单位发生净亏损	借：投资损益 　　贷：长期股权投资——损益调整	不做处理
被投资单位发生净亏损，但以后年度又实现净利润的，按规定恢复确认投资受益	借：长期股权投资——损益调整 　　贷：投资损益	不做处理
被投资单位宣告发放现金股利或利润	借：应收股利 　　贷：长期股权投资——损益调整	不做处理
收到被投资单位发放的现金股利	借：银行存款 　　贷：应收股利	借：资金结存——货币资金 　　贷：投资预算收益
被投资单位除净损益和利润分配以外的所有者权益变动	借：长期股权投资——其他权益变动 　　贷：权益法调整 或： 借：权益法调整 　　贷：长期股权投资——其他权益变动	不做处理

【例 2－35】某事业单位拥有一项 J 公司长期股权投资，占 J 公司 10% 的股权，采用权益法核算。2019 年 6 月 30 日，J 公司半年度财务报告上半年共实现净利润 3 000 000 元。账务处理如表 2－95 所示。

表 2-95　　　　　　　　　　〖例 2-35〗的账务处理

经济业务与事项	财务会计处理	预算会计处理
2019 年 6 月 30 日，J 公司实现净利润	借：长期股权投资——损益调整 　　　（3 000 000×10%）　300 000 　　贷：投资损益　　　　　　　　300 000	不做处理

【例 2-36】某事业单位拥有一项 J 公司长期股权投资，占 J 公司 10% 的股权，采用权益法核算。2019 年 8 月 30 日，J 公司半年度财务报告上半年发生净亏损 1 000 000 元。账务处理如表 2-96 所示。

表 2-96　　　　　　　　　　〖例 2-36〗的账务处理

经济业务与事项	财务会计处理	预算会计处理
2019 年 8 月 30 日，J 公司发生净亏损	借：投资损益 　　　（1 000 000×10%）　100 000 　　贷：长期股权投资——损益调整 　　　　　　　　　　　　　　100 000	不做处理

【例 2-37】某事业单位拥有一项 J 公司长期股权投资，占 J 公司 10% 的股权，采用权益法核算。2019 年 8 月 10 日，J 公司宣告发放现金股利，该事业单位应分得现金股利 100 000 元。9 月 10 日，收到该笔现金股利。账务处理如表 2-97 所示。

表 2-97　　　　　　　　　　〖例 2-37〗的账务处理

经济业务与事项	财务会计处理	预算会计处理
2019 年 8 月 10 日，J 公司宣告发放现金股利	借：应收股利　　　　　　　　　100 000 　　贷：长期股权投资——损益调整 　　　　　　　　　　　　　　100 000	不做处理
2019 年 9 月 10 日，收到发放的现金股利	借：银行存款　　　　　　　　　100 000 　　贷：应收股利　　　　　　　　100 000	借：资金结存——货币资金 　　　　　　　　　　　　　　100 000 　　贷：投资预算收益　　　　　100 000

【例 2-38】某事业单位拥有一项 J 公司长期股权投资，占 J 公司 10% 的股权，采用权益法核算。2019 年 5 月 10 日，该事业单位发生除净损益和利润分配以外的所有者权益变动增加金额为 100 000 元。账务处理如表 2-98 所示。

表 2 - 98　　　　　　　　　　　〖例 2 - 38〗的账务处理

经济业务与事项	财务会计处理	预算会计处理
2019 年 5 月 10 日，J 公司发生除净损益和利润分配以外的所有者权益变动	借：长期股权投资——其他权益变动 　　（100 000 × 10%）　　10 000 　　贷：权益法调整　　　　　10 000	不做处理

（3）追加投资成本法改为权益法。

追加投资成本法改为权益法的账务处理，如表 2 - 99 所示。

表 2 - 99　　　　　追加投资成本法改为权益法的账务处理

经济业务与事项	财务会计处理	预算会计处理
追加投资成本法改为权益法	借：长期股权投资——成本 　　贷：长期股权投资［成本法下账面余额］ 　　　　银行存款等［追加投资］	借：投资支出［实际支付的金额］ 　　贷：资金结存——货币资金

【例 2 - 39】2020 年 3 月 1 日，某事业单位取得 M 有限责任公司 20% 的股权，账面金额为 600 000 元，取得 M 公司的股权后，因为该单位未以任何方式参与 M 公司的财务与生产经营决策，故对其采用成本法进行核算。2020 年 5 月 1 日，该事业单位又以 1 000 000 元取得 M 公司 30% 的股权。取得股权以后，参照 M 公司的章程规定，该事业单位参与 M 公司的财务与生产经营决策，对该项长期投资转为权益法核算。账务处理如表 2 - 100 所示。

表 2 - 100　　　　　　　　　　　〖例 2 - 39〗的账务处理

经济业务与事项	财务会计处理	预算会计处理
2020 年 3 月 1 日，初始投资	借：长期股权投资——成本 　　　　　　　　　　　600 000 　　贷：银行存款　　　　600 000	借：投资支出　　　　　　600 000 　　贷：资金结存——货币资金 　　　　　　　　　　　　600 000
2020 年 5 月 1 日，追加投资	借：长期股权投资——成本 　　　　　　　　　　1 600 000 　　贷：长期股权投资　　600 000 　　　　银行存款　　　1 000 000	借：投资支出　　　　　1 000 000 　　贷：资金结存——货币资金 　　　　　　　　　　　1 000 000

（4）权益法改为成本法。

权益法改为成本法的账务处理，如表 2 - 101 所示。

表 2-101　　　　　　　　　权益法改为成本法的账务处理

经济业务与事项	财务会计处理	预算会计处理
权益法改为成本法	借：长期股权投资 　贷：长期股权投资——成本 　　　长期股权投资——损益调整 　　　长期股权投资——其他权益变动	不做处理

【例 2-40】2019 年 2 月 15 日，某事业单位用一台使用过的机器设备进行对外投资，与 N 有限责任公司协商作价 700 000 元购入该公司 70% 的股权。按照 N 公司的章程规定，该单位参与 N 公司的财务和生产经营决策，对该项长期股权投资采用权益法核算。2019 年 10 月 30 日，N 公司实现净利润 400 000 元。2020 年 2 月 4 日该单位将其持有的丁公司的 35% 股权出售给某企业，取得价款 350 000 元，除净损益和利润分配以外的所有者权益变动金额为 200 000 元。2020 年 3 月 1 日，在出售 35% 股权后，该单位对 N 公司的持股比例为 35%，无法决定对 N 公司的财务和生产经营决策，对该项长期股权投资转为成本法核算。账务处理如表 2-102 所示。

表 2-102　　　　　　　　　【例 2-40】的账务处理

经济业务与事项	财务会计处理	预算会计处理
2020 年 3 月 1 日，出售股权后，权益法改为成本法	借：长期股权投资　　　455 000 　贷：长期股权投资——成本 　　　（7 000 000/2）　　350 000 　　　长期股权投资——损益调整 　　　（400 000×70% -200 000×70%）/2 　　　　　　　　　　　　70 000 　　　长期股权投资——其他权益变动 　　　（70 000/2）　　　35 000	不做处理

3. 出售（转让）长期股权投资

（1）处置以现金取得的长期股权投资。

处置以现金取得的长期股权投资的账务处理，如表 2-103 所示。

表 2-103　　　　　处置以现金取得的长期股权投资的账务处理

经济业务与事项	财务会计处理	预算会计处理
处置以现金取得的长期股权投资	借：银行存款［实际取得价款］ 　　投资收益［借差］ 　贷：长期股权投资［账面余额］ 　　　应收股利［尚未领取的现金股利或利润］ 　　　银行存款等［支付的相关税费］ 　　　投资收益［贷差］	借：资金结存——货币资金［取得价款扣减支付的相关税费后的金额］ 　贷：投资支出/其他结余［投资款］ 　　　投资预算收益

【例 2-41】某事业单位拥有 V 有限责任公司 5% 的股权,该投资于 2019 年 2 月 3 日以支付银行存款取得。该事业单位取得投资后,未以任何方式参与 V 公司的财务和经营政策决策。2020 年 1 月 31 日经批准将拥有 V 公司 5% 的股权转让,实际取得价款 600 000 元,已确认尚未收到的应收股利 23 000 元,发生相关税费 7 000 元,长期股权投资的账面余额为 500 000 元。账务处理如表 2-104 所示。

表 2-104 〖例 2-41〗的账务处理

经济业务与事项	财务会计处理	预算会计处理
2020 年 1 月 31 日,处置以现金取得的长期股权投资	借:银行存款　　　　　　600 000 　贷:长期股权投资　　　　500 000 　　应收股利　　　　　　23 000 　　银行存款　　　　　　　7 000 　　投资收益　　　　　　70 000	借:资金结存——货币资金 　　　　　　　　　　593 000 　贷:投资支出　　　　　500 000 　　投资预算收益　　　　93 000

(2) 处置以现金以外的其他资产取得的长期股权投资。

处置以现金以外的其他资产取得的长期股权投资的账务处理,如表 2-105 所示。

表 2-105　处置以现金以外的其他资产取得的长期股权投资的账务处理

经济业务与事项	财务会计处理	预算会计处理
处置净收入上缴财政	借:资产处置费用 　贷:长期股权投资 借:银行存款[实际取得价款] 　贷:应收股利[尚未领取的现金股利或利润] 　　银行存款等[支付的相关税费] 　　应缴财政款	借:资金结存——货币资金 　贷:投资预算收益[获得的现金股利或利润]
按照规定投资收益纳入单位预算管理	借:资产处置费用 　贷:长期股权投资 借:银行存款[实际取得价款] 　贷:应收股利[尚未领取的现金股利或利润] 　　银行存款等[支付的相关税费] 　　投资收益[取得价款扣减投资账面余额、应收股利和相关税费后的差额] 　　应缴财政款	借:资金结存——货币资金[取得价款扣减投资账面余额和相关税费后的差额] 　贷:投资预算收益

【例 2-42】2019 年 8 月 10 日,某事业单位经批准出让一项以非货币资金方式(不含科技成果转化形成的)取得的长期股权投资,出让款 600 000 元已于当日到账。该长期股权投资账面余额 550 000 元,已确认尚未收到的应收股利 40 000 元,银行转账支付相关税费 5 000 元。账务处理如表 2-106 所示。

表 2-106 〖例 2-42〗的账务处理

经济业务与事项	财务会计处理	预算会计处理
2019 年 8 月 10 日，处置净收入上缴财政	借：资产处置费用　　　550 000 　　贷：长期股权投资　　　　550 000 借：银行存款　　　　　600 000 　　贷：应收股利　　　　　　40 000 　　　银行存款　　　　　　 5 000 　　　应缴财政款　　　　　555 000	借：资金结存——货币资金 　　　　　　　　　　　40 000 　　贷：投资预算收益　　　 40 000

【例 2-43】2019 年 8 月 10 日，某事业单位经批准出让一项以非货币资金方式（不含科技成果转化形成的）取得的长期股权投资，出让款 600 000 元已于当日到账。该长期股权投资账面余额 550 000 元，已确认尚未收到的应收股利 40 000 元，投资收益纳入单位预算管理，银行转账支付相关税费 5 000 元。

表 2-107 〖例 2-43〗的账务处理

经济业务与事项	财务会计处理	预算会计处理
2019 年 8 月 10 日，投资收益纳入单位预算管理	借：资产处置费用　　　550 000 　　贷：长期股权投资　　　　550 000 借：银行存款　　　　　600 000 　　贷：应收股利　　　　　　40 000 　　　银行存款等　　　　　 5 000 　　　投资收益　　　　　　 5 000 　　　应缴财政款　　　　　550 000	借：资金结存——货币资金 　　　　　　　　　　　45 000 　　贷：投资预算收益　　　 45 000

4. 其他方式处置长期股权投资

其他方式处置长期股权投资的账务处理，如表 2-108 所示。

表 2-108 其他方式处置长期股权投资的账务处理

经济业务与事项	财务会计处理	预算会计处理
按照规定核销	借：资产处置费用 　　贷：长期股权投资［账面余额］	不做处理
置换转出	参照"库存物品"科目中置换取得库存物品的账务处理	

【例 2-44】2019 年 5 月 10 日，某事业单位拥有长期股权投资的 S 公司因经营不善而破产，导致该单位的长期股权投资发生亏损。按照规定报经批准以后，予以核销长期股权投资的账面余额为 100 000 元。账务处理如表 2-109 所示。

表 2-109　　　　　　　　　　　　〖例 2-44〗的账务处理

经济业务与事项	财务会计处理	预算会计处理
2019 年 5 月 10 日，按照规定核销	借：资产处置费用　　　　100 000 　　贷：长期股权投资　　　　　　100 000	不做处理

5. 权益法下，处置时结转原直接计入净资产的相关金额

处置时结转原直接计入净资产的相关金额的账务处理，如表 2-110 所示。

表 2-110　　　　处置时结转原直接计入净资产的相关金额的账务处理

经济业务与事项	财务会计处理	预算会计处理
权益法下，处置时结转原直接计入净资产的相关金额	借：权益法调整 　　贷：投资收益 或作相反分录	不做处理

6. 权益法下，事业单位处置以现金以外的其他资产取得的长期股权投资

事业单位处置以现金以外的其他资产取得的（不含科技成果转化形成的）长期股权投资时，按规定将取得的投资收益（此处的投资收益，是指长期股权投资处置价款扣除长期股权投资成本和相关税费后的差额）纳入本单位预算管理的。分别以长期股权投资的账面余额大于其投资成本和长期股权投资的账面余额小于其投资成本两种情况处理，具体如表 2-111 所示。

表 2-111　　事业单位处置以现金以外的其他资产取得的长期股权投资的账务处理

经济业务与事项	财务会计	预算会计
长期股权投资的账面余额大于其投资成本	借：资产处置费用 　　贷：长期股权投资——成本 借：银行存款 　　贷：应收股利［如有］ 　　　　长期股权投资——损益调整、其他权益变动［也可能在借方］ 　　　　银行存款［相关税费］ 　　　　投资收益［取得价款与投资账面余额、应收股利账面余额和相关税费支出合计数的差额］ 　　　　应缴财政款	借：资金结存——货币资金 　　贷：投资预算收益［取得价款减去投资成本和相关税费后的金额］

·76·

续表

经济业务与事项	财务会计	预算会计
长期股权投资的账面余额小于其投资成本	借：资产处置费用［投资账面余额］ 　　长期股权投资——损益调整、其他权益变动［部分明细科目余额也可能在贷方］ 　　贷：长期股权投资——成本 借：银行存款 　　贷：应收股利［如有］ 　　　　银行存款［相关税费］ 　　　　投资收益［取得价款大于投资成本、应收股利账面余额和相关税费支出合计数的差额］ 　　　　应缴财政款	借：资金结存——货币资金 　　贷：投资预算收益［取得价款减去投资成本和相关税费后的金额］

7. 事业单位以其持有的科技成果取得的长期股权投资

事业单位以其持有的科技成果取得的长期股权投资，应当按照评估价值加相关税费作为投资成本。事业单位按规定通过协议定价、在技术交易市场挂牌交易、拍卖等方式确定价格的，应当按照以上方式确定的价格加相关税费作为投资成本。

事业单位处置以科技成果转化形成的长期股权投资，按规定所取得的收入全部留归本单位的，应当按照实际取得的价款，借记"银行存款"等科目，按照被处置长期股权投资的账面余额，贷记"长期股权投资"科目，按照尚未领取的现金股利或利润，贷记"应收股利"科目，按照发生的相关税费等支出，贷记"银行存款"等科目，按照借贷方差额，借记或贷记"投资收益"科目；同时，在预算会计中，按照实际取得的价款，借记"资金结存——货币资金"科目，按照处置时确认的投资收益金额，贷记"投资预算收益"科目，按照贷方差额，贷记"其他预算收入"科目。

8. 事业单位按规定应将长期股权投资持有期间取得的投资净收益，以及以现金取得的长期股权投资处置时取得的净收入（处置价款扣除投资本金和相关税费后的净额）上缴本级财政并纳入一般公共预算管理的，在应收或收到上述有关款项时不确认投资收益，应通过"应缴财政款"科目核算。

四、长期债券投资

（一）长期债券投资的定义及特点

长期债券投资是指政府会计主体取得的持有时间超过1年（不含1年）的债券投资。长期债券投资通常具有以下特点：

（1）时间较长，变形能力差。长期债券的投资时间通常要多于1年，并且不太容易变现。

（2）投资风险要比长期股权投资低。相比于长期股权投资而言，长期债券投资往往会在债券到期以后返本付息，收益的稳定性要强于长期股权投资。

（二）长期债券投资的科目设置

本科目应当设置"成本"和"应计利息"明细科目，并按照债券投资的种类进行明细核算。本科目期末借方余额，反映事业单位持有的长期债券投资的价值。

（三）长期债券投资的财务处理

1. 取得长期债券投资

取得长期债券投资的账务处理，如表 2－112 所示。

表 2－112　　　　　　　　取得长期债券投资的账务处理

经济业务与事项	财务会计处理	预算会计处理
取得长期债券投资	借：长期债券投资——成本 　　应收利息［实际支付价款中包含的已到付息期但尚未领取的利息］ 　贷：银行存款等［实际支付价款］	借：投资支出［实际支付价款］ 　贷：资金结存——货币资金
收到取得投资所支付价款中包含的已到付息期但尚未领取的利息	借：银行存款 　贷：应收利息	借：资金结存——货币资金 　贷：投资支出等

【例 2－45】2020 年 2 月 1 日，某事业单位以自有资金 120 000 元购买 L 公司 5 年期债券，其中包括实际支付价款中包含的已到付息期但尚未领取的利息 5 000 元。账务处理如表 2－113 所示。

表 2－113　　　　　　　　【例 2－45】的账务处理

经济业务与事项	财务会计处理	预算会计处理
2020 年 2 月 1 日，取得长期债券投资	借：长期债券投资——成本　115 000 　　应收利息　　　　　　　　 5 000 　贷：银行存款等　　　　　 120 000	借：投资支出　　　　　　　120 000 　贷：资金结存——货币资金 　　　　　　　　　　　　　120 000

【例 2－46】2020 年 5 月 1 日，该事业单位收到取得投资所支付价款中包含的已到付息期但尚未领取的利息 5 000 元。账务处理如表 2－114 所示。

表 2－114　　　　　　　　【例 2－46】的账务处理

经济业务与事项	财务会计处理	预算会计处理
2020 年 5 月 1 日，收到取得投资所支付价款中包含的已到付息期但尚未领取的利息	借：银行存款　　　　　　5 000 　贷：应收利息　　　　　　5 000	借：资金结存——货币资金　5 000 　贷：投资支出　　　　　　　5 000

2. 持有长期债券投资期间

持有长期债券投资的账务处理，如表2-115所示。

表2-115　　　　　　　持有长期债券投资的账务处理

经济业务与事项	财务会计处理	预算会计处理
按期以票面金额与票面利率计算确认利息收入	借：应收利息［分期付息、到期还本］/长期债券投资——应计利息［到期一次还本付息］ 　　贷：投资收益	不做处理
实际收到分期支付的利息	借：银行存款 　　贷：应收利息	借：资金结存——货币资金 　　贷：投资预算收益
到期收回长期债券投资本息	借：银行存款等 　　贷：长期债券投资［账面余额］ 　　　　应收利息 　　　　投资收益	借：资金结存——货币资金 　　贷：投资支出/其他结余［投资成本］ 　　　　投资预算收益

【例2-47】2019年1月1日，某事业单位以自有资金120 000元购买L公司5年期债券，债券面值100 000元，票面利率10%，按年支付利息（即每年10 000元），本金最后一次支出。2019年12月31日，确认利息收入。2020年1月10日收到该笔利息。账务处理如表2-116所示。

表2-116　　　　　　　【例2-47】的账务处理

经济业务与事项	财务会计处理	预算会计处理
2020年12月31日，确认利息收入	借：应收利息　　　　10 000 　　贷：投资收益　　　　　10 000	不做处理
2020年1月10日，实际收到分期支付的利息	借：银行存款　　　　10 000 　　贷：应收利息　　　　　10 000	借：资金结存——货币资金 　　　　　　　　　　　10 000 　　贷：投资预算收益　　　10 000

3. 到期收回长期债券投资本息

到期收回长期债券投资本息的账务处理，如表2-117所示。

表2-117　　　　　　到期收回长期债券投资本息的账务处理

经济业务与事项	财务会计处理	预算会计处理
到期收回长期债券投资本息	借：银行存款等 　　贷：长期债券投资［账面余额］ 　　　　应收利息 　　　　投资收益	借：资金结存——货币资金 　　贷：投资支出/其他结余［投资成本］ 　　　　投资预算收益

【例 2-48】2019 年 1 月 1 日，某事业单位以自有资金 100 000 元购买 L 公司 5 年期债券，债券面值 100 000 元，票面利率 10%，按年支付利息（即每年 10 000 元）。2024 年 1 月 1 日，该事业单位到期收回长期债券投资本息。账务处理如表 2-118 所示。

表 2-118　　　　　　　　　【例 2-48】的账务处理

经济业务与事项	财务会计处理	预算会计处理
2019 年 1 月 1 日，购买债券时	借：长期债券投资　　100 000 　　贷：银行存款　　　　100 000	借：投资支出　　　　100 000 　　贷：资金结存——货币资金 　　　　　　　　　　100 000
2020 年 1 月 1 日收到支付的当年利息（其他年份略）	借：银行存款　　　　10 000 　　贷：投资收益　　　　10 000	借：资金结存——货币资金 　　　　　　　　　　10 000 　　贷：投资预算收益　　10 000
2024 年 1 月 1 日，收回长期债券投资本息	借：银行存款　　　　110 000 　　贷：长期债券投资　　100 000 　　　　投资收益　　　10 000	借：资金结存——货币资金 　　　　　　　　　　110 000 　　贷：投资支出　　　　100 000 　　　　投资预算收益　　10 000

4. 对外出售长期债券投资

对外出售长期债券投资的账务处理，如表 2-119 所示。

表 2-119　　　　　　　　对外出售长期债券投资的账务处理

经济业务与事项	财务会计处理	预算会计处理
对外出售长期债券投资	借：银行存款等［实际收到的款项］ 　　投资收益［借差］ 　　贷：长期债券投资［账面余额］ 　　　　应收利息 　　　　投资收益［贷差］	借：资金结存——货币资金 　　贷：投资支出/其他结余［投资成本］ 　　　　投资预算收益

【例 2-49】2018 年 2 月 1 日，某事业单位取得长期债券投资，支付对价 100 000 元。2020 年 3 月 1 日，该事业单位对外出售该长期债券投资，转让价格为 110 000 元。账务处理如表 2-120 所示。

表 2-120　　　　　　　　　【例 2-49】的账务处理

经济业务与事项	财务会计处理	预算会计处理
2020 年 3 月 1 日，对外出售长期债券投资	借：银行存款　　　　110 000 　　贷：长期债券投资　　100 000 　　　　投资收益　　　10 000	借：资金结存——货币资金 　　　　　　　　　　110 000 　　贷：其他结余　　　　100 000 　　　　投资预算收益　　10 000

五、投资的披露

政府会计主体应当在附注中披露与投资有关的下列信息：
（1）短期投资的增减变动及期初、期末账面余额。
（2）各类长期债权投资和长期股权投资的增减变动及期初、期末账面余额。
（3）长期股权投资的投资对象及核算方法。
（4）当期发生的投资净损益，其中重大的投资净损益项目应当单独披露。

第六节 固 定 资 产

一、固定资产概述

（一）固定资产的概念

固定资产，是指政府会计主体为满足自身开展业务活动或其他活动需要而控制的，使用年限超过1年（不含1年）、单位价值在规定标准以上，并在使用过程中基本保持原有物质形态的资产，一般包括房屋及构筑物、专用设备、通用设备等。

单位价值虽未达到规定标准，但是使用年限超过1年（不含1年）的大批同类物资，如图书、家具、用具、装具等，应当确认为固定资产。

这一概念包括三层含义[①]：

第一，固定资产的单位价值在规定标准以上。根据相关财务规则的规定，现行一般设备和专用设备的单位价值标准分别为1 000元和1 500元。单位价值未达到规定标准、但使用时间在1年以上的同类资产，也作为固定资产管理；

第二，固定资产的使用期限在1年以上。固定资产能够多次进行使用，且使用期限比较长，规定的使用期限要在1年以上，属于持久、耐用性的资产；

第三，固定资产在使用过程中能够基本保持原有物质形态，其价值在多次使用中，随着固定资产磨损程度的加深而逐渐消耗、转移。

（二）固定资产的分类

政府单位的固定资产一般分为六类：房屋及构筑物；专用设备；通用设备；文物和陈列品；图书、档案；家具、用具、装具及动植物。具体内容可见专栏2-6。

专栏2-6

《固定资产分类与代码标准》（GB/T 14885—2010）对固定资产的分类

（1）土地、房屋和构筑物，包括土地、海域及无居民海岛，房屋，构筑物；
（2）通用设备，包括计算机设备及软件，办公设备，车辆，图书馆档案设备，

---

① 孙广芝，邢立强，江洲. 固定资产分类与代码研究[J]. 世界标准化与质量管理，2008（11）：16-20.

电气设备，雷达、无线电和卫星导航设备，通信设备，广播、电视和电影设备，仪器仪表，电子和通信测量仪器，计量标准器及量具、衡器；

（3）专用设备，包括探矿、采矿、选矿和造块设备，石油天然气开采专用设备，石油和化学工业专用设备，炼焦和金属冶炼轧制设备，电力工业专用设备，非金属矿物工业专用设备，核工业专用设备，航空航天工业专用设备，工程机械，农业和林业机械，木材采集加工设备，食品加工专用设备，饮料加工设备，烟草加工设备，粮油作物和饲料加工设备，纺织设备，缝纫、服饰、制革和皮毛加工设备、造纸和印刷机械，化学药品和中药专用设备，医疗设备，电工、电子专用生产设备，安全生产设备，邮政专用设备，环节污染防治设备，公安专用设备，水工机械，殡葬设备及用品，铁路运输设备，水上交通运输设备，航空器及其配套设施，专用仪器仪表，文艺设备，体育设备，娱乐设备；

（4）文物和陈列品；

（5）图书、档案；

（6）家具、用具、装具及动植物，包括家具用具、被服装具、特种用途动物、特种用途植物。

此外，也可以从其他不同角度对固定资产作出分类。

按其来源可分为：①外购的固定资产；②自行建造的固定资产；③通过置换取得的固定资产；④接受捐赠的固定资产；⑤无偿调入的固定资产；⑥盘盈的固定资产；⑦融资租赁取得的固定资产。

按其经济用途可分为：①生产用固定资产；②非生产用固定资产。

按其使用情况可分为：①使用中固定资产；②未使用固定资产；③不需用固定资产。

（三）固定资产的确认

1. 确认条件

（1）与该固定资产相关的服务潜力很可能实现或者经济利益很可能流入政府会计主体；

（2）该固定资产的成本或者价值能够可靠地计量。

2. 确认时间

（1）购入、换入、接受捐赠、无偿调入不需安装的固定资产，在固定资产验收合格时确认；

（2）购入、换入、接受捐赠、无偿调入需要安装的固定资产，在固定资产安装完成交付使用时确认；

（3）自行建造、改建、扩建的固定资产，在建造完成交付使用时确认。

3. 固定资产确认应该考虑的情况

（1）固定资产的各组成部分具有不同使用年限或者以不同方式为政府会计主体实现服务潜力或提供经济利益，适用不同折旧率或折旧方法且可以分别确定各自原价的，应当分别将各组成部分确认为单项固定资产。

（2）应用软件构成相关硬件不可缺少的组成部分的，应当将该软件的价值包括在所属的硬件价值中，一并确认为固定资产；不构成相关硬件不可缺少的组成部分的，应当将该软件确认为无形资产。

（3）购建房屋及构筑物时，不能分清购建成本中的房屋及构筑物部分与土地使用权部分的，应当全部确认为固定资产；能够分清购建成本中的房屋及构筑物部分与土地使用权部分的，应当将其中的房屋及构筑物部分确认为固定资产，将其中的土地使用权部分确认为无形资产。

（4）多个部门共同占用、使用同一项固定资产，且该项固定资产由本级政府机关事务管理等部门统一管理并负责后续维护、改造的，由本级政府机关事务管理等部门作为确认主体，对该项固定资产进行会计核算。

同一部门内部所属单位共同占有、使用同一项固定资产，或者所属事业单位占有、使用部门本级拥有产权的固定资产的，按照本部门规定对固定资产进行会计核算。

4. 固定资产的后续确认

固定资产在使用过程中发生的后续支出，符合固定资产确认条件的，应当计入固定资产成本；不符合固定资产准则第四条规定的确认条件的，应当在发生时计入当期费用或者相关资产成本。

将发生的固定资产后续支出计入固定资产成本的，应当同时从固定资产账面价值中扣除被替换部分的账面价值。

（四）固定资产的计量

1. 固定资产的初始计量

固定资产在取得时应当按照成本进行初始计量。具体包括：

（1）政府会计主体外购的固定资产，其成本包括购买价款、相关税费以及固定资产交付使用前所发生的可归属于该项资产的运输费、装卸费、安装费和专业人员服务费等。以一笔款项购入多项没有单独标价的固定资产，应当按照各项固定资产同类或类似资产市场价格的比例对总成本进行分配，分别确定各项固定资产的成本。

（2）政府会计主体自行建造的固定资产，其成本包括该项资产至交付使用前所发生的全部必要支出。在原有固定资产基础上进行改建、扩建、修缮后的固定资产，其成本按照原固定资产账面价值加上改建、扩建、修缮发生的支出，再扣除固定资产被替换部分的账面价值后的金额确定。

（3）为建造固定资产借入的专门借款的利息，属于建设期间发生的，计入在建工程成本；不属于建设期间发生的，计入当期费用。已交付使用但尚未办理竣工决算手续的固定资产，应当按照估计价值入账，待办理竣工决算后再按实际成本调整原来的暂估价值。

（4）政府会计主体通过置换取得的固定资产，其成本按照换出资产的评估价值加上支付的补价或减去收到的补价，加上换入固定资产发生的其他相关支出确定。

（5）政府会计主体接受捐赠的固定资产，其成本按照有关凭据注明的金额加上相关税费、运输费等确定；没有相关凭据可供取得，但按规定经过资产评估的，其成本按照评估价值加上相关税费、运输费等确定；没有相关凭据可供取得、也未经资产评估的，其成本比照同类或类似资产的市场价格加上相关税费、运输费等确定；没有相关凭据且未经资产评估、同类或类似资产的市场价格也无法可靠取得的，按照名义金额入账，相关税费、运输费等计入当期费用。如受赠的系旧的固定资产，在确定其初始入账成本时应当考虑该项资产的新旧程度。

（6）政府会计主体无偿调入的固定资产，其成本按照调出方账面价值加上相关税费、运输费等确定。

（7）政府会计主体盘盈的固定资产，按规定经过资产评估的，其成本按照评估价值确定；未经资产评估的，其成本按照重置成本确定。

（8）政府会计主体融资租赁取得的固定资产，其成本按照其他相关政府会计准则确定。

2. 固定资产的后续计量

（1）固定资产的折旧。

政府会计主体应当对固定资产计提折旧。折旧是指在固定资产的预计使用年限内，按照确定的方法对应计的折旧额进行系统分摊。固定资产应计的折旧额为其成本，计提固定资产折旧时不考虑预计净残值。政府会计主体应当对暂估入账的固定资产计提折旧，实际成本确定后不需调整原已计提的折旧额。

下列各项固定资产不计提折旧：

①文物和陈列品；

②动植物；

③图书、档案；

④单独计价入账的土地；

⑤以名义金额计量的固定资产。

政府会计主体应当根据相关规定以及固定资产的性质和使用情况，合理确定固定资产的使用年限。固定资产的使用年限一经确定，不得随意变更。

政府会计主体确定固定资产使用年限，应当考虑下列因素：

①预计实现服务潜力或提供经济利益的期限；

②预计有形损耗和无形损耗；

③法律或者类似规定对资产使用的限制。

政府固定资产折旧年限，如表2-121所示。

表2-121　　　　　　　　政府固定资产折旧年限

固定资产类别	内容		折旧年限（年）
房屋及构筑物	业务及管理用房	钢结构	不低于50
		钢筋混凝土结构	不低于50
		砖混结构	不低于30
		砖木结构	不低于30

续表

固定资产类别	内容	折旧年限（年）
房屋及构筑物	简易房	不低于8
	房屋附属设施	不低于8
	构筑物	不低于8
通用设备	计算机设备	不低于6
	办公设备	不低于6
	车辆	不低于8
	图书档案设备	不低于5
	机械设备	不低于10
	电气设备	不低于5
	雷达、无线电和卫星导航设备	不低于10
	通信设备	不低于5
	广播、电视、电影设备	不低于5
	仪器仪表	不低于5
	电子和通信测量设备	不低于5
	计量标准器具及量具、衡器	不低于5
专用设备	探矿、采矿、选矿和造块设备	10～15
	石油天然气开采专用设备	10～15
	石油和化学工业专用设备	10～15
	炼焦和金属冶炼轧制设备	10～15
	电力工业专用设备	20～30
	非金属矿物制品工业专用设备	10～20
	核工业专用设备	20～30
	航空航天工业专用设备	20～30
	工程机械	10～15
	农业和林业机械	10～15
	木材采集和加工设备	10～15
	食品加工专用设备	10～15
	饮料加工设备	10～15
	烟草加工设备	10～15
	粮油作物和饲料加工设备	10～15
	纺织设备	10～15
	缝纫、服饰、制革和毛皮加工设备	10～15
	造纸和印刷机械	10～20

续表

固定资产类别	内容	折旧年限（年）
专用设备	化学药品和中药专用设备	5~10
	医疗设备	5~10
	电工、电子专用生产设备	5~10
	安全生产设备	10~20
	邮政专用设备	10~15
	环境污染防治设备	10~20
	公安专用设备	3~10
	水工机械	10~20
	殡葬设备及用品	5~10
	铁路运输设备	10~20
	水上交通运输设备	10~20
	航空器及其配套设备	10~20
	专用仪器仪表	5~10
	文艺设备	5~15
	体育设备	5~15
	娱乐设备	5~15
家具、用具及装具	家具	不低于15
	用具、装具	不低于5

政府会计主体一般应当采用年限平均法或者工作量法计提固定资产折旧。在确定固定资产的折旧方法时，应当考虑与固定资产相关的服务潜力或经济利益的预期实现方式。固定资产折旧方法一经确定，不得随意变更。

专栏2-7

固定资产的折旧方法

固定资产折旧方法包括年限平均法、工作量法、双倍余额递减法和年数总和法等，固定资产的折旧方法一经确定，不得随意变更。

1. 年限平均法

年折旧额 =（原价 - 预计净残值）/预计使用年限

  = 原价 ×（1 - 预计净产值/原价）/预计使用年限

  = 原价 × 年折旧率

> 2. 工作量法
>
> $$工作单位量折旧额 =（原价 - 预计净残值）/预计总工作量$$
> $$某月固定资产月折旧额 = 该项固定资产当月工作量 × 单位工作量折旧额$$
>
> 3. 双倍余额递减法
>
> $$年折旧额 = 起初固定资产净值 × 2/预计使用年限$$
>
> 最后 2 年改为年限平均法计算。
>
> 4. 年数总和法
>
> $$年折旧额 =（原价 - 预计净残值）× 年折旧率$$
>
> 年折旧率用一组递减分数来表示，将预计使用寿命逐期年数相加作为递减分数的分母，将逐期年数倒转顺序分别作为各年递减分数的分子。
>
> 例如，预计使用年限为 5 年，折旧率分为 5/(1 + 2 + 3 + 4 + 5)、4/(1 + 2 + 3 + 4 + 5)、3/(1 + 2 + 3 + 4 + 5)、2/(1 + 2 + 3 + 4 + 5)、1/(1 + 2 + 3 + 4 + 5)。
>
> 政府会计制度规定，政府单位的固定资产一般采用年限平均法或者工作量法计提折旧。

固定资产应当按月计提折旧，并根据用途计入当期费用或者相关资产成本。

固定资产应当按月计提折旧，当月增加的固定资产，当月开始计提折旧；当月减少的固定资产，当月不再计提折旧。

固定资产提足折旧后，无论能否继续使用，均不再计提折旧；提前报废的固定资产，也不再补提折旧。已提足折旧的固定资产，可以继续使用的，应当继续使用，规范实物管理。

固定资产因改建、扩建或修缮等原因而延长其使用年限的，应当按照重新确定的固定资产的成本以及重新确定的折旧年限计算折旧额。

（2）固定资产的处置。

政府会计主体按规定报经批准出售、转让固定资产或固定资产报废、毁损的，应当将固定资产账面价值转销计入当期费用，并将处置收入扣除相关处置税费后的差额按规定作应缴款项处理（差额为净收益时）或计入当期费用（差额为净损失时）。

政府会计主体按规定报经批准对外捐赠、无偿调出固定资产的，应当将固定资产的账面价值予以转销，对外捐赠、无偿调出中发生的归属于捐出方、调出方的相关费用应当计入当期费用。

政府会计主体按规定报经批准以固定资产对外投资的，应当将该固定资产的账面价值予以转销，并将固定资产在对外投资时的评估价值与其账面价值的差额计入当期收入或费用。

固定资产盘亏造成的损失，按规定报经批准后应当计入当期费用。

（五）固定资产的披露

政府会计主体应当在附注中披露与固定资产有关的下列信息：

（1）固定资产的分类和折旧方法；

（2）各类固定资产的使用年限、折旧率；

（3）各类固定资产账面余额、累计折旧额、账面价值的期初、期末数及其本期变动情况；

（4）以名义金额计量的固定资产名称、数量，以及以名义金额计量的理由；

（5）已提足折旧的固定资产名称、数量等情况；

（6）接受捐赠、无偿调入的固定资产名称、数量等情况；

（7）出租、出借固定资产以及以固定资产投资的情况；

（8）固定资产对外捐赠、无偿调出、毁损等重要资产处置的情况；

（9）暂估入账的固定资产账面价值变动情况。

二、固定资产的核算

固定资产核算单位固定资产的原值，按照固定资产类别和项目进行明细核算。

单位设置"固定资产"科目对固定资产的增减进行核算。该科目借方登记固定资产增加数，贷方登记固定资产减少数；需安装或的自行建造的固定资产科目设置"在建工程"科目进行核算，该科目借方登记在建工程增加数，贷方登记在建工程减少数。

（一）取得固定资产

1. 外购固定资产

（1）外购不需安装的固定资产。

外购不需安装的固定资产的账务处理，如表2-122所示。

表2-122　　　　　　　　外购不需安装的固定资产的账务处理

经济业务与事项	财务会计处理	预算会计处理
取得固定资产	借：固定资产 　贷：财政拨款收入/零余额账户用款额度/应付账款/银行存款等	借：行政支出/事业支出/经营支出等 　贷：财政拨款预算收入/资金结存

【例2-50】2020年1月3日，某事业单位用银行存款10 000元购进一批打印机用于行政事务。账务处理如表2-123所示。

表2-123　　　　　　　　〖例2-50〗的账务处理

经济业务与事项	财务会计处理	预算会计处理
2020年1月3日，外购固定资产	借：固定资产　　10 000 　贷：银行存款　　　10 000	借：事业支出　　10 000 　贷：资金结存　　　10 000

（2）外购需要安装的固定资产。

外购需安装的固定资产的账务处理，如表2-124所示。

表 2 – 124　　　　　　　　　外购需安装的固定资产的账务处理

经济业务与事项	财务会计处理	预算会计处理
取得固定资产	借：在建工程 　贷：财政拨款收入/零余额账户用款额度/应付账款/银行存款等	借：行政支出/事业支出/经营支出等 　贷：财政拨款预算收入/资金结存
安装完工交付使用	借：固定资产 　贷：在建工程	不做处理

（3）购入固定资产扣留质量保证金。

购入固定资产扣留质量保证金的账务处理，如表 2 – 125 所示。

表 2 – 125　　　　　　　购入固定资产扣留质量保证金的账务处理

经济业务与事项	财务会计处理	预算会计处理
取得固定资产	借：固定资产［不需安装］/在建工程［需要安装］ 　贷：财政拨款收入/零余额账户用款额度应付账款/银行存款等 　　其他应付款［扣留期在1年以内（含1年）］ 　　长期应付款［扣留期超过1年］	借：行政支出/事业支出/经营支出等［购买固定资产实际支付的金额］ 　贷：财政拨款预算收入/资金结存
质保期满支付质量保证金	借：其他应付款/长期应付款 　贷：财政拨款收入/零余额账户用款额度/银行存款等	借：行政支出/事业支出/经营支出等 　贷：财政拨款预算收入/资金结存

【例 2 – 51】2020 年 1 月 24 日，某事业单位用银行存款购买需要安装的固定资产，购买价款 100 000 元，扣留质量保证金 10 000 元（扣留期为 1 年），支付运费 5 000 元，6 个月后安装完工交付使用，1 年后支付质量保证金 10 000 元。账务处理如表 2 – 126 所示。

表 2 – 126　　　　　　　　　【例 2 – 51】的账务处理

经济业务与事项	财务会计处理	预算会计处理
2020 年 1 月 24 日，购入需要安装的固定资产	借：在建工程　　　　105 000 　贷：银行存款　　　　　95 000 　　其他应付款　　　　10 000	借：事业支出　　　　95 000 　贷：资金结存　　　　95 000
6 个月后，安装完工交付使用	借：固定资产　　　　105 000 　贷：在建工程　　　　105 000	不做处理
1 年后，质保期满支付质量保证金	借：其他应付款　　　　10 000 　贷：银行存款　　　　10 000	借：事业支出　　　　10 000 　贷：资金结存　　　　10 000

2. 自行建造固定资产

自行建造固定资产的账务处理，如表 2-127 所示。

表 2-127　　　　　　　　　自行建造固定资产的账务处理

经济业务与事项	财务会计处理	预算会计处理
工程完工交付使用	借：固定资产 　　贷：在建工程	不做处理

3. 融资租入（或跨年度分期付款购入）固定资产

融资租入（或跨年度分期付款购入）固定资产的账务处理，如表 2-128 所示。

表 2-128　　　融资租入（或跨年度分期付款购入）固定资产的账务处理

经济业务与事项	财务会计处理	预算会计处理
取得固定资产	借：固定资产［不需安装］/在建工程［需安装］ 　　贷：长期应付款［协议或合同确定的租赁价款］ 　　　　财政拨款收入/零余额账户用款额度/银行存款等［实际支付的相关税费、运输费等］	借：行政支出/事业支出/经营支出等［实际支付的相关税费、运输费等］ 　　贷：财政拨款预算收入/资金结存
定期支付租金（或分期付时）	借：长期应付款 　　贷：财政拨款收入/零余额账户用款额度/银行存款等	借：行政支出/事业支出/经营支出等 　　贷：财政拨款预算收入/资金结存

【例 2-52】2020 年 1 月 1 日，某事业单位以融资租入租赁方式租入一项不需要安装的固定资产，租赁价款为 100 000 元，合同约定每年以银行存款支付租金 20 000 元，连续支付 5 年。单位以银行存款支付运输保险等费用 3 000 元。该项固定资产在验收合格以后用于事业活动。账务处理如表 2-129 所示。

表 2-129　　　　　　　　　　【例 2-52】的账务处理

经济业务与事项	财务会计处理	预算会计处理
2020 年 1 月 1 日，融资租入固定资产	借：固定资产　　　　103 000 　　贷：长期应付款　　100 000 　　　　银行存款　　　　3 000	借：事业支出　　　　3 000 　　贷：资金结存　　　3 000
定期支付租金	借：长期应付款　　　20 000 　　贷：银行存款　　　20 000	借：事业支出　　　　20 000 　　贷：资金结存　　　20 000

4. 接受捐赠固定资产

接受捐赠固定资产的账务处理，如表 2－130 所示。

表 2－130　　　　　　　　　接受捐赠固定资产的账务处理

经济业务与事项	财务会计处理	预算会计处理
按照确定的固定资产成本入账	借：固定资产［不需安装］/在建工程［需安装］ 　贷：银行存款/零余额账户用款额度等［发生的相关税费、运输费等］ 　　　捐赠收入［差额］	借：其他支出［支付的相关税费、运输费等］ 　贷：资金结存
按照名义金额入账	借：固定资产［名义金额］ 　贷：捐赠收入 借：其他费用 　贷：银行存款/零余额账户用款额度等［发生的相关税费、运输费等］	借：其他支出［支付的相关税费、运输费等］ 　贷：资金结存

【例 2－53】2020 年 2 月 15 日，某单位接受捐赠的设备一台，未发生相关税费，该设备入账成本 80 000 元，无须安装即可使用。账务处理如表 2－131 所示。

表 2－131　　　　　　　　　【例 2－53】的账务处理

经济业务与事项	财务会计处理	预算会计处理
2020 年 2 月 15 日，取得固定资产	借：固定资产　　　　　80 000 　贷：捐赠收入　　　　　　80 000	不做处理

5. 无偿调入固定资产

无偿调入固定资产的账务处理，如表 2－132 所示。

表 2－132　　　　　　　　　无偿调入固定资产的账务处理

经济业务与事项	财务会计处理	预算会计处理
取得固定资产	借：固定资产［不需安装］/在建工程［需安装］ 　贷：银行存款/零余额账户用款额度等［发生的相关税费、运输费等］ 　　　无偿调拨净资产［差额］	借：其他支出［支付的相关税费、运输费等］ 　贷：资金结存

【例 2－54】2020 年 1 月 16 日，某事业单位接受其他事业单位无偿调入设备一批，根据调出单位提供的相关凭证，该批物资在调出方的账面价值为 1 000 000 元，该单位承担调入过程中运输费 100 000 元，以银行存款支付。账务处理如表 2－133 所示。

表 2-133 〖例 2-54〗的账务处理

经济业务与事项	财务会计处理	预算会计处理
2020 年 1 月 16 日，取得固定资产	借：固定资产　　　　　　1 100 000 　贷：无偿调拨净资产　　　1 000 000 　　　银行存款　　　　　　　100 000	借：其他支出　　　　　100 000 　贷：资金结存　　　　　100 000

6. 置换取得固定资产

置换取得固定资产的账务处理，如表 2-134 所示。

表 2-134 置换取得固定资产的账务处理

经济业务与事项	财务会计处理	预算会计处理
取得固定资产	借：固定资产［换出资产评估价值 + 其他相关支出］ 　　固定资产累计折旧/无形资产累计摊销 　　资产处置费用［借差］ 　贷：库存物品/固定资产/无形资产等［账面余额］ 　　　银行存款等［其他相关支出］ 　　　其他收入［贷差］	借：其他支出［实际支付的其他相关支出］ 　贷：资金结存
支付补价	借：固定资产［换出资产评估价值 + 其他相关支出 + 补价］ 　　固定资产累计折旧/无形资产累计摊销 　　资产处置费用［借差］ 　贷：库存物品/固定资产/无形资产等［账面余额］ 　　　银行存款等［其他相关支出 + 补价］ 　　　其他收入［贷差］	借：其他支出［实际支付的补价和其他相关支出］ 　贷：资金结存
收到补价	借：固定资产［换出资产评估价值 + 其他相关支出 - 补价］ 　　银行存款等［补价］ 　　固定资产累计折旧/无形资产累计摊销 　　资产处置费用［借差］ 　贷：库存物品/固定资产/无形资产等［账面余额］ 　　　银行存款等［其他相关支出］ 　　　应缴财政款［补价 - 其他相关支出］ 　　　其他收入［贷差］	借：其他支出［其他相关支出大于收到的补价的差额］ 　贷：资金结存

【例 2-55】2020 年 1 月 20 日，某单位用无形资产置换换入固定资产，无形资产账面价值 100 000 元，累计摊销 30 000 元，无形资产的评估价值为 80 000 元，支付补价 10 000 元，发生其他相关支出 10 000 元。账务处理如表 2-135 所示。

表 2-135　　　　　　　　　　【例 2-55】的账务处理

经济业务与事项	财务会计处理	预算会计处理
2020 年 1 月 20 日，用无形资产置换换入固定资产	借：固定资产　　　　　　100 000 　　无形资产累计摊销　　30 000 　贷：无形资产　　　　　　100 000 　　　银行存款　　　　　　20 000 　　　其他收入　　　　　　10 000	借：其他支出　　　　　　20 000 　贷：资金结存　　　　　　20 000

（二）与固定资产有关的后续支出

1. 符合固定资产确认条件的后续支出

符合固定资产确认条件的后续支出的账务处理，如表 2-136 所示。

表 2-136　　　　符合固定资产确认条件的后续支出的账务处理

经济业务与事项	财务会计处理	预算会计处理
将固定资产转入改建、扩建	借：在建工程［固定资产账面价值］ 　　固定资产累计折旧 　贷：固定资产［账面余额］	不做处理
为增加固定资产使用效能或延长其使用年限而发生的改建、扩建	借：在建工程 　贷：财政拨款收入/零余额账户用款额度/应付账款/银行存款等	借：行政支出/事业支出/经营支出等 　贷：财政拨款预算收入/资金结存
固定资产改建、扩建等完成交付使用	借：固定资产 　贷：在建工程	不做处理

【例 2-56】2020 年 3 月，某事业单位对原有的一项用于专业业务活动的固定资产进行更新改造，该固定资产原值为 200 000 元，已计提折旧 30 000 元。改造过程中用银行存款支付改造工程款 25 000 元。该固定资产于 2020 年 7 月改造完工。账务处理如表 2-137 所示。

表 2-137　　　　　　　　　　【例 2-56】的账务处理

经济业务与事项	财务会计处理	预算会计处理
2020 年 3 月，固定资产转入改建状态	借：在建工程　　　　　　170 000 　　固定资产累计折旧　　30 000 　贷：固定资产　　　　　　200 000	不做处理
支付改造工程款	借：在建工程　　　　　　25 000 　贷：银行存款　　　　　　25 000	借：事业支出　　　　　　250 000 　贷：资金结存　　　　　　25 000
2020 年 7 月，改建完工	借：固定资产　　　　　　195 000 　贷：在建工程　　　　　　195 000	不做处理

2. 不符合固定资产确认条件的

不符合固定资产确认条件的账务处理，如表2-138所示。

表2-138　　　　　　　　不符合固定资产确认条件的账务处理

经济业务与事项	财务会计处理	预算会计处理
日常维护等	借：业务活动费用/单位管理费用/经营费用等 贷：财政拨款收入/零余额账户用款额度/银行存款等	借：行政支出/事业支出/经营支出等 贷：财政拨款预算收入/资金结存

【例2-57】2020年4月，该事业单位对固定资产进行日常维护，使用财政直接支付方式支付维护费用30 000元。账务处理如表2-139所示。

表2-139　　　　　　　　【例2-57】的账务处理

经济业务与事项	财务会计处理	预算会计处理
2020年4月，固定资产转入改建状态	借：业务活动费用　　30 000 　　贷：财政拨款收入　　30 000	借：事业支出　　30 000 　　贷：财政拨款预算收入　　30 000

（三）处置固定资产

处置固定资产的账务处理，如表2-140所示。

表2-140　　　　　　　　处置固定资产的账务处理

经济业务与事项	财务会计处理	预算会计处理
出售、转让固定资产	借：资产处置费用 　　固定资产累计折旧 　　贷：固定资产［账面余额］	不做处理
	借：银行存款［处置固定资产收到的价款］ 　　贷：应缴财政款 　　　　银行存款等［发生的相关费用］	不做处理
对外捐赠固定资产	借：资产处置费用 　　固定资产累计折旧 　　贷：固定资产［账面余额］ 　　　　银行存款等［归属于捐出方的相关费用］	（按照对外捐赠过程中发生的归属于捐出方的相关费用） 借：其他支出 　　贷：资金结存
无偿调出固定资产	借：无偿调拨净资产 　　固定资产累计折旧 　　贷：固定资产［账面余额］	

续表

经济业务与事项	财务会计处理	预算会计处理
无偿调出固定资产	借：资产处置费用 　贷：银行存款等〔归属于调出方的相关费用〕	借：其他支出 　贷：资金结存
置换出的固定资产	参照"置换取得的固定资产"的账务处理。	

【例2-58】2020年2月1日，某事业单位出售一批电脑，电脑原值50 000元，已折旧30 000元；当天出售取得收入6 000元，单位以银行存款支付因出售发生的相关税费200元。账务处理如表2-141所示。

表2-141　　　　　　　　　　〖例2-58〗的账务处理

经济业务与事项	财务会计处理	预算会计处理
2020年2月1日，出售固定资产	借：资产处置费用　　20 000 　　固定资产累计折旧　30 000 　贷：固定资产　　　　　50 000	不做处理
2020年2月1日，取得收入	借：银行存款　　　　6 000 　贷：应缴财政款　　　　5 800 　　银行存款　　　　　　200	不做处理

【例2-59】2020年3月20日，某事业单位经批准向希望小学捐赠一批电脑。电脑原值为100 000元，已计提折旧60 000元。捐赠过程中发生运输费用10 000元，以银行存款支付。账务处理如表2-142所示。

表2-142　　　　　　　　　　〖例2-59〗的账务处理

经济业务与事项	财务会计处理	预算会计处理
2020年3月20日，对外捐赠固定资产	借：资产处置费用　　50 000 　　固定资产累计折旧　60 000 　贷：固定资产　　　　　100 000 　　银行存款　　　　　　10 000	借：其他支出　　　　10 000 　贷：资金结存　　　　　10 000

【例2-60】2020年4月5日，某事业单位无偿调出一项固定资产，单位该固定资产的账面原值为3 000 000元，已计提折旧200 000元，该单位承担调出过程中运输费100 000元，以银行存款支付。账务处理如表2-143所示。

表 2-143　　　　　　　　　　〖例 2-60〗的账务处理

经济业务与事项	财务会计处理	预算会计处理
2020 年 4 月 5 日，无偿调出固定资产	借：无偿调拨净资产　　2 800 000 　　固定资产累计折旧　　200 000 　贷：固定资产　　　　　　3 000 000 借：资产处置费用　　　　100 000 　贷：银行存款　　　　　　100 000	借：其他支出　　　　100 000 　贷：资金结存　　　　100 000

（四）固定资产清查盘点

固定资产清查盘点的账务处理，如表 2-144 所示。

表 2-144　　　　　　　　固定资产清查盘点的账务处理

经济业务与事项	财务会计处理	预算会计处理
盘盈的固定资产	借：固定资产 　贷：待处理财产损溢	不做处理
盘亏、毁损或报废的固定资产	借：待处理财产损溢［账面价值］ 　　固定资产累计折旧 　贷：固定资产［账面余额］	不做处理

【例 2-61】2019 年底，某事业单位资产清查时，固定资产盘盈 50 000 元。账务处理如表 2-145 所示。

表 2-145　　　　　　　　　　〖例 2-61〗的账务处理

经济业务与事项	财务会计处理	预算会计处理
2019 年底，盘盈资产转入待处理资产	借：固定资产　　　　50 000 　贷：待处理财产损溢　　50 000	不做处理
按照规定报经批准	借：待处理财产损溢　　50 000 　贷：以前年度盈余调整　　50 000	不做处理

【例 2-62】2019 年底，某单位发生固定资产毁损，毁损固定资产原值 100 000 元，已计提折旧 80 000 元，2019 年 12 月 20 日，以银行存款方式取得残值变价收入 10 000 元，以现金支付相关费用 20 000 元。账务处理如表 2-146 所示。

表 2-146　　　　　　　　　　　〖例 2-62〗的账务处理

经济业务与事项	财务会计处理	预算会计处理
2019 年底，固定资产毁损	借：待处理财产损溢　　20 000 　　固定资产累计折旧　80 000 　　贷：固定资产　　　　　100 000 借：资产处置费用　　　20 000 　　贷：待处理财产损溢　　20 000	不做处理
2019 年 12 月 20 日，收到收入，支付费用	借：银行存款　　　　　10 000 　　贷：待处理财产损溢　　10 000 借：待处理财产损溢　　20 000 　　贷：库存现金　　　　　20 000 借：资产处置费用　　　10 000 　　贷：待处理财产损溢　　10 000	借：其他支出　　　　10 000 　　贷：资金结存　　　　10 000

三、固定资产折旧的核算

固定资产折旧的核算应当按照所对应固定资产的明细分类进行明细核算。设置"固定资产累计折旧"科目，贷方登记每期固定资产折旧数，借方登记固定资产处置时转销的已计提的累计折旧数。该期末贷方余额，反映单位计提的固定资产折旧累计数。

固定资产折旧的账务处理，如表 2-147 所示。

表 2-147　　　　　　　　　　　固定资产折旧的账务处理

经济业务与事项	财务会计处理	预算会计处理
按月计提固定资产折旧时	借：业务活动费用/单位管理费用/经营费用等 　　贷：固定资产累计折旧	不做处理
处置固定资产时	借：待处理财产损溢/无偿调拨净资产/资产处置费用等 　　固定资产累计折旧 　　贷：固定资产〔账面余额〕	涉及资金支付的，参照"固定资产"科目相关账务处理

【例 2-63】2020 年 1 月 15 日，某事业单位购进一入账价值为 1 200 000 元的固定资产用作业务活动，购入后即可达到预定可使用状态。该设备预计使用寿命为 10 年，使用年限平均法计算，预计净残值为 0。2020 年 3 月 15 日，该单位将该固定资产无偿调出该单位，相关费用由对方单位承担。账务处理如表 2-148 所示。

表 2-148　　　　　　　　　　　〖例 2-63〗的账务处理

经济业务与事项	财务会计处理	预算会计处理
2020 年 1 月，计提固定资产折旧	借：业务活动费用　　　10 000 　　贷：固定资产累计折旧　10 000	不做处理

续表

经济业务与事项	财务会计处理	预算会计处理
2020年2月，计提固定资产折旧	借：业务活动费用　　　　10 000 　　贷：固定资产累计折旧　　10 000	不做处理
2020年3月15日，调出固定资产	借：无偿调拨净资产　　　1 180 000 　　固定资产累计折旧　　 20 000 　　贷：固定资产　　　　　1 200 000	不做处理

第七节　在建工程

一、工程物资的核算

工程物资是指单位为在建工程准备的各种物资的成本，包括工程所用材料、设备等。本科目可按照"库存材料""库存设备"等工程物资类别进行明细核算。本科目期末借方余额，反映单位为在建工程准备的各种物资的成本。

工程物资的主要账务处理，如表2-149所示。

表2-149　　　　　　　　　　　工程物资的主要账务处理

经济业务与事项	财务会计处理	预算会计处理
购入工程物资	借：工程物资 　　贷：财政拨款收入/零余额账户用款额度/银行存款/应付账款/其他应付款等	借：行政支出/事业支出/经营支出等［实际支付的款项］ 　　贷：财政拨款预算收入/资金结存
发出工程物资	借：在建工程 　　贷：工程物资	不做处理
剩余工程物资转为存货	借：库存物品 　　贷：工程物资	不做处理

【例2-64】某事业单位为增值税一般纳税人，2017年3月初，"工程物资"科目余额为10 000元；3月5日，购进工程专用设备，增值税专用发票注明的价款为310 000元，增值税税额为30 000元，设备已入库，款项尚未支付。增值税专用发票已经税务机关认证。3月10日，以财政零余额账户支付设备款326 000元；3月15日，购进工程物资一批，增值税专用发票注明的款价为400 000元，增值税税额为49 000元，发生运输费等费用20 000元，增值税专用发票注明的增值税2 800元，增值税专用发票已经税务机关认证，全部款项以银行存款支付。3月30日，为工程项目领用设备成本300 000元、材料成本240 000元。工程竣工，将剩余工程物资50 000元转作单位存货。账务处理如表2-150所示。

表 2-150　　　　　　　　　　　〖例 2-64〗的账务处理

经济业务与事项	财务会计处理	预算会计处理
3月5日，取得工程物资，尚未支付款项	借：工程物资——库存设备 　　　　　　　　　　310 000 　　应交增值税—应交税金（进项税额） 　　　　　　　　　　30 000 　　贷：应付账款　　　340 000	不做处理
3月10日，支付欠款	借：应付账款　　　326 000 　　贷：零余额账户用款额度 326 000	借：事业支出　　　326 000 　　贷：资金结存——零余额账户用款额度 　　　　　　　　　　326 000
3月15日，购入工程物资，支付款项	借：工程物资——库存材料 　　　　　　　　　　420 000 　　应交增值税——应交税金（进项税额） 　　　　　　　　　　51 800 　　贷：银行存款　　　471 800	借：事业支出　　　471 800 　　贷：资金结存——货币资金 　　　　　　　　　　471 800
3月30日，工程物资领用	借：在建工程　　　540 000 　　贷：工程物资——库存设备 　　　　　　　　　　300 000 　　　　　　——库存材料 　　　　　　　　　　240 000	不做处理
3月30日，工程物资转库存物品	借：库存物品　　　50 000 　　贷：工程物资——库存材料 50 000	不做处理

二、在建工程的核算

在建工程是指已经发生必要支出，但尚未达到交付使用状态的建设项目工程。该科目用于核算单位在建的建设项目工程的实际成本。单位在建的信息系统项目工程、公共基础设施项目工程、保障性住房项目工程的实际成本，也通过本科目核算。

在建工程科目应当设置"建筑安装工程投资""设备投资""待摊投资""其他投资""待核销基建支出""基建转出投资"等明细科目，并按照具体项目进行明细核算。本科目期末借方余额，反映单位尚未完工的建设项目工程发生的实际成本。

（一）建筑安装工程投资

"建筑安装工程投资"明细科目，核算单位发生的构成建设项目实际支出的建筑工程和安装工程的实际成本，不包括被安装设备本身的价值以及按照合同规定支付给施工单位的预付备料款和预付工程款。本科目应当设置"建筑工程"和"安装工程"两个明细科目进行明细核算。

建筑安装工程投资的相关账务处理，如表 2-151 所示。

表 2-151　　　　　　　　　　建筑安装工程投资的相关账务处理

经济业务与事项	财务会计处理	预算会计处理
将固定资产等转入改建、扩建时	借：在建工程——建筑安装/工程投资/固定资产累计折旧等 　　贷：固定资产等	不做处理
发包工程预付工程款时	借：预付账款——预付工程款 　　贷：财政拨款收入/零余额账户用款额度/银行存款等	借：行政支出/事业支出等 　　贷：财政拨款预算收入/资金结存
按照进度结算工程款时	借：在建工程——建筑安装工程投资 　　贷：预付账款——预付工程款/财政拨款收入/零余额账户用款额度/银行存款/应付账款等	借：行政支出/事业支出等〔补付款项〕 　　贷：财政拨款预算收入/资金结存
自行施工小型建筑安装工程发生支出时	借：在建工程——建筑安装工程投资 　　贷：工程物资/零余额账户用款额度/银行存款/应付职工薪酬等	借：行政支出/事业支出等〔实际支付的款项〕 　　贷：资金结存等
改扩建过程中替换（拆除）原资产某些组成部分的	借：待处理财产损溢 　　贷：在建工程——建筑安装工程投资	不做处理
工程竣工验收交付使用时	借：固定资产等 　　贷：在建工程——建筑安装工程投资	不做处理

【例 2-65】2020 年，某事业单位发生的在建工程业务如下：2月1日，与甲公司签订发包建筑安装工程合同，对该事业单位科研大楼进行扩建。2月10日，将科研大楼停止使用并转入扩建工程。该大楼的账面原值为 15 000 000 元，累计折旧 3 000 000 元。3月20日，扩建中拆除楼房部分设施的账面价值 600 000 元。3月30日，按照合同预付工程款 1 300 000 元，款项以财政直接支付算。7月12日，根据建筑安装工程价款结算账单与施工企业结算工程款共 1 400 000 元，工程余款以财政零余额账户结算。7月31日，科研大楼扩建完工，达到预定可使用状态。账务处理如表 2-152 所示。

表 2-152　　　　　　　　　　〖例 2-65〗的账务处理

经济业务与事项	财务会计处理	预算会计处理
2月10日，科研大楼转扩建工程	借：在建工程——建筑安装工程投资 　　　　　　12 000 000 　　固定资产累计折旧　3 000 000 　　贷：固定资产　　15 000 000	不做处理
3月20日，拆除部分设施	借：待处理财产损溢——待处理资产价值 　　　　　　600 000 　　贷：在建工程——建筑安装工程投资 　　　　　　600 000	不做处理

续表

经济业务与事项	财务会计处理	预算会计处理
3月30日，预付工程款	借：预付账款　　　　　1 300 000 　　贷：财政拨款收入　　　1 300 000	借：事业支出　　　　　1 300 000 　　贷：财政拨款预算收入　1 300 000
7月12日，工程结算	借：在建工程——建筑安装工程投资 　　　　　　　　　　　1 400 000 　　贷：预付账款　　　　　1 300 000 　　　　零余额账户用款额度　100 000	借：事业支出　　　　　　200 000 　　贷：资金结存——零余额账户用款额度　　　　　　　　　200 000
7月31日，在建工程转入固定资产	借：固定资产　　　　　12 800 000 　　贷：在建工程——建筑安装工程投资 　　　　　　　　　　　12 800 000	不做处理

（二）设备投资

"设备投资"明细科目，核算单位发生的构成建设项目实际支出的各种设备的实际成本。

设备投资的账务处理，如表2-153所示。

表2-153　　　　　　　　　　　　　设备投资的账务处理

经济业务与事项	财务会计处理	预算会计处理
购入设备时	借：在建工程——设备投资 　　贷：财政拨款收入/零余额账户用款额度/ 　　　　应付账款/银行存款等	借：行政支出/事业支出等［实际支付的款项］ 　　贷：财政拨款预算收入/资金结存
安装完毕，交付使用时	借：固定资产等 　　贷：在建工程——设备投资 　　　　　　　——建筑安装工程投资—— 　　　　　　　　安装工程	不做处理
将不需要安装设备和达不到固定资产标准的工具器具交付使用时	借：固定资产/库存物资 　　贷：在建工程——设备投资	不做处理

【例2-66】2018年6月3日，某公立医院以4 000 000元从某医疗设备公司购入医疗设备及相关器具，见表2-154。另支付相关费用33 000元，不考虑增值税。全部款项以银行存款支付。

表2-154　　　　　　　　　　　医疗设备及器具费用分配表

种类	市场价格（元）	分摊成本			
^	^	比例（%）	买价（元）	相关费用（元）	合计（元）
A医疗设备（需安装）	2 310 000	60	2 400 000	20 000	2 420 000

续表

种类	市场价格（元）	分摊成本			
^	^	比例（%）	买价（元）	相关费用（元）	合计（元）
B 医疗设备（不需安装）	1 155 000	30	1 200 000	10 000	1 210 000
C 医疗设备	385 000	10	400 000	3 000	403 000
合计	3 850 000		4 000 000	33 000	4 033 000

7月10日，以银行存款支付 A 医疗设备安装费 20 000 元。7月30日，A 医疗设备安装完毕，办妥竣工验收交接手续交付使用，结转完工成本。8月5日，结转不需要安装设备和达不到固定资产标准的工具、器具的成本。

表 2 – 155　　　　　　　　　〖例 2 – 66〗的账务处理

经济业务与事项	财务会计处理	预算会计处理
6月3日，购置设备	借：在建工程——设备投资——在安装设备 　　　　　　　　　　　　2 420 000 　　　　　　　——不需安装设备 　　　　　　　　　　　　1 210 000 　　　　　　　——工具及器具 　　　　　　　　　　　　403 000 　　贷：银行存款　　4 033 000	借：事业支出　　4 033 000 　　贷：资金存结——货币资金 　　　　　　　　　　4 033 000
7月10日，支付安装费	借：在建工程——设备投资——在安装设备 　　　　　　　　　　　　20 000 　　贷：银行存款　　20 000	借：事业支出　　30 000 　　贷：资金存结——货币资金 　　　　　　　　　　30 000
7月30日，安装完成，交付使用	借：固定资产——A 医疗设备 　　　　　　　　　　2 440 000 　　贷：在建工程——设备投资——在安装设备　　2 440 000	不做处理
8月5日，结转在建工程	借：固定资产——B 医疗设备 　　　　　　　　　　1 210 000 　　　库存物品　　403 000 　　贷：在建工程——设备投资——不需要安装设备　　1 210 000 　　　　　　　——工具及器具 　　　　　　　　　　403 000	不做处理

（三）待摊投资

"待摊投资"明细科目，核算单位发生的构成建设项目实际支出的、按照规定应当分摊计入有关工程成本和设备成本的各项间接费用和税费支出。本明细科目的具体核算内容包括以下方面：

（1）勘察费、设计费、研究试验费、可行性研究费及项目其他前期费用。

（2）土地征用及迁移补偿费、土地复垦及补偿费、森林植被恢复费及其他为取得土地使用权、租用权而发生的费用。

（3）城镇土地使用税、耕地占用税、契税、车船税、印花税及按照规定缴纳的其他税费。

（4）项目建设管理费、代建管理费、临时设施费、监理费、招投标费、社会中介审计（审查）费及其他管理性质的费用。项目建设管理费是指项目建设单位从项目筹建之日起至办理竣工财务决算之日止发生的管理性质的支出，包括不在原单位发工资的工作人员工资及相关费用、办公费、办公场地租用费、差旅交通费、劳动保护费、工具用具使用费、固定资产使用费、招募生产工人费、技术图书资料费（含软件）、业务招待费、施工现场津贴、竣工验收费等。

（5）项目建设期间发生的各类专门借款利息支出或融资费用。

（6）工程检测费、设备检验费、负荷联合试车费及其他检验检测类费用。

（7）固定资产损失、器材处理亏损、设备盘亏及毁损、单项工程或单位工程报废、毁损净损失及其他损失。

（8）系统集成等信息工程的费用支出。

（9）其他待摊性质支出。

本明细科目应当按照上述费用项目进行明细核算，其中有些费用（如项目建设管理费等），还应当按照更为具体的费用项目进行明细核算。

待摊投资的主要账务处理，如表 2-156 所示。

表 2-156　　　　　　　　　　　待摊投资的账务处理

经济业务与事项	财务会计处理	预算会计处理
发生构成待摊投资的各类费用时	借：在建工程——待摊投资 贷：财政拨款收入/零余额账户用款额度/银行存款/应付利息/长期借款/其他应交税费等	借：行政支出/事业支出等［实际支付的款项］ 贷：财政拨款预算收入/资金结存
对于建设过程中试生产、设备调试等产生的收入	借：银行存款等 贷：在建工程——待摊投资［按规定冲减工程成本的部分］ 应缴财政款/其他收入［差额］	借：资金结存 贷：其他预算收入
经批准将单项工程或单位工程报废净损失计入继续施工的工程成本的工程交付使用时，按照一定的分配方法进行待摊投资分配	借：在建工程——待摊投资银行存款/其他应收款等［残料变价收入、赔款等］ 贷：在建工程——建筑安装工程投资［毁损报废工程成本］ 借：在建工程——建筑安装工程投资 　　　　——设备投资 贷：在建工程——待摊投资	不做处理

（四）其他投资

"其他投资"明细科目，核算单位发生的构成建设项目实际支出的房屋购置支出，基本畜禽、林木等购置、饲养、培育支出，办公生活用家具、器具购置支出，软件研发和不能计入设备投资的软件购置等支出。单位为进行可行性研究而购置的固定资产，以及取得土地使用权支付的土地出让金，也通过本明细科目核算。本明细科目应当设置"房屋购置""基本畜禽支出""林木支出""办公生活用家具、器具购置""可行性研究固定资产购置""无形资产"等明细科目。

其他投资的账务处理，如表 2-157 所示。

表 2-157　　其他投资的账务处理

经济业务与事项	财务会计处理	预算会计处理
发生其他投资支出时	借：在建工程——其他投资 　贷：财政拨款收入/零余额账户用款额度/银行存款等	借：行政支出/事业支出等［实际支付的款项］ 　贷：财政拨款预算收入/资金结存
资产交付使用时	借：固定资产/无形资产等 　贷：在建工程——其他投资	不做处理

（五）基建转出投资

"基建转出投资"明细科目，核算为建设项目配套而建成的、产权不归属本单位的专用设施的实际成本。本明细科目应按照转出投资的类别进行明细核算。

基建转出投资的账务处理，如表 2-158 所示。

表 2-158　　基建转出投资的账务处理

经济业务与事项	财务会计处理	预算会计处理
建造的产权不归属本单位的专用设施转出时	借：在建工程——基建转出投资 　贷：在建工程——建筑安装工程投资	不做处理
冲销转出的在建工程时	借：无偿调拨净资产 　贷：在建工程——基建转出投资	不做处理

（六）待核销基建支出

"待核销基建支出"明细科目，核算建设项目发生的江河清障、航道清淤、飞播造林、补助群众造林、水土保持、城市绿化、取消项目的可行性研究费以及项目整体报废等不能形成资产部分的基建投资支出。本明细科目应按照待核销基建支出的类别进行明细核算。

待核销基建支出的账务处理，如表 2-159 所示。

表 2-159　　　　　　　　　　待核销基建支出的账务处理

经济业务与事项		财务会计处理	预算会计处理
待核销基建支出	发生各类待核销基建支出时	借：在建工程——待核销基建支出 　　贷：财政拨款收入/零余额账户用款额度/银行存款等	借：行政支出/事业支出［实际支付的款项］ 　　贷：财政拨款预算收入/资金结存
	取消的项目发生的可行性研究费	借：在建工程——待核销基建支出 　　贷：在建工程——待摊投资	不做处理
	由于自然灾害等原因发生的项目整体报废所形成的净损失	借：在建工程——待核销基建支出 　　银行存款/其他应收款等［残料变价收入、保险赔款等］ 　　贷：在建工程——建筑安装工程投资等	不做处理
	经批准冲销待核销基建支出时	借：资产处置费用 　　贷：在建工程——待核销基建支出	不做处理

【例 2-67】2020 年某事业单位发生的待核销基建支出业务如下：7 月 10 日，该单位发生航道清淤费 400 000 元，用银行存款支付。7 月 20 日，A 建设项目经可行性研究，确定取消不再建设，将已发生的可行性研究费 50 000 元转入待核销基建支出。8 月 2 日，B 建筑安装工程项目因水灾导致整体报废，该建筑安装工程项目共发生建筑安装工程支出 300 000 元，发生净损失 180 000 元，经上级部门批准予以核销。月末，结转待核销基建支出。账务处理如表 2-160 所示。

表 2-160　　　　　　　　　　【例 2-67】的账务处理

经济业务与事项	财务会计处理	预算会计处理
7 月 10 日，支付航道清淤费	借：在建工程——待核销基建支出 　　　　　　　　　　400 000 　　贷：银行存款　　　400 000	借：事业支出　　　　400 000 　　贷：资金存结——货币资金 　　　　　　　　　　400 000
7 月 20 日，取消在建工程建设，待核销	借：在建工程——待核销基建支出 　　　　　　　　　　50 000 　　贷：在建工程——待摊投资 50 000	不做处理
8 月 2 日，安装工程报废，待核销	借：在建工程——待核销基建支出 　　　　　　　　　　180 000 　　贷：在建工程——建筑安装工程投资 　　　　　　　　　　180 000	不做处理
8 月 31 日，核销基建支出	借：资产处置费用　　630 000 　　贷：在建工程——待核销基建支出 　　　　　　　　　　630 000	不做处理

三、代建工程的核算

在日常会计核算中,存在着建设项目实行代建制的情况,为此,政府会计准则制度进行了具体的解释和规定。

专栏 2-8

基本建设项目会计核算主体的界定

基本建设项目应当由负责编报基本建设项目预决算的单位(即建设单位)作为会计核算主体。建设单位应当按照《政府会计制度》规定在相关会计科目下分项目对基本建设项目进行明细核算。

基本建设项目管理涉及多个主体难以明确识别会计核算主体的,项目主管部门应当按照《基本建设财务规则》相关规定确定建设单位。

建设项目按照规定实行代建制的,代建单位应当配合建设单位做好项目会计核算和财务管理的基础工作。

建设项目实行代建制的,建设单位应当要求代建单位通过工程结算或年终对账确认在建工程成本的方式,提供项目明细支出、建设工程进度和项目建设成本等资料,归集"在建工程"成本,及时核算所形成的"在建工程"资产,全面核算项目建设成本等情况。有关账务处理如下:

(一)关于建设单位的账务处理

关于建设单位的账务处理,如表 2-161 所示。

表 2-161　　　　　　　　　关于建设单位的账务处理

经济业务与事项	财务会计处理	预算会计处理
拨付代建单位工程款	借:预付账款——预付工程款 贷:财政拨款收入/零余额账户用款额度/银行存款	借:行政支出/事业支出 贷:财政拨款预算收入/资金存结——货币资金
按照工程进度结算工程款或年终代建单位对账确认在建工程成本	借:在建工程——建筑安装工程投资 贷:预付账款——预付工程款	不做处理
确认代建管理费	借:在建工程——待摊投资 贷:预付账款——预付工程款	不做处理

· 106 ·

续表

经济业务与事项	财务会计处理	预算会计处理
项目完工交付使用资产	借：在建工程——建筑安装工程投资 　　贷：预付账款——预付工程款 借：固定资产/公共基础设施 　　贷：在建工程	不做处理

工程结算、确认代建费或竣工决算时涉及补付资金的，应当在确认在建工程的同时，按照补付的金额，贷记"财政拨款收入""零余额账户用款额度""银行存款"等科目；同时在预算会计中进行相应的账务处理。

（二）关于代建单位的账务处理

代建单位为事业单位的，应当设置"1615 代建项目"一级科目，并与建设单位相对应，按照工程性质和类型设置"建筑安装工程投资""设备投资""待摊投资""其他投资""待核销基建支出""基建转出投资"等明细科目，对所承担的代建项目建设成本进行会计核算，全面反映工程的资金资源消耗情况；同时，在"代建项目"科目下设置"代建项目转出"明细科目，通过工程结算或年终对账确认在建工程成本的方式，将代建项目的成本转出，体现在建设单位相应"在建工程"账上。年末，"代建项目"科目应无余额。有关账务处理规定如下：

（1）收到建设单位拨付的建设项目资金时，按照收到的款项金额，借记"银行存款"等科目，贷记"预收账款——预收工程款"科目。预算会计不做处理。

（2）工程项目使用资金或发生其他耗费时，按照确定的金额，借记"代建项目"科目下的"建筑安装工程投资"等明细科目，贷记"银行存款""应付职工薪酬""工程物资""累计折旧"等科目。预算会计不做处理。

（3）按工程进度与建设单位结算工程款或年终与建设单位对账确认在建工程成本并转出时，按照确定的金额，借记"代建项目——代建项目转出"科目，贷记"代建项目"科目下的"建筑安装工程投资"等明细科目，同时，借记"预收账款——预收工程款"等科目，贷记"代建项目——代建项目转出"科目。

（4）确认代建费收入时，按照确定的金额，借记"预收账款——预收工程款"等科目，贷记有关收入科目；同时，在预算会计中借记"资金结存"科目，贷记有关预算收入科目。

（5）项目完工交付使用资产时，按照代建项目未转出的在建工程成本，借记"代建项目——代建项目转出"科目，贷记"代建项目"科目下的"建筑安装工程投资"等明细科目，同时，借记"预收账款——预收工程款"等科目，贷记"代建项目——代建项目转出"科目。

工程竣工决算时收到补付资金的，按照补付的金额，借记"银行存款"等科目，贷记"预收账款——预收工程款"科目。

关于代建单位的账务处理，如表 2-162 所示。

表 2-162　关于代建单位的账务处理

经济业务与事项	财务会计处理	预算会计处理
收到建设单位拨付项目工程款	借：银行存款 　贷：预收账款——预收工程款	不做处理
工程项目使用资金或发生其他耗费	借：代建工程——建筑安装工程投资 　贷：银行存款/应付职工薪酬/工程物资/固定资产累计折旧等	不做处理
按工程进度与建设单位结算工程款或年终与建设单位对账确认在建工程成本并转出	借：代建项目——代建项目转出 　贷：代建项目——建筑安装工程投资 借：预收账款——预收工程款 　贷：代建项目——代建项目转出	不做处理
确认代建收入	借：预收账款——预收工程款 　贷：经营收入等	借：资金结存 　贷：经营预算收入等
项目完工交付使用资产	借：代建项目——代建项目转出 　贷：代建项目——建筑安装工程投资 借：预收账款——预收工程款 　贷：代建项目——代建项目转出	不做处理

需要说明的是，如果代建单位为企业的，按照企业类会计准则制度相关规定进行账务处理。

单位按照《政府会计制度》对基本建设项目进行会计核算的，应当通过在有关会计科目下设置与基本建设项目相关的明细科目或增加标记，或设置基建项目辅助账等方式，满足基本建设项目竣工决算报表编制的需要。

第八节　无形资产

一、无形资产概述

（一）无形资产的概念

无形资产，是指政府会计主体控制的没有实物形态的可辨认非货币性资产，如专利权、商标权、著作权、土地使用权、非专利技术等。

（二）无形资产的特征

无形资产具有以下三个特征：

1. 没有实物形态

无形资产不具有实物形态，通常体现的是一种权力或一种技术。在某些高新科技领域，无形资产往往显得很重要。它没有实物形态，一般却有较高的价值。无形资产没有实物形态，而货币性资产如应收账款、银行存款等也没有实物形态。因此，仅仅以无实物形态将无形资产与其他资产加以区分是不够的。

2. 非货币性长期资产

无形资产是非货币性长期资产，主要是因为其能在超过行政事业单位的一个会计年度内为行政事业单位服务。那些虽然具有无形资产其他特征却不能在超过一个会计年度内为行政事业单位服务的资产，不能作为行政事业单位的无形资产核算。

3. 行政事业单位的无形资产具有可辨认性

只要满足以下两条之一就可以说具有可辨认性：

（1）能够从政府会计主体中分离或者划分出来，并能单独或者与相关合同、资产或负债一起，用于出售、转移、授予许可、租赁或者交换；

（2）源自合同性权利或其他法定权利，无论这些权利是否可以从政府会计主体或其他权利和义务中转移或者分离。

（三）无形资产的主要项目

1. 专利权

在事业单位会计实务中，专利权是指政府对事业单位在某一产品的造型、配方、结构、制造工艺或程序的发明上给予其制造使用和出售等方面的专门权利。事业单位不应将其所拥有的一切专利权都予以资本化，即不是所有专利权都可作为无形资产核算的。只有对那些能够给事业单位带来较大经济价值的，并且事业单位为此支出过的专利，才能作为无形资产进行核算。专利权如果是购买的，其记账成本除买价外，还包括支付给有关部门的相关费用；如果是自行开发的，它的成本应包括创造该项专利的试验费用、申请专利登记费用以及聘请律师费用等。

2. 商标权

商标权是指在某类指定的商品或产品上使用特定的名称或图案的权利。商标经过注册登记，就获得了法律上的保护。事业单位自创的商标，若其注册登记费用不大，则不一定作为无形资产来核算。受让商标，一次性支出费用较大的，可以将其本金化，作为无形资产入账核算，其记账价值包括买价、支付的手续费以及其他因受让商标权而发生的费用等。

3. 土地使用权

在事业单位会计实务中，土地使用权是指事业单位依法取得的对国有土地在一定期间内享有开发、利用、经营等权利。事业单位拥有的并未入账的土地使用权，不能作为无形资产核算；花了较大的代价取得的土地使用权，应予以本金化，将取得时所发生的一切支出，作为土地使用权成本，计入"无形资产"账户。这里有两种情况：

（1）事业单位向土地管理部门申请土地使用权时，支付的出让金要作为无形资产入账；

（2）单位原先通过行政划拨获得土地使用权，没有入账的，在将土地使用权有偿转让、出租、抵押、作价入股和投资时，按规定要补缴土地出让金，补缴的出让金，要作为无形资产入账。

4. 非专利技术

非专利技术是指先进的、未公开的、未申请专利的，可以带来经济效益的技术或者资料，又称"专有技术""技术秘密""技术诀窍"。事业单位的非专利技术，一般是指在组织事业收入或经营收入过程中取得的有关生产、经营和管理方面未获得专利权的知识、经验和技巧。非专利技术不受《中华人民共和国专利法》的保护，但却是一种事实上的专利权，它可以进行转让和投资。

5. 著作权

著作权，又称版权，是指文学、艺术和科学作品等的著作人依法对其作品所拥有的专门权利。著作权一般包括发表权、署名权、修改权、保护作品完整权、使用权和获得报酬权。著作权受国家法律保护。

6. 商誉

商誉，通常是指单位由于所处的地理位置优越，或由于信誉好而赢得了客户的信任，或由于组织得当等原因而形成的一种无形价值。这一概念是随着企业产权有偿转让行为的发生，才在企业财务会计中出现的。商誉可以是自己建立的，也可以是外购的，但是只有向外购入时，才能作为无形资产核算。商誉的计价方法很多，也很复杂。由于只有在一个单位购入另一个单位时才发生，所以通常商誉的价值可以按买者价款总额与买进单位所有净资产总额之间的差额计算。

二、无形资产的核算

（一）无形资产的确认

同时满足下列条件的予以确认为无形资产：

（1）与该无形资产相关的服务潜力很可能实现或者经济利益很可能流入政府会计主体；

（2）该无形资产的成本或者价值能够可靠地计量。

政府会计主体在判断无形资产的服务潜力或经济利益是否很可能实现或流入时，应当对无形资产在预计使用年限内可能存在的各种社会、经济、科技因素作出合理估计，并且应当有确凿的证据支持。

对于具体情况还有以下规定：

（1）购入的不构成相关硬件不可缺少组成部分的软件，应当确认为无形资产。

（2）自行研究开发项目的支出：分研究阶段支出与开发阶段支出。

①研究是指为获取并理解新的科学或技术知识而进行的独创性的有计划调查。研究阶段的支出：发生时计入当期费用。

②开发是指在进行生产或使用前，将研究成果或其他知识应用于某项计划或设计，以生产出新的或具有实质性改进的材料、装置、产品等。

开发阶段的支出：先按合理方法进行归集，如果最终形成无形资产的，应当确认为无形资产；如果最终未形成无形资产的，应当计入当期费用。

自行研究开发项目尚未进入开发阶段，或者确实无法区分研究阶段支出和开发阶段支出，但按法律程序已申请取得无形资产的，应当将依法取得时发生的注册费、聘请律师费等费用确认为无形资产。

（3）自创商誉及内部产生的品牌、报刊名等，不应确认为无形资产。

（4）与无形资产有关的后续支出，符合确认条件的，应当计入无形资产成本；不符合确认条件的,应当在发生时计入当期费用或者相关资产成本。

(二) 无形资产的初始计量

取得无形资产时,应当按照成本进行初始计量

1. 外购无形资产

政府会计主体外购的无形资产,其成本包括购买价款、相关税费以及可归属于该项资产达到预定用途前所发生的其他支出。外购无形资产的账务处理,如表2-163所示。

表2-163　　　　　　　　　　外购无形资产的账务处理

经济业务与事项	财务会计处理	预算会计处理
外购无形资产	借:无形资产 　贷:财政拨款收入/零余额账户用款额度/银行存款等	借:行政支出/事业支出/经营支出 　贷:财政拨款预算收入/资金结存等
委托软件公司开发的软件,按照合同约定预付开发费时	借:预付账款 　贷:财政拨款收入/零余额账户用款额度/银行存款等	借:行政支出/事业支出/经营支出[预付的款项] 　贷:财政拨款预算收入/资金结存等
委托开发的软件交付使用,并支付剩余或全部软件开发费用时	借:无形资产[开发费总额] 　贷:预付账款 　　　财政拨款收入/零余额账户用款额度/银行存款等	按照支付的剩余款项金额 借:行政支出/事业支出/经营支出 　贷:财政拨款预算收入/资金结存
自行开发完成,达到预定用途形成无形资产的	借:无形资产 　贷:研发支出——开发支出	不做处理

【例2-68】某事业单位取得一项专利,使用财政授权支付方式支付价款100 000元。账务处理如表2-164所示。

表2-164　　　　　　　　　　〖例2-68〗的账务处理

经济业务与事项	财务会计处理	预算会计处理
外购专利,财政授权支付价款100 000元	借:无形资产　　　　　　100 000 　贷:零余额账户用款额度　100 000	借:事业支出　　　　　　　　　100 000 　贷:资金结存——零余额账户用款额度　　　　　　　　100 000

【例2-69】某事业单位与软件公司合作,委托其开发软件,价款300 000元。根据合同,该事业位先预付40%的开发费用,剩余费用完工交付后支付。所有款项使用财政授权支付方式支付。账务处理如表2-165所示。

表 2-165　　　　　　　　　　　【例 2-70】的账务处理

经济业务与事项	财务会计处理	预算会计处理
预付开发费用时	借：预付账款　　　　　　120 000 　　贷：零余额账户用款额度 　　　　　　　　　　　　120 000	借：事业支出　　　　　　120 000 　　贷：资金结存——零余额账户用款额度 　　　　　　　　　　　　120 000
完工交付	借：无形资产　　　　　　300 000 　　贷：预付账款　　　　120 000 　　　　零余额账户用款额度 　　　　　　　　　　　　180 000	按照支付的剩余款项金额 借：事业支出　　　　　　180 000 　　贷：资金结存——零余额账户用款额度 　　　　　　　　　　　　180 000

2. 自行研究开发形成的无形资产

自行研究开发形成的无形资产，按照研究开发项目从进入开发阶段至达到预定用途前所发生的支出总额计量。自行研究开发项目尚未进入开发阶段，或者确实无法区分研究阶段支出和开发阶段支出，但按照法律程序已申请取得无形资产的，按照依法取得时发生的注册费、聘请律师费等费用进行计量。自行研究开发形成的无形资产的账务处理如表 2-166 所示。

表 2-166　　　　　自行研究开发形成的无形资产的账务处理

经济业务与事项	财务会计处理	预算会计处理
自行研究开发无形资产尚未进入开发阶段，或者确实无法区分研究阶段支出和开发阶段支出，但按照法律程序已申请取得无形资产的	借：无形资产［依法取得时发生的注册费、聘请律师费等费用］ 　　贷：财政拨款收入/零余额账户用款额度/银行存款等	借：行政支出/事业支出/经营支出 　　贷：财政拨款预算收入/资金结存等

【例 2-70】某事业单位自行开发一项技术，并申请专利，申请专利时发生的注册费、聘请律师费等共计 50 000 元。在取得专利之前共发生研发费用 100 000 元。所有款项均使用财政授权支付方式进行支付。账务处理如表 2-167 所示。

表 2-167　　　　　　　　　　　【例 2-70】的账务处理

经济业务与事项	财务会计处理	预算会计处理
取得专利前发生的研发费用	借：研发支出　　　　　　100 000 　　贷：零余额账户用款额度 100 000	借：事业支出　　　　　　100 000 　　贷：资金结存——零余额账户用款额度 　　　　　　　　　　　　100 000
依法取得专利	借：无形资产　　　　　　150 000 　　贷：研发支出　　　　100 000 　　　　零余额账户用款额度 50 000	借：事业支出　　　　　　 50 000 　　贷：资金结存——零余额账户用款额度 　　　　　　　　　　　　 50 000

3. 通过置换取得的无形资产

政府会计主体通过置换取得的无形资产，其成本按照换出资产的评估价值加上支付的补价或减去收到的补价，加上换入无形资产发生的其他相关支出确定。参照"库存物品"科目中置换取得库存物品的相关规定进行账务处理。无形资产取得时涉及增值税业务的，相关账务处理参见"应交增值税"科目。

通过置换取得的无形资产的账务处理，如表 2-168 所示。

表 2-168　　　　　　　　通过置换取得的无形资产的账务处理

经济业务与事项	财务会计处理	预算会计处理
置换取得无形资产	参照"库存物品"科目中置换取得库存物品的相关规定进行账务处理	

【例 2-71】某事业单位用一项专利置换换入一批材料，换出专利的原价为 100 000 元，已提摊销 60 000 元，评估价值为 40 000 元。置换换出专利收到补价 10 000 元，当日收到材料并验收入库。账务处理如表 2-169 所示。

表 2-169　　　　　　　　【例 2-71】的账务处理

经济业务与事项	财务会计处理	预算会计处理
当日置换专利获得材料并验收入库	借：库存商品　　　　　　30 000 　　无形资产累计摊销　　60 000 　　银行存款　　　　　　10 000 　贷：无形资产　　　　　　100 000	不做处理

4. 接受捐赠的无形资产

接受捐赠的无形资产，政府会计主体接受捐赠的无形资产，其成本按照有关凭据注明的金额加上相关税费确定；没有相关凭据可供取得，但按规定经过资产评估的，其成本按照评估价值加上相关税费确定；没有相关凭据可供取得、也未经资产评估的，其成本比照同类或类似资产的市场价格加上相关税费确定；没有相关凭据且未经资产评估、同类或类似资产的市场价格也无法可靠取得的，按照名义金额入账，相关税费计入当期费用。确定接受捐赠无形资产的初始入账成本时，应当考虑该项资产尚可为政府会计主体带来服务潜力或经济利益的能力。接受捐赠的无形资产的账务处理，如表 2-170 所示。

表 2-170　　　　　　　　接受捐赠的无形资产的账务处理

经济业务与事项	财务会计处理	预算会计处理
接受捐赠的无形资产	借：无形资产 　贷：财政拨款收入/零余额账户用款额度［发生的相关税费等］ 　　　捐赠收入［差额］	借：其他支出［发生的相关税费等］ 　贷：资金结存

续表

经济业务与事项	财务会计处理	预算会计处理
接受捐赠的无形资产按照名义金额入账的	借：无形资产 [名义金额] 　　贷：捐赠收入 借：无形资产 [名义金额] 　　贷：银行存款/零余额账户用款额度 　　　　[发生的相关税费等]	借：其他支出 [发生的相关税费等] 　　贷：资金结存

【例2-72】某事业单位接受 A 公司捐赠的一项专利，价值100 000元，用银行存款支付相关税费1 000元。账务处理如表2-171所示。

表2-171　　　　　　　　　　　　　　【例2-72】的账务处理

经济业务与事项	财务会计处理	预算会计处理
接受捐赠的无形资产	借：无形资产　　　　101 000 　　贷：银行存款　　　　1 000 　　　　捐赠收入　　　　100 000	借：其他支出　　　　1 000 　　贷：资金结存——货币资金　1 000

5. 无偿调入的无形资产

无偿调入的无形资产，按照确定的无形资产成本计量。无偿调入的无形资产的账务处理如表2-172所示。

表2-172　　　　　　　　　　　无偿调入的无形资产的账务处理

经济业务与事项	财务会计处理	预算会计处理
无偿调入无形资产	借：无形资产 　　贷：银行存款/零余额账户用款额度 　　　　[发生的相关税费等] 　　　　无偿调拨净资产 [差额]	借：其他支出 [发生的相关税费等] 　　贷：资金结存

【例2-73】某事业单位接受无偿调入的无形资产，资产价值10 000元，这期间发生运输费80元，以银行存款支付。账务处理如表2-173所示。

表2-173　　　　　　　　　　　　　　【例2-73】的账务处理

经济业务与事项	财务会计处理	预算会计处理
无偿调入无形资产	借：无形资产　　　　10 080 　　贷：银行存款　　　　80 　　　　无偿调拨净资产　　10 000	借：其他支出　　　　80 　　贷：资金结存——货币资金　80

（三）无形资产的后续计量

1. 符合无形资产确认条件的后续支出

符合无形资产确认条件的后续支出为增加无形资产的使用效能对其进行升级改造或扩展其功能时，如需暂停对无形资产进行摊销的，按照无形资产的账面价值，借记"在建工程"科目；按照无形资产已摊销金额，借记"无形资产累计摊销"科目；按照无形资产的账面余额，贷记本科目。无形资产后续支出符合无形资产确认条件的，按照支出的金额，借记本科目［无需暂停摊销的］或"在建工程"科目［需暂停摊销的］，贷记"财政拨款收入""零余额账户用款额度""银行存款"等科目。暂停摊销的无形资产完成升级改造或扩展功能等并交付使用时，按照在建工程的成本，借记本科目，贷记"在建工程"科目。

符合无形资产确认条件的后续支出的账务处理，如表 2-174 所示。

表 2-174　　　　　　符合无形资产确认条件的后续支出的账务处理

经济业务与事项	财务会计处理	预算会计处理
与无形资产确认条件有关的后续支出，如为增加无形资产的使用效能的支出	借：在建工程 　　无形资产累计摊销 　贷：无形资产 借：在建工程/无形资产［无需暂停计提摊销的］ 　贷：财政拨款收入/零余额账户用款额度/银行存款等	借：行政支出/事业支出/经营支出［实际支付的资金］ 　贷：财政拨款预算收入/资金结存等

【例 2-74】某事业单位拥有一项软件技术，账面价值为 100 000 元，已摊销 10 000 元，现为增加该软件技术的效用增加支出 40 000 元。若该支出符合无形资产的确认条件，则账务处理如表 2-175 所示。

表 2-175　　　　　　　　　【例 2-74】的账务处理

经济业务与事项	财务会计处理	预算会计处理
效用增加支出确认为无形资产增加	借：在建工程　　　　90 000 　　无形资产累计摊销　100 00 　贷：无形资产　　　　　100 000 借：在建工程　　　　40 000 　贷：银行存款　　　　　40 000	借：其他支出　　　　40 000 　贷：资金结存——货币资金　40 000

2. 不符合无形资产确认条件的后续支出

不符合无形资产确认条件的后续支出为保证无形资产正常使用发生的日常维护等支出，借记"业务活动费用""单位管理费用"等科目，贷记"财政拨款收入""零余额账户用款额度""银行存款"等科目。

不符合无形资产确认条件的后续支出的账务处理，如表 2-176 所示。

表 2-176　　　　　　　不符合无形资产确认条件的后续支出的账务处理

经济业务与事项	财务会计处理	预算会计处理
不符合无形资产确认条件的后续支出（为维护无形资产的正常使用而发生的后续支出）	借：业务活动费用/单位管理费用/经营费用等 　　贷：财政拨款收入/零余额账户用款额度/银行存款等	借：行政支出/事业支出/经营支出 　　贷：财政拨款预算收入/资金结存等

【例 2-75】某事业单位拥有一项软件技术，账面价值为 100 000 元，已摊销 10 000 元，现为维护该软件技术的正常使用发生后续支出 40 000 元。若该支出不符合无形资产确认条件，则账务处理如表 2-177 所示。

表 2-177　　　　　　　　　　　　【例 2-75】的账务处理

经济业务与事项	财务会计处理	预算会计处理
不符合无形资产确认条件的后续支出	借：业务活动费用　　40 000 　　贷：银行存款　　　　40 000	借：事业支出　　　　40 000 　　贷：资金结存——货币资金　40 000

需要说明的是，单位将依法取得的专利权确认为无形资产，并进行后续摊销。在以后年度，单位按照相关规定发生的专利权维护费，应当在发生时计入当期费用，原确定的无形资产摊销年限不据此调整。

（四）处置无形资产

1. 报经批准出售

将无形资产账面价值转销计入当期费用，并将处置收入大于相关处置税费后的差额按规定计入当期收入或者做应缴款项处理，将处置收入小于相关处置税费后的差额计入当期费用。报经批准出售的账务处理如表 2-178 所示。

表 2-178　　　　　　　　　　报经批准出售的账务处理

经济业务与事项	财务会计处理	预算会计处理
出售、转让无形资产	借：资产处置费用 　　无形资产累计摊销 　　贷：无形资产	不做处理
	借：银行存款等［收到的价款］ 　　贷：银行存款等［发生的相关费用］ 　　　　应缴财政款/其他收入	如转让收入按照规定纳入本单位预算 借：资金结存 　　贷：其他预算收入

2. 报经批准对外捐赠、无偿调出

将无形资产的账面价值予以转销，对外捐赠、无偿调出中发生的归属于捐出方、调出方的相关费用应当计入当期费用。报经批准对外捐赠、无偿调出的账务处理如表 2-179 所示。

表 2-179　　　　　　报经批准对外捐赠、无偿调出的账务处理

经济业务与事项	财务会计处理	预算会计处理
对外捐赠无形资产	借：资产处置费用 　　无形资产累计摊销 贷：无形资产［账面余额］ 　　银行存款等［归属于捐出方的相关费用］	借：其他支出［归属于捐出方的相关费用］ 贷：资金结存
无偿调出无形资产	借：无偿调拨净资产 　　无形资产累计摊销 贷：无形资产［账面余额］ 借：资产处置费用 贷：银行存款等［相关费用］	借：其他支出［归属于调出方的相关费用］ 贷：资金结存

【例 2-76】某事业单位打算无偿调出内部的一项无形资产。该无形资产的原值为 50 000 元，已计提摊销 10 000 元。账务处理如表 2-180 所示。

表 2-180　　　　　　　　【例 2-76】的账务处理

经济业务与事项	财务会计处理	预算会计处理
打算无偿调出	借：无偿调拨净资产　　40 000 　　无形资产累计摊销　10 000 　　贷：无形资产　　　　　50 000	不做处理

3. 报经批准对外投资

将无形资产的账面价值予以转销，并将无形资产在对外投资时的评估价值与其账面价值的差额计入当期收入或费用。

无形资产预期不能为政府会计主体带来服务潜力或者经济利益的，应当在报经批准后将该无形资产的账面价值予以转销。报经批准对外投资的账务处理，如表 2-181 所示。

表 2-181　　　　　　报经批准对外投资的账务处理

经济业务与事项	财务会计处理	预算会计处理
经批准核销无形资产时	借：资产处置费用 　　无形资产累计摊销 贷：无形资产［账面余额］	不做处理

无形资产处置时涉及增值税业务的,相关账务处理参见"应交增值税"科目。

【例 2 - 77】某事业单位将一批不再能为事业单位带来经济利益的著作权予以核销。该批著作权原价 20 000 元,已计提摊销 17 000 元。账务处理如表 2 - 182 所示。

表 2 - 182 〖例 2 - 77〗的账务处理

经济业务与事项	财务会计处理	预算会计处理
经批准核销无形资产时	借:资产处置费用　　　　　3 000 　　无形资产累计摊销　　17 000 　　贷:无形资产　　　　　　　　20 000	不做处理

4. 无形资产的摊销

摊销是指在无形资产使用年限内,按照确定的方法对应摊销金额进行系统分摊。政府会计主体应当对使用年限有限的无形资产进行摊销,但已摊销完毕仍继续使用的无形资产和以名义金额计量的无形资产除外。

无形资产使用年限的确定:政府会计主体应当于取得或形成无形资产时合理确定其使用年限。无形资产的使用年限为有限的,应当估计该使用年限。无法预见无形资产为政府会计主体提供服务潜力或者带来经济利益期限的,应当视为使用年限不确定的无形资产。

摊销年限的确定,对于使用年限有限的无形资产,政府会计主体应当按照以下原则确定无形资产的摊销年限:

(1) 法律规定了有效年限的,按照法律规定的有效年限作为摊销年限;

(2) 法律没有规定有效年限的,按照相关合同或单位申请书中的受益年限作为摊销年限;

(3) 法律没有规定有效年限、相关合同或单位申请书也没有规定受益年限的,应当根据无形资产为政府会计主体带来服务潜力或经济利益的实际情况,预计其使用年限;

(4) 非大批量购入、单价小于 1 000 元的无形资产,可以于购买的当期将其成本一次性全部转销。

政府会计主体应当按月对使用年限有限的无形资产进行摊销,并根据用途计入当期费用或者相关资产成本。

需要注意的是,在以后年度,单位按照相关规定发生的专利权维护费,应当在发生时计入当期费用,原确定的无形资产摊销年限不据此调整。

政府会计主体应当采用年限平均法或者工作量法对无形资产进行摊销,应摊销金额为其成本,不考虑预计残值。

因发生后续支出而增加无形资产成本的,对于使用年限有限的无形资产,应当按照重新确定的无形资产成本以及重新确定的摊销年限计算摊销额。

与"无形资产累计摊销"科目相关的账务处理,如表 2 - 183 所示。

表 2-183　　　　　与"无形资产累计摊销"科目相关的账务处理

经济业务与事项	财务会计处理	预算会计处理
按月进行无形资产摊销时	借：业务活动费用/单位管理费用/加工物品等 　　贷：无形资产累计摊销	不做处理
处置无形资产时	借：资产处置费用/无偿调拨净资产等 　　　无形资产累计摊销 　　贷：无形资产［账面余额］	不做处理

【例 2-78】2020 年 4 月 12 日，某事业单位购入一项专利，总价款 180 000 元，按规定摊销年限为 10 年。账务处理如表 2-184 所示。

表 2-184　　　　　　　　　【例 2-78】的账务处理

经济业务与事项	财务会计处理	预算会计处理
2020 年 4 月 30 日，当月购入无形资产计提摊销	借：单位管理费用　　　　　1 500 　　贷：无形资产累计摊销　　1 500	不做处理
2019 年 5 月 31 日，计提专利摊销权	借：单位管理费用　　　　　1 500 　　贷：无形资产累计摊销　　1 500	不做处理

5. 无形资产的研发支出

在事业单位会计实务中，"研发支出"科目用于核算事业单位在自行研究开发项目的研究阶段和开发阶段发生的各项支出。建设项目中的软件研发支出，应当通过"在建工程"科目核算，不通过本科目核算。

与"研发支出"科目相关的账务处理，如表 2-185 所示。

表 2-185　　　　　　　　无形资产的研发支出的账务处理

经济业务与事项		财务会计处理	预算会计处理
自行研究开发项目研究阶段的支出	按照合理的方法先归集	借：研发支出——研究支出 　　贷：应付职工薪酬/库存物品/财政拨款收入/零余额账户用款额度/银行存款等	借：事业支出/经营支出等［实际支付的款项］ 　　贷：财政拨款预算收入/资金结存
	期（月）末转入当期费用	借：业务活动费用等 　　贷：研发支出——研究支出	不做处理
自行研究开发项目开发阶段的支出		借：研发支出——开发支出 　　贷：应付职工薪酬库存物品财政拨款收入/零余额账户用款额度/银行存款等	借：事业支出/经营支出等［实际支付的款项］ 　　贷：财政拨款预算收入/资金结存

续表

经济业务与事项	财务会计处理	预算会计处理
自行研究开发项目完成，达到预定用途形成无形资产	借：无形资产 　　贷：研发支出——开发支出	不做处理
年末经评估，研发项目预计不能达到预定用途	借：业务活动费用等 　　贷：研发支出——开发支出	不做处理

自行研究开发项目时涉及增值税业务的，相关账务处理参见"应交增值税"科目。

【例 2-79】某事业单位于 2020 年 2 月 10 日自行研究开发出一项新产品专利技术。在研究开发过程中，该单位耗费价值 100 万元的材料 A 一批，发生人工工资 180 万元，以及用银行存款支付其他费用 40 万元，总计 320 万元。其中，符合资本化条件的支出为 260 万元。假定不考虑相关税费，则该事业单位的账务处理如表 2-186 所示。

表 2-186　　　　　　　　　　〖例 2-79〗的账务处理

经济业务与事项	财务会计处理	预算会计处理
自行研究开发项目研究阶段的支出	借：研发支出——研究支出 　　　　　　　　　　600 000 　　　　　——开发支出 　　　　　　　　　2 600 000 　　贷：库存商品——A　1 000 000 　　　　应付职工薪酬　1 800 000 　　　　银行存款　　　　400 000	借：事业支出　　　　400 000 　　贷：资金结存——货币资金 　　　　　　　　　　400 000

（五）无形资产的披露

政府会计主体应当按照无形资产的类别在附注中披露与无形资产有关的下列信息：

（1）无形资产账面余额、累计摊销额、账面价值的期初、期末数及其本期变动情况。

（2）自行开发无形资产的名称、数量，以及账面余额和累计摊销额的变动情况。

（3）以名义金额计量的无形资产名称、数量，以及以名义金额计量的理由。

（4）接受捐赠、无偿调入无形资产的名称、数量等情况。

（5）使用年限有限的无形资产，其使用年限的估计情况；使用年限不确定的无形资产，其使用年限不确定的确定依据。

（6）无形资产出售、对外投资等重要资产处置的情况。

第九节 公共基础设施

一、公共基础设施概述

（一）公共基础设施的定义及特征
公共基础设施，是指政府会计主体为满足社会公共需求而控制的，同时具有以下特征的有形资产：
（1）一个有形资产系统或网络的组成部分；
（2）具有特定用途；
（3）一般不可移动。

（二）公共基础设施的内容
公共基础设施主要包括市政基础设施（如城市道路、桥梁、隧道、公交场站、路灯、广场、公园绿地、室外公共健身器材，以及环卫、排水、供水、供电、供气、供热、污水处理、垃圾处理系统等）、交通基础设施（如公路、航道、港口等）、水利基础设施（如大坝、堤防、水闸、泵站、渠道等）和其他公共基础设施。

（三）公共基础设施的确认
1. 确认主体
（1）通常情况下，公共基础设施应当由按规定对其负有管理维护职责的政府会计主体予以确认。
（2）多个政府会计主体共同管理维护的，由对该资产负有主要管理维护职责或者承担后续主要支出责任的政府会计主体予以确认。
（3）分为多个组成部分由不同政府会计主体分别管理维护的，由各个政府会计主体分别对其负责管理维护的公共基础设施的相应部分予以确认。
（4）负有管理维护公共基础设施职责的政府会计主体通过政府购买服务方式委托企业或其他会计主体代为管理维护公共基础设施的，该公共基础设施应当由委托方予以确认。

2. 确认条件
（1）与该公共基础设施相关的服务潜力很可能实现或者经济利益很可能流入政府会计主体。
（2）该公共基础设施的成本或者价值能够可靠地计量。

3. 确认的时点
（1）通常情况下，对于自建或外购的公共基础设施，政府会计主体应当在该项公共基础设施验收合格并交付使用时确认。
（2）对于无偿调入、接受捐赠的公共基础设施，政府会计主体应当在开始承担该项公共基础设施管理维护职责时确认。

4. 分类确认要求
（1）政府会计主体应当根据公共基础设施提供公共产品或服务的性质或功能特征

对其进行分类确认。

（2）公共基础设施的各组成部分具有不同使用年限或者以不同方式提供公共产品或服务，适用不同折旧率或折旧方法且可以分别确定各自原价的，应当分别将各组成部分确认为该类公共基础设施的一个单项公共基础设施。

（3）政府会计主体在购建公共基础设施时，能够分清购建成本中的构筑物部分与土地使用权部分的，应当将其中的构筑物部分和土地使用权部分分别确认为公共基础设施；不能分清购建成本中的构筑物部分与土地使用权部分的，应当整体确认为公共基础设施。

5. 后续支出确认

（1）公共基础设施在使用过程中发生的后续支出，符合上述公共基础设施确认条件的，应当计入公共基础设施成本；不符合确认条件的，应当在发生时计入当期费用。

（2）通常情况，为增加公共基础设施使用效能或延长其使用年限而发生的改建、扩建等后续支出，应当计入公共基础设施成本；为维护公共基础设施的正常使用而发生的日常维修、养护等后续支出，应当计入当期费用。

（四）公共基础设施的计量

1. 初始计量

（1）公共基础设施在取得时应当按照成本进行初始计量。

（2）政府会计主体自行建造的公共基础设施，其成本包括完成批准的建设内容所发生的全部必要支出，包括建筑安装工程投资支出、设备投资支出、待摊投资支出和其他投资支出。

在原有公共基础设施基础上进行改建、扩建等建造活动后的公共基础设施，其成本按照原公共基础设施账面价值加上改建、扩建等建造活动发生的支出，再扣除公共基础设施被替换部分的账面价值后的金额确定。

为建造公共基础设施借入的专门借款的利息，属于建设期间发生的，计入该公共基础设施在建工程成本；不属于建设期间发生的，计入当期费用。

已交付使用但尚未办理竣工决算手续的公共基础设施，应当按照估计价值入账，待办理竣工决算后再按照实际成本调整原来的暂估价值。

（3）政府会计主体接受其他会计主体无偿调入的公共基础设施，其成本按照该项公共基础设施在调出方的账面价值加上归属于调入方的相关费用确定。

（4）政府会计主体接受捐赠的公共基础设施，其成本按照有关凭据注明的金额加上相关费用确定；没有相关凭据可供取得，但按规定经过资产评估的，其成本按照评估价值加上相关费用确定；没有相关凭据可供取得、也未经资产评估的，其成本比照同类或类似资产的市场价格加上相关费用确定。如受赠的系旧的公共基础设施，在确定其初始入账成本时应当考虑该项资产的新旧程度。

（5）政府会计主体外购的公共基础设施，其成本包括购买价款、相关税费以及公共基础设施交付使用前所发生的可归属于该项资产的运输费、装卸费、安装费和专业人员服务费等。

（6）对于包括不同组成部分的公共基础设施，其只有总成本、没有单项组成部分成本的，政府会计主体可以按照各单项组成部分同类或类似资产的成本或市场价格比例对总成本进行分配，分别确定公共基础设施中各单项组成部分的成本。

2. 后续计量——公共基础设施的折旧或摊销

（1）政府会计主体应当对公共基础设施计提折旧，但政府会计主体持续进行良好的维护使得其性能得到永久维持的公共基础设施和确认为公共基础设施的单独计价入账的土地使用权除外。

公共基础设施应计提的折旧总额为其成本，计提公共基础设施折旧时不考虑预计净残值。政府会计主体应当对暂估入账的公共基础设施计提折旧，实际成本确定后不需调整原已计提的折旧额。

（2）折旧年限。

政府会计主体应当根据公共基础设施的性质和使用情况，合理确定公共基础设施的折旧年限。

政府会计主体确定公共基础设施折旧年限应当考虑设计使用年限或设计基准期；预计实现服务潜力或提供经济利益的期限；预计有形损耗和无形损耗；法律或者类似规定对资产使用的限制等因素。

公共基础设施的折旧年限一经确定，不得随意变更，但符合《政府会计准则第5号——公共基础设施》第二十条规定的除外。对于政府会计主体接受无偿调入、捐赠的公共基础设施，应当考虑该项资产的新旧程度，按照其尚可使用的年限计提折旧。

（3）折旧方法。

政府会计主体一般应当采用年限平均法或者工作量法计提公共基础设施折旧。

在确定公共基础设施的折旧方法时，应当考虑与公共基础设施相关的服务潜力或经济利益的预期实现方式。公共基础设施折旧方法一经确定，不得随意变更。

（4）折旧时点。

公共基础设施应当按月计提折旧，并计入当期费用。当月增加的公共基础设施，当月开始计提折旧；当月减少的公共基础设施，当月不再计提折旧。

（5）处于改建、扩建等建造活动期间的公共基础设施，应当暂停计提折旧。因改建、扩建等原因而延长公共基础设施使用年限的，应当按照重新确定的公共基础设施的成本和重新确定的折旧年限计算折旧额，不需调整原已计提的折旧额。

（6）公共基础设施提足折旧后，无论能否继续使用，均不再计提折旧；已提足折旧的公共基础设施，可以继续使用的，应当继续使用，并规范实物管理。提前报废的公共基础设施，不再补提折旧。

（7）对于确认为公共基础设施的单独计价入账的土地使用权，政府会计主体应当按照《政府会计准则第4号——无形资产》的相关规定进行摊销。

3. 后续计量——公共基础设施的处置

（1）政府会计主体按规定报经批准无偿调出、对外捐赠公共基础设施的，应当将公共基础设施的账面价值予以转销，无偿调出、对外捐赠中发生的归属于调出方、捐出方的相关费用应当计入当期费用。

（2）公共基础设施报废或遭受重大毁损的，政府会计主体应当在报经批准后将公共基础设施账面价值予以转销,并将报废、毁损过程中取得的残值变价收入扣除相关费用后的差额按规定做应缴款项处理(差额为净收益时)或计入当期费用(差额为净损失时)。

(五)公共基础设施的披露

政府会计主体应当在附注中披露与公共基础设施有关的下列信息:

(1)公共基础设施的分类和折旧方法。

(2)各类公共基础设施的折旧年限及其确定依据。

(3)各类公共基础设施账面余额、累计折旧额(或摊销额)、账面价值的期初、期末数及其本期变动情况。

(4)各类公共基础设施的实物量。

(5)公共基础设施在建工程的期初、期末金额及其增减变动情况。

(6)确认为公共基础设施的单独计价入账的土地使用权的账面余额、累计摊销额及其变动情况。

(7)已提足折旧继续使用的公共基础设施的名称、数量等情况。

(8)暂估入账的公共基础设施账面价值变动情况。

(9)无偿调入、接受捐赠的公共基础设施名称、数量等情况(包括未按照准则第十二条和第十三条规定计量并确认入账的公共基础设施的具体情况)。

(10)公共基础设施对外捐赠、无偿调出、报废、重大毁损等处置情况。

(11)公共基础设施年度维护费用和其他后续支出情况。

二、公共基础设施的核算

(一)应设置的科目

公共基础设施科目:

(1)公共基础设施科目(以下简称"本科目")用于核算单位控制的公共基础设施的原值。

(2)本科目应当按照公共基础设施的类别、项目等进行明细核算。

(3)单位应当根据行业主管部门对公共基础设施的分类规定,制定适合本单位管理的公共基础设施目录、分类方法,作为进行公共基础设施核算的依据。

本科目期末借方余额,反映了公共基础设施的原值。

(二)公共基础设施的账务处理

1. 取得公共基础设施

取得公共基础设施的账务处理,如表 2-187 所示。

表 2-187　　　　　　　　　取得公共基础设施的账务处理

经济业务与事项	财务会计处理	预算会计处理
自行建造公共基础设施完工交付使用时	借:公共基础设施 　贷:在建工程	不做处理

续表

经济业务与事项	财务会计处理	预算会计处理
接受无偿调入的公共基础设施	借：公共基础设施 　　贷：无偿调拨净资产 　　　　财政拨款收入/零余额账户用款额度/银行存款等［发生的归属于调入方的相关费用］ 如无偿调入的公共基础设施成本无法可靠取得的 借：其他费用［发生的归属于调入方的相关费用］ 　　贷：财政拨款收入/零余额账户用款额度/银行存款等	借：其他支出［支付的归属于调入方的相关费用］ 　　贷：财政拨款预算收入/资金结存
接受捐赠的公共基础设施	借：公共基础设施 　　贷：捐赠收入/财政拨款收入/零余额账户用款额度/银行存款等［发生的归属于捐入方的相关费用］ 如接受捐赠的公共基础设施成本无法可靠取得的 借：其他费用［发生的归属于捐入方的相关费用］ 　　贷：财政拨款收入/零余额账户用款额度/银行存款等	借：其他支出［支付的归属于捐入方的相关费用］ 　　贷：财政拨款预算收入/资金结存
外购的公共基础设施	借：公共基础设施 　　贷：财政拨款收入/零余额账户用款额度/应付账款/银行存款等	借：行政支出/事业支出 　　贷：财政拨款预算收入/资金结存

【例 2-80】某事业单位根据市政规划自行建造市民广场。该项公共基础设施至交付使用前所完成的全部必要支出为 2 000 000 元。该单位的账务处理如表 2-188 所示。

表 2-188　　　　　　　　　【例 2-80】的账务处理

经济业务与事项	财务会计处理	预算会计处理
接受无偿调入的公共基础设施	借：公共基础设施　　2 000 000 　　贷：在建工程　　　　2 000 000	不做处理

【例 2-81】某行政单位接受上级无偿调入健身设备。经评估，该项公共基础设施的价值为 100 000 元。为方便该设施达到预计可使用状态，该单位支付安装费用 1 000 元。该单位账务处理如表 2-189 所示。

表 2-189　〖例 2-81〗的账务处理

经济业务与事项	财务会计处理	预算会计处理
接受捐赠的公共基础设施	借：公共基础设施　　　　101 000 　　贷：无偿调拨净资产　　100 000 　　　　银行存款　　　　　1 000	借：其他支出　　　　　　　1 000 　　贷：资金结存——货币资金 1 000

【例 2-82】某行政单位外购一批防灾设施，使用财政授权支付方式支付款项 100 000 元，支付运费等相关费用 3 000 元。该单位账务处理如表 2-190 所示。

表 2-190　〖例 2-82〗的账务处理

经济业务与事项	财务会计处理	预算会计处理
外购的公共基础设施	借：公共基础设施　　　　103 000 　　贷：零余额账户用款额度 　　　　　　　　　　　103 000	借：行政支出　　　　　　103 000 　　贷：资金结存——零余额账户用款额度 　　　　　　　　　　　103 000

2. 与公共基础设施有关的后续支出

与公共基础设施有关的后续支出的账务处理，如表 2-191 所示。

表 2-191　与公共基础设施有关的后续支出的账务处理

经济业务与事项	财务会计处理	预算会计处理
为增加公共基础设施使用效能或延长其使用年限而发生的改建、扩建等后续支出	借：在建工程 　　公共基础设施累计折旧（摊销） 　　贷：公共基础设施［账面余额］ 借：在建工程［发生的相关后续支出］ 　　贷：财政拨款收入/零余额账户用款额度/应付账款/银行存款等	借：行政支出/事业支出［实际支付的款项］ 　　贷：财政拨款预算收入/资金结存
为维护公共基础设施的正常使用而发生的日常维修、养护等后续支出	借：业务活动费用 　　贷：财政拨款收入/零余额账户用款额度/银行存款等	借：行政支出/事业支出［实际支付的款项］ 　　贷：财政拨款预算收入/资金结存

【例 2-83】某行政单位为延长市民广场的使用年限对其进行改扩建。该市民广场的账面价值为 900 000 元，计提累计折旧 100 000 元。改扩建中，该单位发生的后续支出共 100 000 元，使用财政授权支付方式支付该款项。该单位账务处理如表 2-192 所示。

表2-192　　　　　　　　　　【例2-83】的账务处理

经济业务与事项	财务会计处理	预算会计处理
为增加公共基础设施使用效能或延长其使用年限而发生的改建、扩建等后续支出	借：在建工程　　　　　　800 000 　　公共基础设施累计折旧 　　　　　　　　　　　100 000 　贷：公共基础设施　　　900 000 借：在建工程　　　　　　100 000 　贷：零余额账户用款额度 100 000	借：行政支出　　　　　　100 000 　贷：资金结存——零余额账户用款额度 　　　　　　　　　　　100 000

【例2-84】某行政单位对其所管辖的污水管网进行了日常维护，发生日常维护共支出300 000元，使用财政授权支付方式支付该款项。该单位账务处理如表2-82所示。

表2-193　　　　　　　　　　【例2-84】的账务处理

经济业务与事项	财务会计处理	预算会计处理
为维护公共基础设施的正常使用而发生的日常维修、养护等后续支出	借：业务活动费用　　　　300 000 　贷：零余额账户用款额度 300 000	借：行政支出　　　　　　300 000 　贷：资金结存——零余额账户用款额度 　　　　　　　　　　　300 000

3. 按照规定处置公共基础设施

按照规定处置公共基础设施的账务处理，如表2-194所示。

表2-194　　　　　　　　按照规定处置公共基础设施的账务处理

经济业务与事项	财务会计处理	预算会计处理
对外捐赠公共基础设施	借：资产处置费用 　　公共基础设施累计折旧（摊销） 　贷：公共基础设施［账面余额］、银行存款等［归属于捐出方的相关费用］	借：其他支出［支付的归属于捐出方的相关费用］ 　贷：资金结存等
无偿调出公共基础设施	借：无偿调拨净资产 　　公共基础设施累计折旧（摊销） 　贷：公共基础设施［账面余额］ 借：资产处置费用 　贷：银行存款等［归属于调出方的相关费用］	借：其他支出［支付的归属于调出方的相关费用］ 　贷：资金结存等

【例2-85】某行政单位对外捐赠公共基础设施。该设施的账面余额为100 000元，已计提折旧30 000元。另，该单位用银行存款支付运输费用2 000元。该单位账务处理如表2-195所示。

表 2-195　　　　　　　　　　　《例 2-85》的账务处理

经济业务与事项	财务会计处理	预算会计处理
对外捐赠公共基础设施	借：资产处置费用　　　　　72 000 　　　公共基础设施累计折旧 　　　　　　　　　　　　　30 000 　　贷：公共基础设施　　　100 000 　　　　银行存款　　　　　　2 000	借：其他支出　　　　　　　2 000 　　贷：资金结存——货币资金 　　　　　　　　　　　　　2 000

4. 报废、毁损的公共基础设施

报废、损毁的公共基础设施的账务处理，如表 2-196 所示。

表 2-196　　　　　　　报废、损毁的公共基础设施的账务处理

经济业务与事项	财务会计处理	预算会计处理
报废、毁损的公共基础设施	借：待处理财产损溢 　　　公共基础设施累计折旧（摊销） 　　贷：公共基础设施（账面余额）	不做处理

【例 2-86】某事业单位所管辖的路灯因暴风遭到损毁。该路灯的原价 200 000 元，已计提折旧 100 000 元。该单位账务处理如表 2-197 所示。

表 2-197　　　　　　　　　　　《例 2-86》的账务处理

经济业务与事项	财务会计处理	预算会计处理
报废、毁损的公共基础设施	借：待处理财产损溢　　　100 000 　　　公共基础设施累计折旧 　　　　　　　　　　　　100 000 　　贷：公共基础设施　　　200 000	不做处理

三、公共基础设施折旧核算

（一）应设置科目

公共基础设施累计折旧（摊销）科目：

（1）公共基础设施累计折旧（摊销）科目（以下简称"本科目"）核算单位计提的公共基础设施累计折旧和累计摊销。

（2）本科目应当按照所对应公共基础设施的明细分类进行明细核算。本科目期末贷方余额，反映单位提取的公共基础设施折旧和摊销的累计数。

（二）账务处理

1. 按月计提

按月计提的账务处理，如表 2-198 所示。

表 2-198　　　　　　　　　　按月计提的账务处理

经济业务与事项	财务会计处理	预算会计处理
按月计提公共基础设施折旧或摊销时	借：业务活动费用 　　贷：公共基础设施累计折旧（摊销）	不做处理

【例 2-87】某事业单位购买一公园绿地，支付价款 400 000 元，同时发生相关税费 10 000 元。该单位用财政授权方式支付相关款项。该公园绿地每月折旧 2 000 元。该单位账务处理如表 2-199 所示。

表 2-199　　　　　　　　　　〖例 2-87〗的账务处理

经济业务与事项	财务会计处理	预算会计处理
外购的公共基础设施	借：公共基础设施——公园绿地 　　　　　　　　　　　　410 000 　　贷：零余额账户用款额度——项目支出额 　　　　　　　　　　　　410 000	借：行政支出——项目支出——资本支出 　　　　　　　　　　　　410 000 　　贷：资金结存——零余额账户用款额度　　410 000
按月计提公共基础设施折旧或摊销时	借：业务活动费用——公共基础设施折旧 　　　　　　　　　　　　2 000 　　贷：公共基础设施累计折旧　2 000	不做处理

2. 处置公共基础设施

处置公共基础设施的账务处理，如表 2-200 所示。

表 2-200　　　　　　　　　处置公共基础设施的账务处理

经济业务与事项	财务会计处理	预算会计处理
处置公共基础设施	借：待处理财产损溢/资产处置费用/无偿调拨净资产等公共基础设施累计折旧（摊销） 　　贷：公共基础设施［账面余额］	不做处理

第十节　政府储备物资

一、政府储备物资概述

（一）政府储备物资的含义和特征

政府储备物资是指政府会计主体为满足实施国家安全与发展战略、进行抗灾救灾、应对公共突发事件等特定公共需求而控制的，同时具有下列特征的有形资产：

（1）在应对可能发生的特定事件或情形时动用；

（2）其购入、存储保管、更新（轮换）、动用等由政府及相关部门发布的专门管理制度规范。

政府储备物资包括战略及能源物资、抢险抗灾救灾物资、农产品、医药物资和其他重要商品物资，通常情况下由政府会计主体委托承储单位存储。

（二）政府储备物资的确认

政府储备物资在符合定义的前提下，同时满足下列条件的，应当予以确认：

（1）与该政府储备物资相关的服务潜力很可能实现或者经济利益很可能流入政府会计主体；

（2）该政府储备物资的成本或者价值能够可靠地计量。

通常情况下由按规定对其负有行政管理职责［提出或拟定收储计划、更新（轮换）计划、动用方案］的政府会计主体予以确认。相关行政管理职责由不同政府会计主体行使的政府储备物资，由负责提出收储计划的政府会计主体予以确认。对政府储备物资不负有行政管理职责但接受委托具体负责执行其存储保管等工作的政府会计主体，应当将受托代储的政府储备物资作为受托代理资产核算。

（三）政府储备物资的初始计量

政府储备物资在取得时应当按照成本进行初始计量。政府储备物资的仓储费用、日常维护费用和不能归属于使政府储备物资达到目前场所和状态所发生的其他支出不计入政府储备物资成本。

1. 购入的政府储备物资

政府会计主体购入的政府储备物资，其成本包括购买价款和政府会计主体承担的相关税费、运输费、装卸费、保险费、检测费以及使政府储备物资达到目前场所和状态所发生的归属于政府储备物资成本的其他支出。

2. 委托加工的政府储备物资

政府会计主体委托加工的政府储备物资，其成本包括委托加工前物料成本、委托加工的成本（如委托加工费以及按规定应计入委托加工政府储备物资成本的相关税费等）以及政府会计主体承担的使政府储备物资达到目前场所和状态所发生的归属于政府储备物资成本的其他支出。

3. 接受捐赠的政府储备物资

政府会计主体接受捐赠的政府储备物资，其成本按照有关凭据注明的金额加上政府会计主体承担的相关税费、运输费等确定；没有相关凭据可供取得，但按规定经过资产评估的，其成本按照评估价值加上政府会计主体承担的相关税费、运输费等确定；没有相关凭据可供取得、也未经资产评估的，其成本比照同类或类似资产的市场价格加上政府会计主体承担的相关税费、运输费等确定。

4. 无偿调入的政府储备物资

政府会计主体接受无偿调入的政府储备物资，其成本按照调出方账面价值加上归属于政府会计主体的相关税费、运输费等确定。

5. 盘盈的政府储备物资

政府会计主体盘盈的政府储备物资，其成本按照有关凭据注明的金额确定；没有相关凭据，但按规定经过资产评估的，其成本按照评估价值确定；没有相关凭据、也未经资产评估的，其成本按照重置成本确定。

（四）政府储备物资的后续计量

政府会计主体应当根据实际情况采用先进先出法、加权平均法或者个别计价法确定政府储备物资发出的成本。计价方法一经确定，不得随意变更。对于性质和用途相似的政府储备物资，政府会计主体应采用相同的成本计价方法确定发出物资的成本。对于不能替代使用的政府储备物资、为特定项目专门购入或加工的政府储备物资，政府会计主体通常应采用个别计价法确定发出物资的成本。

1. 无需收回的政府储备物资

政府会计主体因动用而发出无需收回的政府储备物资的，应当在发出物资时将其账面余额予以转销，计入当期费用。

2. 需要收回或者预期可能收回的政府储备物资

政府会计主体因动用而发出需要收回或者预期可能收回的政府储备物资，应当在按规定的质量验收标准收回物资时，将未收回物资的账面余额予以转销，计入当期费用。

3. 调拨给其他主体的政府储备物资

因行政管理主体变动等原因而将政府储备物资调拨给其他主体的，政府会计主体应当在发出物资时将其账面余额予以转销。

4. 对外销售的政府储备物资

政府会计主体对外销售政府储备物资的，应当在发出物资时将其账面余额转销计入当期费用，并按规定确认相关销售收入或将销售取得的价款大于所承担的相关税费后的差额做应缴款项处理。

5. 更新（轮换）的政府储备物资

政府会计主体采取销售采购方式对政府储备物资进行更新（轮换）的，应当将物资轮出视为物资销售，将物资轮入视为物资采购。

6. 报废、毁损的政府储备物资

政府会计主体应当按规定报经批准后将报废、毁损的政府储备物资的账面余额予以转销，确认应收款项（确定追究相关赔偿责任的）或计入当期费用（因储存年限到期报废或非人为因素致使报废、毁损的）；同时，将报废、毁损过程中取得的残值变价收入扣除政府会计主体承担的相关费用后的差额按规定作应缴款项处理（差额为净收益时）或计入当期费用（差额为净损失时）。

7. 盘亏的政府储备物资

政府会计主体应当按规定报经批准后将盘亏的政府储备物资的账面余额予以转销，确定追究相关赔偿责任的，确认应收款项；属于正常耗费或不可抗力因素造成的，计入当期费用。

（五）政府储备物资的披露

政府会计主体应当在附注中披露与政府储备物资有关的下列信息：

（1）各类政府储备物资的期初和期末账面余额。

（2）因动用而发出需要收回或者预期可能收回，但期末尚未收回的政府储备物资的账面余额。

（3）确定发出政府储备物资成本所采用的方法。

（4）其他有关政府储备物资变动的重要信息。

二、政府储备物资的核算

（一）政府储备物资的科目设置

"政府储备物资"科目核算单位控制的政府储备物资的成本，本科目期末借方余额，反映政府储备物资的成本。本科目应当按照政府储备物资的种类、品种、存放地点等进行明细核算。单位根据需要，可在本科目下设置"在库""发出"等明细科目进行明细核算。

对政府储备物资不负有行政管理职责但接受委托具体负责执行其存储保管等工作的单位，其受托代储的政府储备物资应当通过"受托代理资产"科目核算，不通过本科目核算。

（二）政府储备物资的账务处理

1. 政府储备物资取得时，应当按照其成本入账

取得政府储备物资的账务处理，如表2-201所示。

表2-201　　　　　　　　取得政府储备物资的账务处理

经济业务与事项		财务会计处理	预算会计处理
购入的政府储备物资		借：政府储备物资 　贷：财政拨款收入/零余额账户用款额度/应付账款/银行存款等	借：行政支出/事业支出 　贷：财政拨款预算收入/资金结存
自行生产的政府储备物资	为自制物品领用材料时	借：加工物品——自制物品（直接材料） 　贷：库存物品（相关明细科目）	不做处理
	专门从事物资制造的人员发生的直接人工费用	借：加工物品——自制物品（直接人工） 　贷：应付职工薪酬	不做处理
	为自制物品发生其他直接费用和间接费用	借：加工物品——自制物品（其他直接费用、间接费用） 　贷：财政拨款收入/零余额账户用款额度/银行存款等	借：事业支出/经营支出等〔实际支付金额〕 　贷：财政拨款预算收入/资金结存
	自制加工完成、验收入库	借：政府储备物资 　贷：加工物品——自制物品（直接材料、直接人工、其他直接费用、间接费用）	不做处理

续表

经济业务与事项		财务会计处理	预算会计处理
委托外单位加工的政府储备物资	发给外单位加工的材料	借：加工物品——委托加工物品 贷：库存物品（相关明细科目）	不做处理
	支付加工费用等	借：加工物品——委托加工物品 贷：财政拨款收入/零余额账户用款额度/银行存款等	借：行政支出/事业支出/经营支出等 贷：财政拨款预算收入/资金结存
	委托加工完成的物品验收入库	借：政府储备物资 贷：加工物品——委托加工物品	不做处理
接受捐赠的政府储备物资		借：政府储备物资 贷：捐赠收入 财政拨款收入/零余额账户用款额度/银行存款（捐入方承担的相关税费）	借：其他支出（捐入方承担的相关税费） 贷：财政拨款预算收入/资金结存
无偿调入的政府储备物资		借：政府储备物资 贷：无偿调拨净资产 财政拨款收入/零余额账户用款额度/银行存款（调入方承担的相关税费）	借：其他支出（调入方承担的相关税费） 贷：财政拨款预算收入/资金结存

【例2-88】某行政单位向甲企业外购政府储备物资一批，购买价款为54 000元（不含增值税），政府储备物资已验收入库，双方适用的增值税税率为13%，另外支付装卸费及保险费6 400元，款项采用财政直接支付方式支付。账务处理如表2-202所示。

表2-202 【例2-88】的账务处理

经济业务与事项	财务会计处理	预算会计处理
外购政府储备物资	借：政府储备物资　　　　67 420 　　贷：财政拨款收入　　　　67 420	借：行政支出——商品和服务支出 　　　　　　　　　　　　67 420 　　贷：财政拨款预算收入　67 420

【例2-89】某行政单位自行加工政府储备物资一批，领用库存物品成本为79 000元，支付的加工费为12 000元，政府储备物资加工完成并已验收入库，发生的加工费用已通过银行存款支付。账务处理如表2-203所示。

表 2-203　　　　　　　　　　【例 2-89】的账务处理

经济业务与事项	财务会计处理	预算会计处理
领用库存物品	借：加工物品——自制物品　79 000 　　贷：库存物品　　　　　　　79 000	不做处理
提取应付加工费用	借：加工物品——自制物品　12 000 　　贷：应付职工薪酬　　　　　12 000	不做处理
支付加工费用	借：应付职工薪酬　　　　　　12 000 　　贷：银行存款　　　　　　　12 000	借：行政支出　　　　　　　12 000 　　贷：资金结存——银行存款 　　　　　　　　　　　　12 000
验收入库	借：政府储备物资　　　　　　91 000 　　贷：加工物品——自制物品　91 000	不做处理

【例 2-90】某行政单位接到丙单位捐赠的政府储备物资一批，这批物资的账面价值为 36 000 元，适用的增值税税率为 13%，已取得增值税专用发票，另外，该行政单位已通过银行存款支付这批物资的运输费 872 元（含增值税）。账务处理如表 2-204 所示。

表 2-204　　　　　　　　　　【例 2-90】的账务处理

经济业务与事项	财务会计处理	预算会计处理
接受捐赠的政府储备物资	借：政府储备物资　　　　　　41 552 　　贷：捐赠收入　　　　　　　40 680 　　　　银行存款　　　　　　　　872	按照支付的相关税费： 借：其他支出　　　　　　　　872 　　贷：资金结存——银行存款　872

2. 政府储备物资发出时，分别以下情况处理：

发出政府储备物资的账务处理，如表 2-205 所示。

表 2-205　　　　　　　　发出政府储备物资的账务处理

经济业务与事项	财务会计处理	预算会计处理
动用发出无需收回的政府储备物资	借：业务活动费用 　　贷：政府储备物资 [账面余额]	不做处理
动用发出需要收回或预期可能收回的政府储备物资	发出物资时 借：政府储备物资——发出 　　贷：政府储备物资——在库 按照规定的质量验收标准收回物资时 借：政府储备物资——在库 [收回物资的账面余额] 　　业务活动费用 [未收回物资的账面余额] 　　贷：政府储备物资——发出	不做处理

续表

经济业务与事项		财务会计处理	预算会计处理
因行政管理主体变动等原因而将政府储备物资调拨给其他主体的		借：无偿调拨净资产 　　贷：政府储备物资（账面余额）	不做处理
对外销售政府储备物资的	按照规定物资销售收入纳入本单位预算的	借：业务活动费用 　　贷：政府储备物资 借：银行存款/应收账款等 　　贷：事业收入等 借：业务活动费用 　　贷：银行存款等（发生的相关税费）	借：资金结存（收到的销售价款） 　　贷：事业预算收入等 借：行政支出/事业支出 　　贷：资金结存（支付的相关税费）
	按照规定销售收入扣除相关税费后上交财政的	借：资产处置费用 　　贷：政府储备物资 借：银行存款等（收到的销售价款） 　　贷：银行存款（发生的相关税费） 　　　　应缴财政款	不做处理

【例 2-91】某行政单位接上级紧急通知，要求将其储备的救灾抢险物资发往遭受洪涝灾害的地区，这批物资使用后无法收回，发出物资的价值为 9 600 元。账务处理如表 2-206 所示。

表 2-206　　　　　　　　　　　【例 2-91】的账务处理

经济业务与事项	财务会计处理	预算会计处理
动用发出无需收回的政府储备物资	借：业务活动费用　　9 600 　　贷：政府储备物资　　9 600	不做处理

【例 2-92】某行政单位接到上级通知，向地震灾区发出一批应急照明装备，发出物资的账面价值为 46 000 元，这批应急照明装备日后需要收回；一个月后，该行政单位收回这批物资，由于损坏或丢失等因素，按照规定的质量验收标准收回的物资价值为 34 000 元。账务处理如表 2-207 所示。

表 2-207　　　　　　　　　　　【例 2-92】的账务处理

经济业务与事项	财务会计处理	预算会计处理
动用发出需要收回的政府储备物资	借：政府储备物资——发出　　46 000 　　贷：政府储备物资——在库　　46 000 借：政府储备物资——在库　　34 000 　　业务活动费用　　12 000 　　贷：政府储备物资——发出　　46 000	不做处理

【例 2-93】某行政单位按照规定将储备的一批粮食出售给甲公司，这批粮食的价值为 60 000 元，双方适用的增值税税率为 13%，甲公司通过银行支付货款后，该行政单位将这批货款扣除相关税费后的金额上缴到财政。账务处理如表 2-208 所示。

表 2-208　　　　　　　　　　〖例 2-93〗的账务处理

经济业务与事项	财务会计处理	预算会计处理
对外销售政府储备物资	借：资产处置费用　　　　67 800 　　贷：政府储备物资　　　　67 800 借：银行存款　　　　　　67 800 　　贷：银行存款　　　　　　7 800 　　　　应缴财政款　　　　60 000	不做处理

3. 盘盈或盘亏、报废、毁损的政府储备物资

盘盈或盘亏、报废、毁损的政府储备物资的账务处理，如表 2-209 所示。

表 2-209　　　盘盈或盘亏、报废、毁损的政府储备物资的账务处理

经济业务与事项	财务会计处理	预算会计处理
盘盈的政府储备物资	借：政府储备物资 　　贷：待处理财产损溢	不做处理
盘亏、报废或毁损的政府储备物资	借：待处理财产损溢 　　贷：政府储备物资	不做处理

【例 2-94】某事业单位盘盈一批政府储备物资，该批物资没有相关凭据确定其价值，经有关部门进行资产评估，评估这批物资价值 8 800 元。经查这批物资系以前年度接受的捐赠没有入账。账务处理如表 2-210 所示。

表 2-210　　　　　　　　　　〖例 2-94〗的账务处理

经济业务与事项	财务会计处理	预算会计处理
盘盈的政府储备物资	借：政府储备物资　　　　8 800 　　贷：待处理财产损溢　　　8 800 借：待处理财产损溢　　　8 800 　　贷：以前年度盈余调整　　8 800	不做处理

【例 2-95】某行政单位的一批地震救灾物资由于遭大雨淋湿毁损，该批物资的实际成本为 6 300 元，保险公司根据保险合同，赔付 3 600 元，赔付款已转入单位银行账户。账务处理如表 2-211 所示。

表 2-211　　　　　　　　　　〖例 2-95〗的账务处理

经济业务与事项	财务会计处理	预算会计处理
毁损的政府储备物资	借：待处理财产损溢　　6 300 　　贷：政府储备物资　　　6 300 借：银行存款　　　　　3 600 　　资产处置费用　　　2 700 　　贷：待处理财产损溢　　6 300	借：资金结存——货币资金　3 600 　　贷：其他预算收入　　　　3 600

第十一节　其他资产

一、文物文化资产

（一）文物文化资产的定义

文物文化资产是指用于展览、教育或研究目的的历史文物、艺术品以及其他具有文化或历史价值并作长期或永久保存的典藏等。因文化资产不介入企业生产经营过程，故不能将文物文化资产作为存货、固定资产、金融资产、无形资产进行核算。

为了核算文物文化资产增减变动及结存情况，应设"文化文物资产"科目。其二级科目应按照文物文化资产类别、项目等设置。本科目核算单位为满足社会公共需求而控制的文物文化资产的成本。单位为满足自身开展业务活动或其他活动需要而控制的文物和陈列品，应当通过"固定资产"科目核算，不通过本科目核算。

"文物文化资产"科目的核算基本与"固定资产"科目、"公共基础设施"科目、"保障性住房"科目相同。

（二）文物文化资产的特征

与其他资产相比，文物文化资产一般具有以下显著特征：

（1）其在文化、环境、教育、和历史方面的价值并不能在纯粹以市场价格为依据的财物价值中得到反映。

（2）法律可能禁止或者限制其通过销售方式进行处理。

（3）通常具有不可替代性和不可复制性，即使实体状态恶化，其价值或因为时间流逝而日益增长。

（4）使用寿命难以估计，有些长达上千年。

（三）文物文化资产的计量

（1）初始计量。

①文物文化资产在取得时应当按照其成本进行初始计量。

②外购的文物文化资产，其成本包括购买价款、相关税费以及可归属于该项资产达到预定用途前所发生的其他支出（如运输费、安装费、装卸费等）。

③接受其他单位无偿调入的文物文化资产，其成本按照该项资产在调出方的账面价值加上归属于调入方的相关费用确定。

④接受捐赠的文物文化资产，其成本按照有关凭据注明的金额加上相关费用确定；

没有相关凭据可供取得，但按照规定经过资产评估的，其成本按照评估价值加上相关费用确定；没有相关凭据可供取得、也未经评估的，其成本比照同类或类似资产的市场价格加上相关费用确定。

⑤对于成本无法可靠取得的文物文化资产，单位应当设置备查簿进行登记，待成本能够可靠确定后按照规定及时入账。

（2）与文物文化资产有关的后续支出，参照"公共基础设施"科目相关规定进行处理。

（3）按照规定报经批准处置文物文化资产，应当分别以下情况处理：

①报经批准对外捐赠文物文化资产，按照被处置文物文化资产账面余额和捐赠过程中发生的归属于捐出方的相关费用合计数，借记"资产处置费用"科目，按照被处置文物文化资产账面余额，贷记本科目，按照捐赠过程中发生的归属于捐出方的相关费用，贷记"银行存款"等科目。

②报经批准无偿调出文物文化资产，按照被处置文物文化资产账面余额，借记"无偿调拨净资产"科目，贷记本科目；同时，按照无偿调出过程中发生的归属于调出方的相关费用，借记"资产处置费用"科目，贷记"银行存款"等科目。

（四）文物文化资产的清查盘点

单位应当定期对文物文化资产进行清查盘点，每年至少盘点一次。对于发生的文物文化资产盘盈、盘亏、毁损或报废等，参照"公共基础设施"科目相关规定进行账务处理。

（五）文物文化资产的核算

1. 文物文化资产科目

（1）文物文化资产科目（以下简称"本科目"）用于核算单位控制的文物文化资产的原值。

（2）本科目应当按照文物文化资产的类别、项目等进行明细核算。

（3）单位应当根据行业主管部门对文物文化资产的分类规定，制定适合本单位管理的文物文化资产目录、分类方法，作为进行文物文化资产核算的依据。本科目期末借方余额，反映了文物文化资产的成本。

2. 账务处理

（1）取得文物文化资产。

取得文物文化资产的账务处理，如表 2-212 所示。

表 2-212　　　　　　　　取得文物文化资产的账务处理

经济业务与事项	财务会计处理	预算会计处理
外购文物文化资产	借：文物文化资产 　　贷：财政拨款收入/零余额账户用款额度/应付账款/银行存款等	借：行政支出/事业支出 　　贷：财政拨款预算收入/资金结存

续表

经济业务与事项	财务会计处理	预算会计处理
接受无偿调入的文物文化资产	借：文物文化资产 　　贷：无偿调拨净资产 　　　　财政拨款收入/零余额账户用款额度/银行存款等 [发生的归属于调入方的相关费用] 如无偿调入的公共基础设施成本无法可靠取得的 借：其他费用 [发生的归属于调入方的相关费用] 　　贷：财政拨款收入/零余额账户用款额度/银行存款等	借：其他支出 [支付的归属于调入方的相关费用] 　　贷：财政拨款预算收入/资金结存
接受捐赠的文物文化资产	借：文物文化资产 　　贷：捐赠收入 　　　　财政拨款收入/零余额账户用款额度/银行存款等 [发生的归属于捐入方的相关费用] 如接受捐赠的公共基础设施成本无法可靠取得的 借：其他费用 [发生的归属于捐入方的相关费用] 　　贷：财政拨款收入/零余额账户用款额度/银行存款等	借：其他支出 [支付的归属于捐入方的相关费用] 　　贷：财政拨款预算收入/资金结存

【例2-96】某行政事业单位根据开展业务活动需要，以零余额账户存款购买一件艺术品，其价款为10 000元，另支付运输装卸费1 000元。账务处理如表2-213所示。

表2-213　　　　　　　　　　【例2-96】的账务处理

经济业务与事项	财务会计处理	预算会计处理
外购文物文化资产	借：文物文化资产　　　11 000 　　贷：零余额账户用款额度　10 000 　　　　银行存款　　　　　　1 000	借：事业支出　　　　　　11 000 　　贷：资金结存 　　　　——零余额账户用款额度 　　　　　　　　　　　　10 000 　　　　——货币资金　　　1 000

【例2-97】某事业单位接受上级无偿调入一件文物。经评估，该项文物调出账面价值20 000元。调入时由该单位支付安装费用1 000元。账务处理如表2-214所示。

表2-214　　　　　　　　　　【例2-97】的账务处理

经济业务与事项	财务会计处理	预算会计处理
接受无偿调入的文物文化资产	借：文物文化资产　　　21 000 　　贷：无偿调拨净资产　　20 000 　　　　银行存款　　　　　1 000	借：其他支出　　　　　　1 000 　　贷：资金结存——货币资金　1 000

【例 2-98】某事业单位接受一名画家无偿捐赠的一幅画作,该画家作品在活跃市场上交易频繁,其作品估价约 50 000 元,另以银行存款支付捐赠仪式费用 5 000 元。账务处理如表 2-215 所示。

表 2-215　　　　　　　　　　　　〖例 2-98〗的账务处理

经济业务与事项	财务会计处理	预算会计处理
接受捐赠的文物文化资产	借：文物文化资产　　　　55 000 　贷：捐赠收入　　　　　　50 000 　　　银行存款　　　　　　5 000	借：其他支出　　　　　　5 000 　贷：资金结存——货币资金 5 000

（2）按照规定处置文物文化资产。

按照规定处置文物文化资产的账务处理,如表 2-216 所示。

表 2-216　　　　　　　　按照规定处置文物文化资产的账务处理

经济业务与事项	财务会计处理	预算会计处理
对外捐赠文物文化资产	借：资产处置费用 　　　公共基础设施累计折旧（摊销） 　贷：文物文化资产［账面余额］ 　　　银行存款等［归属于捐出方的相关费用］	借：其他支出［支付的归属于捐出方的相关费用］ 　贷：资金结存/财政拨款预算收入等
无偿调出文物文化资产	借：无偿调拨净资产 　贷：文物文化资产［账面余额］ 借：资产处置费用 　贷：银行存款等［归属于调出方的相关费用］	借：其他支出［支付的归属于调出方的相关费用］ 　贷：资金结存/财政拨款预算收入等

【例 2-99】某事业单位对外捐赠文物文化资产。该资产的账面余额为 10 000 元,该单位用银行存款支付运输费用 2 000 元。该单位账务处理如表 2-217 所示。

表 2-217　　　　　　　　　　　　〖例 2-99〗的账务处理

经济业务与事项	财务会计处理	预算会计处理
对外捐赠文物文化资产	借：资产处置费用　　　　12 000 　贷：公共基础设施　　　　10 000 　　　银行存款　　　　　　2 000	借：其他支出　　　　　　2 000 　贷：资金结存——货币资金 2 000

【例 2-100】某事业单位无偿调出文物文化资产。该资产的账面余额为 10 000 元,该单位用银行存款支付运输费用 2 000 元。账务处理如表 2-218 所示。

表 2-218　　　　　　　　　　　　〖例 2-100〗的账务处理

经济业务与事项	财务会计处理	预算会计处理
无偿调出文物文化资产	借：无偿调拨净资产　　10 000 　　贷：文物文化资产　　　　10 000 借：资产处置费用　　　2 000 　　贷：银行存款　　　　　　2 000	借：其他支出　　　　　　2 000 　　贷：资金结存——货币资金 2 000

（3）文物文化资产的盘点

文物文化资产的盘点的账务处理，如表 2-219 所示。

表 2-219　　　　　　　　　　文物文化资产的盘点的账务处理

经济业务与事项	财务会计处理	预算会计处理
盘盈	借：文物文化资产 　　贷：待处理财产损溢	不做处理
盘亏、损毁、报废	借：待处理财产损溢 　　贷：文物文化资产［账面余额］	不做处理

【例 2-101】某事业单位所管辖的艺术品因雨水遭到损毁。该艺术品的原价 200 000 元。账务处理如表 2-220 所示。

表 2-220　　　　　　　　　　　　〖例 2-101〗的账务处理

经济业务与事项	财务会计处理	预算会计处理
盘亏、损毁、报废	借：待处理财产损溢　　200 000 　　贷：文物文化资产　　　　200 000	不做处理

二、保障性住房

（一）保障性住房的定义

保障性住房是指地方政府住房保障主管部门持有全部或部分产权份额、纳入城镇住房保障规划和年度计划、向符合条件的保障对象提供的住房。包括政府为中低收入住房困难家庭所提供的限定标准、限定价格或租金的住房，一般由廉租房、经济适用房、政策性租赁住房、定向安置房等构成。

（二）保障性住房的特征

与其他资产相比，保障性住房一般具有以下显著特征：社会保障性住房是我国城镇住宅建设中较具特殊性的一种住宅类型，它通常是指根据国家政策以及法律法规的规定，由政府统一规划、统筹，提供给特定的人群使用，并且对该类住房的建造标准和销售价格或租金标准给予限定，起社会保障作用的住房。社会保障性住房制度也就是在社会保障性住房建设、分配、流通等具体实践中形成的制度。

（三）保障性住房的计量

（1）保障性住房的初始计量

①保障性住房在取得时，应当按其成本入账。

②外购的保障性住房，其成本包括购买价款、相关税费以及可归属于该项资产达到预定用途前所发生的其他支出。

③自行建造的保障性住房交付使用时，按照在建工程成本，借记本科目，贷记"在建工程"科目。已交付使用但尚未办理竣工决算手续的保障性住房，按照估计价值入账，待办理竣工决算后再按照实际成本调整原来的暂估价值。

④接受其他单位无偿调入的保障性住房，其成本按照该项资产在调出方的账面价值加上归属于调入方的相关费用确定。

⑤接受捐赠、融资租赁取得的保障性住房，参照"固定资产"科目相关规定进行处理。

（2）与保障性住房有关的后续支出，参照"固定资产"科目相关规定进行处理。

（3）按照规定出租保障性住房并将出租收入上缴同级财政，按照收取的租金金额计量。

（4）按照规定报经批准处置保障性住房，应当分别以下情况处理：

①报经批准无偿调出保障性住房，按照保障性住房已计提的折旧，借记"保障性住房累计折旧"科目，按照被处置保障性住房账面余额，贷记本科目，按照其差额，借记"无偿调拨净资产"科目；同时，按照无偿调出过程中发生的归属于调出方的相关费用，借记"资产处置费用"科目，贷记"银行存款"等科目。

②报经批准出售保障性住房，按照被出售保障性住房的账面价值，借记"资产处置费用"科目，按照保障性住房已计提的折旧，借记"保障性住房累计折旧"科目，按照保障性住房账面余额，贷记本科目；同时，按照收到的价款，借记"银行存款"等科目，按照出售过程中发生的相关费用，贷记"银行存款"等科目，按照其差额，贷记"应缴财政款"科目。

（四）保障性住房的清查盘点

单位应当定期对保障性住房进行清查盘点。对于发生的保障性住房盘盈、盘亏、毁损或报废等，参照"固定资产"科目相关规定进行账务处理。

（五）保障性住房的核算

1. 保障性住房科目

（1）保障性住房科目核算单位用于满足社会公共需求而控制的保障性住房原值。

（2）本科目应当按照保障性住房的类别、项目等进行明细核算。

（3）本科目期末借方余额，反映保障性住房的原值。

2. 账务处理

（1）取得保障性住房。

取得保障性住房的账务处理，如表2-221所示。

表 2-221 取得保障性住房的账务处理

经济业务与事项	财务会计处理	预算会计处理
外购保障性住房	借：保障性住房 　贷：财政拨款收入/零余额账户用款额度/银行存款等	借：行政支出/事业支出 　贷：财政拨款预算收入/资金结存
自建保障性住房	借：保障性住房 　贷：在建工程	不做处理
无偿调入保障性住房	借：保障性住房 　贷：零余额账户用款额度/银行存款等〔发生的归属于调入方的相关费用〕 　　　无偿调拨净资产〔差额〕	借：其他支出〔支付的归属于调入方的相关费用〕 　贷：资金结存等

【例 2-102】某行政事业单位外购一批保障性住房，支付价款 2 000 000 元，使用财政授权方式支付结算。账务处理如表 2-222 所示。

表 2-222 〖例 2-102〗的账务处理

经济业务与事项	财务会计处理	预算会计处理
外购保障性住房	借：保障性住房　　　　　2 000 000 　贷：零余额账户用款额度 　　　　　　　　　　　　2 000 000	借：事业支出　　　　　　2 000 000 　贷：资金结存——零余额账户用款额度 　　　　　　　　　　　　2 000 000

【例 2-103】某事业单位自行建造保障性住房 10 套，总价 2 000 000 元，该单位另支付相关费用 20 000 元。账务处理如表 2-223 所示。

表 2-223 〖例 2-103〗的账务处理

经济业务与事项	财务会计处理	预算会计处理
自建保障性住房	借：保障性住房　　　　　2 000 000 　贷：在建工程　　　　　2 000 000	不做处理

【例 2-104】某事业单位接受无偿调入保障性住房总价 50 000 元，该单位另支付相关费用 5 000 元。账务处理如表 2-224 所示。

表 2-224 〖例 2-104〗的账务处理

经济业务与事项	财务会计处理	预算会计处理
无偿调入保障性住房	借：保障性住房　　　　　　55 000 　贷：无偿调拨净资产　　　50 000 　　　银行存款　　　　　　5 000	借：其他支出　　　　　　　5 000 　贷：资金结存——货币资金 5 000

(2) 出租保障性住房。

出租保障性住房的账务处理,如表 2-225 所示。

表 2-225　　　　　　　出租保障性住房的账务处理

经济业务与事项	财务会计处理	预算会计处理
收取租金	借：银行存款/应收账款 　　贷：应缴财政款	不做处理

(3) 按照规定处置文物文化资产。

按照规定处置文物文化资产的账务处理,如表 2-226 所示。

表 2-226　　　　　按照规定处置文物文化资产的账务处理

经济业务与事项	财务会计处理	预算会计处理
出售保障性住房	借：资产处置费用 　　保障性住房累计折旧 　　贷：保障性住房 [账面余额]	不做处理
	借：银行存款 [处置保障性住房收到价款] 　　贷：应缴财政款 　　　　银行存款 [发生的相关费用]	不做处理
无偿调出保障性住房	借：无偿调拨净资产 　　保障性住房累计折旧 　　贷：保障性住房 [账面余额] 借：资产处置费用 　　贷：银行存款等 [归属于调出方的相关费用]	借：其他支出 [支付的归属于调出方的相关费用] 　　贷：资金结存/财政拨款预算收入等

【例 2-105】某事业单位出售保障性住房一批。该资产的账面余额为 72 000 元,已提折旧 60 000 元,收到价款 20 000 元。账务处理如表 2-227 所示。

表 2-227　　　　　　　【例 2-105】的账务处理

经济业务与事项	财务会计处理	预算会计处理
出售保障性住房	借：资产处置费用　　　　12 000 　　保障性住房累计折旧　60 000 　　贷：保障性住房　　　　　72 000 借：银行存款　　　　　　20 000 　　贷：应缴财政款　　　　　20 000	不做处理

(4) 保障性住房的盘点。

保障性住房盘点的账务处理,如表 2-228 所示。

表 2-228　　　　　　　　　　保障性住房盘点的账务处理

经济业务与事项	财务会计处理	预算会计处理
盘盈	借：保障性住房 　　贷：待处理财产损溢	不做处理
盘亏、损毁、报废	借：待处理财产损溢 　　保障性住房累计折旧 　　贷：保障性住房［账面余额］	不做处理

三、受托代理资产

（一）受托代理资产的定义与特征

受托代理资产是指单位接受委托方管理的各项资产，包括受托转赠的物资、受托存储保管的物资等。

与其他资产相比，受托代理资产一般具有以下显著特征：受托代理资产是在受托代理交易或事项中形成的，由受托方取得的，代为转交委托方或第三方的资产。受托方并不拥有受托代理资产的所有权和处置权。仅仅充当代为储存保管或代为转交的中介角色，具体来说包括受托转赠物资、受托储存保管物资和受托收取并上缴罚没物资等几种受托业务类型。

（二）受托代理资产的计量

1. 受托转赠物资

（1）接受委托人委托需要转赠给受赠人的物资，其成本按照有关凭据注明的金额确定。

（2）将受托转赠物资交付受赠人时，按照转赠物资的成本计量。

（3）转赠物资的委托人取消了对捐赠物资的转赠要求，且不再收回捐赠物资的，应当将转赠物资转为单位的存货、固定资产等。

2. 受托存储保管物资

（1）接受委托人委托存储保管的物资，其成本按照有关凭据注明的金额确定。

（2）发生由受托单位承担的与受托存储保管的物资相关的运输费、保管费等费用时，按照实际发生的费用金额计量。

（3）根据委托人要求交付或发出受托存储保管的物资时，按照发出物资的成本计量。

3. 罚没物品

（1）取得罚没物资时，其成本按照有关凭据注明的金额确定。罚没物资成本无法可靠确定的，单位应当设置备查簿进行登记。

（2）按照规定处置或移交罚没物资时，按照罚没物资的成本计量。处置时取得款项的，按照实际取得的款项金额计量。

4. 单位受托代理的其他实物资产

参照本科目有关受托转赠物资、受托存储保管物资的规定进行账务处理。

(三) 受托代理资产的核算

1. 受托代理资产科目

本科目核算单位接受委托方委托管理的各项资产,包括受托指定转赠的物资、受托存储保管的物资等的成本。单位管理的罚没物资也应当通过本科目核算。单位收到的受托代理资产为现金和银行存款的,不通过本科目核算,应当通过"库存现金""银行存款"科目进行核算。本科目应当按照资产的种类和委托人进行明细核算;属于转赠资产的,还应当按照受赠人进行明细核算。

本科目借方反映当期行政事业单位受托资产的增加。贷方反映当期行政事业单位受托资产的减少。期末借方余额,反映受托资产的成本。

2. 账务处理

(1) 受托转赠物资。

受托转赠物资的账务处理,如表 2-229 所示。

表 2-229　　　　受托转赠物资的账务处理

经济业务与事项	财务会计处理	预算会计处理
接受委托人委托需要转赠给受赠人的物资	借:委托代理资产 　贷:受托代理负债	不做处理
受协议约定由受托方承担相关税费、运输费的	借:其他费用 　贷:零余额账户用款额度/银行存款等/财政拨款收入	借:其他支出 [实际支出的税费,运费等] 　贷:财政拨款预算收入/资金结存等
将受托物资交付受赠人时	借:受托代理负债 　贷:受托代理资产	不做处理
转赠物资的委托人取消了转赠要求,且不再收回捐赠物资	借:受托代理负债 　贷:受托代理资产 借:库存商品/固定资产等 　贷:其他收入	不做处理

【例 2-106】某行政事业单位接受一批转赠物资验收入库,实际成本 36 000 元,该单位另用银行存款支付运费 500 元。账务处理如表 2-230 所示。

表 2-230　　　　【例 2-106】的账务处理

经济业务与事项	财务会计处理	预算会计处理
接受委托人委托需要转赠给受赠人的物资	借:委托代理资产　　36 000 　贷:受托代理负债　　36 000 借:其他费用　　　　　500 　贷:银行存款　　　　　500	借:其他支出　　　　500 　贷:资金结存——货币资金　500

【例 2-107】某事业单位将该物资交付受赠人某小学。账务处理如表 2-231 所示。

表 2-231　　　　　　　　　〖例 2-107〗的账务处理

经济业务与事项	财务会计处理	预算会计处理
将受托物资交付受赠人时	借：受托代理负债　　　　36 000 　　贷：受托代理资产　　　　　36 000	不做处理

【例 2-108】某事业单位获悉，该捐赠要去取消。账务处理如表 2-232 所示。

表 2-232　　　　　　　　　〖例 2-108〗的账务处理

经济业务与事项	财务会计处理	预算会计处理
转赠物资的委托人取消了转赠要求，且不再收回捐赠物资	借：受托代理负债　　　　36 000 　　贷：受托代理资产　　　　　36 000 借：库存商品　　　　　　36 000 　　贷：其他收入　　　　　　　36 000	不做处理

3. 受托储存保管物资

受托储存保管物资的账务处理，如表 2-233 所示。

表 2-233　　　　　　　　　受托储存保管物资的账务处理

经济业务与事项	财务会计处理	预算会计处理
接受委托储存保管的物资	借：受托代理资产 　　贷：受托代理负债	不做处理
支付由受托单位承担的与受托物资相关的运输费、报关费等	借：其他费用 　　贷：零余额账户用款额度/银行存款等/ 　　　　财政拨款收入	借：其他支出［实际支出的税费、运费等］ 　　贷：财政拨款预算收入/资金结存等
根据委托人要求交付受托保管物资	借：受托代理负债 　　贷：受托代理资产	不做处理

【例 2-109】某事业单位接受一批委托保管物资，实际成本 4 800 元，另该单位用银行存款支付运费 600 元，并将物资验收入库。账务处理如表 2-234 所示。

表 2-234　　　　　　　　　〖例 2-109〗的账务处理

经济业务与事项	财务会计处理	预算会计处理
接受委托储存保管的物资	借：受托代理负债　　　　4 800 　　贷：受托代理资产　　　　4 800 借：其他费用　　　　　　600 　　贷：银行存款　　　　　　600	借：其他支出　　　　　　　600 　　贷：资金结存——货币资金　600

4. 罚没物资

罚没物资的账务处理，如表 2-235 所示。

表 2-235　罚没物资的账务处理

经济业务与事项	财务会计处理	预算会计处理
取得罚没物资时	借：受托代理资产 　　贷：受托代理负债	不做处理
处置罚没物资时	借：受托代理负债 　　贷：受托代理资产 借：银行存款 　　贷：应缴财政款	借：其他支出［支付的归属于调出方的相关费用］ 　　贷：资金结存/财政拨款预算收入等

【例 2-110】某事业单位没收一批物资，该物资成本 30 000 元。账务处理如表 2-236 所示。

表 2-236　〖例 2-110〗的账务处理

经济业务与事项	财务会计处理	预算会计处理
取得罚没物资时	借：受托代理资产　　30 000 　　贷：受托代理负债　　　30 000	不做处理

【例 2-111】某事业单位处置该物资时取得款项 35 000 元。账务处理如表 2-237 所示。

表 2-237　〖例 2-111〗的账务处理

经济业务与事项	财务会计处理	预算会计处理
处置罚没物资时	借：受托代理负债　　30 000 　　贷：受托代理资产　　　30 000 借：银行存款　　35 000 　　贷：应缴财政款　　　35 000	不做处理

四、待处理财产损溢

（一）待处理财产损溢的定义与特征

待处理财产损溢是指在资产管理过程中发生的盘盈、盘亏或者毁损在为报批处理之前的一种资产。

单位持有的各类资产发生以下情形，应作为待处理财产损溢处理：

（1）自然损耗、意外灾害造成的毁损；

（2）管理不善或者责任人的过失造成的丢失与毁损；

（3）因手续不健全或者制度不严密而发生的资产盘盈或者盘亏；
（4）由于计量或者检验不准确，造成多收多付或者少收少付等。

单位资产清查中查明的资产盘盈、盘亏、报废和毁损，一般按照规定报经批准后及时进行账务处理。年末结账前一般应处理完毕。

（二）待处理财产损溢的核算

1. 应设置的科目

待处理财产损溢科目属于资产类科目。本科目核算单位在资产清查过程中查明的各种资产盘盈、盘亏和报废、毁损的价值。本科目应当按照待处理的资产项目进行明细核算；对于在资产处理过程中取得收入或发生相关费用的项目，还应当设置"待处理财产价值""处理净收入"明细科目，进行明细核算。本科目期末如为借方余额，反映尚未处理完毕的各种资产的净损失；期末如为贷方余额，反映尚未处理完毕的各种资产净溢余。年末，经批准处理后，本科目一般应无余额。

2. 账务处理

（1）账款核对时发现的现金短缺或溢余。

账款核对时发现的现金短缺或溢余的账务处理，如表2-238所示。

表2-238   账款核对时发现的现金短缺或溢余的账务处理

经济业务与事项	财务会计处理	预算会计处理
现金短缺	借：待处理财产损溢 　贷：库存现金	不做处理
责任人作出赔偿	借：其他应收款 　贷：待处理财产损溢	不做处理
属于无法查明的，申报核销	借：资产处置费用 　贷：待处理财产损溢	不做处理
现金溢余	借：库存现金 　贷：待处理财产损溢	借：资金结存——货币资金 　贷：其他预算收入
应支付给相关人员的	借：待处理财产损溢 　贷：其他应付款	不做处理
属于无法查明的，申报核销	借：待处理财产损溢 　贷：其他收入	不做处理

（2）盘盈非现金资产。

盘盈非现金资产的账务处理，如表2-239所示。

表 2-239　　　　　　　　　盘盈非现金资产的账务处理

经济业务与事项	财务会计处理	预算会计处理
转入待处理财产	借：库存商品/固定资产/无形资产/公共基础设施/政府储备物资/文物文化资产/保障性住房等 　　贷：待处理财产损溢	不做处理
流动资产报经批准后处理	借：待处理财产损溢 　　贷：单位管理费用/业务活动费用	不做处理
非流动资产报经批准后处理	借：待处理财产损溢 　　贷：以前年度盈余调整	不做处理

【例 2-112】某事业单位对固定资产盘点，盘盈一台设备，账面价值 3 000 元，报批准后对该设备进行处理。账务处理如表 2-240 所示。

表 2-240　　　　　　　　　【例 2-112】的账务处理

经济业务与事项	财务会计处理	预算会计处理
转入待处理财产时	借：固定资产　　　　　3 000 　　贷：待处理财产损溢　　　3 000	不做处理
非流动资产报经批准后处理	借：待处理财产损溢　　　3 000 　　贷：以前年度盈余调整　　3 000	不做处理

（3）盘亏或毁损、报废的非现金资产。

盘亏或毁损、报废的非现金资产的账务处理，如表 2-241 所示。

表 2-241　　　　　　盘亏或毁损、报废的非现金资产的账务处理

经济业务与事项	财务会计处理	预算会计处理
转入待处理财产时	借：待处理财产损溢——待处理财产价值 　　固定资产累计折旧/公共基础设施累计折旧/无形资产累计摊销/保障性住房累计折旧 　　贷：库存商品/固定资产/无形资产/公共基础设施/政府储备物资/文物文化资产/保障性住房等	不做处理
经报批处理时	借：资产处置费用 　　贷：待处理财产损溢——待处理财产价值	不做处理
处理毁损、报废、实物资产中取得残值或残值变价收入、保险理赔和过失人赔偿	借：库存现金/银行存款/库存物品/其他应收款等 　　贷：待处理财产损溢——处理净收入	不做处理

续表

经济业务与事项	财务会计处理	预算会计处理
处理毁损、报废、实物资产中发生的相关费用	借：待处理财产损溢——处理净收入 贷：库存现金/银行存款等	不做处理
处理收支结清，如果处理收入大于相关费用	借：待处理财产损溢——处理净收入 贷：应缴财政款	不做处理
处理收入小于相关费用	借：资产处置费用 　　待处理财产损溢——处理净收入	借：其他支出 　　贷：资金结存等［支付的处理净支出］

【例2-113】某事业单位固定资产盘点中发现一台设备损毁，账面价值为5 000元，累计提折旧4 000元，报经批准处理，变卖获得300元，另付100元运费。账务处理如表2-242所示。

表2-242　　　　　　　　　　〖例2-113〗的账务处理

经济业务与事项	财务会计处理	预算会计处理
转入待处理财产时	借：待处理财产损溢　　　　1 000 　　固定资产累计折旧　　　4 000 　　贷：固定资产　　　　　　　5 000	不做处理
经报批处理时	借：资产处置费用　　　　　1 000 　　贷：待处理财产损溢——待处理财产价值 　　　　　　　　　　　　　　1 000	不做处理
处理毁损、报废、实物资产中取得残值或残值变价收入、保险理赔和过失人赔偿	借：银行存款　　　　　　　　300 　　贷：待处理财产损溢——处理净收入 　　　　　　　　　　　　　　300 借：待处理财产损溢——处理净收入 　　　　　　　　　　　　　　100 　　贷：银行存款　　　　　　　100	不做处理
处理收支结清，如果处理收入大于相关费用	借：待处理财产损溢——处理净收入 　　　　　　　　　　　　　　200 　　贷：应缴财政款　　　　　　200	不做处理

【复习思考题】

1. 政府单位的资产特点与企业相比有和不同？
2. 政府资产管理的各项准则与财务规则是怎样的关系？
3. 政府固定资产的折旧政策与企业有何不同？
4. 如何解读公共基础设施和政府储备物资这样的资产特征？
5. 政府会计的坏账准备处理有什么特点？
6. 受托代理资产的特点是什么？

第三章
政府会计负债的管理与核算

【本章要点】
- 掌握负债的概念与分类
- 熟悉负债的管理要求
- 掌握借入款项的账务处理
- 掌握应付及预收款项的账务处理
- 掌握应交款项的账务处理
- 掌握长期应付款的账务处理
- 掌握预计负债的账务处理

第一节 负债的管理

一、负债的概念与确认

依据《政府会计准则第 8 号——负债》，负债是指政府会计主体过去的经济业务或者事项形成的，预期会导致经济资源流出政府会计主体的现时义务。

现时义务，是指政府会计主体在现行条件下已承担的义务。未来发生的经济业务或者事项形成的义务不属于现时义务，不应当确认为负债。

符合上述负债定义，同时满足以下条件，可以确认为负债：

（1）履行该义务很可能导致含有服务潜力或者经济利益的经济资源流出政府会计主体；

（2）该义务的金额能够可靠地计量。

二、负债的分类

（一）流动负债与非流动负债

政府会计主体的负债按照流动性，分为流动负债和非流动负债。

（1）流动负债是指预计在 1 年内（含 1 年）偿还的负债，包括短期借款、应付短期政府债券、应付及预收款项、应缴款项等。

（2）非流动负债是指流动负债以外的负债，包括长期借款、长期应付款、应付长期政府债券等。

（二）预计负债与偿还时间和金额基本确定的负债

由于我国政府会计主体负债的成因比较复杂，不同经济业务或事项所形成的负债使得政府会计主体面临不同程度的偿债压力,并带来不同程度的债务风险,《政府会计准则第 8 号——负债》在遵循《政府会计准则——基本准则》将负债按流动性分类的基础上,还将负债分为偿还时间和金额基本确定的负债和由或有事项形成的预计负债。

偿还时间与金额基本确定的负债可按照政府会计主体的业务性质及风险程度进一步划分为融资活动形成的举借债务及应付利息、运营活动形成的应付及预收款项和运营活动形成的暂收性负债。

这一划分有助于按照负债的类别揭示不同程度的偿债压力和债务风险,促进相关方面更为科学地开展政府会计主体的债务风险分析和管理。例如,融资活动形成的举借债务是政府会计主体因资金短缺而主动举借的债务,受债务合同或协议的约束,使政府会计主体面临的偿债压力较大;运营活动形成的应付及预收款项是政府会计主体在运营过程中因购买了商品、接受服务或履行公共职能等应付而未付的款项,这类负债需要政府会计主体在未来运用自身的资产或服务来偿还,但其在偿还期限和偿还方式方面,相对于举借债务一般具有更大的弹性,使政府会计主体面临的偿债压力相对较小;运营活动形成的暂收性负债是政府会计主体暂时收到、随后应上缴或者退还、转拨给其他方的款项,这类负债由暂收的款项来偿还,因而使政府会计主体未来面临的偿债压力很小、基本不存在债务风险。①

专栏 3 - 1

什么是或有事项?

或有事项,是指由过去的经济业务或者事项形成的,其结果须由某些未来事项的发生或不发生才能决定的不确定事项。未来事项是否发生不在政府会计主体控制范围内。

政府会计主体常见的或有事项主要包括:未决诉讼或未决仲裁、对外国政府或国际经济组织的贷款担保、承诺(补贴、代偿)、自然灾害或公共事件的救助等。

三、负债的管理要求

(一)负债的管理与核算

1. 举借债务及应付利息

(1)举借债务的定义及分类。

举借债务是指政府会计主体通过融资活动借入的债务,包括政府举借的债务以及其他政府会计主体借入的款项。

政府举借的债务包括政府发行的政府债券,向外国政府、国际经济组织等借入的

---

① 财政部会计司有关负责人就印发《政府会计准则第 8 号——负债》答记者问 [EB/OL]. http://czzz. mof. gov. cn/caijingzixun/caijingxinwen/201811/t20181119_3070524. html,2020 - 05 - 14.

款项，以及向上级政府借入转贷资金形成的借入转贷款。

其他政府会计主体借入的款项是指除政府以外的其他政府会计主体从银行或其他金融机构等借入的款项。

对于举借债务，政府会计主体应当在与债权人签订借款合同或协议并取得举借资金时确认为负债。

（2）举借债务的管理与核算。

①初始计量。

举借债务初始确认为负债时，应当按照实际发生额计量。

对于借入款项，初始确认为负债时应当按照借款本金计量；借款本金与取得的借款资金的差额应当计入当期费用。

对于发行的政府债券，初始确认为负债时应当按照债券本金计量；债券本金与发行价款的差额应当计入当期费用。

②债务利息。

政府会计主体应当按照借款本金（或债券本金）和合同或协议约定的利率（或债券票面利率）按期计提举借债务的利息。

对于属于流动负债的举借债务以及属于非流动负债的分期付息、一次还本的举借债务，应当将计算确定的应付未付利息确认为流动负债，计入应付利息；对于其他举借债务，应当将计算确定的应付未付利息确认为非流动负债，计入相关非流动负债的账面余额。

③后续计量。

政府会计主体应当将因举借债务发生的借款费用分别计入工程成本或当期费用。

借款费用，是指政府会计主体因举借债务而发生的利息及其他相关费用，包括借款利息、辅助费用以及因外币借款而发生的汇兑差额等。其中，辅助费用是指政府会计主体在举借债务过程中发生的手续费、佣金等费用。

在计量时，需要注意：

第一，政府以外的其他政府会计主体为购建固定资产等工程项目借入专门借款的，对于发生的专门借款费用，应当按照借款费用减去尚未动用的借款资金产生的利息收入后的金额，属于工程项目建设期间发生的，计入工程成本；不属于工程项目建设期间发生的，计入当期费用。

工程项目建设期间是指自工程项目开始建造起至交付使用时止的期间。

工程项目建设期间发生非正常中断且中断时间连续超过3个月（含3个月）的，政府会计主体应当将非正常中断期间的借款费用计入当期费用。如果中断是使工程项目达到交付使用所必需的程序，则中断期间所发生的借款费用仍应计入工程成本。

第二，政府会计主体因举借债务所发生的除上条规定外的借款费用（包括政府举借的债务和其他政府会计主体的非专门借款所发生的借款费用），应当计入当期费用。

第三，政府会计主体应当在偿还举借债务本息时，冲减相关负债的账面余额。

2. 应付及预收款项

应付及预收款项,是指政府会计主体在运营活动中形成的应当支付而尚未支付的款项及预先收到但尚未实现收入的款项,包括应付职工薪酬、应付账款、预收款项、应交税费、应付国库集中支付结余和其他应付未付款项。

(1) 应付职工薪酬。

应付职工薪酬,是指政府会计主体为获得职工(含长期聘用人员)提供的服务而给予各种形式的报酬或因辞退等原因而给予职工补偿所形成的负债。职工薪酬包括工资、津贴补贴、奖金、社会保险费等。

首先,除因辞退等原因给予职工的补偿外,政府会计主体应当在职工为其提供服务的会计期间,将应支付的职工薪酬确认为负债,一般计入当期费用。政府会计主体应当根据职工提供服务的受益对象,将下列职工薪酬分情况处理:

①应由自制物品负担的职工薪酬,计入自制物品成本。

②应由工程项目负担的职工薪酬,比照《政府会计准则第 8 号——负债》第十二条有关借款费用的处理原则计入工程成本或当期费用。

③应由自行研发项目负担的职工薪酬,在研究阶段发生的,计入当期费用;在开发阶段发生并且最终形成无形资产的,计入无形资产成本。

其次,政府会计主体按照有关规定为职工缴纳的医疗保险费、养老保险费、职业年金等社会保险费和住房公积金,应当在职工为其提供服务的会计期间,根据有关规定加以计算并确认为负债。

最后,政府会计主体因辞退等原因给予职工的补偿,应当于相关补偿金额报经批准时确认为负债,并计入当期费用。

(2) 应付账款。

应付账款,是指政府会计主体因取得资产、接受劳务、开展工程建设等而形成的负债。

对于应付账款,政府会计主体应当在取得资产、接受劳务,或外包工程完成规定进度时,按照应付未付款项的金额予以确认。

(3) 预收款项。

预收款项,是指政府会计主体按照货物、服务合同或协议或者相关规定,向接受货物或服务的主体预先收款而形成的负债。

对于预收款项,政府会计主体应当在收到预收款项时,按照实际收到款项的金额予以确认。

(4) 应交税费。

应交税费,是指政府会计主体因发生应税事项导致承担纳税义务而形成的负债。

对于应交税费,政府会计主体应当在发生应税事项导致承担纳税义务时,按照税法等规定计算的应交税费金额予以确认。

(5) 应付国库集中支付结余。

应付国库集中支付结余,是指国库集中支付中,按照财政部门批复的部门预算,政府会计主体(政府财政)当年未支而需结转下一年度支付款项而形成的负债。

对于应付国库集中支付结余，政府会计主体（政府财政）应当在年末，按照国库集中支付预算指标数大于国库资金实际支付数的差额予以确认。

（6）其他应付未付款项。

其他应付未付款项，是指政府会计主体因有关政策明确要求其承担支出责任等而形成的应付未付款项。

对于其他应付未付款项，政府会计主体应当在有关政策已明确其承担支出责任，或者其他情况下相关义务满足负债的定义和确认条件时，按照确定应承担的负债金额予以确认。

政府会计主体应当在支付应付款项或将预收款项确认为收入时，冲减相关负债的账面余额。

3. 暂收性负债

暂收性负债是指政府会计主体暂时收取，随后应做上缴、退回、转拨等处理的款项。暂收性负债主要包括应缴财政款和其他暂收款项。

（1）应缴财政款。

应缴财政款是指政府会计主体暂时收取、按规定应当上缴国库或财政专户的款项而形成的负债。

对于应缴财政款，政府会计主体通常应当在实际收到相关款项时，按照相关规定计算确定的上缴金额予以确认。

（2）其他暂收款项。

其他暂收款项，是指除应缴财政款以外的其他暂收性负债，包括政府会计主体暂时收取、随后应退还给其他方的押金或保证金、随后应转付给其他方的转拨款等款项。

对于其他暂收款项，政府会计主体应当在实际收到相关款项时，按照实际收到的金额予以确认。

政府会计主体应当在上缴应缴财政款、退还、转付其他暂收款项等时，冲减相关负债的账面余额。

4. 预计负债

政府会计主体应当将与或有事项相关且满足负债确认条件的现时义务确认为预计负债。

预计负债应当按照履行相关现时义务所需支出的最佳估计数进行初始计量。所需支出存在一个连续范围，且该范围内各种结果发生的可能性相同的，最佳估计数应当按照该范围内的中间值确定。

在其他情形下，最佳估计数应当分别下列情况确定：

（1）或有事项涉及单个项目的，按照最可能发生金额确定。

（2）或有事项涉及多个项目的，按照各种可能结果及相关概率计算确定。

政府会计主体在确定最佳估计数时，一般应当综合考虑与或有事项有关的风险、不确定性等因素。

政府会计主体清偿预计负债所需支出预期全部或部分由第三方补偿的，补偿金额只有在基本确定能够收到时才能作为资产单独确认。确认的补偿金额不应当超过预计负债的账面余额。

政府会计主体应当在报告日对预计负债的账面余额进行复核。有确凿证据表明该账面余额不能真实反映当前最佳估计数的,应当按照当前最佳估计数对该账面余额进行调整。履行该预计负债的相关义务不是很可能导致经济资源流出政府会计主体时,应当将该预计负债的账面余额予以转销。

专栏 3-2

负债的三种计量属性

负债的计量属性主要包括历史成本、现值和公允价值。

在历史成本计量下,负债按照因承担现时义务而实际收到的款项或者资产的金额,或者承担现时义务的合同金额,或者按照为偿还负债预期需要支付的现金计量。

在现值计量下,负债按照预计期限内需要偿还的未来净现金流出量的折现金额计量。

在公允价值计量下,负债按照市场参与者在计量日发生的有序交易中,转移负债所需支付的价格计量。

政府会计主体在对负债进行计量时,一般应当采用历史成本。

采用现值、公允价值计量的,应当保证所确定的负债金额能够持续、可靠计量。

(二) 负债类会计科目

根据《政府会计制度——行政事业单位会计科目和报表》,资产类会计科目共计16个(见表3-1)。其中,短期借款、应付票据、应付利息、预收账款、长期借款5个科目适用于事业单位,应付政府补贴款科目适用于负责发放政府补贴的行政单位,其余10个科目行政、事业单位皆适用。

表 3-1　　　　　　　　　　　　负债类科目一览表

序号	科目编码	会计科目	适用单位
1	2001	短期借款	事业
2	2101	应交增值税	行政、事业
3	2102	其他应交税费	行政、事业
4	2103	应缴财政款	行政、事业
5	2201	应付职工薪酬	行政、事业
6	2301	应付票据	事业

续表

序号	科目编码	会计科目	适用单位
7	2302	应付账款	行政、事业
8	2303	应付政府补贴款	负责发放政府补贴的行政单位
9	2304	应付利息	事业
10	2305	预收账款	事业
11	2307	其他应付款	行政、事业
12	2401	预提费用	行政、事业
13	2501	长期借款	事业
14	2502	长期应付款	行政、事业
15	2601	预计负债	行政、事业
16	2901	受托代理负债	行政、事业

此处会计科目的细分与《政府会计准则第 8 号——负债》中负债的分类有所不同，后文主要依据负债类会计科目的划分对相关账务处理进行具体解释。

（三）负债的披露

政府会计主体应当在附注中披露与举借债务、应付及预收款项、暂收性负债和预计负债有关的下列信息：

（1）各类负债的债权人、偿还期限、期初余额和期末余额。

（2）逾期借款或者违约政府债券的债权人、借款（债券）金额、逾期时间、利率、逾期未偿还（违约）原因和预计还款时间等。

（3）借款的担保方、担保方式、抵押物等。

（4）预计负债的形成原因以及经济资源可能流出的时间、经济资源流出的时间和金额不确定的说明，预计负债有关的预期补偿金额和本期已确认的补偿金额。

另外，政府会计主体不应当将下列与或有事项相关的义务确认为负债，但应当对该类义务进行披露：

（1）过去的经济业务或者事项形成的潜在义务，其存在须通过未来不确定事项的发生或不发生予以证实，未来事项是否能发生不在政府会计主体控制范围内。潜在义务是指结果取决于不确定未来事项的可能义务。

（2）过去的经济业务或者事项形成的现时义务，履行该义务不是很可能导致经济资源流出政府会计主体或者该义务的金额不能可靠计量。

政府会计主体应当在附注中披露上述或有事项相关义务的下列信息：

（1）或有事项相关义务的种类及其形成原因。

（2）经济资源流出时间和金额不确定的说明。

（3）或有事项相关义务预计产生的财务影响，以及获得补偿的可能性；无法预计的，应当说明原因。

第二节 借入款项

一、短期借款

（一）短期借款的定义

借款是指政府会计主体按照相关规定，经批准向银行借入的款项。按借款的偿还期限，借款分为短期借款和长期借款。

依据《政府会计制度》，短期借款是指事业单位经批准向银行或其他金融机构等借入的期限在1年内（含1年）的各种借款。其通过"短期借款"科目核算。

（二）短期借款的科目设置

短期借款科目借方登记偿还的短期贷款，贷方登记借入的短期贷款，期末贷方余额反映事业单位尚未偿还的短期借款本金。

本科目应当按照债权人和借款种类进行明细核算。

（三）短期借款的账务处理

短期借款的主要账务处理如表3-2所示。

表3-2　　　　　　　　　　短期借款的账务处理

经济业务与事项	财务会计处理	预算会计处理
借入各种短期借款	借：银行存款 　　贷：短期借款	借：资金结存——货币资金 　　贷：债务预算收入
银行承兑汇票到期，本单位无力支付票款	借：应付票据 　　贷：短期借款	借：经营支出等 　　贷：债务预算收入
归还短期借款	借：短期借款 　　贷：银行存款	借：债务还本支出 　　贷：资金结存——货币资金

【例3-1】某单位经过批准，于2020年6月1日向银行借入款项800 000元。单位短期借款的主要账务处理如表3-3所示。

表3-3　　　　　　　　　　〖例3-1〗的账务处理

经济业务与事项	财务会计处理	预算会计处理
2020年6月1日，借入短期借款	借：银行存款　　800 000 　　贷：短期借款　　800 000	借：资金结存——货币资金 　　　　　　　　　　80 000 　　贷：债务预算收入　800 000

· 159 ·

二、长期借款

(一) 长期借款的定义

长期借款是指政府会计主体经批准向银行或其他金融机构等借入的期限在1年以上的各种借款。其通过"长期借款"科目核算各种借款本息,并按照贷款单位和贷款种类进行明细核算。对于建设项目借款,还应按照具体项目进行明细核算。本科目应当设置"本金"和"应计利息"明细科目。

(二) 长期借款的科目设置

"长期借款"科目贷方登记借入的款项,借方登记偿还的长期借款。本科目期末贷方余额,反映事业单位尚未偿还的长期借款本息金额。

本科目应当设置"本金"和"应计利息"明细科目,并按照贷款单位和贷款种类进行明细核算。对于建设项目借款,还应按照具体项目进行明细核算。

(三) 长期借款的账务处理

长期借款的主要账务处理如表3-4所示。

表3-4　　　　　　　　　　长期借款的账务处理

经济业务与事项		财务会计处理	预算会计处理
借入各项长期借款时		借:银行存款 　贷:长期借款——本金	借:资金结存——货币资金 　贷:债务预算收入 [本金]
为购建固定资产、公共基础设施等应支付的专门借款利息	属于工程项目建设期间发生的	借:在建工程 　贷:应付利息 [分期付息、到期还本] 　　长期借款——应计利息 [到期一次还本付息]	不做处理
	属于工程项目完工交付使用后发生的	借:其他费用 　贷:应付利息 [分期付息、到期还本] 　　长期借款——应计利息 [到期一次还本付息]	不做处理
	实际支付利息时	借:应付利息 　贷:银行存款等	借:其他支出 　贷:资金结存
其他长期借款利息	计提利息时	借:其他费用 　贷:应付利息 [分期付息、到期还本] 　　长期借款——应计利息 [到期一次还本付息]	不做处理
	分期实际支付利息时	借:应付利息 　贷:银行存款等	借:其他支出 　贷:资金结存

续表

经济业务与事项	财务会计处理	预算会计处理
归还长期借款本息	借：长期借款——本金 　　　　　　——应计利息［到期一次还本付息］ 　贷：银行存款	借：债务还本支出［支付的本金］ 　贷：资金结存 借：其他支出［支付的利息］ 　贷：资金结存

【例3-2】某单位经过批准，于2020年4月1日向工商银行借入款项200 000元。该借款是为建造固定资产等而取得的专门借款，借款期限为3年，借款年利率为6.5%，按季度支付利息，到期归还本金。主要账务处理如表3-5所示。

表3-5　　　　　　　　　　　【例3-2】的账务处理

经济业务与事项	财务会计处理	预算会计处理
2020年4月1日，借入长期借款	借：银行存款　　　　200 000 　贷：长期借款——本金　200 000	借：资金结存——货币资金（银行存款） 　　　　　　　　　　　　200 000 　贷：债务预算收入　　　200 000
按季度计算确定的长期借款利息费用（若属于工程项目建设期间发生的利息）	借：在建工程　　　　　325 　贷：应付利息（分期付息、到期还本） 　　　　　　　　　　　　325	不做处理
按季度计算确定的长期借款利息费用（若属于工程项目完工交付使用后发生的利息）	借：其他费用　　　　　325 　贷：应付利息（分期付息、到期还本） 　　　　　　　　　　　　325	不做处理
2020年6月30日，第一次支付利息	借：应付利息　　　　　325 　贷：银行存款　　　　　325	借：其他支出　　　　　325 　贷：资金结存——货币资金（银行存款） 　　　　　　　　　　　　325
2023年3月31日，到期还本	借：长期借款——本金　200 000 　贷：银行存款　　　　200 000	借：债务还本支出　　　200 000 　贷：资金结存——货币资金（银行存款） 　　　　　　　　　　　　200 000

第三节　应付及预收款项

一、应付票据

（一）应付票据的定义

应付票据是指事业单位因购买材料、物资等而开出、承兑的商业汇票，包括银行承兑汇票和商业承兑汇票。

（二）应付票据的科目设置

"应付票据"贷方登记单位开出的应付票据的面值，借方登记偿还的应付票据的面值。本科目期末贷方余额，反映事业单位开出、承兑的尚未到期的应付票据金额。

本科目应当按照债权人进行明细核算。

单位应当设置"应付票据备查簿"，详细登记每一应付票据的种类、号数、出票日期、到期日、票面金额、交易合同号、收款人姓名或单位名称，以及付款日期和金额等。应付票据到期结清票款后，应当在备查簿内逐笔注销。本科目期末贷方余额，反映事业单位开出、承兑的尚未到期的应付票据金额。

（三）应付票据的账务处理

应付票据的账务处理，如表3-6所示。

表3-6　　　　　　　　　　　应付票据的账务处理

经济业务与事项		财务会计处理	预算会计处理
开出、承兑商业汇票		借：库存物品/固定资产等 　贷：应付票据	不做处理
以商业汇票抵付应付账款时		借：应付账款 　贷：应付票据	不做处理
支付银行承兑汇票的手续费		借：业务活动费用/经营费用等 　贷：银行存款等	借：事业支出/经营支出 　贷：资金结存——货币资金
商业汇票到期时	收到银行支付到期票据的付款通知时	借：应付票据 　贷：银行存款	借：事业支出/经营支出 　贷：资金结存——货币资金
	银行承兑汇票到期，本单位无力支付票款	借：应付票据 　贷：短期借款	借：事业支出/经营支出 　贷：债务预算收入
	商业承兑汇票到期，本单位无力支付票款	借：应付票据 　贷：应付账款	不做处理

【例3-3】2020年3月5日，某事业单位购入一批专业业务活动使用的物资，价款为100 000元，物资已入库，购货款尚未支付。6月5日，单位用银行存款支付购货款80 000元，并开出20 000元商业承兑汇票。有关账务处理如表3-7所示。

表 3-7　　　　　　　　　　　　　〖例 3-3〗的账务处理

经济业务与事项	财务会计处理	预算会计处理
2020 年 3 月 5 日，购入物资	借：库存物品　　　　100 000 　　贷：应付账款　　　　　100 000	不做处理
2020 年 6 月 5 日，用银行存款和商业承兑汇票抵付	借：应付账款　　　　100 000 　　贷：银行存款　　　　　80 000 　　　　应付票据　　　　　20 000	借：事业支出　　　　80 000 　　贷：资金结存——货币资金 　　　　　　　　　　　　80 000

二、应付账款

（一）应付账款的定义

依据《政府会计制度》，应付账款是指单位因购买物资、接受服务、开展工程建设等而应付的偿还期限在 1 年以内（含 1 年）的款项。

（二）应付账款的科目设置

"应付账款"借方登记偿还的应付账款，贷方登记应付未付的款项。本科目期末贷方余额，反映单位尚未支付的应付账款金额。

本科目应当按照债权人进行明细核算。对于建设项目，还应设置"应付器材款""应付工程款"等明细科目，并按照具体项目进行明细核算。

（三）应付账款的账务处理

应付账款的账务处理，如表 3-8 所示。

表 3-8　　　　　　　　　　　　　应付账款的账务处理

经济业务与事项	财务会计处理	预算会计处理
购入物资、设备或服务以及完成工程进度但尚未付款	借：库存物品/固定资产/在建工程等 　　贷：应付账款	不做处理
偿付应付账款	借：应付账款 　　贷：财政拨款收入/零余额账户用款额度/银行存款等	借：行政支出/事业支出 　　贷：财政拨款预算收入/资金结存
开出、承兑商业汇票抵付应付账款	借：应付账款 　　贷：应付票据	不做处理
无法偿付或债权人豁免偿还的应付账款	借：应付账款 　　贷：其他收入	不做处理

需要注意，无法偿付或债权人豁免偿还的应付账款，应当按照规定报经批准后进行账务处理。经批准核销时，借记本科目，贷记"其他收入"科目。核销的应付账款应在备查簿中保留登记。

【例 3-4】 2020 年 2 月 21 日，事业单位一项应付账款的债权人通知单位此项应付账款豁免偿还，应付账款金额 10 000 元，单位按照规定报经批准核销后进行账务处理。有关账务处理如表 3-9 所示。

表 3-9　　　　　　　　　　【例 3-4】的账务处理

经济业务与事项	财务会计处理	预算会计处理
2020 年 2 月 21 日，购入物资	借：应付账款　　　　10 000 　　贷：其他收入　　　　10 000	不做处理

三、应付政府补贴款

（一）应付政府补贴款的定义

应付政府补贴款是指负责发放政府补贴的行政单位，按照规定应当支付给政府补贴接受者的各种政府补贴款。

（二）应付政府补贴款的科目设置

"应付政府补贴款"借方登记政府支付的应付补贴款金额，贷方登记未付的应付补贴款金额。本科目期末贷方余额，反映行政单位应付未付的政府补贴金额。

本科目应当按照应支付的政府补贴种类进行明细核算。单位还应当根据需要按照补贴接受者进行明细核算，或者建立备查簿对补贴接受者予以登记。

（三）应付政府补贴款的账务处理

应付政府补贴款的账务处理，如表 3-10 所示。

表 3-10　　　　　　　　应付政府补贴款的账务处理

经济业务与事项	财务会计处理	预算会计处理
发生（确认）应付政府补贴款	借：业务活动费用 　　贷：应付政府补贴款	不做处理
支付应付政府补贴款时	借：应付政府补贴款 　　贷：零余额账户用款额度/银行存款等	借：行政支出 　　贷：资金结存等

【例 3-5】 2020 年 3 月 20 日，某行政单位发生应付政府补贴业务，按照规定计算本月应发放给低收入和新就业人群的住房补贴款为 20 万元。3 月 25 日，该行政单位通过单位的零余额账户支付了以上应付政府补贴款项。有关账务处理如表 3-11 所示。

表 3-11　　　　　　　　　　　　〖例 3-5〗的账务处理

经济业务与事项	财务会计处理	预算会计处理
2020年3月20日，发生应付政府补贴款	借：业务活动费用　　　　200 000 　　贷：应付政府补贴款——住房补贴 　　　　　　　　　　　　200 000	不做处理
2020年3月25日，支付应付政府补贴款	借：应付政府补贴款——住房补贴 　　　　　　　　　　　　200 000 　　贷：零余额账户用款额度　200 000	借：行政支出　　　　　　200 000 　　贷：资金结存——零余额账户用款 　　　　　额度　　　　　200 000

四、应付利息

（一）应付利息的定义

应付利息是指事业单位按照合同约定应支付的借款利息，包括短期借款、分期付息到期还本的长期借款等应支付的利息。

（二）应付利息的科目设置

"应付利息"贷方登记发生的应付未付利息，借方登记实际支付的利息。本科目期末贷方余额，反映事业单位应付未付的利息金额。

本科目应当按照债权人等进行明细核算。

（三）应付利息的账务处理

应付利息的账务处理，如表 3-12 所示。

表 3-12　　　　　　　　　　　　　应付利息的账务处理

经济业务与事项	财务会计处理	预算会计处理
按期计提利息费用	借：在建工程/其他费用 　　贷：应付利息	不做处理
实际支付利息时	借：应付利息 　　贷：银行存款等	借：其他支出 　　贷：资金结存——货币资金

【例 3-6】2020年3月某事业单位借入3年期到期还本、每年付息的长期借款100万元，合同约定年利率为6%。有关账务处理如表 3-13 所示。

表 3-13　　　　　　　　　　　　　〖例 3-6〗的账务处理

经济业务与事项	财务会计处理	预算会计处理
每年计提利息时	借：其他费用　　　　　　60 000 　　贷：应付利息　　　　　60 000	不做处理
每年实际支付利息时	借：应付利息　　　　　　60 000 　　贷：银行存款　　　　　60 000	借：其他支出　　　　　　60 000 　　贷：资金结存——货币资金　60 000

五、预收账款

(一) 预收账款的概念

根据《政府会计制度》，预收账款是指事业单位预先收取但尚未结算的款项。

(二) 预收账款的科目设置

"预收账款"科目借方登记预收账款减少数，贷方登记预收账款增加数。本科目期末贷方余额，反映事业单位预收但尚未结算的款项金额。

本科目应当按照债权人进行明细核算。

(三) 预收账款的账务处理

预收账款的账务处理，如表3-14所示。

表3-14　　　　　　　　　预收账款的账务处理

经济业务与事项	财务会计处理	预算会计处理
从付款方预收款项时	借：银行存款等 　贷：预收账款	借：资金结存——货币资金 　贷：事业预算收入/经营预算收入等
确认有关收入时	借：预收账款 　　银行存款[收到补付款] 　贷：事业收入/经营收入等 　　银行存款[退回预收款]	借：资金结存——货币资金 　贷：事业预算收入/经营预算收入等[收到补付款] 退回预收款的金额做相反会计分录
无法偿付或债权人豁免偿还的预收账款	借：预收账款 　贷：其他收入	不做处理

【例3-7】某事业单位为增值税一般纳税人，2020年5月1日将在本地的办公楼租赁给某公司，与该公司签订办公楼租赁合同，起租日为2020年5月1日，租期为2年。合同约定每月租金为15.75万元，根据现行增值税制度，事业单位一般纳税人采用简易计税方法计算此租赁业务的应交增值税额。2020年5月20日，该事业单位预收半年的租金94.5万元，均以银行存款方式核算。有关平行账务处理如表3-15所示。

表3-15　　　　　　　　　【例3-7】的账务处理

经济业务与事项	财务会计处理	预算会计处理
2020年5月20日，从付款方预收款项	借：银行存款　　　　945 000 　贷：预售账款　　　945 000	借：资金结存——银行存款 　　　　　　　　　945 000 　贷：事业预算收入　945 000
2020年5月20日，预缴增值税	借：应交增值税——简易计税 　　　　　　　　　45 000 　贷：银行存款　　　45 000	借：事业预算收入　　45 000 　贷：资金结存——银行存款 　　　　　　　　　45 000

续表

经济业务与事项	财务会计处理	预算会计处理
2020年5月20日,确认有关收入	借：预收账款　　　　　　　157 500 　　贷：事业收入　　　　　　150 000 　　　　应交税金——简易计税　7 500	不做处理

六、应付职工薪酬

（一）应付职工薪酬的定义

应付职工薪酬是指单位按照有关规定应付给职工（含长期聘用人员）及为职工支付的各种薪酬，包括基本工资、国家统一规定的津贴补贴、规范津贴补贴（绩效工资）、改革性补贴、社会保险费（如职工基本养老保险费、职业年金、基本医疗保险费等）、住房公积金等。

（二）应付职工薪酬的科目设置

"应付职工薪酬"科目借方登记实际支付的职工薪酬，贷方登记应付的职工薪酬。本科目期末贷方余额，反映单位应付未付的职工薪酬。

本科目应当根据国家有关规定按照"基本工资（含离退休费）""国家统一规定的津贴补贴""规范津贴补贴（绩效工资）""改革性补贴""社会保险费""住房公积金""其他个人收入"等进行明细核算。其中，"社会保险费""住房公积金"明细科目核算内容包括单位从职工工资中代扣代缴的社会保险费、住房公积金，以及单位为职工计算缴纳的社会保险费、住房公积金。

（三）应付职工薪酬的账务处理

1. 计算确认当期应付职工薪酬

计算确认当期应付职工薪酬的账务处理，如表3-16所示。

表3-16　　　　　　计算确认当期应付职工薪酬的账务处理

经济业务与事项	财务会计处理	预算会计处理
从事专业及其辅助活动人员的职工薪酬	借：业务活动费用/单位管理费用 　　贷：应付职工薪酬	不做处理
应由在建工程、加工物品、自行研发无形资产负担的职工薪酬	借：在建工程/加工物品/研发支出等 　　贷：应付职工薪酬	不做处理
从事专业及其辅助活动以外的经营活动人员的职工薪酬	借：经营费用 　　贷：应付职工薪酬	不做处理
因解除与职工的劳动关系而给予的补偿	借：单位管理费用 　　贷：应付职工薪酬	不做处理

2. 向职工支付工资、津贴补贴等薪酬

向职工支付工资、津贴补贴等薪酬的账务处理，如表 3-17 所示。

表 3-17　　　　　　　　向职工支付工资、津贴补贴等薪酬的账务处理

经济业务与事项	财务会计处理	预算会计处理
向职工支付工资、津贴补贴等薪酬	借：应付职工薪酬 　贷：财政拨款收入/零余额账户用款额度/银行存款等	借：行政支出/事业支出/经营支出等 　贷：财政拨款预算收入/资金结存

3. 从职工薪酬中代扣各种款项

从职工薪酬中代扣各种款项的账务处理，如表 3-18 所示。

表 3-18　　　　　　　　从职工薪酬中代扣各种款项的账务处理

经济业务与事项	财务会计处理	预算会计处理
代扣代缴个人所得税	借：应付职工薪酬——基本工资 　贷：其他应交税费——应交个人所得税	不做处理
代扣社会保险费和住房公积金	借：应付职工薪酬——基本工资 　贷：应付职工薪酬——社会保险费/住房公积金	不做处理
代扣为职工垫付的水电费、房租等费用时	借：应付职工薪酬——基本工资 　贷：其他应收款等	不做处理

4. 按照规定缴纳职工社会保险费和住房公积金

从职工薪酬中代扣各种款项的账务处理，如表 3-19 所示。

表 3-19　　　　　　　　从职工薪酬中代扣各种款项的账务处理

经济业务与事项	财务会计处理	预算会计处理
按照规定缴纳职工社会保险费和住房公积金	借：应付职工薪酬——社会保险费/住房公积金 　贷：财政拨款收入/零余额账户用款额度/银行存款等	借：行政支出/事业支出/经营支出等 　贷：财政拨款预算收入/资金结存

5. 从应付职工薪酬中支付的其他款项

从应付职工薪酬中支付的其他款项的账务处理，如表 3-20 所示。

表 3-20　　　　　　从应付职工薪酬中支付的其他款项的账务处理

经济业务与事项	财务会计处理	预算会计处理
从应付职工薪酬中支付的其他款项	借：应付职工薪酬 　　贷：零余额账户用款额度/银行存款等	借：行政支出/事业支出/经营支出等 　　贷：资金结存等

【例 3-8】2020 年 2 月 2 日，某事业单位人事部门报来当月应发放给单位在职在编职工的基本工资、绩效工资等合计为 500 万元（假定与计算住房公积金、基本养老保险金、职业年金的基数相等）；经过计算，当月应当代扣的个人所得税为 10 万元；计算的住房公积金单位承担部分为 60 万元，应当从工资中代扣的住房公积金为 60 万元；计算的单位应支付单位承担的其他社会保险缴费为 10 万元，应当从工资中代扣个人的其他社会保险缴费为 2 万元。款项采用零余额账户用款额度支付，并于 2 月 25 日支付。相关的账务处理如表 3-21 所示。

表 3-21　　　　　　〖例 3-8〗的账务处理

经济业务与事项	财务会计处理	预算会计处理
2020 年 2 月 2 日，当期应付职工薪酬	借：单位管理费用　　5 700 000 　　贷：应付职工薪酬——基本工资等 　　　　　　　　　　5 700 000	不做处理
2020 年 2 月 25 日，向职工支付工资、津贴补贴等薪酬	借：应付职工薪酬——基本工资等 　　　　　　　　　　4 280 000 　　贷：零余额账户用款额度　4 280 000	借：事业支出——工资福利支出 　　　　　　　　　　4 280 000 　　贷：资金结存——零余额账户用款额度　　　　　　4 280 000
2020 年 2 月 25 日，代扣代缴个人所得税	借：应付职工薪酬——基本工资等 　　　　　　　　　　100 000 　　贷：其他应交税费——应交个人所得税 　　　　　　　　　　100 000 借：其他应交税费——应交个人所得税 　　　　　　　　　　100 000 　　贷：零余额账户用款额度　100 000	不做处理 借：事业支出　　　　　100 000 　　贷：资金结存——零余额账户用款额度　　　　　　100 000
2020 年 2 月 25 日，代扣代缴社会保险费和住房公积金	借：应付职工薪酬——基本工资等 　　　　　　　　　　620 000 　　贷：其他应交税费——住房公积金 　　　　　　　　　　600 000 　　　　　　　　——社会保险费 　　　　　　　　　　20 000 借：应付职工薪酬——社会保险费 　　　　　　　　　　100 000 　　　　　　　　——住房公积金 　　　　　　　　　　1 200 000 　　贷：零余额账户用款额度　1 300 000	不做处理 借：事业支出——个人和家庭补助支出 　　　　　　　　　　1 300 000 　　贷：资金结存——零余额账户用款额度　　　　　　1 300 000

七、其他应付款

(一) 其他应付款的定义

其他应付款是指单位除应交增值税、其他应交税费、应缴财政款、应付职工薪酬、应付票据、应付账款、应付政府补贴款、应付利息、预收账款以外,其他各项偿还期限在1年内(含1年)的应付及暂收款项,如收取的押金、存入保证金、已经报销但尚未偿还银行的本单位公务卡欠款等。

同级政府财政部门预拨的下期预算款和没有纳入预算的暂付款项,以及采用实拨资金方式通过本单位转拨给下属单位的财政拨款,也通过本科目核算。

(二) 其他应付款的科目设置

"其他应付款"科目借方登记其他应付款减少数,贷方登记其他应付款增加数。本科目期末贷方余额,反映单位尚未支付的其他应付款金额。本科目应当按照其他应付款的类别以及债权人等进行明细核算。

(三) 其他应付款的账务处理

1. 发生暂收款项

发生暂收款项的账务处理,如表3-22所示。

表3-22　　　　　　　　　发生暂收款项的账务处理

经济业务与事项	财务会计处理	预算会计处理
取得暂收款项时	借：银行存款等 　贷：其他应付款	不做处理
退回(转拨)暂收款时	借：其他应付款 　贷：银行存款等	不做处理
确认收入时	借：其他应付款 　贷：事业收入等	借：资金结存 　贷：事业预算收入等

2. 收到同级财政部门预拨的下期预算款和没有纳入预算的暂付款项

预拨下期预算款和未纳入预算暂付款项的账务处理,如表3-23所示。

表3-23　　　　预拨下期预算款和未纳入预算暂付款项的账务处理

经济业务与事项	财务会计处理	预算会计处理
按照实际收到的金额	借：银行存款等 　贷：其他应付款	不做处理
待到下一预算期或批准纳入预算时	借：其他应付款 　贷：财政拨款收入	借：资金结存 　贷：财政拨款预算收入

3. 发生其他应付义务

发生其他应付义务的账务处理，如表 3 – 24 所示。

表 3 – 24　　　　　　　　　　发生其他应付义务的账务处理

经济业务与事项	财务会计处理	预算会计处理
确认其他应付款项时	借：业务活动费用/单位管理费用等 　　贷：其他应付款	不做处理
支付其他应付款项	借：其他应付款 　　贷：银行存款等	借：行政支出/事业支出等 　　贷：资金结存

4. 无法偿付或债权人豁免偿还的其他应付款项

无法偿付或债权人豁免偿还的其他应付款项的账务处理，如表 3 – 25 所示。

表 3 – 25　　　　无法偿付或债权人豁免偿还的其他应付款项的账务处理

经济业务与事项	财务会计处理	预算会计处理
无法偿付或债权人豁免偿还的其他应付款项	借：其他应付款 　　贷：其他收入	不做处理

八、预提费用

（一）预提费用的定义

预提费用是指单位预先提取的已经发生但尚未支付的费用，如预提租金费用等。通过"预提费用"科目核算。

事业单位按规定从科研项目收入中提取的项目间接费用或管理费，也通过本科目核算。

事业单位计提的借款利息费用，通过"应付利息""长期借款"科目核算，不通过本科目核算。

（二）预提费用的科目设置

"预提费用"科目借方登记实际支付的费用，贷方登记按规定预提的费用。本科目期末贷方余额，反映单位已预提但尚未支付的各项费用。

本科目应当按照预提费用的种类进行明细核算。对于提取的项目间接费用或管理费，应当在本科目下设置"项目间接费用或管理费"明细科目，并按项目进行明细核算。

（三）预提费用的账务处理

1. 项目间接费用或管理费

项目间接费用或管理费的账务处理，如表 3 – 26 所示。

表3-26　　　　　　　　　　项目间接费用或管理费的账务处理

经济业务与事项	财务会计处理	预算会计处理
按规定计提项目间接费用或管理费时	借：单位管理费用 　贷：预提费用——项目间接费用或管理费	借：非财政拨款结转——项目间接费用或管理费 　贷：非财政拨款结余——项目间接费用或管理费
实际使用计提的项目间接费用或管理费时	借：预提费用——项目间接费用或管理费 　贷：银行存款/库存现金	借：事业支出等 　贷：资金结存

2. 其他预提费用

其他预提费用的账务处理，如表3-27所示。

表3-27　　　　　　　　　　其他预提费用的账务处理

经济业务与事项	财务会计处理	预算会计处理
按照规定预提每期租金等费用	借：业务活动费用/单位管理费用/经营费用等 　贷：预提费用	不做处理
实际支付款项时	借：预提费用 　贷：银行存款等	借：行政支出/事业支出/经营支出等 　贷：资金结存

【例3-9】2019年4月1日某事业单位采用租金后付方式租用办公场所一年，合同约定每月租金5 000元，租金在合同期满时（2020年3月31日）使用银行存款一次性支付。有关账务处理如表3-28所示。

表3-28　　　　　　　　　　〖例3-9〗的账务处理

经济业务与事项	财务会计处理	预算会计处理
2019年4月30日，预提租金费用	借：单位管理费用　　　5 000 　贷：预提费用　　　　　　5 000	不做处理
2020年3月31日，实际支付款项	借：预提费用　　　　　60 000 　贷：银行存款　　　　　60 000	借：行政支出　　　　　60 000 　贷：资金结存——货币资金 60 000

第四节　应交款项

一、应交增值税

（一）应交增值税的定义

应交增值税是指单位按照税法规定计算应交纳的增值税。通过"应交增值税"科目核算。

（二）应交增值税的科目设置

"应交增值税"科目期末贷方余额，反映单位应交未交的增值税；期末如为借方余额，反映单位尚未抵扣或多交的增值税。

属于增值税一般纳税人的单位，应当在本科目下设置"应交税金""未交税金""预交税金""待抵扣进项税额""待认证进项税额""待转销项税额""简易计税""转让金融商品应交增值税""代扣代交增值税"等明细科目。

（1）"应交税金"明细账内应当设置"进项税额""已交税金""转出未交增值税""减免税款""销项税额""进项税额转出""转出多交增值税"等专栏。其中：

① "进项税额"专栏，记录单位购进货物、加工修理修配劳务、服务、无形资产或不动产而支付或负担的、准予从当期销项税额中抵扣的增值税额；

② "已交税金"专栏，记录单位当月已交纳的应交增值税额；

③ "转出未交增值税"和"转出多交增值税"专栏，分别记录一般纳税人月度终了转出当月应交未交或多交的增值税额；

④ "减免税款"专栏，记录单位按照现行增值税制度规定准予减免的增值税额；

⑤ "销项税额"专栏，记录单位销售货物、加工修理修配劳务、服务、无形资产或不动产应收取的增值税额；

⑥ "进项税额转出"专栏，记录单位购进货物、加工修理修配劳务、服务、无形资产或不动产等发生非正常损失以及其他原因而不应从销项税额中抵扣、按照规定转出的进项税额。

（2）"未交税金"明细科目，核算单位月度终了从"应交税金"或"预交税金"明细科目转入当月应交未交、多交或预缴的增值税额，以及当月交纳以前期间未交的增值税额。

（3）"预交税金"明细科目，核算单位转让不动产、提供不动产经营租赁服务等，以及其他按照现行增值税制度规定应预缴的增值税额。

（4）"待抵扣进项税额"明细科目，核算单位已取得增值税扣税凭证并经税务机关认证，按照现行增值税制度规定准予以后期间从销项税额中抵扣的进项税额。

（5）"待认证进项税额"明细科目，核算单位由于未经税务机关认证而不得从当期销项税额中抵扣的进项税额。包括：一般纳税人已取得增值税扣税凭证并按规定准予从销项税额中抵扣，但尚未经税务机关认证的进项税额；一般纳税人已申请稽核但尚未取得稽核相符结果的海关缴款书进项税额。

（6）"待转销项税额"明细科目，核算单位销售货物、加工修理修配劳务、服务、无形资产或不动产，已确认相关收入（或利得）但尚未发生增值税纳税义务而需于以后期间确认为销项税额的增值税额。

（7）"简易计税"明细科目，核算单位采用简易计税方法发生的增值税计提、扣减、预缴、缴纳等业务。

（8）"转让金融商品应交增值税"明细科目，核算单位转让金融商品发生的增值税额。

（9）"代扣代交增值税"明细科目，核算单位购进在境内未设经营机构的境外单位或个人在境内的应税行为代扣代缴的增值税。

属于增值税小规模纳税人的单位只需在本科目下设置"转让金融商品应交增值税""代扣代交增值税"明细科目。

(三) 应交增值税的账务处理

1. 增值税一般纳税人

(1) 购入资产或接受劳务。

增值税一般纳税人购入资产或接受劳务的账务处理，如表3-29所示。

表3-29　　　　增值税一般纳税人购入资产或接受劳务的账务处理

经济业务与事项	财务会计处理	预算会计处理
购入应税资产或服务时*	借：业务活动费用/在途物品/库存物品/工程物资/在建工程/固定资产/无形资产等 　　应交增值税——应交税金（进项税额）[当月已认证可抵扣] 　　应交增值税——待认证进项税额 [当月未认证可抵扣] 　贷：银行存款/零余额账户用款额度等 [实际支付的金额] 　　/应付票据 [开出并承兑的商业汇票] 　　/应付账款等 [应付的金额]	借：事业支出/经营支出等 　贷：资金结存等 [实际支付的金额]
经税务机关认证为不可抵扣进项税时	借：应交增值税——应交税金（进项税额） 　贷：应交增值税——待认证进项税额 同时： 借：业务活动费用等 　贷：应交增值税——应交税金（进项税额转出）	不做处理
购进应税不动产或在建工程按规定分年抵扣进项税额的	借：固定资产/在建工程等 　　应交增值税——应交税金（进项税额）[当期可抵扣] 　　应交增值税——待抵扣进项税额 [以后期间可抵扣] 　贷：银行存款/零余额账户用款额度等 [实际支付的金额] 　　/应付票据 [开出并承兑的商业汇票] 　　/应付账款等 [应付的金额]	借：事业支出/经营支出等 　贷：资金结存等 [实际支付的金额]
尚未抵扣的进项税额以后期间抵扣时	借：应交增值税——应交税金（进项税额） 　贷：应交增值税——待抵扣进项税额	不做处理
购进属于增值税应税项目的资产后，发生非正常损失或改变用途的	借：待处理财产损溢/固定资产/无形资产等 [按照现行增值税制度规定不得从销项税额中抵扣的进项税额] 　贷：应交增值税——应交税金（进项税额转出） 　　/应交增值税——待认证进项税额 　　/应交增值税——待抵扣进项税额	不做处理

续表

经济业务与事项	财务会计处理	预算会计处理
原不得抵扣且未抵扣进项税额的固定资产、无形资产等，因改变用途等用于允许抵扣进项税额的应税项目	借：应交增值税——应交税金（进项税额）[可以抵扣的进项税额] 　　贷：固定资产/无形资产等	不做处理
购进时已全额计入进项税额的货物或服务等转用于不动产在建工程的，对于结转以后期间的进项税额	借：应交增值税——待抵扣进项税额 　　贷：应交增值税——应交税金（进项税额转出）	不做处理
购进资产或服务时作为扣缴义务人	借：业务活动费用/在途物品/库存物品/工程物资/固定资产/无形资产等 　　应交增值税——应交税金（进项税额）[当期可抵扣] 　　贷：银行存款 [实际支付的金额] 　　应付账款等 　　应交增值税——代扣代交增值税	借：事业支出/经营支出等 　　贷：资金结存 [实际支付的金额]
	实际缴纳代扣代缴增值税时 借：应交增值税——代扣代交增值税 　　贷：银行存款、零余额账户用款额度等	借：事业支出/经营支出等 　　贷：资金结存 [实际支付的金额]

注：小规模纳税人购买资产或服务等时不能抵扣增值税，发生的增值税计入资产成本或相关成本费用。

【例 3-10】某事业单位为增值税一般纳税人，2020 年 5 月购入一批用于集体福利的物资并验收入库，款项用银行存款支付。取得增值税专用发票显示，货物价款为 30 000 元，增值税额 3 000 元。6 月份经税务机关认证为不可抵扣进项税额。有关账务处理如表 3-30 所示。

表 3-30　　　　　　　　　　　　《例 3-10》的账务处理

经济业务与事项	财务会计处理	预算会计处理
2020 年 5 月购进库存物资	借：库存物品　　　　　　　30 000 　　应交增值税——待认证进项税额 　　　　　　　　　　　　　3 000 　　贷：银行存款　　　　　33 000	借：事业支出　　　　　　　33 000 　　贷：资金结存——货币资金 　　　　　　　　　　　　33 000
2020 年 6 月经认证为不可抵扣进项税额	借：应交增值税——应交税金（进项税额） 　　　　　　　　　　　　　3 000 　　贷：应交增值税——待认证进项税额 　　　　　　　　　　　　　3 000 借：库存物品　　　　　　　3 000 　　贷：应交增值税——应交税金（进项税额转出） 　　　　　　　　　　　　　3 000	不做处理

（2）销售应税产品或提供应税服务。

增值税一般纳税人销售应税产品或提供应税服务的账务处理，如表3-31所示。

表3-31　　　　增值税一般纳税人销售应税产品或提供应税服务的账务处理

经济业务与事项		财务会计处理	预算会计处理
销售应税产品或提供应税服务时		借：银行存款/应收账款/应收票据等［包含增值税的价款总额］ 贷：事业收入/经营收入等［扣除增值税销项税额后的价款］ 　　应交增值税——应交税金（销项税额） 　　/应交增值税——简易计税	借：资金结存［实际收到的含税金额］ 贷：事业预算收入/经营预算收入等
金融商品转让	产生收益	借：投资收益［按净收益计算的应纳增值税］ 贷：应交增值税——转让金融商品应交增值税	不做处理
	产生损失	借：应交增值税——转让金融商品应交增值税 贷：投资收益［按净损失计算的应纳增值税］	不做处理
	交纳增值税时	借：应交增值税——转让金融商品应交增值税 贷：银行存款等	借：投资预算收益等 贷：资金结存［实际支付的金额］
	年末，如有借方余额	借：投资收益 贷：应交增值税——转让金融商品应交增值税	不做处理

【例3-11】2020年5月6日某单位（增值税一般纳税人）销售一批应税产品，取得的收入开具增值税专用发票，其中价款100万元，税额13万元，款项已经全部收取。有关账务处理如表3-32所示。

表3-32　　　　　　　　　　〖例3-11〗的账务处理

经济业务与事项	财务会计处理	预算会计处理
2020年5月6日，取得应税收入	借：银行存款　　　　1 130 000 贷：事业收入　　　　　1 000 000 　　应交增值税——应交税金（销项税额）　　　　130 000	借：资金结存——货币资金 　　　　　　　　1 130 000 贷：事业预算收入　　1 130 000

（3）月末转出多交和未交增值税。

月末转出多交和未交增值税的账务处理，如表3-33所示。

· 176 ·

表 3-33　　　　　　　　　月末转出多交和未交增值税的账务处理

经济业务与事项	财务会计处理	预算会计处理
月末转出本月未交增值税	借：应交增值税——应交税金（转出未交增值税） 　贷：应交增值税——未交税金	不做处理
月末转出本月多交增值税	借：应交增值税——未交税金 　贷：应交增值税——应交税金（转出多交增值税）	不做处理

（4）缴纳增值税。

一般纳税人缴纳增值税的账务处理，如表 3-34 所示。

表 3-34　　　　　　　　　一般纳税人缴纳增值税的账务处理

经济业务与事项	财务会计处理	预算会计处理
本月缴纳本月增值税时	借：应交增值税——应交税金（已交税金） 　贷：银行存款/零余额账户用款额度等	借：事业支出/经营支出等 　贷：资金结存
本月缴纳以前期间未交增值税	借：应交增值税——未交税金 　贷：银行存款/零余额账户用款额度等	借：事业支出/经营支出等 　贷：资金结存
按规定预缴增值税	预缴时： 借：应交增值税——预交税金 　贷：银行存款/零余额账户用款额度等 月末： 借：应交增值税——未交税金 　贷：应交增值税——预交税金	借：事业支出/经营支出等 　贷：资金结存
当期直接减免的增值税应纳税额	借：应交增值税——应交税金（减免税款） 　贷：业务活动费用/经营费用等	不做处理

【例 3-12】2020 年 6 月末某单位根据发生的经济业务，计算当期应纳税额，当月应交增值税 15 万元，有关账务处理如表 3-35 所示。

表 3-35　　　　　　　　　〔例 3-12〕的账务处理

经济业务与事项	财务会计处理	预算会计处理
2020 年 6 月末，缴纳本月增值税	借：应交增值税——应交税金（已交税金） 　　　　　　　　　　　　150 000 　贷：银行存款　　　　　 150 000	借：事业支出　　　　　　 150 000 　贷：资金结存——货币资金 　　　　　　　　　　　　150 000

2. 增值税小规模纳税人

（1）购入应税资产或服务。

小规模纳税人购入应税资产或服务的账务处理，如表 3-36 所示。

表 3-36　　　　　小规模纳税人购入应税资产或服务的账务处理

经济业务与事项	财务会计处理	预算会计处理
购入应税资产或服务时	借：业务活动费用/在途物品/库存物品等［按价税合计金额］ 　　贷：银行存款等［实际支付的金额］ 　　　／应付票据［开出并承兑的商业汇票］ 　　　／应付账款等［应付的金额］	借：事业支出/经营支出等 　　贷：资金结存［实际支付的金额］
购进资产或服务时作为扣缴义务人	借：在途物品/库存物品/固定资产/无形资产等 　　贷：应付账款/银行存款等 　　　　应交增值税——代扣代交增值税 实际缴纳增值税时参见一般纳税人的账务处理	借：事业支出/经营支出等 　　贷：资金结存［实际支付的金额］

（2）销售应税资产或提供应税服务。

小规模纳税人销售应税资产或提供应税服务的账务处理，如表 3-37 所示。

表 3-37　　　小规模纳税人销售应税资产或提供应税服务的账务处理

经济业务与事项		财务会计处理	预算会计处理
销售资产或提供服务		借：银行存款/应收账款/应收票据［包含增值税的价款总额］ 　　贷：事业收入/经营收入等［扣除增值税金额后的价款］ 　　　　应交增值税	借：资金结存［实际收到的含税金额］ 　　贷：事业预算收入/经营预算收入等
金融商品转让	产生收益	借：投资收益［按净收益计算的应纳增值税］ 　　贷：应交增值税——转让金融商品应交增值税	不做处理
	产生损失	借：应交增值税——转让金融商品应交增值税 　　贷：投资收益［按净损失计算的应纳增值税］	不做处理
	实际缴纳时	参见一般纳税人的账务处理	

（3）缴纳增值税时。

小规模纳税人缴纳增值税的账务处理，如表 3-38 所示。

表 3-38　　　　　　　　小规模纳税人缴纳增值税的账务处理

经济业务与事项	财务会计处理	预算会计处理
缴纳增值税时	借：应交增值税 　　贷：银行存款等	借：事业支出/经营支出等 　　贷：资金结存

（4）减免增值税。

小规模纳税人减免增值税的账务处理，如表 3-39 所示。

表 3-39　　　　　　　　小规模纳税人减免增值税的账务处理

经济业务与事项	财务会计处理	预算会计处理
减免增值税	借：应交增值税 　　贷：业务活动费用/经营费用等	不做处理

二、其他应交税费

（一）其他应交税费的定义

其他应交税费是指按照税法等规定计算应交纳的除增值税以外的各种税费，包括城市维护建设税、教育费附加、地方教育费附加、车船税、房产税、城镇土地使用税和企业所得税等。

单位代扣代缴的个人所得税，也通过"其他应交税费"科目核算。单位应交纳的印花税不需要预提应交税费，直接通过"业务活动费用""单位管理费用""经营费用"等科目核算，不通过本科目核算。

（二）其他应交税费的科目设置

本科目期末贷方余额，反映单位应交未交的除增值税以外的税费金额；期末如为借方余额，反映单位多交纳的除增值税以外的税费金额。本科目应当按照应交纳的税费种类进行明细核算。

（三）其他应交税费的账务处理

1. 城市维护建设税、教育费附加、地方教育费附加、车船税、房产税、城镇土地使用税等

其他应交税费的账务处理，如表 3-40 所示。

表 3-40　　　　　　　　其他应交税费的账务处理

经济业务与事项	财务会计处理	预算会计处理
发生时，按照税法规定计算的应缴税费金额	借：业务活动费用/单位管理费用/经营费用等 　　贷：其他应交税费——应交城市维护建设税/应交教育费附加/应交地方教育费附加/应交车船税/应交房产税/应交城镇土地使用税等	不做处理

续表

经济业务与事项	财务会计处理	预算会计处理
实际缴纳时	借：其他应交税费——应交城市维护建设税/应交教育费附加/应交地方教育费附加/应交车船税/应交房产税/应交城镇土地使用税等 贷：银行存款等	借：事业支出/经营支出等 贷：资金结存

2. 代扣代缴职工个人所得税

代扣代缴职工个人所得税的账务处理，如表3-41所示。

表3-41　　　　　　代扣代缴职工个人所得税的账务处理

经济业务与事项	财务会计处理	预算会计处理
计算应代扣代缴职工的个人所得税金额	借：应付职工薪酬 贷：其他应交税费——应交个人所得税	不做处理
计算应代扣代缴职工以外其他人员个人所得税	借：业务活动费用/单位管理费用等 贷：其他应交税费——应交个人所得税	不做处理
实际缴纳时	借：其他应交税费——应交个人所得税 贷：财政拨款收入/零余额账户用款额度/银行存款等	借：行政支出/事业支出/经营支出等 贷：财政拨款预算收入/资金结存

3. 发生企业所得税纳税义务

发生企业所得税纳税义务的账务处理，如表3-42所示。

表3-42　　　　　　发生企业所得税纳税义务的账务处理

经济业务与事项	财务会计处理	预算会计处理
按照税法规定计算的应缴税费金额	借：所得税费用 贷：其他应交税费——单位应交所得税	不做处理
实际缴纳时	借：其他应交税费——单位应交所得税 贷：银行存款等	借：非财政拨款结余 贷：资金结存

【例3-13】某事业单位2020年6月按照企业所得税法的规定计算经营活动应缴纳所得税6 000元，7月通过银行存款向税务机关缴纳企业所得税。有关账务处理如表3-43所示。

表 3-43　　　　　　　　　〖例 3-13〗的账务处理

经济业务与事项	财务会计处理	预算会计处理
2020 年 6 月发生企业所得税纳税义务	借：所得税费用　　　　　　6 000 　　贷：其他应交税费——单位应交所得税 　　　　　　　　　　　　　6 000	不做处理
2020 年 7 月发生实际缴纳企业所得税	借：其他应交税费——单位应交所得税 　　　　　　　　　　　　　6 000 　　贷：银行存款　　　　　　6 000	借：非财政拨款结余——累计结余 　　　　　　　　　　　　　5 000 　　贷：资金结存——货币资金 5 000

三、应缴财政款

（一）应缴财政款的定义

应缴财政款是指单位取得或应收的按照规定应当上缴财政的款项，包括应缴国库的款项和应缴财政专户的款项。

单位按照国家税法等有关规定应当缴纳的各种税费，通过"应交增值税""其他应交税费"科目核算，不通过本科目核算。

（二）应缴财政款的科目设置

"应缴财政款"科目借方登记实际上缴财政款项的金额，贷方登记应当上缴的财政款项金额。本科目期末贷方余额，反映单位应当上缴财政但尚未缴纳的款项。年终清缴后，本科目一般应无余额。

本科目应当按照应缴财政款项的类别进行明细核算。

（三）应缴财政款的账务处理

应缴财政款的账务处理，如表 3-44 所示。

表 3-44　　　　　　　　　应缴财政款的账务处理

经济业务与事项	财务会计处理	预算会计处理
取得或应收按照规定应缴财政的款项时	借：银行存款/应收账款等 　　贷：应缴财政款	不做处理
处置资产取得应上缴财政的处置净收入的	参照"待处理财产损溢"科目的相关账务处理	不做处理
上缴财政款项时	借：应缴财政款 　　贷：银行存款等	不做处理

【例 3-14】2020 年 2 月 10 日，某单位经过批准将本单位自用的一项报废固定资产处置，处置收入为 30 000 元，处置过程中发生处置费 10 000 元。经过确定处置净收入需要上缴国库，均通过银行存款核算。有关账务处理如表 3-45 所示。

表 3-45　　　　　　　　　　　〖例 3-14〗的账务处理

经济业务与事项	财务会计处理	预算会计处理
2020 年 2 月 10 日，取得应缴财政款	借：待处理财产损溢——处理净收入 　　　　　　　　　　　　20 000 　　贷：应缴财政款　　　　20 000	不做处理
上缴财政款项时	借：应缴财政款　　　　　20 000 　　贷：银行存款　　　　　20 000	不做处理

第五节　其他负债

一、长期应付款

（一）长期应付款的定义

长期应付款是指单位发生的偿还期限超过 1 年（不含 1 年）的应付款项，如以融资租赁方式取得固定资产应付的租赁费等。通过"长期应付款"科目核算。

（二）长期应付款的科目设置

"长期应付款"科目贷方登记发生的长期应付款，借方登记归还的长期应付款。本科目期末贷方余额，反映单位尚未支付的长期应付款金额。

本科目应当按照长期应付款的类别以及债权人进行明细核算。

（三）长期应付款的账务处理

长期应付款的账务处理，如表 3-46 所示。

表 3-46　　　　　　　　　　　长期应付款的账务处理

经济业务与事项	财务会计处理	预算会计处理
发生长期应付款时	借：固定资产/在建工程等 　　贷：长期应付款	不做处理
支付长期应付款	借：长期应付款 　　贷：财政拨款收入/零余额账户用款额度/银行存款	借：行政支出/事业支出/经营支出等 　　贷：财政拨款预算收入/资金结存
无法偿付或债权人豁免偿还的长期应付款	借：长期应付款 　　贷：其他收入	不做处理

注意：涉及质保金形成长期应付款的，相关账务处理参见"固定资产"科目。

【例 3-15】2020 年 2 月某事业单位采用融资租赁方式租入一项不需要安装的固定资产，租赁价款为 100 000 元，合同约定每年以银行存款支付租金 20 000 元，连续支付 5 年。单位以银行存款支付运输保险等费用 5 000 元。该项固定资产在验收合格之后用于事业活动。有关账务处理如表 3-47 所示。

表 3-47　〖例 3-15〗的账务处理

经济业务与事项	财务会计处理	预算会计处理
2020 年 2 月融资租入固定资产时	借：固定资产　　　　105 000 　贷：长期应付款　　　　100 000 　　　银行存款　　　　　　5 000	借：事业支出　　　　5 000 　贷：资金结存　　　　　5 000
第一次支付租金时	借：长期应付款　　　　20 000 　贷：银行存款　　　　　20 000	借：事业支出　　　　20 000 　贷：资金结存　　　　　20 000

二、受托代理负债

（一）受托代理负债的定义

受托代理负债是指单位接受委托取得受托代理资产时形成的负债。

（二）受托代理负债的科目设置

"受托代理负债"科目借方登记受托代理负债减少数，贷方登记受托代理负债增加数。本科目期末贷方余额，反映单位尚未交付或发出受托代理资产形成的受托代理负债金额。

（三）受托代理负债的账务处理

参照"受托代理资产""库存现金""银行存款"等科目相关账务处理。

三、预计负债

（一）预计负债的定义

预计负债是指单位对因或有事项所产生的现时义务而确认的负债，如对未决诉讼等确认的负债。

（二）预计负债的科目设置

"预计负债"科目借方登记实际偿付的负债，贷方登记按规定确认发生的预计负债。本科目期末贷方余额，反映单位已确认但尚未支付的预计负债金额。

本科目应当按照预计负债的项目进行明细核算。

（三）预计负债的账务处理

预计负债的账务处理，如表 3-48 所示。

表 3-48　预计负债的账务处理

经济业务与事项	财务会计处理	预算会计处理
确认预计负债	借：业务活动费用/经营费用/其他费用等 　贷：预计负债	不做处理
实际偿付预计负债	借：预计负债 　贷：银行存款等	借：事业支出/经营支出/其他支出等 　贷：资金结存

续表

经济业务与事项	财务会计处理	预算会计处理
对预计负债账面余额进行调整的	借：业务活动费用/经营费用/其他费用等 　　贷：预计负债 或做相反会计分录	不做处理

【例 3-16】2020 年 1 月某事业单位在经营活动中与另一公司发生一起经济纠纷，公司向法院起诉该事业单位。2020 年 3 月法院在一审中判决该事业单位赔偿公司 50 万元，该事业单位不服并提起上诉。2020 年 6 月法院在二审中改判为该事业单位向公司赔偿 20 万元。该事业单位于 2020 年 7 月向公司支付了赔偿款。有关账务处理如表 3-49 所示。

表 3-49　　　　　　　　　　〖例 3-16〗的账务处理

经济业务与事项	财务会计处理	预算会计处理
2020 年 3 月，收到法院的一审判决书时	借：经营费用　　　　500 000 　　贷：预计负债　　　　500 000	不做处理
2020 年 6 月，事业单位收到法院的二审判决书时	借：预计负债　　　　300 000 　　贷：经营费用　　　　300 000	不做处理
2020 年 7 月，事业单位支付赔偿款	借：预计负债　　　　200 000 　　贷：银行存款　　　　200 000	借：经营支出　　　　200 000 　　贷：资金结存——货币资金 　　　　　　　　　　200 000

【复习思考题】

1. 简述负债的概念与分类。
2. 如何对借入款项进行账务处理？
3. 如何对应付及预收款项进行账务处理？
4. 如何对应交款项进行账务处理？
5. 如何对长期应付款进行账务处理？
6. 如何对预计负债进行账务处理？

第四章
政府会计收入的管理与核算

【本章要点】
- 了解政府会计收入的定义和分类
- 了解政府会计收入的科目及其适用单位
- 熟悉政府会计收入的确认条件
- 熟悉政府会计收入的计量方法
- 掌握财政拨款类收入的具体核算方法
- 掌握业务类收入的具体核算方法
- 掌握其他类收入的具体核算方法

第一节 收入的管理

一、收入的定义与分类

（一）收入的定义

收入是指报告期内导致政府会计主体净资产增加的、含有服务潜力或者经济利益的经济资源的流入。

专栏 4-1

如何区分预算会计的预算收入和财务会计的收入？

从定义上来说，预算会计的预算收入是指政府会计主体在预算年度内依法取得的并纳入预算管理的现金流入；财务会计的收入是指报告期内导致政府会计主体净资产增加的、含有服务潜力或者经济利益的经济资源的流入。具体可以从以下三个维度对财务会计收入和预算会计收入进行区分：

1. 核算基础

预算收入以收付实现制为基础，一般在实际收到时予以确认；财务会计的收入则以权责发生制为基础。

> 2. 确认时点
>
> 预算收入与收入确认不一致的情形分为两类：第一类为确认预算收入但不同时确认收入；第二类为确认收入但不同时确认预算收入。
>
> 确认预算收入但不同时确认收入主要是指业务发生了纳入预算管理的现金流入，但在权责发生制下并不将其确认为收入，比如收到预收账款；确认收入但不同时确认预算收入主要是指业务在权责发生制下应确认的收入，但没有发生纳入部门预算管理的现金流入，比如接受非货币性资产捐赠确认的收入。
>
> 3. 核算范围
>
> 《政府会计制度——行政事业单位会计科目和报表》第一部分《总说明》第五条规定，单位对于纳入部门预算管理的现金收支业务，在采用财务会计核算的同时应当进行预算会计核算；对于其他业务，仅需进行财务会计核算。
>
> 在会计实务中，单位现金收支业务大部分都是纳入预算管理，需要在预算会计中核算，典型的不纳入预算管理的现金收支业务主要包括货币资金形式的受托代理资产业务、应缴财政款业务、暂收款业务等。

（二）收入的分类

按照《政府会计制度》规定，收入科目总共有 11 个。其中，行政事业单位都可以使用的有 6 个，分别是财政拨款收入、非同级财政拨款收入、租金收入、捐赠收入、利息收入、其他收入；事业单位专属的收入科目有事业收入、上级补助收入、附属单位上缴收入、经营收入、投资收益。

1. 按照收入的来源划分

按照收入的来源，政府会计收入可分为财政拨款类收入、业务类收入和其他类收入，其中：

财政拨款类收入包括财政拨款收入和非同级财政拨款收入；

业务类收入包括事业收入、经营收入和投资收益；

其他类收入包括上级补助收入、附属单位上缴收入、捐赠收入、利息收入、租金收入和其他收入。

2. 按照收入的适用单位划分

按照收入的适用单位，政府会计收入可分为行政事业单位都可以使用的收入和事业单位专属的收入，其中：

行政事业单位都可以使用的收入包括财政拨款收入、非同级财政拨款收入、捐赠收入、利息收入、租金收入和其他收入；

事业单位专属的收入包括事业收入、上级补助收入、附属单位上缴收入、经营收入和投资收益。

二、收入的确认与计量

（一）收入的确认

收入的确认应当同时满足以下条件：

（1）与收入相关的含有服务潜力或者经济利益的经济资源很可能流入政府会计主体；

（2）含有服务潜力或者经济利益的经济资源流入会导致政府会计主体资产增加或者负债减少；

（3）流入金额能够可靠地计量。

（二）收入的计量

政府会计收入的计量主要采用权责发生制。

1. 财政拨款收入

（1）财政直接支付方式下的财政拨款收入根据收到的"财政直接支付入账通知书"及相关原始凭证，按照通知书中的直接支付入账金额；

（2）财政授权支付方式下，根据收到的"财政授权支付额度到账通知书"，按照通知书中的授权支付额度计量。

2. 事业收入

（1）采用财政专户返还方式管理的事业收入，实现应上缴财政专户的事业收入时，按照实际收到或应收的金额计量。向财政专户上缴款项时，按照实际上缴的款项金额计量。收到从财政专户返还的事业收入时，按照实际收到的返还金额计量。

（2）采用预收款方式确认的事业收入，实际收到预收款项时，按照收到的款项金额计量。以合同完成进度确认事业收入时，按照基于合同完成进度计算的金额计量。

（3）采用应收款方式确认的事业收入，根据合同完成进度计量本期应收的款项。

（4）其他方式下确认的事业收入，按照实际收到的金额计量。

3. 上级补助收入

（1）确认上级补助收入时，按照应收或实际收到的金额计量。

（2）实际收到应收的上级补助款时，按照实际收到的金额计量。

4. 附属单位上缴收入

（1）确认附属单位上缴收入时，按照应收或收到的金额计量。

（2）实际收到应收附属单位上缴款时，按照实际收到的金额计量。

5. 经营收入

经营收入应当在提供服务或发出存货，同时收讫价款或者取得索取价款的凭据时，按照实际收到或应收的金额予以确认。

6. 非同级财政拨款收入

确认非同级财政拨款收入时，按照应收或实际收到的金额计量。

7. 投资收益

（1）收到短期投资持有期间的利息，按照实际收到的金额计量。

（2）出售或到期收回短期债券本息，按照实际收到的金额计量。

（3）持有的分期付息、一次还本的长期债券投资，按期确认利息收入时，按照计算确定的应收未收利息计量。

（4）出售长期债券投资或到期收回长期债券投资本息，按照实际收到的金额计量。

（5）采用成本法核算的长期股权投资持有期间，被投资单位宣告分派现金股利或利润时，按照宣告分派的现金股利或利润中属于单位应享有的份额计量。

（6）按照规定处置长期股权投资时有关投资收益，如果以现金取得的长期股权投资，按照实际取得的价款计量。

8. 捐赠收入

（1）接受捐赠的货币资金，按照实际收到的金额计量。

（2）接受捐赠的存货、固定资产等非现金资产，按照确定的成本计量。

（3）接受捐赠的资产按照名义金额入账的，按照名义金额计量。

9. 利息收入

取得银行存款利息时，按照实际收到的金额计量。

10. 租金收入

（1）采用预收租金方式的，预收租金时，按照收到的金额计量。

（2）采用后付租金方式的，每期确认租金收入时，按照各期租金金额计量。

（3）采用分期收取租金方式的，每期收取租金时，按照租金金额计量。

11. 其他收入

（1）现金盘盈收入，属于无法查明原因的部分，报经批准后计量。

（2）单位科技成果转化所取得的收入，按照规定留归本单位的，按照所取得收入扣除相关费用之后的净收益计量。

（3）行政单位已核销的其他应收款在以后期间收回的，按照实际收回的金额计量。

（4）无法偿付或债权人豁免偿还的应付账款、预收账款、其他应付款及长期应付款按照应付金额或被豁免金额计量。

（5）资产置换过程中，换出资产评估增值的，按照评估价值高于资产账面价值或账面余额的金额计量。

（6）其他情况按照应收或实际收到的金额计量。

三、收入的科目

根据《政府会计制度——行政事业单位会计科目和报表》，政府会计收入类科目共有11个（见表4-1），分别是财政拨款收入、事业收入、上级补助收入、附属单位上缴收入、经营收入、非同级财政拨款收入、投资收益、捐赠收入、利息收入、租金收入和其他收入。

表4-1　　　　　　　　　　收入类科目一览表

序号	科目编码	会计科目	适用单位
1	4001	财政拨款收入	行政、事业
2	4101	事业收入	事业

续表

序号	科目编码	会计科目	适用单位
3	4201	上级补助收入	事业
4	4301	附属单位上缴收入	事业
5	4401	经营收入	事业
6	4601	非同级财政拨款收入	行政、事业
7	4602	投资收益	事业
8	4603	捐赠收入	行政、事业
9	4604	利息收入	行政、事业
10	4605	租金收入	行政、事业
11	4609	其他收入	行政、事业

第二节 财政拨款类收入

一、财政拨款收入

（一）核算对象

财政拨款收入核算单位从同级政府财政部门取得的各类财政拨款。

（二）科目设置

单位应设置"财政拨款收入"科目，贷方登记财政拨款收入增加数，借方登记财政拨款收入减少数。

同级政府财政部门预拨的下期预算款和没有纳入预算的暂付款项，以及采用实拨资金方式通过本单位转拨给下属单位的财政拨款，通过"其他应付款"科目核算，不通过本科目核算。

本科目可按照一般公共预算财政拨款、政府性基金预算财政拨款等拨款种类进行明细核算。

期末，将本科目本期发生额转入本期盈余，借记本科目，贷记"本期盈余"科目。期末结转后，本科目应无余额。

> **专栏4-2**
>
> **单位可以通过什么方式取得财政拨款收入？**
>
> 行政或事业单位取得财政拨款收入的方式主要有两种，即财政直接支付和财政授权支付。以国库单一账户体系为基础，资金拨付以财政直接支付和财政授权支付为主要形式的财政国库管理制度即国库集中支付制度。

财政直接支付是指以批准的预算和用款计划为依据，由财政部门开具支付令，通过国库单一账户体系，直接将财政资金支付到商品、劳务供应者或用款单位账户。

财政授权支付是指预算单位根据批准的预算和用款计划，自行签发支付指令，从预算单位开设的零余额账户中将资金支付到商品、劳务供应者或用款单位账户。

单位应当对国务集中支付业务同时进行财务会计核算和预算会计核算。

（三）账务处理

1. 收到财政拨款收入

财政拨款收入的账务处理，如表4-2所示。

表4-2　　　　　　　　财政拨款收入的账务处理

经济业务与事项	财务会计处理	预算会计处理
财政直接支付	借：库存物品/固定资产/业务活动费用/单位管理费用/应付职工薪酬等 　　贷：财政拨款收入	借：行政支出/事业支出等 　　贷：财政拨款预算收入
财政授权支付	借：零余额账户用款额度 　　贷：财政拨款收入	借：资金结存——零余额账户用款额度 　　贷：财政拨款预算收入
其他方式	借：银行存款等 　　贷：财政拨款收入	借：资金结存——货币资金 　　贷：财政拨款预算收入

【例4-1】2020年4月2日，某事业单位向某公司购买一批货物，签订购买合同并以财政直接支付方式支付10 000元。此业务不考虑增值税。账务处理如表4-3所示。

表4-3　　　　　　　　〖例4-1〗的账务处理

经济业务与事项	财务会计处理	预算会计处理
2020年4月2日，以财政直接支付方式预付账款	借：库存物品　　　　10 000 　　贷：财政拨款收入　　　　10 000	借：事业支出　　　　10 000 　　贷：财政拨款预算收入　　　　10 000

【例4-2】2020年3月15日，某事业单位根据批准的部门预算和用款计划，向同级财政部门申请财政授权方式用款额度10 000 000元。4月8日，财政部门经审核后，以财政授权支付方式下达了8 000 000元用款额度。4月10日，甲单位收到了代理银行转来的"授权支付到账通知书"。2020年12月31日，该单位财政直接支付指标数与当年财政直接支付实际支出数之间的差额为300 000元；财政授权支付预算指标数大于零余额账户用款额度下达数，未下达的用款额度为2 000 000元。账务处理如表4-4所示。

表 4-4　　　　　　　　　　　　　　【例 4-2】的账务处理

经济业务与事项	财务会计处理	预算会计处理
2020 年 3 月 15 日，确认财政拨款收入	借：零余额账户用款额度 　　　　　　　　10 000 000 　贷：财政拨款收入　10 000 000	借：资金结存——零余额账户用款额度 　　　　　　　　10 000 000 　贷：财政拨款预算收入 　　　　　　　　10 000 000
2020 年，财政直接支付预算指标数与当年财政直接支付实际支付数存在差额	借：财政应返还额度——财政直接支付 　　　　　　　　300 000 　贷：财政拨款收入　　300 000	借：资金结存——财政应返还额度 　　　　　　　　300 000 　贷：财政拨款预算收入　300 000
2020 年，财政授权支付预算指标数大于零余额账户用款额度下达数的差额	借：财政应返还额度——财政授权支付 　　　　　　　　2 000 000 　贷：财政拨款收入　2 000 000	借：资金结存——财政应返还额度 　　　　　　　　2 000 000 　贷：财政拨款预算收入　2 000 000

2. 年末确认拨款差

年末确认拨款差的账务处理，如表 4-5 所示。

表 4-5　　　　　　　　　　　　年末确认拨款差的账务处理

经济业务与事项	财务会计处理	预算会计处理
根据本年度财政直接支付预算指标数与当年财政直接支付实际支付数的差额	借：财政应返还额度——财政直接支付 　贷：财政拨款收入	借：资金结存——财政应返还额度 　贷：财政拨款预算收入
本年度财政授权支付预算指标数大于零余额账户用款额度下达数的差额	借：财政应返还额度——财政授权支付 　贷：财政拨款收入	借：资金结存——财政应返还额度 　贷：财政拨款预算收入

3. 国库直接支付款项退回（因差错更正或购货退回）

国库直接支付款项退回的账务处理，如表 4-6 所示。

表 4-6　　　　　　　　　　国库直接支付款项退回的账务处理

经济业务与事项	财务会计处理	预算会计处理
属于本年度支付的款项	借：财政拨款收入 　贷：业务活动费用/库存物品等	借：财政拨款预算收入 　贷：行政支出/事业支出等

续表

经济业务与事项	财务会计处理	预算会计处理
属于以前年度支付的款项（财政拨款结转资金）	借：财政应返还额度——财政直接支付 　　贷：以前年度盈余调整/库存物品等	借：资金结存——财政应返还额度 　　贷：财政拨款结转——年初余额调整
属于以前年度支付的款项（财政拨款结余资金）		借：资金结存——财政应返还额度 　　贷：财政拨款结余——年初余额调整

【例4-3】2020年3月，某事业单位使用财政专项资金购入一批库存商品，价值50 000元，2020年9月，单位发现该商品存在质量问题，单位将该批商品退回给供货商，供货商退回相应的国库直接支付款项50 000元。2020年末，该事业单位使用财政专项资金购入一批用于专业业务活动的材料，材料款以财政直接支付方式支付。2020年3月，单位发现此批购入的部分材料存在质量问题，其中价值5 000元的材料于2020年末领用，价值6 000元的材料还在仓库里。单位将此部存在质量问题的材料退回给供货商，供货商退回相应的国库直接支付款项11 000元。账务处理如表4-7所示。

表4-7　　　　　　　　　　　　　〖例4-3〗的账务处理

经济业务与事项	财务会计处理	预算会计处理
2020年9月，国库直接支付款项退回	借：财政拨款收入　　50 000 　　贷：库存物品　　　　50 000	借：财政拨款预算收入　　50 000 　　贷：事业支出　　　　　50 000
2020年3月，国库直接支付款项退回	借：财政应返还额度——财政直接支付 　　　　　　　　　　　　　11 000 　　贷：库存物品　　　　6 000 　　　　以前年度盈余调整　5 000	借：资金结存——财政应返还额度 　　　　　　　　　　　　　11 000 　　贷：财政拨款结转——年初余额调整 　　　　　　　　　　　　　11 000

4. 期末/年末结转

财政拨款收入期末/年末结转的账务处理，如表4-8所示。

表4-8　　　　　　　　　　　财政拨款收入期末/年末结转的账务处理

经济业务与事项	财务会计处理	预算会计处理
期末/年末结转	借：财政拨款收入 　　贷：本期盈余	借：财政拨款预算收入 　　贷：财政拨款结转——本年收支结转

二、非同级财政拨款收入

（一）核算对象

非同级财政拨款收入核算单位从非同级政府财政部门取得的经费拨款，包括从同级政府其他部门取得的横向转拨财政款、从上级或下级政府财政部门取得的经费拨款等。

享受公费医疗待遇的单位从所在地公费医疗管理机构取得的公费医疗经费，应当在实际取得时计入非同级财政拨款收入。

（二）科目设置

单位应设置"非同级财政拨款收入"科目。贷方登记非同级财政拨款收入增加数，借方登记非同级财政拨款收入减少数。

事业单位因开展科研及其辅助活动从非同级政府财政部门取得的经费拨款，应当通过"事业收入——非同级财政拨款"科目核算，不通过本科目核算。

本科目应当按照本级横向转拨财政款和非本级财政拨款进行明细核算，并按照收入来源进行明细核算。

期末，将本科目本期发生额转入本期盈余，借记本科目，贷记"本期盈余"科目。期末结转后，本科目应无余额。

（三）账务处理

非同级财政拨款收入的账务处理，如表4-9所示。

表4-9　　　　　　　　非同级财政拨款收入的账务处理

经济业务与事项		财务会计处理	预算会计处理
确认收入		借：其他应收款/银行存款等 　　贷：非同级财政拨款收入	借：资金结存——货币资金［按照实际收到的金额］ 　　贷：非同级财政拨款预算收入
收到应收款项		借：银行存款 　　贷：其他应收款	
期末/年末结转	专项资金	借：非同级财政拨款收入 　　贷：本期盈余	借：非同级财政拨款预算收入 　　贷：非财政拨款结转——本年收支结转
	非专项资金		借：非同级财政拨款预算收入 　　贷：其他结余

【例4-4】2020年3月1日，某事业单位确认从上级政府财政部门取得的经费拨款300 000元，2020年3月21日，该笔经费到达该单位银行账户。账务处理如表4-10所示。

表4-10　　　　　　　　【例4-4】的账务处理

经济业务与事项	财务会计处理	预算会计处理
2020年3月1日，确认收入	借：其他应收款　　　　　300 000 　　贷：非同级财政拨款收入　300 000	不做处理

续表

经济业务与事项	财务会计处理	预算会计处理
2020年3月21日,收到经费	借：银行存款　　　　　　300 000 　　贷：其他应收款　　　　　300 000	借：资金结存——货币资金 　　　　　　　　　　　　300 000 　　贷：非同级财政拨款预算收入 　　　　　　　　　　　　300 000

第三节　业务类收入

一、事业收入

（一）核算对象

事业收入核算事业单位开展专业业务活动及其辅助活动实现的收入，不包括从同级政府财政部门取得的各类财政拨款。

（二）科目设置

单位应设置"事业收入"科目，贷方登记事业收入增加数，借方登记事业收入减少数。

对于因开展科研及其辅助活动从非同级政府财政部门取得的经费拨款，应当在本科目下单设"非同级财政拨款"明细科目进行核算。

本科目应当按照事业收入的类别、来源等进行明细核算期末，将本科目本期发生额转入本期盈余，借记本科目，贷记"本期盈余"科目。期末结转后，本科目应无余额。

（三）账务处理

1. 采用财政专户返还方式

事业收入采用财政专户返还方式的账务处理，如表4-11所示。

表4-11　　　　　事业收入采用财政专户返还方式的账务处理

经济业务与事项	财务会计处理	预算会计处理
实际收到或应收应上缴财政专户的事业收入	借：银行存款/应收账款等 　　贷：应缴财政款	不做处理
向财政专户上缴款项	借：应缴财政款 　　贷：银行存款等	不做处理
收到从财政专户返还的款项	借：银行存款等 　　贷：事业收入	借：资金结存——货币资金 　　贷：事业预算收入

【例4-5】某事业单位采用财政专户返还的方式管理事业收入，2020年3月5日该单位因开展专业业务活动收到银行存款30 000元，3月20日将该笔事业收入上缴财

政专户，4月7日收到从财政专户返还的事业收入30 000元。账务处理如表4-12所示。

表4-12　〖例4-5〗的账务处理

经济业务与事项	财务会计处理	预算会计处理
2020年3月5日，收到银行存款	借：银行存款　　　　30 000 　　贷：应缴财政款　　　　30 000	不做处理
2020年3月20日，上缴财政专户	借：应缴财政款　　　　30 000 　　贷：银行存款　　　　　30 000	不做处理
2020年4月7日，收到财政返还事业收入	借：银行存款　　　　30 000 　　贷：事业收入　　　　　30 000	借：资金结存——货币资金 　　　　　　　　　　30 000 　　贷：事业预算收入　　30 000

2. 采用预收款方式

事业收入采用预收款方式的账务处理，如表4-13所示。

表4-13　事业收入采用预收款方式的账务处理

经济业务与事项	财务会计处理	预算会计处理
实际收到款项	借：银行存款等 　　贷：预收账款	借：资金结存——货币资金 　　贷：事业预算收入
按合同完成进度确认收入	借：预收账款 　　贷：事业收入	不做处理

【例4-6】2020年5月1日，某事业单位承建某单位工程，收到预收账款1 000 000元。2020年8月31日，该单位根据完工进度确认事业收入400 000元。账务处理如表4-14所示。

表4-14　〖例4-6〗的账务处理

经济业务与事项	财务会计处理	预算会计处理
2020年5月1日，收到预收账款	借：银行存款　　　1 000 000 　　贷：预收账款　　　1 000 000	借：资金结存——货币资金 　　　　　　　　　1 000 000 　　贷：事业预算收入　1 000 000
2020年8月31日，按合同完成进度确认收入	借：预收账款　　　　400 000 　　贷：事业收入　　　　400 000	不做处理

3. 采用应收款方式

事业收入采用应收款方式的账务处理，如表 4-15 所示。

表 4-15　　　　　　　　　事业收入采用应收款方式的账务处理

经济业务与事项	财务会计处理	预算会计处理
根据合同完成进度计算本期应收的款项	借：应收账款 　　贷：事业收入	不做处理
实际收到款项	借：银行存款等 　　贷：应收账款	借：资金结存——货币资金 　　贷：事业预算收入

【例 4-7】2020 年底，某事业单位开展专业业务活动实现收入 50 000 元，年底款项尚未收到。2021 年 3 月，单位收到该笔收入。账务处理如表 4-16 所示。

表 4-16　　　　　　　　　〖例 4-7〗的账务处理

经济业务与事项	财务会计处理	预算会计处理
2020 年底，确认收入	借：应收账款　　50 000 　　贷：事业收入　　　50 000	不做处理
2021 年 3 月，收到收入	借：银行存款　　50 000 　　贷：应收账款　　　50 000	借：资金结存——货币资金 　　　　　　　　　　50 000 　　贷：事业预算收入　50 000

4. 其他方式

事业收入采用其他方式的账务处理，如表 4-17 所示。

表 4-17　　　　　　　　　事业收入采用其他方式的账务处理

经济业务与事项	财务会计处理	预算会计处理
取得收入	借：银行存款/库存现金等 　　贷：事业收入	借：资金结存——货币资金 　　贷：事业预算收入

【例 4-8】2020 年 3 月，某事业单位为开展专业业务活动自主销售库存物品，银行账户收到销售价款 5 000 元，按规定销售收入纳入单位预算管理。账务处理如表 4-18 所示。

表 4-18　　　　　　　　　　　〖例 4-8〗的账务处理

经济业务与事项	财务会计处理	预算会计处理
2020 年 3 月，确定收入	借：银行存款　　　　　5 000 　　贷：事业收入　　　　　5 000	借：资金结存——货币资金　5 000 　　贷：事业预算收入　　　　5 000

5. 期末/年末结转

事业收入期末/年末结转的账务处理，如表 4-19 所示。

表 4-19　　　　　　　　事业收入期末/年末结转的账务处理

经济业务与事项	财务会计处理	预算会计处理
专项资金收入	借：事业收入 　　贷：本期盈余	借：事业预算收入 　　贷：非财政拨款结转——本年收支结转
非专项资金收入		借：事业预算收入 　　贷：其他结余

二、经营收入

（一）核算对象

经营收入核算事业单位在专业业务活动及其辅助活动之外开展非独立核算经营活动取得的收入。

（二）科目设置

单位应设置"经营收入"科目，贷方登记经营收入增加数，借方登记经营收入减少数。

本科目应当按照经营活动类别、项目和收入来源等进行明细核算。

期末，将本科目本期发生额转入本期盈余，借记本科目，贷记"本期盈余"科目。期末结转后，本科目应无余额。

（三）账务处理

经营收入的账务处理，如表 4-20 所示。

表 4-20　　　　　　　　　　　经营收入的账务处理

经济业务与事项	财务会计处理	预算会计处理
确认经营收入	借：银行存款/应收账款/应收票据等 　　贷：经营收入	借：资金结存——货币资金［按照实际收到的金额］ 　　贷：经营预算收入
收到应收款项	借：银行存款等 　　贷：应收账款/应收票据	
期末/年末结转	借：经营收入 　　贷：本期盈余	借：经营预算收入 　　贷：经营结余

【例4-9】某事业单位附属非独立核算单位经税务机关核定为一般纳税人，2020年3月15日销售产品一批，货款100 000元，税款13 000元。4月1日，收到款项，存入银行存款。账务处理如表4-21所示。

表4-21　　　　　　　　　　　　【例4-9】的账务处理

经济业务与事项	财务会计处理	预算会计处理
2020年3月15日，确认经营收入	借：应收账款　　　　113 000 　贷：经营收入　　　　100 000 　　　应交增值税——应交税金（销项税额） 　　　　　　　　　　　13 000	借：资金结存——货币资金 　　　　　　　　　113 000 　贷：经营预算收入　113 000
2020年4月1日，收到应收款项	借：银行存款　　　　113 000 　贷：应收账款　　　　113 000	

三、投资收益

（一）核算对象

投资收益核算事业单位股权投资和债券投资所实现的收益或发生的损失。

（二）科目设置

单位应设置"投资收益"科目，贷方登记投资收益增加数，借方登记投资收益减少数。

本科目应当按照投资的种类等进行明细核算。

期末，将本科目本期发生额转入本期盈余，借记或贷记本科目，贷记或借记"本期盈余"科目。期末结转后，本科目应无余额

（三）账务处理

1. 出售或到期收回短期债券本息

出售或到期收回短期债券本息的账务处理，如表4-22所示。

表4-22　　　　　　　　出售或到期收回短期债券本息的账务处理

经济业务与事项	财务会计处理	预算会计处理
出售或到期收回短期债券本息	借：银行存款 　　投资收益［借差］ 　贷：短期投资［成本］ 　　　投资收益［贷差］	借：资金结存——货币资金［实际收到的款项］ 　　投资预算收益［借差］ 　贷：投资支出/其他结余［投资成本］ 　　　投资预算收益［贷差］

【例4-10】2020年1月，某事业单位取得面值为200 000元的短期国债，年利率4%，到期一次还本付息，以银行存款支付购买价款200 000元。2020年9月，国债到期，该事业单位取得本息208 000元，按照规定将投资收益纳入单位预算管理。账务处

理如表4-23所示。

表4-23　　　　　　　　　　【例4-10】的账务处理

经济业务与事项	财务会计处理	预算会计处理
2020年9月，取得本息	借：银行存款　　　　208 000 　　贷：短期投资　　　　200 000 　　　　投资收益　　　　　8 000	借：资金结存　　　　208 000 　　贷：投资支出　　　　200 000 　　　　投资预算收益　　　8 000

2. 持有分期付息、一次还本的长期债券投资

持有分期付息、一次还本的长期债券投资的账务处理，如表4-24所示。

表4-24　　　　　持有分期付息、一次还本的长期债券投资的账务处理

经济业务与事项	财务会计处理	预算会计处理
确认应收未收利息	借：应收利息 　　贷：投资收益	不做处理
实际收到利息	借：银行存款 　　贷：应收利息	借：资金结存——货币资金 　　贷：投资预算收益

【例4-11】2020年7月1日某事业单位用银行存款购买2年期的债券，支付价款120 000元，利率为5%。根据协议规定，该债券为每个季度支付一次利息。9月30日，收到本年第三季度利息1 500元。账务处理如表4-25所示。

表4-25　　　　　　　　　　【例4-11】的账务处理

经济业务与事项	财务会计处理	预算会计处理
2020年7月末、8月末、9月末分别计提利息	借：应收利息　　　　500 　　贷：投资收益　　　　500	不做处理
2020年9月30日，收到本年第三季度利息	借：银行存款　　　　1 500 　　贷：应收利息　　　　1 500	借：资金结存——货币资金 　　　　　　　　　　　1 500 　　贷：投资预算收益　　　1 500

3. 持有一次还本付息的长期债券投资

持有一次还本付息的长期债券投资的账务处理，如表4-26所示。

表 4-26　　　　　　　持有一次还本付息的长期债券投资的账务处理

经济业务与事项	财务会计处理	预算会计处理
计算确定的应收未收利息，增加长期债券投资的账面余额	借：长期债券投资——应计利息 　　贷：投资收益	不做处理

【例 4-12】2020 年 4 月，某事业单位用本年购买的长期债券投资的应收未收利息 5 000 元来增加长期债券投资的账面余额。账务处理如表 4-27 所示。

表 4-27　　　　　　　　　【例 4-12】的账务处理

经济业务与事项	财务会计处理	预算会计处理
2020 年 4 月，增加长期债券投资的账面余额	借：长期债券投资——应计利息 　　　　　　　　　　　5 000 　　贷：投资收益　　　　5 000	不做处理

4. 出售长期债券投资或到期收回长期债券投资本息

出售长期债券投资或到期收回长期债券投资本息的账务处理，如表 4-28 所示。

表 4-28　　　　　出售长期债券投资或到期收回长期债券投资本息的账务处理

经济业务与事项	财务会计处理	预算会计处理
出售长期债券投资或到期收回长期债券投资本息	借：银行存款 　　投资收益［借差］ 　　贷：长期债券投资 　　　　应收利息 　　　　投资收益［贷差］	借：资金结存——货币资金［实际收到的款项］ 　　投资预算收益［借差］ 　　贷：投资支出/其他结余 　　　　投资预算收益［贷差］

【例 4-13】2020 年 2 月 1 日，某事业单位出售上年取得的未到期长期债券投资，该长期债券投资成本为 100 000 元，出售时尚未领取利息 3 000 元，出售实际收到价款 104 000 元。账务处理如表 4-29 所示。

表 4-29　　　　　　　　　【例 4-13】的账务处理

经济业务与事项	财务会计处理	预算会计处理
2020 年 2 月 1 日，出售长期债券投资	借：银行存款　　　104 000 　　贷：长期债券投资　100 000 　　　　应收利息　　　　3 000 　　　　投资收益　　　　1 000	借：资金结存——货币资金 　　　　　　　　　　　104 000 　　贷：其他结余　　　100 000 　　　　投资预算收益　　4 000

5. 成本法下长期股权投资持有期间，被投资单位宣告分派利润或股利

被投资单位宣告分派利润或股利的账务处理，如表4-30所示。

表4-30　　　　　　　　　被投资单位宣告分派利润或股利的账务处理

经济业务与事项	财务会计处理	预算会计处理
宣告分派的利润或股利	借：应收股利 　　贷：投资收益	不做处理
取得分派的利润或股利	借：银行存款 　　贷：应收股利	借：资金结存——货币资金 　　贷：投资预算收益

【例4-14】2020年1月，某事业单位取得一项长期股权投资，单位采用成本法核算。2020年5月被投资单位宣告发放现金股利10 000元，6月取得该笔现金股利。账务处理如表4-31所示。

表4-31　　　　　　　　　〖例4-14〗的账务处理

经济业务与事项	财务会计处理	预算会计处理
2020年5月，宣告发放现金股利	借：应收股利　　　　10 000 　　贷：投资收益　　　　10 000	不做处理
2020年6月，实际收到现金股利	借：银行存款　　　　10 000 　　贷：应收股利　　　　10 000	借：资金结存——货币资金10 000 　　贷：投资预算收益　　　10 000

6. 权益法下股权投资

权益法下股权投资的账务处理，如表4-32所示。

表4-32　　　　　　　　　权益法下股权投资的账务处理

经济业务与事项	财务会计处理	预算会计处理
被投资单位实现净损益	借：长期股权投资——损益调整 　　贷：投资收益［被投资单位实现净利润］ 借：投资收益［被投资单位发生净亏损］ 　　贷：长期股权投资——损益调整	不做处理
收到被投资单位发放的现金股利	借：银行存款 　　贷：应收股利	借：资金结存——货币资金 　　贷：投资预算收益
被投资单位发生净亏损，但以后年度又实现净利润的，按规定恢复确认投资收益	借：长期股权投资——损益调整 　　贷：投资收益	不做处理

【例4-15】2020年1月，某事业单位取得一项长期股权投资，持有被投资单位60%的股权，采用权益法核算。2020年12月31日，被投资单位实现净利润80 000 000元。2020年3月，被投资单位宣告发放现金股利1 000 000元，4月收到现金股利。账务处理如表4-33所示。

表4-33　　　　　　　　　　　　《例4-15》的账务处理

经济业务与事项	财务会计处理	预算会计处理
2020年12月31日，被投资单位实现净利润	借：长期股权投资——损益调整　　48 000 000 　贷：投资收益　　　　48 000 000	不做处理
2020年3月，宣告发放现金股利	借：应收股利　　600 000 　贷：长期股权投资——损益调整　　600 000	不做处理
2020年4月，收到现金股利	借：银行存款　　600 000 　贷：应收股利　　600 000	借：资金结存——货币资金　　　　600 000 　贷：投资预算收益　　600 000

7. 期末/年末结转

投资收益期末/年末结转的账务处理，如表4-34所示。

表4-34　　　　　　　　投资收益期末/年末结转的账务处理

经济业务与事项	财务会计处理	预算会计处理
投资收益为贷方余额	借：投资收益 　贷：本期盈余	借：投资预算收益 　贷：其他结余
投资收益为借方余额	借：本期盈余 　贷：投资收益	借：其他结余 　贷：投资预算收益

第四节　其他类收入

一、上级补助收入

（一）核算对象

上级补助收入核算事业单位从主管部门和上级单位取得的非财政拨款收入。

（二）科目设置

单位应设置"上级补助收入"科目，贷方登记上级补助收入增加数，借方登记上级补助收入减少数。

本科目应当按照发放补助单位、补助项目等进行明细核算。期末，将本科目本期发生额转入本期盈余，借记本科目，贷记"本期盈余"科目。期末结转后，本科目应无余额。

（三）账务处理

1. 日常核算

上级补助收入日常核算的账务处理，如表4-35所示。

表4-35　　　　　　　　上级补助收入日常核算的账务处理

经济业务与事项	财务会计处理	预算会计处理
确认收入	借：其他应收款/银行存款等 　贷：上级补助收入	借：资金结存——货币资金［按照实际收到的金额］ 　贷：上级补助预算收入
收到应收的上级补助收入	借：银行存款等 　贷：其他应收款	

2. 期末/年末结转

上级补助收入期末/年末结转的账务处理，如表4-36所示。

表4-36　　　　　　　　上级补助收入期末/年末结转的账务处理

经济业务与事项	财务会计处理	预算会计处理
专项资金收入	借：上级补助收入 　贷：本期盈余	借：上级补助预算收入 　贷：非财政拨款结转——本年收支结转
非专项资金收入		借：上级补助预算收入 　贷：其他结余

【例4-16】2020年1月31日，某事业单位确认获得上级补助收入100 000元。2020年3月1日，该收入到达单位银行账户。账务处理如表4-37所示。

表4-37　　　　　　　　【例4-16】的账务处理

经济业务与事项	财务会计处理	预算会计处理
2020年1月31日，确认收入	借：其他应收款　　100 000 　贷：上级补助收入　　100 000	不做处理
2020年3月1日，收入到达银行账户	借：银行存款　　100 000 　贷：其他应收款　　100 000	借：资金结存——货币资金 　　　　　　　　100 000 　贷：上级补助预算收入　　100 000

二、附属单位上缴收入

(一) 核算对象

附属单位上缴收入核算事业单位取得的附属独立核算单位按照有关规定上缴的收入。

(二) 科目设置

单位应设置"附属单位上缴收入"科目，贷方登记附属单位上缴收入增加数，借方登记附属单位上缴收入减少数。

本科目应当按照附属单位、缴款项目等进行明细核算，期末，将本科目本期发生额转入本期盈余，借记本科目，贷记"本期盈余"科目。期末结转后，本科目应无余额。

1. 日常核算

附属单位上缴收入日常核算的账务处理，如表4-38所示。

表4-38　　　　　　　　附属单位上缴收入日常核算的账务处理

经济业务与事项	财务会计处理	预算会计处理
确认收入	借：其他应收款/银行存款等 　贷：附属单位上缴收入	借：资金结存——货币资金 [按照实际收到的金额] 　贷：附属单位上缴预算收入
实际收到应收附属单位上缴收入款	借：银行存款等 　贷：其他应收款	

2. 期末/年末结转

附属单位上缴收入期末/年末结转的账务处理，如表4-39所示。

表4-39　　　　　　　　附属单位上缴收入期末/年末结转的账务处理

经济业务与事项	财务会计处理	预算会计处理
专项资金收入	借：附属单位上缴收入 　贷：本期盈余	借：附属单位上缴预算收入 　贷：非财政拨款结转——本年收支结转
非专项资金收入		借：附属单位上缴预算收入 　贷：其他结余

【例4-17】2020年4月30日，某事业单位确认获得附属单位上缴收入100 000元。2020年5月10日，该收入到达单位银行账户。账务处理如表4-40所示。

表 4-40　　　　　　　　　　　〖例 4-17〗的账务处理

经济业务与事项	财务会计处理	预算会计处理
2020 年 4 月 30 日，确认收入	借：其他应收款　　　　100 000 　　贷：附属单位上缴收入　　100 000	不做处理
2020 年 5 月 10 日，收到收入	借：银行存款　　　　　100 000 　　贷：其他应收款　　　　100 000	借：资金结存——货币资金 　　　　　　　　　　　100 000 　　贷：附属单位上缴预算收入 　　　　　　　　　　　100 000

三、捐赠收入

（一）核算对象

捐赠收入核算单位接受其他单位或者个人捐赠取得的收入。

（二）科目设置

单位应设置"捐赠收入"科目，贷方登记捐赠收入增加数，借方登记捐赠收入减少数。

本科目应当按照捐赠资产的用途和捐赠单位等进行明细核算。

期末，将本科目本期发生额转入本期盈余，借记本科目，贷记"本期盈余"科目。期末结转后，本科目应无余额。

1. 接受捐赠的货币资金

接受捐赠的货币资金的账务处理，如表 4-41 所示。

表 4-41　　　　　　　　　接受捐赠的货币资金的账务处理

经济业务与事项	财务会计处理	预算会计处理
收到捐赠	借：银行存款/库存现金 　　贷：捐赠收入	借：资金结存——货币资金 　　贷：其他预算收入——捐赠收入

2. 接受捐赠的存货、固定资产等

接受捐赠的存活、固定资产等的账务处理，如表 4-42 所示。

表 4-42　　　　　　　接受捐赠的存活、固定资产等的账务处理

经济业务与事项	财务会计处理	预算会计处理
按成本计量	借：库存物品/固定资产等 　　贷：银行存款等［相关税费支出］ 　　　　捐赠收入	借：其他支出［支付的相关税费等］ 　　贷：资金结存
按名义金额计量	借：库存物品/固定资产等［名义金额］ 　　贷：捐赠收入 借：其他费用 　　贷：银行存款等［相关税费支出］	

3. 期末/年末结转

捐赠资金期末/年末结转的账务处理，如表4-43所示。

表4-43　　　　　　　　　捐赠资金期末/年末结转的账务处理

经济业务与事项	财务会计处理	预算会计处理
专项资金	借：捐赠收入 　　贷：本期盈余	借：其他预算收入——捐赠收入 　　贷：非财政拨款结转——本年收支结转
非专项资金		借：其他预算收入——捐赠收入 　　贷：其他结余

【例4-18】2020年7月1日，某高校接受校友捐赠的货币资金2 000 000元，已存入银行；2020年7月11日，该高校接受A企业捐赠的存货物资，有关凭据上注明该批物资价值1 000 000元，该校在取得该批存货时用银行存款支付运输费1 000元，并已将存货验收入库。2020年8月1日，该高校接受B企业捐赠的设备1台，按名义金额入账，金额为3 000 000元，该校在取得该批存货时用银行存款支付运输费10 000元，并已将存货验收入库。账务处理如表4-44所示。

表4-44　　　　　　　　　　　【例4-18】的账务处理

经济业务与事项	财务会计处理	预算会计处理
2020年7月1日，接受捐赠的货币资金	借：银行存款　　2 000 000 　　贷：捐赠收入　　2 000 000	借：资金结存　　2 000 000 　　贷：其他预算收入　　2 000 000
2020年7月11日，接受A企业捐赠的存货物资	借：库存物品　　1 001 000 　　贷：捐赠收入　　1 000 000 　　　　银行存款　　1 000	借：其他支出　　1 000 　　贷：资金结存　　1 000
2020年8月1日，接受B企业捐赠的设备	借：固定资产　　3 000 000 　　贷：捐赠收入　　3 000 000 借：其他费用　　10 000 　　贷：银行存款　　10 000	借：其他支出　　10 000 　　贷：资金结存　　10 000

四、利息收入

(一) 核算对象

利息收入核算单位取得的银行存款利息收入。

(二) 科目设置

单位应设置"利息收入"科目，贷方登记利息收入增加数，借方登记利息收入减少数。

期末，将本科目本期发生额转入本期盈余，借记本科目，贷记"本期盈余"科目。期末结转后，本科目应无余额。

（三）账务处理

利息收入的账务处理，如表4-45所示。

表4-45　利息收入的账务处理

经济业务与事项	财务会计处理	预算会计处理
实际收到银行存款利息	借：银行存款 　　贷：利息收入	借：资金结存——货币资金 　　贷：其他预算收入——利息收入
期末/年末结转	借：利息收入 　　贷：本期盈余	借：其他预算收入——利息收入 　　贷：其他结余

【例4-19】某事业单位有银行存款100 000元，2020年12月31日，收到利息7 000元。账务处理如表4-46所示。

表4-46　〖例4-19〗的账务处理

经济业务与事项	财务会计处理	预算会计处理
2020年12月31日，收到银行存款利息	借：银行存款　　　　7 000 　　贷：利息收入　　　　7 000	借：资金结存——货币资金 7 000 　　贷：其他预算收入——利息收入 　　　　　　　　　　　　7 000

五、租金收入

（一）核算对象

租金收入核算单位经批准利用国有资产出租取得并按照规定纳入本单位预算管理的租金收入。

本科目应当按照出租国有资产类别和收入来源等进行明细核算。

（二）科目设置

单位应设置"捐赠收入"科目，贷方登记捐赠收入增加数，借方登记捐赠收入减少数。

期末，将本科目本期发生额转入本期盈余，借记本科目，贷记"本期盈余"科目。期末结转后，本科目应无余额。

（三）账务处理

1. 预收租金方式

预收租金的账务处理，如表4-47所示。

表 4－47　　　　　　　　　　　预收租金的账务处理

经济业务与事项	财务会计处理	预算会计处理
收到预付的租金	借：银行存款等 　　贷：预收账款	借：资金结存——货币资金 　　贷：其他预算收入——租金收入
按照直线法分期确认租金收入	借：预收账款 　　贷：租金收入	不做处理

【例 4－20】2020 年 1 月 1 日，某事业单位采用预收款方式对外出租房屋 1 栋，租期为 1 年，预收全年租金，租金总额为 120 000 元。账务处理如表 4－48 所示。

表 4－48　　　　　　　　　　　〖例 4－20〗的账务处理

经济业务与事项	财务会计处理	预算会计处理
2020 年 1 月 1 日，收到预付的租金	借：银行存款等　　120 000 　　贷：预收账款　　　　120 000	借：资金结存——货币资金 　　　　　　　　　　　　120 000 　　贷：其他预算收入——租金收入 　　　　　　　　　　　　120 000
每个月末按直线法确认租金收入	借：预收账款　　　　10 000 　　贷：租金收入　　　　10 000	不做处理

2. 后付租金方式

后付租金的账务处理，如表 4－49 所示。

表 4－49　　　　　　　　　　　后付租金的账务处理

经济业务与事项	财务会计处理	预算会计处理
确认租金收入	借：应收账款 　　贷：租金收入	不做处理
收到租金	借：银行存款等 　　贷：应收账款	借：资金结存——货币资金 　　贷：其他预算收入——租金收入

【例 4－21】2020 年 1 月 1 日，某事业单位采用后付租金方式对外出租设备 1 台，租期为 1 年，年底收到租金总额 120 000 元。账务处理如表 4－50 所示。

表 4－50　　　　　　　　　　　〖例 4－21〗的账务处理

经济业务与事项	财务会计处理	预算会计处理
每个月末确认租金收入	借：应收账款　　　　10 000 　　贷：租金收入　　　　10 000	不做处理

续表

经济业务与事项	财务会计处理	预算会计处理
2020年底收到租金	借：银行存款　　　　120 000 　　贷：应收账款　　　　120 000	借：资金结存——货币资金 　　　　　　　　　　120 000 　　贷：其他预算收入——租金收入 　　　　　　　　　　120 000

3. 分期收取租金

分期收取租金的账务处理，如表4-51所示。

表4-51　　　　　　　　　　分期收取租金的账务处理

经济业务与事项	财务会计处理	预算会计处理
收取租金	借：银行存款等 　　贷：租金收入	借：资金结存——货币资金 　　贷：其他预算收入——租金收入

【例4-22】2020年1月1日，某事业单位采用每月收取租金方式对外出租房屋1栋，租期为1年，月租金10 000元，租金总额为120 000元。账务处理如表4-52所示。

表4-52　　　　　　　　　　【例4-22】的账务处理

经济业务与事项	财务会计处理	预算会计处理
每月月末收取租金	借：银行存款　　　　10 000 　　贷：租金收入　　　　10 000	借：资金结存——货币资金 　　　　　　　　　　10 000 　　贷：其他预算收入——租金收入 　　　　　　　　　　10 000

4. 期末/年末结转

租金收入期末/年末结转的账务处理，如表4-53所示。

表4-53　　　　　　　　　　租金收入期末/年末结转的账务处理

经济业务与事项	财务会计处理	预算会计处理
期末/年末结转	借：租金收入 　　贷：本期盈余	借：其他预算收入——租金收入 　　贷：其他结余

六、其他收入

(一) 核算对象

其他收入核算单位除上述收入以外的各项收入，包括现金盘盈收入、按照规定纳入单位预算管理的科技成果转化收入、行政单位收回已核销的其他应收款、无法偿付的应付及预收款项、置换换出资产评估增值等。

（二）科目设置

单位应设置"其他收入"科目，贷方登记其他收入增加数，借方登记其他收入减少数。

本科目应当按照其他收入的类别、来源等进行明细核算。

期末，将本科目本期发生额转入本期盈余，借记本科目，贷记"本期盈余"科目。期末结转后，本科目应无余额。

（三）账务处理

1. 现金盘盈收入

现金盘盈收入的账务处理，如表4-54所示。

表4-54　　　　　　　　　　现金盘盈收入的账务处理

经济业务与事项	财务会计处理	预算会计处理
现金盘盈	借：待处理财产损溢 　　贷：其他收入	不做处理

【例4-23】2020年底，某事业单位进行资产清查时，现金盘盈50 000元。账务处理如表4-55所示。

表4-55　　　　　　　　　　〖例4-23〗的账务处理

经济业务与事项	财务会计处理	预算会计处理
2020年底，现金盘盈收入	借：待处理财产损溢　　50 000 　　贷：其他收入　　　　　50 000	不做处理

2. 科技成果转化收入

科技成果转化收入的账务处理，如表4-56所示。

表4-56　　　　　　　　　科技成果转化收入的账务处理

经济业务与事项	财务会计处理	预算会计处理
科技成果转化	借：银行存款等 　　贷：其他收入	借：资金结存——货币资金 　　贷：其他预算收入

【例4-24】2020年3月21日，某事业单位取得科技成果转化形成的收入1 000 000元，所取得的收入全部存入银行账户。账务处理如表4-57所示。

表4-57　　　　　　　　　　〖例4-24〗的账务处理

经济业务与事项	财务会计处理	预算会计处理
2020年3月21日，取得收入	借：银行存款　　　　1 000 000 　　贷：其他收入　　　　1 000 000	借：资金结存——货币资金 　　　　　　　　　　1 000 000 　　贷：其他预算收入　　1 000 000

3. 行政单位收回已核销的其他应收款

行政单位收回已核销的其他应收款的账务处理，如表4-58所示。

表4-58　　　　　行政单位收回已核销的其他应收款的账务处理

经济业务与事项	财务会计处理	预算会计处理
行政单位收回已核销的其他应收款	借：银行存款等 　　贷：其他收入	借：资金结存——货币资金 　　贷：其他预算收入

【例4-25】2020年2月3日，某行政单位收回2020年底已核销的其他应收款50 000万元，存入银行账户。账务处理如表4-59所示。

表4-59　　　　　　　　　　〖例4-25〗的账务处理

经济业务与事项	财务会计处理	预算会计处理
2020年2月3日，收回已核销的其他应收款	借：银行存款　　　　　50 000 　　贷：其他收入　　　　50 000	借：资金结存——货币资金 　　　　　　　　　　　50 000 　　贷：其他预算收入　　50 000

4. 无法偿付应付及预收款项

无法偿付应付及预收款项的账务处理，如表4-60所示。

表4-60　　　　　　无法偿付应付及预收款项的账务处理

经济业务与事项	财务会计处理	预算会计处理
无法偿付应付及预收款项	借：应付账款/预收账款/其他应付款/长期应付款 　　贷：其他收入	不做处理

【例4-26】2020年5月21日，某事业单位由于资金紧张，无法偿付应付账款，一项应付账款的债权人通知单位此项应付账款豁免偿还，应付账款金额30 000元，单位按照规定报经批准核销后进行账务处理。账务处理如表4-61所示。

表 4-61　　　　　　　　　　〖例 4-26〗的账务处理

经济业务与事项	财务会计处理	预算会计处理
2020 年 5 月 21 日，豁免偿还应付账款	借：应付账款　　　　30 000 　　贷：其他收入　　　　　30 000	不做处理

5. 置换换出资产评估增值

置换换出资产评估增值的账务处理，如表 4-62 所示。

表 4-62　　　　　　　置换换出资产评估增值的账务处理

经济业务与事项	财务会计处理	预算会计处理
置换换出资产评估增值	借：固定资产等 　　贷：其他收入	不做处理

【例 4-27】2020 年 6 月 30 日，某事业单位用无形资产置换换入固定资产，置换换出的无形资产经过评估发生增值 10 000 元。账务处理如表 4-27 所示。

表 4-63　　　　　　　　　　〖例 4-27〗的账务处理

经济业务与事项	财务会计处理	预算会计处理
置换换出资产评估增值	借：固定资产　　　　10 000 　　贷：其他收入　　　　　10 000	不做处理

6. 其他情况

其他情况的账务处理，如表 4-64 所示。

表 4-64　　　　　　　　　其他情况的账务处理

经济业务与事项	财务会计处理	预算会计处理
取得收入	借：其他应收款/银行存款/库存现金等 　　贷：其他收入	借：资金结存——货币资金［按照实际收到的金额］ 　　贷：其他预算收入

7. 期末/年末结转

其他收入期末/年末结转的账务处理，如表 4-65 所示。

表 4-65　　　　　　　　　　其他收入期末/年末结转的账务处理

经济业务与事项	财务会计处理	预算会计处理
专项资金	借：其他收入 　　贷：本期盈余	借：其他预算收入 　　贷：非财政拨款结转——本年收支结转
非专项资金		借：其他预算收入 　　贷：其他结余

【例 4-28】2020 年底，某事业单位进行年末收入结转。一共取得收入 6 330 000 元。其中，财政拨款收入 500 000 元；取得非同级财政拨款的专项资金收入 200 000 元；取得事业收入 1 000 000 元，纳入专项资金；取得经营收入 300 000 元；取得投资收益 1 000 000 元；取得上级补助的专项资金收入 1 000 000 元；取得附属单位上缴的非专项资金收入 1 500 000 元；取得捐赠的专项收入 300 000 元；取得利息收入 30 000 元；取得租金收入 200 000 元；取得其他收入 300 000 元，其中纳入专项资金的 200 000 元，纳入非专项资金的 100 000 元。账务处理如表 4-66 所示。

表 4-66　　　　　　　　　　【例 4-28】的账务处理

经济业务与事项	财务会计处理	预算会计处理
2020 年末，财政拨款收入结转	借：财政拨款收入　　5 000 000 　　贷：本期盈余　　　5 000 000	借：财政拨款预算收入　　5 000 000 　　贷：财政拨款结转——本年收支结转 　　　　　　　　　　　5 000 000
2020 年末，非同级财政拨款收入结转	借：非同级财政拨款收入 　　　　　　　　　　200 000 　　贷：本期盈余　　　200 000	借：非同级财政拨款预算收入 　　　　　　　　　　200 000 　　贷：非财政拨款结转——本年收支结转 　　　　　　　　　　　200 000
2020 年末，事业收入结转	借：事业收入　　　1 000 000 　　贷：本期盈余　　1 000 000	借：事业预算收入　　1 000 000 　　贷：非财政拨款结转——本年收支结转 　　　　　　　　　　　1 000 000
2020 年末，经营收入结转	借：经营收入　　　　300 000 　　贷：本期盈余　　　300 000	借：经营预算收入　　　300 000 　　贷：经营结余　　　　300 000
2020 年末，投资收益结转	借：投资收益　　　1 000 000 　　贷：本期盈余　　1 000 000	借：投资预算收益　　1 000 000 　　贷：其他结余　　　1 000 000
2020 年末，上级补助收入结转	借：上级补助收入　　1 000 000 　　贷：本期盈余　　　1 000 000	借：上级补助预算收入　　1 000 000 　　贷：非财政拨款结转——本年收支结转 　　　　　　　　　　　1 000 000
2020 年末，附属单位上缴收入结转	借：附属单位上缴收入 　　　　　　　　　　1 500 000 　　贷：本期盈余　　1 500 000	借：附属单位上缴预算收入 　　　　　　　　　　1 500 000 　　贷：其他结余　　1 500 000

续表

经济业务与事项	财务会计处理	预算会计处理
2020 年末，捐赠收入结转	借：捐赠收入　　　　300 000 　　贷：本期盈余　　　　300 000	借：其他预算收入——捐赠收入 　　　　　　　　　　　300 000 　　贷：非财政拨款结转——本年收支结转 　　　　　　　　　　　300 000
2020 年末，利息收入结转	借：利息收入　　　　30 000 　　贷：本期盈余　　　　30 000	借：其他预算收入——利息收入 　　　　　　　　　　　30 000 　　贷：其他结余　　　　30 000
2020 年末，租金收入结转	借：租金收入　　　　200 000 　　贷：本期盈余　　　　200 000	借：其他预算收入——租金收入 　　　　　　　　　　　200 000 　　贷：其他结余　　　　200 000
2020 年末，其他收入结转	借：其他收入　　　　300 000 　　贷：本期盈余　　　　300 000	借：其他预算收入　　　200 000 　　贷：非财政拨款结转——本年收支结转 　　　　　　　　　　　200 000 借：其他预算收入　　　100 000 　　贷：其他结余　　　　100 000

【复习思考题】

1. 政府会计收入的定义和概念是什么？
2. 预算会计的预算收入与财务会计的收入有什么区别？
3. 在什么条件下应该确认收入？
4. 政府会计收入应该如何计量？
5. 政府会计收入科目有哪些？分别适用什么单位？
6. 财政拨款收入应如何进行具体核算？
7. 非同级财政拨款收入应如何进行具体核算？
8. 事业收入应如何进行具体核算？
9. 经营收入应如何进行具体核算？
10. 投资收益应如何进行具体核算？

第五章
政府会计费用的管理与核算

【本章要点】
- 掌握费用的概念、分类、确认和计量方法
- 掌握业务活动费用的账务处理
- 掌握单位管理费用的账务处理
- 掌握资产处置费用的账务处理
- 熟悉上缴上级费用的账务处理
- 熟悉对附属单位补助费用的账务处理
- 掌握经营费用的账务处理
- 掌握所得税费用的账务处理
- 掌握其他费用的账务处理

第一节 费用的管理

一、费用的概念与分类

(一)费用的概念

费用是指报告期内导致政府会计主体净资产减少的、含有服务潜力或者经济利益的经济资源的流出。

(二)费用的分类

分类按照发生费用的业务活动类型可以分为业务活动费用、单位管理费用、资产处置费用、上缴上级费用、对附属单位补助费用、经营费用、所得税费用和其他费用。其中业务活动费用、资产处置费用和其他费用是行政、事业单位共同费用，剩下的5种费用是事业单位特有费用。

1. 业务活动费用

业务活动费用是指行政事业单位为实现其职能目标，依法履职或开展专业业务活动及其辅助活动所发生的各项费用。行政单位为了实现社会管理职能，完成行政任务必然需要一定的资金消耗，业务活动费用是行政单位最主要的支出。业务活动费用也是事业单位从事专业活动及其辅助活动时发生的各项资金耗费和损失，具有经常性、数额大的特点，这是事业单位支出的主要内容。业务活动费用反映了事业单位在履行其职能、提供公共服务过程中发生的必要的耗费，是考核事业成果和资金使用效率的

重要依据。业务活动费用主要包括为履职或开展业务活动人员计提的薪酬、外部人员劳务费、领用的库存物品、相关资产计提的折旧和摊销、各项税费以及履职或开展业务活动发生的其他各项费用。

2. 单位管理费用

单位管理费用是指事业单位本级行政及后勤管理部门开展管理活动发生的各项费用，包括单位行政及后勤管理部门发生的人员经费、公用经费、资产折旧（摊销）等费用，以及由单位统一负担的离退休人员经费、工会经费、诉讼费、中介费等。

3. 资产处置费用

资产处置费用指单位经批准处置资产时，例如，无偿调拨、出售、出让、转让、置换、对外捐赠资产等发生的费用。核算单位经批准处置资产时发生的费用，包括转销的被处置资产价值，以及在处置过程中发生的相关费用或者处置收入小于相关费用形成的净支出。

4. 上缴上级费用

上缴上级费用是指事业单位按照财政部门和主管部门的规定上缴上级单位款项发生的费用。但事业单位返还上级单位在其事业支出中垫支的工资、水电费、房租、住房公积金和福利费等各种费用时，计入相应支出，不能作为上缴上级支出处理。

5. 对附属单位补助费用

事业单位用财政拨款收入之外的收入对附属单位补助发生的费用。

6. 经营费用

经营费用指事业单位在专业业务活动及其辅助活动之外开展非独立核算经营活动发生的各项费用。这里的"非独立核算"部门或单位是指事业单位内部的不具有独立法人资格、没有完整会计工作组织体系的部门或单位。这些部门或单位，如生产、销售产品，承包建筑、安装、维修工程，出租、出借仪器设备、房屋场地，向社会提供餐饮、住宿、交通运输等劳务都属于经营活动，在这个过程中所发生的资金耗费和损失属于经营费用。事业单位的经营费用是使用经营收入发生的支出，不能将财政拨款收入、事业收入等非经营性收入用于经营费用。

7. 所得税费用

所得税费用指有企业所得税缴纳义务的事业单位按规定缴纳企业所得税所形成的费用。事业单位取得的生产、经营所得以及其他应税所得，应交纳所得税。应纳税的事业单位以实行独立经济核算的单位为纳税人。事业单位取得的生产、经营所得以及其他应税所得，应交纳所得税。应纳税的事业单位以实行独立经济核算的单位为纳税人。

8. 其他费用

其他费用指除业务活动费用、单位管理费用、经营费用、资产处置费用、上缴上级费用、附属单位补助费用、所得税费用以外的各项费用，包括利息费用，坏账损失，罚没支出，现金资产捐赠支出以及相关税费，运输费等。

二、费用的确认与计量

（一）费用的确认

费用的确认应当同时满足以下条件：

（1）与费用相关的含有服务潜力或者经济利益的经济资源很可能流出政府会计主体；

（2）含有服务潜力或者经济利益的经济资源流出会导致政府会计主体资产减少或者负债增加；

（3）流出金额能够可靠地计量。

符合费用定义和费用确认条件的项目，应当列入收入费用表。

（二）费用的计量

相对于收入一般采用公允价值进行计量而言，费用更多地采用历史成本来进行计量，即采用费用实际发生的金额来进行计量。这是因为收入的金额，一般是交易双方进行公平交易的结果，并且经常发生，在一定程度上是公开透明的，这为收入采用公允价值计量创造了相应的条件。而费用作为资产的一种转化形式，它的发生金额在一定程度上会受到不同的会计方法或者会计人员专业判断的影响，因此采用历史成本这种更客观且不易被操控的方法来对费用进行计量，相对于采用公允价值计量而言，将会使会计信息更加具有决策有用性。但是在信息充分和会计信息可靠性可以得到保证的情况下，可采用公允价值或重置成本法来对费用进行计量，以提高会计信息的质量。

三、费用的科目设置

费用的科目共有 8 个，如表 5-1 所示。

表 5-1　　　　　　　　　　费用类科目一览表

序号	科目编码	会计科目	适用单位
1	5001	业务活动费用	行政、事业
2	5101	单位管理费用	事业
3	5201	经营费用	事业
4	5301	资产处置费用	行政、事业
5	5401	上缴上级费用	事业
6	5501	对附属单位补助费用	事业
7	5801	所得税费用	事业
8	5901	其他费用	行政、事业

第二节　业务类费用

一、业务活动费用

为了核算行政事业单位在开展业务活动中发生的各项业务活动费用，单位应设置"业务活动费用"科目。该科目属于费用类科目，借方登记业务活动费用实际支出数，贷方登记支出收回或冲销转出数，平时借方余额反映业务活动费用累计数。期末，将该科目本期发生额转入本期盈余。期末结转后，该科目无余额。

本科目应当按照项目、服务或者业务类别、支付对象等进行明细核算。为了满足成本核算需要，本科目下还可按照"工资福利费用""商品和服务费用""对个人和家庭的补助费用""对企业补助费用""固定资产折旧费""无形资产摊销费""公共基础设施折旧（摊销）费""保障性住房折旧费""计提专用基金"等成本项目设置明细科目，归集能够直接计入业务活动或采用一定方法计算后计入业务活动的费用。

（一）为履职或开展业务活动的本单位人员及外部人员计提的薪酬和劳务费

履职或业务活动中计提薪酬和劳务费的账务处理，如表 5-2 所示。

表 5-2　　　　　　　履职或业务活动中计提薪酬和劳务费的账务处理

经济业务与事项	财务会计处理	预算会计处理
为履职或开展业务活动人员计提工资	借：业务活动费用 　贷：应付职工薪酬	不做处理
为履职或开展业务活动人员实际支付并代扣个人所得税	借：应付职工薪酬 　贷：银行存款/财政拨款收入/零余额账户用款额度等 　　其他应交税费——应交个人所得税	借：行政支出/事业支出 　贷：财政拨款预算收入/资金结存
为履职或开展业务活动人员实际缴纳个人所得税	借：其他应交税费——应交个人所得税 　贷：银行存款/财政拨款收入等	借：行政支出/事业支出 　贷：财政拨款预算收入/资金结存等
为履职或开展业务活动发生的外部人员劳务费计提工资	借：业务活动费用 　贷：其他应付款	不做处理
为履职或开展业务活动发生的外部人员劳务费实际支付并代扣个人所得税	借：其他应付款 　贷：银行存款/财政拨款收入/零余额账户用款额度等 　　其他应交税费——应交个人所得税	借：行政支出/事业支出 　贷：财政拨款预算收入/资金结存
为履职或开展业务活动发生的外部人员劳务费实际缴纳个人所得税	借：其他应交税费——应交个人所得税 　贷：银行存款/财政拨款收入等	借：行政支出/事业支出 　贷：财政拨款预算收入/资金结存等

【例 5-1】2020 年 5 月，某行政单位需要支付外聘人员劳务费 40 000 元，其中，需要代扣代缴个人所得税 4 000 元。该行政单位通过零余额账户支付其劳务费。账务处理如表 5-3 所示。

表 5-3　　　　　　　　　　　　　　【例 5-1】的账务处理

经济业务与事项	财务会计处理	预算会计处理
2020年5月，支付外聘人员劳务费并代扣个人所得税	借：业务活动费用——商品和服务支出　　40 000 　　贷：零余额账户用款额度　　36 000 　　　其他应交税费——应交个人所得税　　4 000	借：行政支出　　40 000 　　贷：资金结存——零余额账户用款额度　　40 000

（二）为履职或开展业务活动领用库存物品，以及动用发出相关政府储备物资

履职或开展业务活动中领用库存物品以动用政府储备物资的账务处理，如表 5-4 所示。

表 5-4　　履职或开展业务活动中领用库存物品以动用政府储备物资的账务处理

经济业务与事项	财务会计处理	预算会计处理
2020年5月6日，业务部门领用	借：业务活动费用 　　贷：库存物品/政府储备物资	不做处理

【例 5-2】2020 年 5 月 6 日，某行政单位的业务部门从仓库领用一批库存物品，用于开展日常行政活动，该批物品的成本为 800 元。账务处理如表 5-5 所示。

表 5-5　　　　　　　　　　　　　　【例 5-2】的账务处理

经济业务与事项	财务会计处理	预算会计处理
为履职或开展业务活动领用库存物品	借：业务活动费用　　800 　　贷：库存物品　　800	不做处理

（三）为履职或开展业务活动所使用的固定资产、无形资产以及为所控制的公共基础设施、保障性住房计提的折旧、摊销

履职或业务活动中的折旧、摊销的账务处理，如表 5-6 所示。

表 5-6　　　　　　履职或业务活动中的折旧、摊销的账务处理

经济业务与事项	财务会计处理	预算会计处理
为履职或开展业务活动所使用的固定资产、无形资产以及为所控制的公共基础设施、保障性住房计提的折旧、摊销	借：业务活动费用 　　贷：固定资产累计折旧/无形资产累计摊销/公共基础设施累计折旧（摊销）等	不做处理

【例5-3】2020年5月7日，某事业单位为本单位购入的一辆运货汽车提取折旧，月折旧额为4 000元，2020年6月30日应如何进行账务处理呢？账务处理如表5-7所示。

表5-7　　　　　　　　　　〖例5-3〗的账务处理

经济业务与事项	财务会计处理	预算会计处理
2020年6月30日，计提折旧	借：业务活动费用　　4 000 　　贷：固定资产累计折旧　　4 000	不做处理

（四）为履职或开展业务活动发生的各项税费

履职或业务活动中各项税费的账务处理，如表5-8所示。

表5-8　　　　　　　　　履职或业务活动中各项税费的账务处理

经济业务与事项	财务会计处理	预算会计处理
为履职或开展业务活动发生其他税费计提税费	借：业务活动费用 　　贷：其他应交税费	不做处理
缴纳税费时	借：其他应交税费 　　贷：财政拨款收入/零余额账户用款额度/银行存款/应付账款/其他应付款等	借：行政支出/事业支出 　　贷：资金结存等

【例5-4】2020年，某行政单位本年度应交车船税7 800元，通过该单位零余额账户缴纳。账务处理如表5-9所示。

表5-9　　　　　　　　　　〖例5-4〗的账务处理

经济业务与事项	财务会计处理	预算会计处理
2020年末，计提应交车船税	借：业务活动费用　　7 800 　　贷：其他应交税费——应交车船税　　7 800	不做处理
缴纳税费时	借：其他应交税费——应交车船税　　7 800 　　贷：零余额账户用款额度　　7 800	借：行政支出　　7 800 　　贷：资金结存　　7 800

（五）为履职或开展业务活动发生其他各项费用

按照费用确认金额，借记本科目，贷记"财政拨款收入""零余额账户用款额度""银行存款""应付账款""其他应付款""其他应收款"等科目。

按照规定从收入中提取专用基金并计入费用的，一般按照预算会计下基于预算收入计算提取的金额，借记本科目，贷记"专用基金"科目。国家另有规定的，从其规定。

发生当年购货退回等业务，对于已计入本年业务活动费用的，按照收回或应收的金额，借记"财政拨款收入""零余额账户用款额度""银行存款""其他应收款"等科目，贷记本科目。

期末，将本科目本期发生额转入本期盈余，借记"本期盈余"科目，贷记本科目。

履职业务活动中的其他各项费用的账务处理，如表5-10所示。

表5-10　　　　　　　履职业务活动中的其他各项费用的账务处理

经济业务与事项	财务会计处理	预算会计处理
其他各项费用（包括享受公费医疗的相关费用）	借：业务活动费用 　　贷：财政拨款收入/零余额账户用款额度/银行存款/应付账款/其他应付款	借：行政支出/事业支出 　　贷：资金结存等

【例5-5】2020年5月9日，某行政单位通过零余额账户购置一批办公用品5 000元，直接交付有关部门使用。账务处理如表5-11所示。

表5-11　　　　　　　　　　【例5-5】的账务处理

经济业务与事项	财务会计处理	预算会计处理
2020年5月9日，购置办公用品	借：业务活动费用　　5 000 　　贷：零余额账户用款额度　5 000	借：行政支出　　5 000 　　贷：资金结存　　5 000

（六）提取专用基金

提取专用基金的账务处理，如表5-12所示。

表5-12　　　　　　　　　　提取专用基金的账务处理

经济业务与事项	财务会计处理	预算会计处理
按照规定从收入中提取专用基金并计入费用	借：业务活动费用 　　贷：专用基金	不做处理

国家另有规定的，从其规定。

（七）**业务活动费用的期末结转**

业务活动费用的期末结转的账务处理，如表5-13所示。

表 5-13　　　　　　　　业务活动费用的期末结转的账务处理

经济业务与事项	财务会计处理	预算会计处理
期末，将本科目本期发生额转入本期盈余	借：本期盈余 　　贷：业务活动费用	借：财政拨款结转/非财政拨款结转——本年收支结转/其他结余等 　　贷：行政支出/事业支出

【例 5-6】2020 年 12 月，某事业单位年终结账，该事业单位"业务活动费用"总账账户的借方余额为 57 175 000 元，"经营费用"明细账户的借方余额为 50 000 元；"财政拨款支出（专项资金）" 56 395 000 元，"财政拨款支出（非专项资金）" 690 000 元，"经营支出" 50 000 元。账务处理如表 5-14 所示。

表 5-14　　　　　　　　〖例 5-6〗的账务处理

经济业务与事项	财务会计处理	预算会计处理
2020 年 12 月，将相关费用本期发生额转入本期盈余	借：本期盈余　　57 225 000 　　贷：业务活动费用　57 175 000 　　　　经营费用　　　　50 000	借：财政拨款结转——本年收支结转（财政拨款支出）　56 395 000 　　　　——本年收支结转（非财政拨款支出）　690 000 　　其他结余　　50 000 　　贷：事业支出——财政拨款支出（专项资金）　56 395 000 　　　　——财政拨款支出（非专项资金）　690 000 　　　　经营支出　　50 000

二、单位管理费用

为了核算事业单位本级行政及后勤管理部门开展管理活动发生的各项费用，事业单位应设置"单位管理费用"科目。该科目属于费用类科目，借方登记单位管理费用实际支出数，贷方登记费用收回或冲销转出数，平时借方余额反映单位管理费用累计数。期末，将该科目本期发生额转入本期盈余。期末结转后，该科目无余额。

本科目应当按照项目、费用类别、支付对象等进行明细核算。为了满足成本核算需要，本科目下还可按照"工资福利费用""商品和服务费用""对个人和家庭的补助费用""固定资产折旧费""无形资产摊销费"等成本项目设置明细科目，归集能够直接计入单位管理活动或采用一定方法计算后计入单位管理活动的费用。

（一）为开展管理活动的本单位人员和外部人员计提并支付薪酬和劳务费

该业务所指的"薪酬和劳务费"不包括计入在建工程、加工物品、无形资产成本的人员费用，其中本单位人员的薪酬通过"应付职工薪酬"科目核算，外部人员的劳务费通过"其他应付款"科目核算。

管理活动中计提支付薪酬和劳务费的账务处理，如表 5-15 所示。

表 5-15　　　　　　　管理活动中计提支付薪酬和劳务费的账务处理

经济业务与事项	财务会计处理	预算会计处理
计提管理活动人员职工薪酬，按照计算的金额	借：单位管理费用 　　贷：应付职工薪酬	不做处理
实际支付给职工并代扣个人所得税时	借：应付职工薪酬 　　贷：财政拨款收入/零余额账户用款额度/银行存款等 　　　　其他应交税费——应交个人所得税	借：事业支出 　　贷：财政拨款预算收入/资金结存
实际缴纳税款时	借：其他应交税费——应交个人所得税 　　贷：银行存款/零余额账户用款额度等	借：事业支出 　　贷：资金结存等
计提为开展管理活动发生的外部人员劳务费时，按照计算的金额	借：单位管理费用 　　贷：其他应付款	不做处理
实际支付并代扣个人所得税时	借：其他应付款 　　贷：财政拨款收入/零余额账户用款额度/银行存款等 　　　　其他应交税费——应交个人所得税	借：事业支出 　　贷：财政拨款预算收入/资金结存
实际支付税款时	借：其他应交税费——应交个人所得税 　　贷：银行存款/零余额账户用款额度等	借：事业支出 　　贷：资金结存等

【例 5-7】2020 年 5 月，某事业单位需支付的后勤部门的工作人员的薪酬总额为 100 000 元，代扣代缴个人所得税 2 000 元，使用财政直接支付方式支付职工薪酬和个人所得税。账务处理如表 5-16 所示。

表 5-16　　　　　　　　【例 5-7】的账务处理

经济业务与事项	财务会计处理	预算会计处理
2020 年 5 月，计提本月工资	借：单位管理费用——工资福利费用 　　　　　　　　　　　　100 000 　　贷：应付职工薪酬——工资 　　　　　　　　　　　　100 000	不做处理
实际支付给职工并代扣个人所得税时	借：应付职工薪酬——工资 　　　　　　　　　　　　100 000 　　贷：财政拨款收入　　　98 000 　　　　其他应交税费——应交个人所得税 　　　　　　　　　　　　　2 000	借：事业支出　　　　　98 000 　　贷：财政拨款预算收入 　　　　——基本支出（人员经费） 　　　　　　　　　　　　98 000
实际缴纳税款时	借：其他应交税费——应交个人所得税 　　　　　　　　　　　　2 000 　　贷：银行存款　　　　　2 000	借：事业支出　　　　　2 000 　　贷：资金结存——货币资金 2 000

(二) 开展管理活动时发生的预付款项

单位一般会在两种情况下出现为开展管理活动发生的预付款项：一是单位按照购货、服务合同或协议规定预付给供应单位（或个人）的款项，即预付账款；二是单位在业务活动中与其他单位、所属单位或本单位职工发生的临时性待结算款项，如职工预借的差旅费、报销单位领用的备用金等，即暂付款项。

开展管理活动预付款项的账务处理，如表5-17所示。

表5-17　　　　　　　　　开展管理活动预付款项的账务处理

经济业务与事项	财务会计处理	预算会计处理
支付预付账款款项时	借：预付账款 　　贷：财政拨款收入/零余额账户用款额度/银行存款等	借：事业支出 　　贷：财政拨款预算收入/资金结存
结算预付账款时	借：单位管理费用 　　贷：预付账款财政拨款收入/零余额账户用款额度/银行存款等	借：事业支出 　　贷：财政拨款预算收入/资金结存〔补付金额〕
支付暂付款项时	借：其他应收款 　　贷：银行存款等	不做处理
结算或报销暂付款项时	借：单位管理费用 　　贷：其他应收款	借：事业支出 　　贷：资金结存等

【例5-8】2020年5月12日，某事业单位预借差旅费8 000元给其工作人员，用银行存款支付。5月20日该工作人员出差回来后，财务部门审核所有发票并予以报销，没有发生资金退回或补付。账务处理如表5-18所示。

表5-18　　　　　　　　　〖例5-8〗的账务处理

经济业务与事项	财务会计处理	预算会计处理
2000年5月12日，支付暂付款项时	借：其他应收款　　8 000 　　贷：银行存款　　　8 000	不做处理
2000年5月20日，报销暂付款项时	借：单位管理费用——商品和服务费用 　　　　　　　　　　　　8 000 　　贷：其他应收款　　8 000	借：事业支出　　　　　　　8 000 　　贷：资金结存——货币资金 8 000

(三) 为开展管理活动而购买资产或支付在建工程款

为开展管理活动购买存货、固定资产、无形资产等以及支付在建工程款项时，其初始成本不应直接计入单位管理费用，应在未来期间内通过计提折旧或摊销的方式计入单位管理费用。在预算会计中，应按实际支付的金额直接计入事业支出，在未来期间计提折旧或摊销时不做预算会计账务处理。

管理活动中购买资产或支付在建工程款的账务处理，如表 5-19 所示。

表 5-19　　　　管理活动中购买资产或支付在建工程款的账务处理

经济业务与事项	财务会计处理	预算会计处理
为开展管理活动购买资产或支付在建工程款	借：库存物品/固定资产/无形资产/在建工程等 　贷：财政拨款收入/零余额账户用款额度/银行存款/应付账款等	借：事业支出 　贷：财政拨款预算收入/资金结存

【例 5-9】2020 年 5 月 12 日，某事业单位购入不需要安装的设备 1 台，用于管理活动，设备价格为 400 000 元，运输及保险费为 50 000 元，全部价款使用财政直接支付方式进行支付。账务处理如表 5-20 所示。

表 5-20　　　　　　　　〖例 5-9〗的账务处理

经济业务与事项	财务会计处理	预算会计处理
2020 年 5 月 12 日，购买不需要安装设备	借：固定资产　　　　450 000 　贷：财政拨款收入　　　450 000	借：事业支出　　　　　　450 000 　贷：财政拨款预算收入——基本支出（日常公用经费） 　　　　　　　　　　　　450 000

（四）管理活动所用固定资产、无形资产计提的折旧（摊销）

与管理活动相关的固定资产、无形资产，其计提的累计折旧（摊销）应计入单位管理费用。管理活动中折旧摊销的账务处理，如表 5-21 所示。

表 5-21　　　　　管理活动中折旧摊销的账务处理

经济业务与事项	财务会计处理	预算会计处理
管理活动所用固定资产、无形资产计提的折旧、摊销	借：单位管理费用 　贷：固定资产累计折旧/无形资产累计摊销	不做处理

【例 5-10】某事业单位的设备 A 专门用于管理活动。该设备采用直线法计提折旧。该设备原价为 120 000 元，预计使用年限为 5 年，预计净残值为 0。截至 2020 年 4 月 30 日，该设备已计提折旧 60 000 元，2020 年 5 月 31 日，如何做计提折旧的账务处理。账务处理如表 5-22 所示。

每月折旧金额 120 000÷5÷12＝2 000（元）

表 5 – 22 〖例 5 – 10〗的账务处理

经济业务与事项	财务会计处理	预算会计处理
2020 年 4 月 30 日，计提管理用设备折旧	借：单位管理费用——固定资产折旧费　　　　　　　　　　2 000 贷：固定资产累计折旧——设备 A 　　　　　　　　　　2 000	不做处理

（五）因开展管理活动而在内部领用库存物品

该业务仅核算单位开展管理活动领用的库存物品，不包括按照规定自主出售发出或加工发出的库存物品。

管理活动中领用库存物品的账务处理，如表 5 – 23 所示。

表 5 – 23 管理活动中领用库存物品的账务处理

经济业务与事项	财务会计处理	预算会计处理
开展管理活动内部领用库存物品（按照库存物品的成本）	借：单位管理费用 　　贷：库存物品	不做处理

【例 5 – 11】2020 年 6 月，某事业单位后勤部门领用库存物品，成本为 6 000 元。账务处理如表 5 – 24 所示。

表 5 – 24 〖例 5 – 11〗的账务处理

经济业务与事项	财务会计处理	预算会计处理
2020 年 6 月，后勤部门领用库存物品	借：单位管理费用——商品和服务费用 　　　　　　　　　　6 000 贷：库存物品　　6 000	不做处理

（六）开展管理活动时发生应负担的税金及附加

为开展管理活动而发生的税金及附加主要有城市维护建设税、教育费附加、地方教育费附加、车船税、房产税、城镇土地使用税等。

管理活动中税金和附加的账务处理，如表 5 – 25 所示。

表 5 – 25 管理活动中税金和附加的账务处理

经济业务与事项	财务会计处理	预算会计处理
开展管理活动发生应负担的税金及附加时，按照计算确定应交纳的金额	借：单位管理费用 　　贷：其他应交税费	不做处理

经济业务与事项	财务会计处理	预算会计处理
实际交纳时	借：其他应交税费 　　贷：银行存款等	借：事业支出 　　贷：资金结存等

【例 5-12】2020 年，某事业单位管理发生车船税 920 元，已用银行存款支付。账务处理如表 5-26 所示。

表 5-26　　　　　　　　　　〖例 5-12〗的账务处理

经济业务与事项	财务会计处理	预算会计处理
2020 年末，计提车船税	借：单位管理费用——商品和服务费用　920 　　贷：其他应交税费——车船税　920	不做处理
缴纳税款时	借：其他应交税费——车船税　920 　　贷：银行存款　920	借：事业支出　920 　　贷：资金结存——货币资金　920

（七）购货退回

在财务会计中，发生当年购货退回等业务时，如果已领用并计入单位管理费用，则应冲减单位管理费用；如果还未领用，则应减少相应的库存物品，同时按照收回或应收的方式增加相应的收入或资产。

购货退回的账务处理，如表 5-27 所示。

表 5-27　　　　　　　　　　购货退回的账务处理

经济业务与事项	财务会计处理	预算会计处理
当年发生的购货退回	借：财政拨款收入/零余额账户用款额度/银行存款/应收账款等 　　贷：库存物品/单位管理费用等	借：财政拨款预算收入/资金结存 　　贷：事业支出

【例 5-13】某事业单位已领用的部分库存物品存在质量问题，价值 3 000 元，系当年用财政授权支付方式购入的存货，领用当时计入单位管理费用，2020 年 5 月 12 日，已做退回处理，收到来自供应商的退款。账务处理如表 5-28 所示。

表 5-28　　　　　　　　　　〖例 5-13〗的账务处理

经济业务与事项	财务会计处理	预算会计处理
2020 年 5 月 12 日，购货退回	借：零余额账户用款额度　3 000 　　贷：单位管理费用——商品和服务费用　3 000	借：资金结存——零余额账户用款额度　3 000 　　贷：事业支出　3 000

(八) 发生的其他与管理活动相关的各项费用

除上述业务之外，为开展管理活动发生的其他各项费用，应按照费用确认金额计入单位管理费用。

与管理活动相关各项费用的账务处理，如表 5-29 所示。

表 5-29　　　　　　　　与管理活动相关各项费用的账务处理

经济业务与事项	财务会计处理	预算会计处理
发生的其他与管理活动相关的各项费用	借：单位管理费用 　贷：财政拨款收入/零余额账户用款额度/银行存款/应付账款等	借：事业支出 　贷：财政拨款预算收入/资金结存

【例 5-14】2020 年 5 月 13 日，某事业单位管理使用固定资产时发生日常维修费用 8 000 元。该费用不计入固定资产成本，用财政授权支付方式进行支付。账务处理如表 5-30 所示。

表 5-30　　　　　　　　　　【例 5-14】的账务处理

经济业务与事项	财务会计处理	预算会计处理
2020 年 5 月 13 日，支付管理用固定资产维修费	借：单位管理费用——商品和服务费用　8 000 　贷：零余额账户用款额度　8 000	借：事业支出　　　　　　　　　　　8 000 　贷：资金结存——零余额账户用款额度　8 000

(九) 期末/年末结转

期末，"单位管理费用"科目的本期发生额应转入本期盈余，期末无余额；"事业支出"科目本年发生额分类结转至相应科目，年末应无余额。

管理费用期末/年末结转的账务处理，如表 5-31 所示。

表 5-31　　　　　　　　管理费用期末/年末结转的账务处理

经济业务与事项	财务会计处理	预算会计处理
期末/年末结转	借：本期盈余 　贷：单位管理费用	借：财政拨款结转——本年收支结转 　　非财政拨款结转——本年收支结转 　　其他结余 　贷：事业支出

【例 5-15】2020 年 11 月 30 日，某事业单位的"业务活动费用"科目的余额为 5 000 元，"单位管理费用"科目的余额为 3 000 元，"经营费用"科目的余额为 3 000 元，"资产处置费用"科目的余额为 1 000 元，"所得税费用"科目的余额为 6 000 元，"其他费用"科目的余额为 7 000 元。期末结转如何做账务处理。账务处理如表 5-32 所示。

表 5-32　　　　　　　　　　　　〖例 5-15〗的账务处理

经济业务与事项	财务会计处理	预算会计处理
期末结转	借：本期盈余　　　　　　27 000 　　贷：业务活动费用　　　5 000 　　　　单位管理费用　　　5 000 　　　　经营费用　　　　　3 000 　　　　资产处置费用　　　1 000 　　　　所得税费用　　　　6 000 　　　　其他费用　　　　　7 000	不做处理

这里有一个接待单位按规定收取出差人员差旅伙食费和市内交通费并出具相关票据的业务，按照《政府会计准则制度解释第 2 号》的规定进行账务处理：

（1）单位不承担支出责任的，应当按照收到的款项金额，借记"库存现金"等科目，贷记"其他应付款"科目或"其他应收款"科目（前期已垫付资金的）；向其他会计主体转付款时，借记"其他应付款"科目，贷记"库存现金"等科目。预算会计不做处理。

（2）单位承担支出责任的，应当按照收到的款项金额，借记"库存现金"等科目，贷记相关费用科目；同时在预算会计中借记"资金结存"科目，贷记相关支出科目。

单位如因开具税务发票承担增值税等纳税义务的，按照《政府会计制度》相关规定处理。

专栏 5-1

关于"业务活动费用"和"单位管理费用"科目的核算范围

按照《政府会计制度》规定，"业务活动费用"科目核算单位为实现其职能目标、依法履职或开展专业业务活动及其辅助活动所发生的各项费用。"单位管理费用"科目核算事业单位本级行政及后勤管理部门开展管理活动发生的各项费用，包括单位行政及后勤管理部门发生的人员经费、公用经费、资产折旧（摊销）等费用，以及由单位统一负担的离退休人员经费、工会经费、诉讼费、中介费等。

按照上述规定，行政单位不使用"单位管理费用"科目，其为实现其职能目标、依法履职发生的各项费用均计入"业务活动费用"科目。事业单位应当同时使用"业务活动费用"和"单位管理费用"科目，其业务部门开展专业业务活动及其辅助活动发生的各项费用计入"业务活动费用"科目，其本级行政及后勤管理部门发生的各项费用以及由单位统一负担的费用计入"单位管理费用"科目。

事业单位应当按照《政府会计制度》的规定，结合本单位实际，确定本单位业务活动费用和单位管理费用划分的具体会计政策。

三、资产处置费用

为了核算资产处置费用，单位应当设置"资产处置费用"总账科目。本科目应当按照处置资产的类别、资产处置的形式等进行明细核算。期末，将本科目本期发生额转入本期盈余。期末结转后，本科目应无余额。存货、固定资产、无形资产、公共基础设施、文化文物资产、保障性住房、政府储备物资等资产的处置应通过本科目核算，但应收款项、短期投资、长期股权、债券投资资产的处置不通过本科目核算，应按照相关科目进行账务处理。

单位在资产清查中查明的资产盘亏、毁损以及资产报废等，应当先通过"待处理财产损溢"科目进行核算，再将处理资产价值和处理净支出计入本科目。短期投资、长期股权投资、长期债券投资的处置，按照相关资产科目的规定进行账务处理。

（一）处置不通过"待处理财产损溢"科目核算的资产

通过无偿调拨、出售、出让、转让、置换、对外捐赠等方式处置的固定资产、无形资产、公共基础设施、保障性住房等资产，不通过"待处理财产损溢"科目核算，而是直接通过"资产处置费用"科目核算。

处置不通过"待处理财产损溢"科目核算的资产的账务处理，如表 5-33 所示。

表 5-33　处置不通过"待处理财产损溢"科目核算的资产的账务处理

经济业务与事项	财务会计处理	预算会计处理
转销被处置资产账面价值	借：资产处置费用 　　固定资产累计折旧/无形资产累计摊销/ 　　公共基础设施累计折旧（摊销）/保障性住房累计折旧 贷：库存物品/固定资产/无形资产/公共基础设施/政府储备物资/文物文化资产/保障性住房/在建工程等	不做处理
处置资产过程中仅发生相关费用的	借：资产处置费用 贷：银行存款/库存现金等	借：其他支出 贷：资金结存
处置资产过程中取得收入的	借：库存现金/银行存款等 贷：银行存款/库存现金等 　　应缴财政款	不做处理

【例 5-16】2020 年 4 月 30 日，某事业单位经批准无偿调出一项专利权。该项专利权原价 250 000 元，截至调出日已计提摊销 150 000 元，调出过程中发生相关费用 5 000 元，已通过银行存款支付。账务处理如表 5-34 所示。

表 5-34　〖例 5-16〗的账务处理

经济业务与事项	财务会计处理	预算会计处理
2020 年 4 月 30 日，支付调出资产费用	借：资产处置费用　　　100 000 　　无形资产摊销　　　　150 000 　贷：无形资产　　　　　　　250 000 借：资产处置费用　　　　5 000 　贷：银行存款　　　　　　　5 000	借：其他支出　　　　　　　5 000 　贷：资金结存——货币资金 5 000

（二）处置通过"待处理财产损溢"科目核算的资产

单位在资产清查中查明的资产盘亏、毁损以及资产报废等，应当先通过"待处理财产损溢"科目进行核算，再将处理资产价值和处理净支出计入"资产处置费用"科目。

处置通过"待处理财产损溢"科目核算的资产的账务处理，如表 5-35 所示。

表 5-35　处置通过"待处理财产损溢"科目核算的资产的账务处理

经济业务与事项	财务会计处理	预算会计处理
账款核对中发现的现金短缺，无法查明原因的，报经批准核销时	借：资产处置费用 　贷：待处理财产损溢	不做处理
经批准处理盘亏、毁损、报废的资产	借：资产处置费用 　贷：待处理财产损溢——待处理财产价值	不做处理
处理过程中所发生的费用大于所取得收入的	借：资产处置费用 　贷：待处理财产损溢——处理净收入	借：其他支出 　贷：资金结存

【例 5-17】某事业单位在资产清查过程中发现用于开展业务活动的设备 A 已老化，无法继续正常使用，应报废。该设备原价 150 000 元，截至 2020 年 5 月 31 日，已计提折旧 140 000 元。经批准后，设备 A 已做报废处理。账务处理如表 5-36 所示。

表 5-36　〖例 5-17〗的账务处理

经济业务与事项	财务会计处理	预算会计处理
经批准处理报废的资产	借：待处理财产损溢——待处理财产价值 　　　　　　　　　　10 000 　　固定资产累计折旧　140 000 　贷：固定资产　　　　　　　150 000 借：资产处置费用　　　　10 000 　贷：待处理财产损溢——待处理财产价值 　　　　　　　　　　10 000	不做处理

（三）期末结转

资产处置费用期末结转的账务处理，如表 5-37 所示。

表 5-37　　　　　　　　资产处置费用期末结转的账务处理

经济业务与事项	财务会计处理	预算会计处理
期末/年末结转	借：本期盈余 　贷：资产处置费用	不做处理

"资产处置费用"科目期末结转后应无余额。

【例 5-18】2020 年 11 月 30 日，某事业单位的"业务活动费用"科目的余额为 8 000 元，"单位管理费用"科目的余额为 5 000 元，"经营费用"科目的余额为 5 000 元，"资产处置费用"科目的余额为 4 000 元，"所得税费用"科目的余额为 8 000 元，"其他费用"科目的余额为 8 000 元。账务处理如表 5-38 所示。

表 5-38　　　　　　　　【例 5-18】的账务处理

经济业务与事项	财务会计处理	预算会计处理
期末结转	借：本期盈余　　　　38 000 　贷：业务活动费用　　8 000 　　　单位管理费用　　5 000 　　　经营费用　　　　5 000 　　　资产处置费用　　4 000 　　　所得税费用　　　8 000 　　　其他费用　　　　8 000	不做处理

第三节　经营类费用

一、经营费用

为了核算事业单位在专业业务活动及其辅助活动之外开展非独立核算经营活动发生的各项费用，事业单位应设置"经营费用"科目。该科目属于费用类科目，借方登记经营费用的实际支出数，贷方登记支出收回或冲销转出数，平时借方余额反映经营费用累计数。期末，将该科目本期发生额转入本期盈余。期末结账后，该科目无余额。

本科目应当按照经营活动类别、项目、支付对象等进行明细核算。为了满足成本核算需要，本科目下还可按照"工资福利费用""商品和服务费用""对个人和家庭的补助费用""固定资产折旧费""无形资产摊销费"等成本项目设置明细科目，归集能够直接计入单位经营活动或采用一定方法计算后计入单位经营活动的费用。

事业单位应当设置"经营支出"科目，以核算事业单位在专业业务活动及其辅助活动之外开展非独立核算经营活动实际发生的各项现金流出，本科目属于事业单位专有科目。本科目应当按照经营活动类别、项目、《政府收支分类科目》中"支出功能分类科目"的项级科目和"部门预算支出经济分类科目"的款级科目等进行明细核算。本科目年末结转后应无余额。

(一) 向从事经营活动的工作人员支付职工薪酬以及劳务费

事业单位的开展专业业务活动及其辅助活动的工作人员的薪酬以及劳务费计入业务活动费用，而开展非独立核算经营活动的工作人员的薪酬计入经营费用。

经营活动中支付职工薪酬以及劳务费的账务处理，如表 5-39 所示。

表 5-39　　　　　　经营活动中支付职工薪酬以及劳务费的账务处理

经济业务与事项	财务会计处理	预算会计处理
2020 年 5 月，计提经营人员工资	借：经营费用 　　贷：应付职工薪酬	不做处理
实际支付给职工时	借：应付职工薪酬 　　贷：财政拨款收入/零余额账户用款额度/银行存款等 　　　　其他应交税费——应交个人所得税	借：经营支出 　　贷：资金结存——货币资金
实际支付税款时	借：其他应交税费——应交个人所得税 　　贷：银行存款等	借：经营支出 　　贷：资金结存——货币资金

【例 5-19】某事业单位开展经营活动，2020 年 5 月，需向从事经营活动的工作人员支付的薪酬总额为 35 000 元，代扣代缴个人所得税 1 500 元，使用银行存款支付职工薪酬和个人所得税。账务处理如表 5-40 所示。

表 5-40　　　　　　　　　　〖例 5-19〗的账务处理

经济业务与事项	财务会计处理	预算会计处理
计提时，按照计算的金额	借：经营费用——工资福利费用 　　　　　　　　　　　　35 000 　　贷：应付职工薪酬——工资 　　　　　　　　　　　　35 000	不做处理
实际支付给职工时	借：应付职工薪酬——工资 　　　　　　　　　　　　35 000 　　贷：银行存款　　　　33 500 　　　　其他应交税费——应交个人所得税 　　　　　　　　　　　　15 00	借：经营支出——工资福利支出 　　　　　　　　　　　　33 500 　　贷：资金结存——货币资金 　　　　　　　　　　　　33 500
实际支付税款时	借：其他应交税费——应交个人所得税 　　　　　　　　　　　　1 500 　　贷：银行存款　　　　1 500	借：经营支出　　　　　1 500 　　贷：资金结存——货币资金　1 500

(二) 为开展经营活动而购买资产或支付在建工程款

为开展经营活动购买存货、固定资产、无形资产等以及支付在建工程款项时，其初始成本不应直接计入经营费用，应在未来期间内通过计提折旧或摊销的方式计入经营费用。在预算会计中，应按实际支付的金额直接计入经营事业支出，在未来期间计提折旧或摊销时不做预算会计账务处理。

经营活动中购买资产或支付在建工程款的账务处理，如表 5-41 所示。

表 5-41　　　　　经营活动中购买资产或支付在建工程款的账务处理

经济业务与事项	财务会计处理	预算会计处理
为开展管理活动购买资产或支付在建工程款	借：库存物品/固定资产/无形资产/在建工程 　　贷：银行存款/应付账款等	借：经营支出 　　贷：资金结存——货币资金

【例 5-20】2020 年 5 月，某事业单位购买一项专利权，价值 360 000 元，用于开展经营活动，全部价款使用银行存款支付。账务处理如表 5-42 所示。

表 5-42　　　　　　　　　【例 5-20】的账务处理

经济业务与事项	财务会计处理	预算会计处理
2020 年 5 月，支付专利款	借：无形资产　　　　360 000 　　贷：银行存款　　　360 000	借：经营支出——资本性支出 　　　　　　　　　　　360 000 　　贷：资金结存——货币资金 　　　　　　　　　　　360 000

(三) 经营活动用固定资产、无形资产计提的折旧、摊销

与经营活动相关的固定资产、无形资产，其计提的累计折旧（摊销）应计入经营费用。

经营活动中的折旧摊销的账务处理，如表 5-43 所示。

表 5-43　　　　　　经营活动中的折旧摊销的账务处理

经济业务与事项	财务会计处理	预算会计处理
经营活动用固定资产、无形资产计提的折旧、摊销	借：经营费用 　　贷：固定资产累计折旧/无形资产累计摊销	不做处理

【例 5-21】沿用例 5-20，假如该项专利权的摊销年限为 10 年，则 2020 年 5 月 31 日计提无形资产摊销的账务处理如表 5-44 所示。

无形资产摊销金额 = 360 000 ÷ 10 ÷ 12 = 3 000（元）

表 5-44　　　　　　　　　　　【例 5-21】的账务处理

经济业务与事项	财务会计处理	预算会计处理
2020 年 5 月 31 日，摊销当月无形资产	借：经营费用——无形资产摊销费 　　　　　　　　　　　　3 000 　　贷：无形资产累计摊销　　3 000	不做处理

（四）为开展经营活动而在内部领用材料或出售发出物品等

为开展经营活动而在内部领用材料或出售发出物品的，应将材料或物品的成本计入经营费用。因为材料或物品的成本在最初购买时已计入预算支出类科目，所以在领用或发出时不需再做预算会计处理。

经营活动领用材料或出售发出物品的账务处理，如表 5-45 所示。

表 5-45　　　　　　经营活动领用材料或出售发出物品的账务处理

经济业务与事项	财务会计处理	预算会计处理
为开展经营活动而在内部领用材料或出售发出物品等	借：经营费用 　　贷：库存物品	不做处理

【例 5-22】某事业单位于 2020 年 5 月出售一批库存物品，物品已发出。该批物品的成本为 40 000 元。账务处理如表 5-46 所示。

表 5-46　　　　　　　　　　　【例 5-22】的账务处理

经济业务与事项	财务会计处理	预算会计处理
2020 年 5 月，发出经营用库存用品	借：经营费用——商品和服务费用 　　　　　　　　　　　　40 000 　　贷：库存物品　　　　40 000	不做处理

（五）开展经营活动时发生的预付款项

对于经营活动相关的预付款项，可通过在"经营费用"科目下设置"待处理"明细科目进行明细核算，待确认具体支出项目后再转入"经营费用"科目下的相关明细科目。年末结账前，应将本科目"待处理"明细科目余额全部转入"经营费用"科目下的相关明细科目。

经营活动中的预付款项的账务处理，如表 5-47 所示。

表 5-47　　　　　　　　　经营活动中的预付款项的账务处理

经济业务与事项	财务会计处理	预算会计处理
预付时，按照预付的金额	借：预付账款 　　贷：银行存款等	借：经营支出 　　贷：资金结存——货币资金
结算时	借：经营费用 　　贷：预付账款 　　　　银行存款等	借：经营支出 　　贷：资金结存——货币资金

【例 5-23】某事业单位拟向 A 公司购入用于出售的商品，价值 200 000 元。2020 年 7 月 17 日，该事业单位用银行存款向 A 公司预付 30% 的款项；7 月 28 日，收到货物，验货后向 A 公司支付余下 70% 的款项。账务处理如表 5-48 所示。

表 5-48　　　　　　　　　【例 5-23】的账务处理

经济业务与事项	财务会计处理	预算会计处理
2020 年 7 月 17 日，预付 30% 价款	借：预付账款——A 公司　60 000 　　贷：银行存款　　　　　60 000	借：经营支出——商品和服务费用 　　　　　　　　　　　　60 000 　　贷：资金结存——货币资金 　　　　　　　　　　　　60 000
2020 年 7 月 28 日，验货后支付剩余 70% 价款	借：经营费用——待处理　200 000 　　贷：预付账款——A 公司　60 000 　　　　银行存款　　　　140 000	借：经营支出——商品和服务费用 　　　　　　　　　　　　140 000 　　贷：资金结存——货币资金 　　　　　　　　　　　　140 000

（六）开展经营活动时发生应负担的税金及附加

开展经营活动时发生应负担的税金及附加的账务处理如表 5-49 所示。

表 5-49　　　　　开展经营活动时发生应负担的税金及附加的账务处理

经济业务与事项	财务会计处理	预算会计处理
按计算确定缴纳的金额	借：经营费用 　　贷：其他应交税费	不做处理
实际缴纳时	借：其他应交税费 　　贷：预付账款 　　　　银行存款等	借：经营支出 　　贷：资金结存——货币资金

【例 5-24】某事业单位于 2020 年 2 月 27 日出售库存物品，取得收入 40 000 元，增值税销项税额为 5 200 元，城市建设维护税以及教育费附加的税率分别为 7%、3%。账务处理如表 5-50 所示。

应交城市建设维护税 = 5 200 × 7% = 364（元）
应交教育费附加 = 5 200 × 3% = 156（元）

表 5 - 50　　　　　　　　　〖例 5 - 24〗的账务处理

经济业务与事项	财务会计处理	预算会计处理
2020 年 2 月 27 日，计算其他应交税费	借：经营费用——商品和服务费用　　520 　　贷：其他应交税费——城市维护建设税　　364 　　　　　　　　　　——教育费附加　　156	不做处理
支付税费	借：其他应交税费——城市维护建设税　　364 　　　　　　　　　　——教育费附加　　156 　　贷：银行存款　　520	借：经营支出——商品和服务费用　　520 　　贷：资金结存——货币资金　　520

（七）计提专用基金

计提专用基金的账务处理，如表 5 - 51 所示。

表 5 - 51　　　　　　　　　计提专用基金的账务处理

经济业务与事项	财务会计处理	预算会计处理
按照预算收入的一定比例计提专用基金	借：经营费用 　　贷：专用基金	不做处理

【例 5 - 25】2020 年，某事业单位按照规定从经营收入中提取 80 000 元作为修购基金。账务处理如表 5 - 52 所示。

表 5 - 52　　　　　　　　　〖例 5 - 25〗的账务处理

经济业务与事项	财务会计处理	预算会计处理
2020 年末，计提专用基金	借：经营费用——计提专用基金　　80 000 　　贷：专用基金——修购基金　　80 000	不做处理

（八）购货退回等

发生当年购货退回等业务，如果已领用或发出并计入经营费用，应冲减经营费用；如果还未领用，应减少相应的库存物品，同时按照收回或应收的方式增加相应的收入或资产。

购货退回的账务处理，如表 5-53 所示。

表 5-53　　　　　　　　　　购货退回的账务处理

经济业务与事项	财务会计处理	预算会计处理
当年发生的购货退回	借：银行存款/应收账款等 　　贷：库存商品/经营费用等	借：资金结存——货币资金 　　贷：经营支出

【例 5-26】某事业单位经营部门已发出的部分库存物品存在质量问题，价值 3 000 元，系当年用银行存款支付方式购入的存货，领用当时计入经营费用，2020 年 10 月 18 日已收回并做退货处理，收到来自供应商的退款。账务处理如表 5-54 所示。

表 5-54　　　　　　　　　　〖例 5-26〗的账务处理

经济业务与事项	财务会计处理	预算会计处理
2020 年 10 月 18 日，收到当年发生的购货退回	借：银行存款　　　　　　3 000 　　贷：经营费用——商品和服务费用 　　　　　　　　　　　　3 000	借：资金结存——货币资金　3 000 　　贷：经营支出——商品和服务费用 　　　　　　　　　　　　3 000

（九）开展经营活动时发生的其他各项费用

除上述业务之外，为开展经营活动发生的其他各项费用，应按照费用确认金额计入经营费用。

经营活动中其他各项费用的账务处理，如表 5-55 所示。

表 5-55　　　　　　　　经营活动中其他各项费用的账务处理

经济业务与事项	财务会计处理	预算会计处理
开展经营活动时发生的其他各项费用	借：经营费用 　　贷：银行存款/应付账款等	借：经营支出 　　贷：资金结存——货币资金

【例 5-27】2020 年 5 月，某事业单位发生经营部门退职人员生活补贴 3 000 元，已用银行存款支付。账务处理如表 5-56 所示。

表 5-56　　　　　　　　　　〖例 5-27〗的账务处理

经济业务与事项	财务会计处理	预算会计处理
2020 年 5 月，支付退职人员生活补贴	借：经营费用——对个人和家庭的补助费用 　　　　　　　　　　　　3 000 　　贷：银行存款　　　　　3 000	借：经营支出——对个人和家庭的补助费用 　　　　　　　　　　　　3 000 　　贷：资金结存——货币资金　3 000

(十) 期末/年末结转

期末,"经营费用"科目本期发生额转入本期盈余,借记"本期盈余"科目,贷记"经营费用"科目。

年末,"经营支出"科目本年发生额转入经营结余,借记"经营结余"科目,贷记"经营支出"科目。

经营费用期末/年末结转的账务处理,如表 5-57 所示。

表 5-57　　　　　　　　　经营费用期末/年末结转的账务处理

经济业务与事项	财务会计处理	预算会计处理
期末/年末结转	借:本期盈余 　贷:经营费用	借:经营结余 　贷:经营支出

【例 5-28】2020 年 12 月,某事业单位因开展经营活动而发生的经营费用为 70 000 元,且年末该事业单位的"经营支出"科目的借方余额为 250 000 元。账务处理如表 5-58 所示。

表 5-58　　　　　　　　　【例 5-28】的账务处理

经济业务与事项	财务会计处理	预算会计处理
年末结转	借:本期盈余　　　　70 000 　贷:经营费用　　　　70 000	借:经营结余　　　　250 000 　贷:经营支出　　　　250 000

二、所得税费用

为了核算所得税费用业务,有企业所得税缴纳义务的事业单位应设置"所得税费用"总账科目。年末,将本科目本年发生额转入本期盈余。年末结转后,本科目应无余额。

发生企业所得税纳税义务的,按照税法规定计算的应交税金数额,借记"所得税费用"科目,贷记"其他应交税费——单位应交所得税"科目。实际缴纳时,按照缴纳金额,借记"其他应交税费——单位应交所得税"科目,贷记"银行存款"科目。

年末,将"所得税费用"科目本年发生额转入本期盈余,借记"本期盈余"科目,贷记"所得税费用"科目。

企业所得税纳税义务的账务处理,如表 5-59 所示。

表 5-59　　　　　　　　　　企业所得税纳税义务的账务处理

经济业务与事项	财务会计处理	预算会计处理
发生纳税义务按照税法规定计算应交税金数额	借：所得税费用 　贷：其他应交税费——单位应交所得税	不做处理
实际缴纳时	借：其他应交税费——单位应交所得税 　贷：银行存款等	借：非财政拨款结余——累计结余 　贷：资金结存——货币资金
年末结转	借：本期盈余 　贷：所得税费用	不做处理

【例 5-29】2020 年，某事业单位应交所得税为 3 000 元，已用银行存款支付。账务处理如表 5-60 所示。

表 5-60　　　　　　　　　　〖例 5-29〗的账务处理

经济业务与事项	财务会计处理	预算会计处理
2020 年末，计提应交所得税	借：所得税费用　　　　　3 000 　贷：其他应交税费——单位应交所得税 　　　　　　　　　　　　3 000	不做处理
实际缴纳时	借：其他应交税费——单位应交所得税 　　　　　　　　　　　　3 000 　贷：银行存款　　　　　3 000	借：非财政拨款结余——累计结余 　　　　　　　　　　　　3 000 　贷：资金结存——货币资金　3 000
年末结转	借：本期盈余　　　　　　3 000 　贷：所得税费用　　　　3 000	不做处理

第四节　其他费用

一、上缴上级费用

事业单位应该设置"上缴上级支出"科目，以核算按照财政部门和主管部门的规定上缴上级单位款项发生的现金流出。本科目属于事业单位专有科目，应当按照收缴款项单位、缴款项目、《政府收支分类科目》中"支出功能分类科目"的项级科目和"部门预算支出经济分类科目"的款级科目等进行明细核算。期末，将本科目本期发生额转入本期盈余。期末结转后，本科目应无余额。

实行收入上缴办法的事业单位，按规定的定额或者比例上缴上级单位的支出。但事业单位返还上级单位在其事业支出中垫支的工资、水电费、房租、住房公积金和福利费等各种费用时，计入相应支出，不能作为上缴上级支出处理。

上缴上级费用的账务处理，如表 5-61 所示。

表 5-61　　　　　　　　　　　上缴上级费用的账务处理

经济业务与事项	财务会计处理	预算会计处理
按照实际上缴的金额或者按照规定计算出应当上缴的金额	借：上缴上级费用 　　贷：银行存款/其他应付款等	借：上缴上级支出 　　贷：资金结存——货币资金
实际上缴应缴的金额	借：其他应付款 　　贷：银行存款等	
期末/年末结转	借：本期盈余 　　贷：上缴上级费用	借：其他结余 　　贷：上缴上级费用

【例 5-30】2020 年 12 月，某事业单位根据体制安排和本年事业收入的数额，经过计算，本年应上缴上级单位的款项为 100 000 元。该事业单位通过银行转账上缴了款项，并且没有发生其他上缴上级支出。账务处理如表 5-62 所示。

表 5-62　　　　　　　　　　　《例 5-30》的账务处理

经济业务与事项	财务会计处理	预算会计处理
2020 年末，上缴上级账款	借：上缴上级费用——上级单位×× 　　　　　　　　　　　　　100 000 　　贷：银行存款　　　100 000	借：上缴上级支出——上缴单位×× 　　　　　　　　　　　　　100 000 　　贷：资金结存——货币资金 　　　　　　　　　　　　　100 000
年末结转	借：本期盈余　　　100 000 　　贷：上缴上级费用　　100 000	借：其他结余　　　100 000 　　贷：上缴上级费用　　100 000

二、对附属单位补助费用

为了反映事业单位给予所属单位的补助情况，事业单位应设置"对附属单位补助费用"科目。该科目属于费用类科目，借方登记对附属单位补助的实际支出数，贷方登记支出补助收回或冲销转出数，平时借方余额反映对附属单位补助支出累计数。期末，将该科目本期发生额转入本期盈余。期末结账后，该科目无余额。

事业单位应该设置"对附属单位补助支出"科目，以核算事业单位用财政拨款预算收入之外的收入对附属单位补助发生的现金流出。本科目属于事业单位专有科目，应当按照接受补助单位、补助项目、《政府收支分类科目》中的"支出功能分类科目"的项级科目和"部门预算支出经济分类科目"的款级科目等进行明细核算。本科目年末结转后无余额。

对附属单位补助费用的账务处理，如表 5-63 所示。

表 5-63　　　　　　　　　对附属单位补助费用的账务处理

经济业务与事项	财务会计处理	预算会计处理
按照实际补助的金额或者按照规定计算出应当补助的金额	借：对附属单位补助费用 　　贷：银行存款/其他应付款等	借：对附属单位补助支出 　　贷：资金结存——货币资金
实际支出应补助的金额	借：其他应付款 　　贷：银行存款等	
期末/年末结转	借：本期盈余 　　贷：对附属单位补助费用	借：其他结余 　　贷：对附属单位补助支出

【例 5-31】2020 年 12 月，某事业单位自有经费，对所属独立核算的杂志社补助 12 000 元，以银行存款支付。假如该事业单位在 2020 年没有发生其他的对附属单位的补助支出，则期末和年末结转时账务处理如表 5-64 所示。

表 5-64　　　　　　　　　【例 5-31】的账务处理

经济业务与事项	财务会计处理	预算会计处理
2020 年末，支出应补助的金额	借：对附属单位补助费用——杂志社 　　　　　　　　　　　12 000 　　贷：银行存款　　12 000	借：对附属单位补助支出——杂志社 　　　　　　　　　　　12 000 　　贷：资金结存——货币资金 　　　　　　　　　　　12 000
年末结转	借：本期盈余　　12 000 　　贷：对附属单位补助费用　12 000	借：其他结余　　12 000 　　贷：对附属单位补助支出　12 000

三、其他费用

事业单位应当设置"其他费用"科目，以核算单位发生的除业务活动费用、单位管理费用、经营费用、资产处置费用、上缴上级费用、附属单位补助费用、所得税费用以外的各项费用，包括利息费用、坏账损失、罚没支出、现金资产捐赠支出以及相关税费、运输费等。本科目应当按照其他费用的类别等进行明细核算。单位发生的利息费用较多的，可以单独设置"利息费用"科目。期末，将"其他费用"科目本期发生额转入本期盈余。期末结转后，本科目应无余额。本科目应当按照其他费用的类别等进行明细核算。本科目期末结转后应无余额。

事业单位应当设置"其他支出"科目，以核算单位除事业支出、经营支出、上缴上级支出、对附属单位补助支出、投资支出、债务还本支出以外的各项现金流出，包括利息支出、对外捐赠现金支出、现金盘亏损失、接受捐赠（调入）和对外捐赠（调出）非现金资产发生的税费支出、资产置换过程中发生的相关税费支出、罚没支出等。本科目应当按照其他支出的类别，"财政拨款支出""非财政专项资金支出"和"其他资金支出"，《政府收支分类科目》中"支出功能分类科目"的项级科目和"部门预算支出经济分类科目"的款级科目等进行明细核算。本科目年末结转后应无余额。

(一) 利息费用

为建造固定资产、公共基础设施等借入的专门借款在建设期间发生的利息应计入在建工程，其他借款的利息费用计入其他费用。单位发生的利息费用较多的，可以单独设置"利息费用""利息支出"科目。

利息费用的账务处理，如表5-65所示。

表5-65　　　　　　　　　　利息费用的账务处理

经济业务与事项	财务会计处理	预算会计处理
计算确定借款利息费用时	借：其他费用/在建工程 　贷：应付利息/长期借款——应计利息	不做处理
实际支付利息时	借：应付利息等 　贷：银行存款等	借：其他支出 　贷：资金结存——货币资金

【例5-32】2019年，某事业单位借入5年期到期还本每年付息的长期借款1 000 000元，合同约定利率为3.5%，2020年做付息的账务处理如表5-66所示。

每年支付的利息 = 1 000 000 × 3.5% = 35 000（元）

表5-66　　　　　　　　　　【例5-32】的账务处理

经济业务与事项	财务会计处理	预算会计处理
确定利息费用	借：其他费用——利息费用 　　　　　　　　　　35 000 　贷：应付利息　　　35 000	不做处理
实际支付利息时	借：应付利息　　　35 000 　贷：银行存款　　　35 000	借：其他支出——利息支出 　　　　　　　　　　35 000 　贷：资金结存——货币资金 　　　　　　　　　　35 000

(二) 以现金资产对外捐赠

以现金资产对外捐赠的账务处理，如表5-67所示。

表5-67　　　　　　　　以现金资产对外捐赠的账务处理

经济业务与事项	财务会计处理	预算会计处理
以现金资产对外捐赠按照实际捐赠金额	借：其他费用 　贷：银行存款/库存现金等	借：其他支出 　贷：资金结存——货币资金

【例5-33】2020年7月18日，某事业单位为促进社会公益事业的发展，向某慈

善机构捐赠现款 120 000 元。账务处理如表 5-68 所示。

表 5-68　　　　　　　　　〖例 5-33〗的账务处理

经济业务与事项	财务会计处理	预算会计处理
2020 年 7 月 18 日，以现金对外捐赠	借：其他费用——捐赠费用 　　　　　　　　　120 000 　贷：银行存款　　　120 000	借：其他支出——其他资金支出 　　　　　　　　　120 000 　贷：资金结存——货币资金 　　　　　　　　　120 000

（三）坏账损失

事业单位应当于每年年末，对收回后不需上缴财政的应收账款和其他应收款进行全面检查，如发生不能收回的迹象，应当计提坏账准备。

坏账损失的账务处理，如表 5-69 所示。

表 5-69　　　　　　　　　坏账损失的账务处理

经济业务与事项	财务会计处理	预算会计处理
按照规定对应收账款和其他应收款计提坏账准备	借：其他费用 　贷：坏账准备	不做处理
冲减多提的坏账准备时	借：坏账准备 　贷：其他费用	不做处理

【例 5-34】2020 年，某事业单位根据应收款项余额百分比法计算出本年应计提的坏账准备金额为 24 000 元，"坏账准备"科目期末贷方余额为 20 000 元。账务处理如表 5-70 所示。

当期应补提的坏账准备 = 24 000 - 20 000 = 4 000（元）

表 5-70　　　　　　　　　〖例 5-34〗的账务处理

经济业务与事项	财务会计处理	预算会计处理
2020 年末，计提坏账准备	借：其他费用——坏账损失　4 000 　贷：坏账准备　　　　　4 000	不做处理

【例 5-35】2020 年，某事业单位根据应收款项余额百分比法计算出本年应计提的坏账准备金额为 24 000 元。"坏账准备"科目期末贷方余额为 30 000 元。账务处理如表 5-71 所示。

当期应冲减的坏账准备 = 30 000 - 24 000 = 6 000（元）

表 5-71　〖例 5-35〗的账务处理

经济业务与事项	财务会计处理	预算会计处理
冲减多提的坏账准备时	借：坏账准备　　　　　　　6 000 　　贷：其他费用——坏账损失　6 000	不做处理

（四）罚没支出

罚没支出的账务处理，如表 5-72 所示。

表 5-72　罚没支出的账务处理

经济业务与事项	财务会计处理	预算会计处理
按照实际发生的金额	借：其他费用 　　贷：银行存款/库存现金/其他应付款	借：其他支出 　　贷：资金结存——货币资金

【例 5-36】2020 年 5 月 12 日，某事业单位因未按规定按时缴纳税金而发生的 2 000 元的税收滞纳金，已用银行存款支付。账务处理如表 5-73 所示。

表 5-73　〖例 5-36〗的账务处理

经济业务与事项	财务会计处理	预算会计处理
2020 年 5 月 12 日，支付税款滞纳金	借：其他费用——罚没支出　2 000 　　贷：银行存款　　　　　　　2 000	借：其他支出——其他资金支出 　　　　　　　　　　　　　　2 000 　　贷：资金结存——货币资金　2 000

（五）其他相关税费、运输费等

"其他相关税费、运输费"包括接受捐赠（或无偿调入）以名义金额计量的存货、固定资产、无形资产，以成本无法可靠取得的公共基础设施、文物文化资产等发生的相关税费、运输费等以及与受托代理资产相关的税费、运输费、保管费等。

其他相关税费、运输费的账务处理，如表 5-74 所示。

表 5-74　其他相关税费、运输费的账务处理

经济业务与事项	财务会计处理	预算会计处理
其他相关税费、运输费等	借：其他费用 　　贷：零余额账户用款额度/银行存款等	借：其他支出 　　贷：资金结存

【例 5-37】2020 年 8 月 9 日，某事业单位接受了其他组织捐赠的一项固定资产，发生相关税费以及运输费共计 4 000 元，已用银行存款支付。账务处理如表 5-75 所示。

表 5-75　　　　　　　　　　　【例 5-37】的账务处理

经济业务与事项	财务会计处理	预算会计处理
2020 年 8 月 9 日，支付接受捐赠中的相关税费、运输费	借：其他费用　　　4 000 　　贷：银行存款　　　4 000	借：其他支出——其他资金支出 　　　　　　　　　　4 000 　　贷：资金结存——货币资金　4 000

（六）期末/年末结转

"其他费用"科目在期末结转至本期盈余；"其他支出"科目在年末根据支出方式分别结转至"其他结余""非财政拨款结转——本年收支结转""财政拨款结转——本年收支结转"等科目。

期末，结转"其他费用"科目时，借记"本期盈余"科目，贷记"其他费用"科目。

其他费用的期末/年末结转的账务处理，如表 5-76 所示。

表 5-76　　　　　　其他费用的期末/年末结转的账务处理

经济业务与事项	财务会计处理	预算会计处理
期末/年末结转	借：本期盈余 　　贷：其他费用	借：其他结余 　　非财政拨款结转——本年收支结转 　　财政拨款结转——本年度支结转 　　贷：其他支出

【例 5-38】2020 年，某事业单位发生其他支出共计 60 000 元，其中财政拨款支出 30 000 元、非财政拨款支出 20 000 元、其他资金支出 10 000 元，年末结转时的账务处理如表 5-77 所示。

表 5-77　　　　　　　　　　　【例 5-38】的账务处理

经济业务与事项	财务会计处理	预算会计处理
年末结转	借：本期盈余　　60 000 　　贷：其他费用　　60 000	借：财政拨款结转——本年收支结转 　　　　　　　　　　30 000 　　非财政拨款结转——本年收支结转 　　　　　　　　　　20 000 　　其他结余　　　　10 000 　　贷：其他支出　　　60 000

> **专栏 5-2**
>
> **单位从财政科研项目中计提项目间接费用或管理费的账务处理**
>
> 单位按规定从财政科研项目中计提项目间接费用或管理费的，应当按照以下规定进行账务处理：
>
> （1）从财政科研项目中计提项目间接费用或管理费时，按照计提的金额，借记"业务活动费用""单位管理费用"等科目，贷记"预提费用——项目间接费用或管理费"科目；预算会计不做处理。
>
> （2）按规定将计提的项目间接费用或管理费从本单位零余额账户划转到实有资金账户的，按照本书第二章专栏 2-3 中的相关规定处理。
>
> （3）使用计提的项目间接费用或管理费时，在财务会计下，按照实际支付的金额，借记"预提费用——项目间接费用或管理费"科目，贷记"银行存款""零余额账户用款额度""财政拨款收入"等科目。使用计提的项目间接费用或管理费购买固定资产、无形资产的，按照固定资产、无形资产的成本金额，借记"固定资产""无形资产"科目，贷记"银行存款""零余额账户用款额度""财政拨款收入"等科目；同时，按照相同的金额，借记"预提费用——项目间接费用或管理费"科目，贷记"累计盈余"科目。
>
> 同时，在预算会计下，按照实际支付的金额，借记"事业支出"等支出科目下的"财政拨款支出"明细科目，贷记"资金结存""财政拨款预算收入"科目。

【复习思考题】

1. 什么是费用？费用有哪些分类？哪些是事业单位专属的？
2. 政府会计费用的确认有什么条件？
3. 业务活动费用主要涉及哪些会计科目？如何进行处理？
4. 单位管理费用涉及哪些业务？又如何处理呢？
5. 在对资产处置费用进行核算时，通过和不通过"待处理财产损溢"科目核算的情况和账务处理有何区别？
6. 在从事经营活动时有哪些业务情况？又如何处理呢？
7. 其他费用主要包括哪些费用？又如何进行核算呢？

第六章
政府会计净资产的管理与核算

【本章要点】
- 了解净资产的基本概念
- 熟悉净资产的分类与计量
- 掌握本期盈余及其分配的核算
- 掌握无偿调拨净资产的核算
- 掌握以前年度盈余调整的核算
- 掌握累计盈余的核算
- 掌握专用基金的核算
- 掌握权益法调整的核算

第一节 净资产的管理

一、净资产的定义

净资产是指政府会计主体资产扣除负债后的净额。净资产属于政府财务会计要素，净资产项目应当列入资产负债表。

与企业会计不同的地方是，政府会计主体的资产都属于国有资产，不存在真正意义上的处置权，所以不属于投资者权益，从数量上看，就是政府会计主体资产与负债的差额，因此使用净资产表述。

二、净资产的分类与计量

（一）净资产的分类

净资产主要包括累计盈余、专用基金、权益法调整、本期盈余、本年盈余分配、无偿调拨净资产和以前年度盈余调整。

（1）累计盈余是指单位历年实现的盈余扣除盈余分配后滚存的金额，以及因无偿调入调出资产产生的净资产变动额。

（2）专用基金是指事业单位按照规定提取或设置的具有专门用途的净资产。

（3）权益法调整是指事业单位持有的长期股权投资采用权益法核算时，按照被投资单位除净损益和利润分配以外的所有者权益变动份额调整长期股权投资账面余额而计入净资产的金额。

（4）本期盈余是指单位本期各项收入、费用相抵后的余额。

（5）本年盈余分配是指单位本年度盈余分配的情况和结果。

（6）无偿调拨净资产是指单位无偿调入或调出非现金资产所引起的净资产变动金额。

（7）以前年度盈余调整核算单位本年度发生的调整以前年度盈余的事项。

（二）净资产的计量

净资产的金额取决于资产和负债的计量，"资产－负债＝净资产"。本期盈余的金额取决于收入和费用的计量，"收入－费用＝当期净资产变动额（本期盈余）"。"预算收入－预算支出＝当期预算结余"，如果本期盈余和预算结余之间有差异，可通过"本期盈余和预算结余调节表"进行调节，反映财务会计与预算会计的衔接。

因为财务会计和预算会计的核算基础和核算范围不同，本年盈余数与本年预算结余数之间会产生差异，单位应当按照重要性原则，对本年度发生的各类影响收入（预算收入）和费用（预算支出）的业务进行适度归并和分析，披露将年度预算收入支出表中"本年预算收支差额"调节为年度收入费用表中"本期盈余"的信息。

本期盈余和预算结余调节表，如表6－1所示。

表6－1　　　　　　　　　　本期盈余和预算结余调节表

项目	金额
一、本年预算结余（本年预算收支差额）	
二、差异调节	
（一）重要事项的差异	
加：1. 当期确认为收入但没有确认为预算收入	
（1）应收款项、预收账款确认的收入	
（2）接受非货币性资产捐赠确认的收入	
2. 当期确认为预算支出但没有确认为费用	
（1）支付应付款项、预付账款的支出	
（2）为取得存货、政府储备物资等计入物资成本的支出	
（3）为购建固定资产等的资本性支出	
（4）偿还借款本息支出	
减：1. 当期确认为预算收入但没有确认为收入	
（1）收到应收款项、预收账款确认的预算收入	
（2）取得借款确认的预算收入	
2. 当期确认为费用但没有确认为预算支出	
（1）发出存货、政府储备物资等确认的费用	
（2）计提的折旧费用和摊销费用	

续表

项目	金额
（3）确认的资产处置费用（处置资产价值）	
（4）应付款项、预付账款确认的费用	
（二）其他事项差异	
三、本年盈余（本年收入与费用的差额）	

三、净资产的科目设置

净资产包括7个科目分别为：累计盈余、专用基金、权益法调整、本期盈余、本年盈余分配、无偿调拨净资产、以前年度盈余调整（见表6-2）。

表6-2　　　　　　　　　　　净资产类科目一览表

序号	科目编码	会计科目	适用单位
1	3001	累计盈余	行政、事业
2	3101	专用基金	事业
3	3201	权益法调整	事业
4	3301	本期盈余	行政、事业
5	3302	本年盈余分配	行政、事业
6	3401	无偿调拨净资产	行政、事业
7	3501	以前年度盈余调整	行政、事业

第二节　本期盈余及其分配

一、本期盈余

（一）本期盈余的核算内容

本期盈余核算单位本期各项收入、费用相抵后的余额。为了核算单位的本期盈余，单位应设置"本期盈余"总账科目。本科目期末如为贷方余额，反映单位自年初至当期期末累计实现的盈余；如为借方余额，反映单位自年初至当期期末累计发生的亏损。年末，将本科目余额转入"本年盈余分配"科目。年末结账后，本科目应无余额。

（二）本期盈余的账务处理

本期盈余的账务处理，如表6-3所示。

表 6-3　　　　　　　　　　　　　　本期盈余的账务处理

经济业务与事项		财务会计处理	预算会计处理
期末结转	结转收入	借：财政拨款收入 　　事业收入 　　上级补助收入 　　附属单位上缴收入 　　经营收入 　　非同级财政拨款收入 　　投资收益 　　捐赠收入 　　利息收入 　　租金收入 　　其他收入 　贷：本期盈余 投资收益科目为发生额借方净额时，做相反会计分录	参见本书第七、第九章
	结转费用	借：本期盈余 　贷：业务活动费用 　　单位管理费用 　　经营费用 　　资产处置费用 　　上缴上级费用 　　对附属单位补助费用 　　所得税费用 　　其他费用	参见本书第八、第九章
年末结转	本期盈余科目为贷方余额时	借：本期盈余 　贷：本年盈余分配	不做处理
	本期盈余科目为借方余额时	借：本年盈余分配 　贷：本期盈余	不做处理

【例 6-1】某事业单位 12 月初"本期盈余"科目的贷方余额为 6 000 元，12 月该单位有关各项收入和费用的账户发生额如表 6-4 所示。

表 6-4　　　　　　　　　各项收入和费用的账户发生额　　　　　　　　　单位：元

收入类科目	发生额（贷方）	费用类科目	发生额（借方）
财政拨款收入	30 000	业务活动费用	16 000
事业收入	6 000	单位管理费用	14 000
上级补助收入	12 000	经营费用	20 000
附属单位上缴收入	18 000	资产处置费用	7 000
经营收入	2 000	所得税费用	3 000
其他收入	2 000	其他费用	5 000
合计	70 000	合计	65 000

结转本期收入和费用，年末将科目余额进行结转，该单位账务处理如表6-5所示。

表6-5　　　　　　　　　　　　　〖例6-1〗的账务处理

经济业务与事项	财务会计处理	预算会计处理
结转本期收入	借：财政拨款收入　　　30 000 　　　事业收入　　　　　　6 000 　　　上级补助收入　　　12 000 　　　附属单位上缴收入　18 000 　　　经营收入　　　　　　2 000 　　　其他收入　　　　　　2 000 　　贷：本期盈余　　　　　70 000	略
结转本期费用	借：本期盈余　　　　　　65 000 　　贷：业务活动费用　　　16 000 　　　　单位管理费用　　　14 000 　　　　经营费用　　　　　20 000 　　　　资产处置费用　　　　7 000 　　　　所得税费用　　　　　3 000 　　　　其他费用　　　　　　5 000	略
年末，将"本期盈余"贷方余额转入"本年盈余分配"	借：本期盈余　　　　　　11 000 　　贷：本年盈余分配　　　11 000	不做处理

注：本例预算会计处理略，相关内容见本书第七章至第九章。

二、本年盈余分配

（一）本年盈余分配的核算内容

本年盈余分配核算单位本年度盈余分配的情况和结果。年末，将本科目余额转入累计盈余，年末结账后，本科目应无余额。

（二）本年盈余分配的账务处理

本期盈余分配的账务处理，如表6-6所示。

表6-6　　　　　　　　　　　　　本期盈余分配的账务处理

经济业务与事项		财务会计处理	预算会计处理
年末，将本期盈余科目余额转入	本期盈余科目为贷方余额时	借：本期盈余 　　贷：本年盈余分配	不做处理
	本期盈余科目为借方余额时	年末，按照有关规定提取	不做处理
年末，按照有关规定提取专用基金	按照预算会计下计算的提取金额	借：本年盈余分配 　　贷：专用基金	借：非财政拨款结余分配 　　贷：专用结余

续表

经济业务与事项	财务会计处理	预算会计处理
年末，将本科目余额转入累计盈余	本科目为贷方余额时	借：本年盈余分配 　　贷：累计盈余	不做处理
	本科目为借方余额时	借：累计盈余 　　贷：本年盈余分配	不做处理

【例 6-2】某行政单位 2020 年 12 月 31 日"本期盈余"科目贷方余额为 8 200 元。账务处理如表 6-7 所示。

表 6-7　　　　　　　　　　　【例 6-2】的账务处理

经济业务与事项	财务会计处理	预算会计处理
年末，将"本期盈余"科目余额转入	借：本期盈余　　　　8 200 　　贷：本年盈余分配　　8 200	不做处理

【例 6-3】某行政单位 2020 年 12 月 31 日按预算会计下计算提取专用基金 7 900 元。账务处理如表 6-8 所示。

表 6-8　　　　　　　　　　　【例 6-3】的账务处理

经济业务与事项	财务会计处理	预算会计处理
年末，按照有关规定提取专用基金	借：本年盈余分配　　7 900 　　贷：专用基金　　　7 900	借：非财政拨款结余分配　　7 900 　　贷：专用结余　　　　　　7 900

【例 6-4】某事业单位 2020 年 12 月 31 日"本年盈余分配"科目借方余额 2 000 元。账务处理如表 6-9 所示。

表 6-9　　　　　　　　　　　【例 6-4】的账务处理

经济业务与事项	财务会计处理	预算会计处理
年末，将本科目余额转入累计盈余	借：累计盈余　　　　　2 000 　　贷：本年盈余分配　　2 000	不做处理

第三节　无偿调拨净资产

一、无偿调拨净资产的核算内容

无偿调拨净资产核算单位无偿调入或调出非现金资产所引起的净资产变动金额。

按照行政事业单位资产管理的相关规定，经批准政府单位之间可以无偿调拨资产。通常情况下调拨非现金资产不涉及资金业务，因此不需要进行预算会计核算。只有在无偿调拨过程中发生了相关费用引起资金收付，才涉及平行记账问题。

同时需要注意的是，从本质上讲，无偿调拨净资产业务属于政府间净资产的变化，因此调出调入方不确认相应的收入和费用。

政府会计主体应当设置"无偿调拨净资产"会计科目，核算无偿调入或者调出非现金资产所引起的净资产变动金额。

年末，将本科目余额转入累计盈余，年末结账后，本科目应无余额。

二、无偿调拨净资产的账务处理

无偿调拨净资产的账务处理，如表6-10所示。

表6-10　　　　　　　　　　无偿调拨净资产的账务处理

经济业务与事项		财务会计处理	预算会计处理
取得无偿调入的资产时		借：库存物品/固定资产/无形资产/长期股权投资/公共基础设施/政府储备物资/保障性住房等 贷：无偿调拨净资产 　　零余额账户用款额度/银行存款等[发生的归属于调入方的相关费用]	借：其他支出[发生的归属于调入方的相关费用] 贷：资金结存等
经批准无偿调出资产时		借：无偿调拨净资产 　　固定资产累计折旧/无形资产累计摊销/公共基础设施累计折旧（摊销）/保障性住房累计折旧 贷：库存物品/固定资产/无形资产/长期股权投资/公共基础设施/政府储备物资等[账面余额] 借：资产处置费用 贷：银行存款/零余额账户用款额度等[发生的归属于调出方的相关费用]	借：其他支出[发生的归属于调出方的相关费用] 贷：资金结存等
年末，将本科目余额转入累计盈余	科目余额在贷方时	借：无偿调拨净资产 贷：累计盈余	不做处理
	科目余额在借方时	借：累计盈余 贷：无偿调拨净资产	不做处理

【例6-5】某事业单位2020年取得无偿调入存货30 000元，固定资产8 000元，无形资产2 000元，长期股权投资5 000元，政府储备物资5 000元，同时发生固定资产和政府储备物资的调入费用6 000元，用银行存款支付。账务处理如表6-11所示。

表6-11　〖例6-5〗的账务处理

经济业务与事项	财务会计处理	预算会计处理
取得无偿调入的资产时	借：库存商品　　　　　30 000 　　　固定资产　　　　　 8 000 　　　无形资产　　　　　 2 000 　　　长期股权投资　　　 5 000 　　　政府储备物资　　　 5 000 　　贷：无偿调拨净资产　44 000 　　　　银行存款　　　　 6 000	借：其他支出　　　　　　　　6 000 　　贷：资金结存——货币资金 6 000

【例6-6】某事业单位2020年发生无偿调出固定资产30 000元，固定资产累计折旧6 000元，无偿调出无形资产20 000元，累计摊销4 000元，无偿调出存货5 000元，无偿调出政府储备物资5 000元。调出过程中发生由本单位承担的相关费用2 000元，以现金支付。账务处理如表6-12所示。

表6-12　〖例6-6〗的账务处理

经济业务与事项	财务会计处理	预算会计处理
无偿调出的资产时	借：无偿调拨净资产　　50 000 　　　固定资产累计折旧　 6 000 　　　无形资产累计摊销　 4 000 　　贷：固定资产　　　　30 000 　　　　无形资产　　　　20 000 　　　　库存商品　　　　 5 000 　　　　政府储备物资　　 5 000 借：资产处置费用　　　 2 000 　　贷：库存现金　　　　 2 000	借：其他支出　　　　　　　　2 000 　　贷：资金结存——货币资金 2 000

【例6-7】某行政单位2020年末"无偿调拨净资产"科目的贷方余额为12 000元。账务处理如表6-13所示。

表6-13　〖例6-7〗的账务处理

经济业务与事项	财务会计处理	预算会计处理
年末，将本科目余额转入累计盈余	借：无偿调拨净资产　　12 000 　　贷：累计盈余　　　　12 000	不做处理

需要说明的是，无偿调入资产在调出方的账面余额为名义金额的，单位（调入方）在进行财务会计处理时，应当按照名义金额，借记"固定资产""无形资产"等科目，贷记"无偿调拨净资产"科目；按照支付的相关税费，借记"其他费用"科目，贷记"零余额账户用款额度""银行存款"等科目。同时，在预算会计中按照支付的相关税费，借记"其他支出"科目，贷记"资金结存"科目。

第四节 会计调整与以前年度盈余调整

本节内容按照科目的顺序应该介绍"以前年度盈余调整"科目的核算，但在会计制度颁布后，财政部又发表了《政府会计准则第 7 号——会计调整》，对包括以前年度盈余调整在内的一系列内容进行了规范，所以，本节先对会计调整的有关内容进行介绍，然后再具体介绍以前年度盈余调整的会计核算问题。

一、会计调整

所谓的会计调整是指政府会计主体因按照法律、行政法规和政府会计准则制度的要求，或者在特定情况下对其原采用的会计政策、会计估计，以及发现的会计差错、发生的报告日后事项等所作的调整。

（一）会计政策及其变更

1. 会计政策的含义

会计政策，是指政府会计主体在会计核算时所遵循的特定原则、基础以及所采用的具体会计处理方法。

根据《政府会计准则第 7 号——会计调整》，政府会计主体应当对相同或者相似的经济业务或者事项采用相同的会计政策进行会计处理。但是，其他政府会计准则制度另有规定的除外。政府会计主体采用的会计政策，在每一会计期间和前后各期应当保持一致。

2. 会计政策变更的内容

满足下列条件之一的，可以变更会计政策：

（1）法律、行政法规或者政府会计准则制度等要求变更。

（2）会计政策变更能够提供有关政府会计主体财务状况、运行情况等更可靠、更相关的会计信息。

下列各项不属于会计政策变更：

（1）本期发生的经济业务或者事项与以前相比具有本质差别而采用新的会计政策。

（2）对初次发生的或者不重要的经济业务或者事项采用新的会计政策。

3. 会计政策变更的方法

政府会计主体应当按照政府会计准则制度规定对会计政策变更进行处理。政府会计准则制度对会计政策变更未做出规定的，通常情况下，政府会计主体应当采用追溯调整法进行处理。

追溯调整法，是指对某项经济业务或者事项变更会计政策时，视同该项经济业务或者事项初次发生时即采用变更后的会计政策，并以此对财务报表相关项目进行调整的方法。

采用追溯调整法时，政府会计主体应当将会计政策变更的累积影响调整最早前期有关净资产项目的期初余额，其他相关项目的期初数也应一并调整；涉及收入、费用等项目的，应当将会计政策变更的影响调整受影响期间的各个相关项目。

政府会计主体按规定编制比较财务报表的，对于比较财务报表可比期间的会计政策变更影响，应当调整各该期间的收入或者费用以及其他相关项目，视同该政策在比较财务报表期间一直采用。对于比较财务报表可比期间以前的会计政策变更的累积影响，政府会计主体应当调整比较财务报表最早期间所涉及的期初净资产各项目，财务报表其他相关项目的期初数也应一并调整。

会计政策变更的影响或者累积影响不能合理确定的，政府会计主体应当采用未来适用法对会计政策变更进行处理。

未来适用法，是指将变更后的会计政策应用于变更当期及以后各期发生的经济业务或者事项，或者在会计估计变更当期和未来期间确认会计估计变更的影响的方法。

采用未来适用法时，政府会计主体不需要计算会计政策变更产生的影响或者累积影响，也无需调整财务报表相关项目的期初数和比较财务报表相关项目的金额。

（二）会计估计及其变更

1. 会计估计的含义

会计估计，是指政府会计主体对结果不确定的经济业务或者事项以最近可利用的信息为基础所作的判断，如固定资产、无形资产的预计使用年限等。

2. 会计估计的变更

政府会计主体据以进行估计的基础发生了变化，或者由于取得新信息、积累更多经验以及后来的发展变化，可能需要对会计估计进行修订。会计估计变更应以掌握的新情况、新进展等真实、可靠的信息为依据。

3. 会计估计变更的方法

政府会计主体应当对会计估计变更采用未来适用法处理。

会计估计变更时，政府会计主体不需要追溯计算前期产生的影响或者累积影响，但应当对变更当期和未来期间发生的经济业务或者事项采用新的会计估计进行处理。

会计估计变更仅影响变更当期的，其影响应当在变更当期予以确认；会计估计变更既影响变更当期又影响未来期间的，其影响应当在变更当期和未来期间分别予以确认。

政府会计主体对某项变更难以区分为会计政策变更或者会计估计变更的，应当按照会计估计变更的处理方法进行处理。

（三）会计差错及其更正

1. 会计差错的含义

所谓会计差错，是指政府会计主体在会计核算时，在确认、计量、记录、报告等方面出现的错误，通常包括计算或记录错误、应用会计政策错误、疏忽或曲解事实产生的错误、财务舞弊等。

2. 会计差错的处理原则

政府会计主体在本报告期（以下简称"本期"）发现的会计差错，应当按照以下原则处理：

（1）本期发现的与本期相关的会计差错，应当调整本期报表（包括财务报表和预算会计报表，下同）相关项目。

（2）本期发现的与前期相关的重大会计差错，如影响收入、费用或者预算收支的，应当将其对收入、费用或者预算收支的影响或者累积影响调整发现当期期初的相关净资产项目或者预算结转结余,并调整其他相关项目的期初数;如不影响收入、费用或者预算收支的,应当调整发现当期相关项目的期初数。经上述调整后,视同该差错在差错发生的期间已经得到更正。

(3) 本期发现的与前期相关的非重大会计差错,应当将其影响数调整相关项目的本期数。

与前期相关的重大会计差错的影响或者累积影响不能合理确定的,政府会计主体可比照第(3)条进行处理。

政府会计主体在报告日至报告批准报出日之间发现的报告期以前期间的重大会计差错,应当视同本期发现的与前期相关的重大会计差错,比照第(2)条进行处理。

政府会计主体按规定编制比较财务报表的,对于比较财务报表期间的重大会计差错,应当调整各该期间的收入或者费用以及其他相关项目;对于比较财务报表期间以前的重大会计差错,应当调整比较财务报表最早期间所涉及的各项净资产项目的期初余额,财务报表其他相关项目的金额也应一并调整。

(四) 报告日后事项

1. 报告日后事项的含义

报告日后事项,是指自报告日(年度报告日通常为12月31日)至报告批准报出日之间发生的需要调整或说明的事项,包括调整事项和非调整事项两类。

2. 调整事项

报告日以后获得新的或者进一步的证据,有助于对报告日存在状况的有关金额作出重新估计,应当作为调整事项,据此对报告日的报表进行调整。调整事项包括已证实资产发生了减损、已确定获得或者支付的赔偿、财务舞弊或者差错等。

报告日以后发生的调整事项,应当如同报告所属期间发生的事项一样进行会计处理,对报告日已编制的报表相关项目的期末数或者本期数作相应的调整,并对当期编制的报表相关项目的期初数或者上期数进行调整。

3. 非调整事项

报告日以后才发生或者存在的事项,不影响报告日的存在状况,但如不加以说明,将会影响报告使用者作出正确估计和决策,这类事项应当作为非调整事项,在财务报表附注中予以披露,如自然灾害导致的资产损失、外汇汇率发生重大变化等。

专栏 6-1

会计调整在财务报表附注中应当披露哪些信息?

根据《政府会计准则第7号——会计调整》,政府会计主体应当在财务报表附注中披露如下信息:

1. 会计政策变更的内容和理由、会计政策变更的影响，以及影响或者累积影响不能合理确定的理由。

2. 会计估计变更的内容和理由、会计估计变更对当期和未来期间的影响数。

3. 重大会计差错的内容和重大会计差错的更正方法、金额，以及与前期相关的重大会计差错影响或者累积影响不能合理确定的理由。

4. 与报告日后事项有关的下列信息：

（1）财务报告的批准报出者和批准报出日。

（2）每项重要的报告日后非调整事项的内容，及其估计对政府会计主体财务状况、运行情况的影响；无法作出估计的，应当说明其原因。

政府会计主体在以后的会计期间，不需要重复披露在以前期间的财务报表附注中已披露的会计政策变更、会计估计变更和会计差错更正的信息。

二、以前年度盈余调整

（一）以前年度盈余调整的核算内容

以前年度盈余调整核算单位本年度发生的调整以前年度盈余的事项，包括本年度发生的重要前期差错更正涉及调整以前年度盈余的事项。

需要说明的是，会计制度规定的内容与准则规定不一致的地方，应该以准则为准。

单位应该设置"以前年度盈余调整"科目，核算本年度发生的调整以前年度盈余的相关事项。调整以前年度盈余后，将本科目余额转入累计盈余，本科目结转后应无余额。

（二）以前年度盈余调整的账务处理

以前年度盈余调整的账务处理，如表6-14所示。

表6-14　　　　　　　　以前年度盈余调整的账务处理

经济业务与事项		财务会计处理	预算会计处理
调整以前年度收入	增加以前年度收入时	借：有关资产或负债科目 　　贷：以前年度盈余调整	按照实际收到的金额 借：资金结存 　　贷：财政拨款结转/财政拨款结余/非财政拨款结转/非财政拨款结余（年初余额调整）
	减少以前年度收入时	借：以前年度盈余调整 　　贷：有关资产或负债科目	按照实际支付的金额 借：财政拨款结转/财政拨款结余/非财政拨款结转/非财政拨款结余（年初余额调整） 　　贷：资金结存

续表

经济业务与事项		财务会计处理	预算会计处理
调整以前年度费用	增加以前年度费用时	借：以前年度盈余调整 贷：有关资产或负债科目	按照实际支付的金额 借：财政拨款结转/财政拨款结余/非财政拨款结转/非财政拨款结余（年初余额调整） 贷：资金结存
	减少以前年度费用时	借：有关资产或负债科目 贷：以前年度盈余调整	按照实际收到的金额 借：资金结存 贷：财政拨款结转/财政拨款结余/非财政拨款结转/非财政拨款结余（年初余额调整）
盘盈非流动资产	报经批准处理时	借：待处理财产损溢 贷：以前年度盈余调整	不做处理
将本科目余额转入累计盈余	本科目为借方余额时	借：累计盈余 贷：以前年度盈余调整	不做处理
	本科目为贷方余额时	借：以前年度盈余调整 贷：累计盈余	不做处理

【例 6-8】某行政单位 2020 年 4 月在单位账务自查中发现，单位存在以前年度应该确认但是没有确认的收入 8 000 元。账务处理如表 6-15 所示。

表 6-15 〖例 6-8〗的账务处理

经济业务与事项	财务会计处理	预算会计处理
2020 年 4 月，增加以前年度收入	借：预收账款　　　　　8 000 　　贷：以前年度盈余调整　　8 000	借：资金结存——货币资金　8 000 　　贷：非财政拨款结转　　　8 000

【例 6-9】某行政单位 2020 年 4 月在单位账务自查中发现，单位上年度漏记了一笔业务活动费用 2 000 元。账务处理如表 6-16 所示。

表 6-16 〖例 6-9〗的账务处理

经济业务与事项	财务会计处理	预算会计处理
2020 年 4 月，补记以前年度费用	借：以前年度盈余调整　　2 000 　　贷：业务活动费用　　　2 000	借：非财政拨款结转　　　　2 000 　　贷：资金结存——货币资金 2 000

【例 6-10】某事业单位年终财产清查盘点，盘盈五台打印机，评估价值 10 000元。经查系以前年度调入未入账。账务处理如表 6-17 所示。

表 6-17　　　　　　　　　　　〖例 6-10〗的账务处理

经济业务与事项	财务会计处理	预算会计处理
盘盈非流动资产	借：待处理财产损溢　　　　10 000 　　贷：以前年度盈余调整　　10 000	不做处理

【例 6-11】某事业单位 2020 年 12 月 31 日的"以前年度盈余调整"科目的贷方余额为 16 000 元。账务处理如表 6-18 所示。

表 6-18　　　　　　　　　　　〖例 6-11〗的账务处理

经济业务与事项	财务会计处理	预算会计处理
将本科目余额转入累计盈余	借：以前年度盈余调整　　　16 000 　　贷：累计盈余　　　　　　16 000	不做处理

第五节　累　计　盈　余

一、累计盈余的核算内容

累计盈余核算单位历年实现的盈余扣除盈余分配后滚存的金额，以及因无偿调入调出资产产生的净资产变动额。按照规定上缴、缴回、单位间调剂结转结余资金产生的净资产变动额，以及对以前年度盈余的调整金额，也属于累计盈余核算的内容。

单位应该设置"累计盈余"科目，核算累计盈余的变动情况。本科目的期末余额，反映单位未分配盈余（或未弥补亏损）的累计数以及截至上年末无偿调拨净资产变动的累计数。本科目的年末余额，反映单位未分配盈余（或未弥补亏损）以及无偿调拨净资产变动的累计数。

二、累计盈余的账务处理

累计盈余的账务处理，如表 6-19 所示。

表 6-19　　　　　　　　　　　累计盈余的账务处理

经济业务与事项	财务会计处理	预算会计处理
年末，将"本年盈余分配"科目余额转入	借：本年盈余分配 　　贷：累计盈余 或做相反会计分录	不做处理
年末，将"无偿调拨净资产"科目余额转入	借：无偿调拨净资产 　　贷：累计盈余 或做相反会计分录	不做处理

续表

经济业务与事项	财务会计处理	预算会计处理
按照规定上缴财政拨款结转结余、缴回非财政拨款结转资金、向其他单位调出财政拨款结转资金时	借：累计盈余 　　贷：财政应返还额度/零余额账户用款额度/银行存款等	参照"财政拨款结转""财政拨款结余""非财政拨款结转"等科目进行账务处理
按照规定从其他单位调入财政拨款结转资金时	借：零余额账户用款额度/银行存款等 　　贷：累计盈余	借：资金结存——零余额账户用款额度/货币资金 　　贷：财政拨款结转——归集调入
将"以前年度盈余调整"科目的余额转入	借：以前年度盈余调整 　　贷：累计盈余 或做相反会计分录	不做处理
使用专用基金购置固定资产、无形资产的	相关账务处理参见"专用基金"科目	

【例6-12】某行政单位2020年12月31日有关净资产科目余额及相关经济业务如下：

（1）"本年盈余分配"科目的借方余额为2 000元。

（2）"无偿调拨净资产"科目的贷方余额为12 000元。

（3）"以前年度盈余调整"科目的贷方余额为16 000元。

（4）12月31日与其他单位发生资金调入10 000元。

具体账务处理如表6-20所示。

表6-20　　　　　　　　　　〖例6-12〗的账务处理

经济业务与事项	财务会计处理	预算会计处理
年末，将"本年盈余分配"科目余额转入	借：累计盈余　　　　　　2 000 　　贷：本年盈余分配　　　2 000	不做处理
年末，将"无偿调拨净资产"科目余额转入	借：无偿调拨净资产　　　12 000 　　贷：累计盈余　　　　　12 000	不做处理
将"以前年度盈余调整"科目的余额转入	借：以前年度盈余调整　　16 000 　　贷：累计盈余　　　　　16 000	不做处理
按照规定从其他单位调入财政拨款结转资金时	借：零余额账户用款额度　10 000 　　贷：累计盈余　　　　　10 000	借：资金结存——零余额账户用款额度 　　　　　　　　　　　　10 000 　　贷：财政拨款结转——归集调入 　　　　　　　　　　　　10 000

第六节 专用基金

一、专用基金的核算内容

专用基金核算事业单位按照规定提取或设置的具有专门用途的净资产，主要包括职工福利基金、科技成果转换基金等。

事业单位应该设置"专用基金"科目，核算事业单位各类专用基金的提取和使用情况。

本科目应当按照专用基金的类别进行明细核算。

本科目期末贷方余额，反映事业单位累计提取或设置的尚未使用的专用基金。

二、专用基金的账务处理

专用基金的账务处理，如表6-21所示。

表6-21　　　　　　　专用基金的账务处理

经济业务与事项	财务会计处理	预算会计处理
年末，按照规定从本年度非财政拨款结余或经营结余中提取专用基金的	借：本年盈余分配 　　贷：专用基金［按照预算会计下计算的提取金额］	借：非财政拨款结余分配 　　贷：专用结余
根据规定从收入中提取专用基金并计入费用的	借：业务活动费用等 　　贷：专用基金［一般按照预算收入计算提取的金额］	不做处理
根据有关规定设置的其他专用基金	借：银行存款等 　　贷：专用基金	不做处理
按照规定使用专用基金时	借：专用基金 　　贷：银行存款等 如果购置固定资产、无形资产的： 借：固定资产/无形资产 　　贷：银行存款等 借：专用基金 　　贷：累计盈余	使用从收入中提取并列入费用的专用基金： 借：事业支出等 　　贷：资金结存 使用从非财政拨款结余或经营结余中提取的专用基金： 借：专用结余 　　贷：资金结存——货币资金

【例6-13】年末，某事业单位非财政拨款结余科目余额100 000元，按照30%的比例提取职工福利基金。账务处理如表6-22所示。

表 6 - 22　　　　　　　　　　〖例 6 - 13〗的账务处理

经济业务与事项	财务会计处理	预算会计处理
提取专用基金	借：本年盈余分配　　　　30 000 　　贷：专用基金——职工福利基金 　　　　　　　　　　　　30 000	借：非财政拨款结余分配　30 000 　　贷：专用结余　　　　　30 000

【例 6 - 14】某事业单位利用从经营结余中提取的专用基金购置了 10 台台式电脑，价值 30 000 元，应缴纳的增值税额为 3 900 元，款项以银行存款支付。账务处理如表 6 - 23 所示。

表 6 - 23　　　　　　　　　　〖例 6 - 14〗的账务处理

经济业务与事项	财务会计处理	预算会计处理
用专用基金购置固定资产	借：固定资产　　　　　　30 000 　　应交税费——应交增值税（进项税额） 　　　　　　　　　　　　3 900 　　贷：银行存款　　　　　33 900 借：专用基金　　　　　　33 900 　　贷：累计盈余　　　　　33 900	借：专用结余　　　　　　33 900 　　贷：资金结存——货币资金 　　　　　　　　　　　　33 900

第七节　权益法调整

一、权益法调整的核算内容

权益法调整核算事业单位持有的长期股权投资采用权益法核算时，按照被投资单位除净损益和利润分配以外的所有者权益变动份额调整长期股权投资账面余额而计入净资产的金额。

事业单位应当设置"权益法调整"科目，并按照被投资单位进行明细核算。本科目期末余额，反映事业单位在被投资单位除净损益和利润分配以外的所有者权益变动中累积享有（或分担）的份额。

二、权益法调整的账务处理

权益法调整的账务处理，如表 6 - 24 所示。

表 6-24　　　　　　　　　　　　权益法调整的账务处理

经济业务与事项		财务会计处理	预算会计处理
资产负债表日	按照被投资单位除净损益和利润分配以外的所有者权益变动的份额（增加）	借：长期股权投资——其他权益变动 　贷：权益法调整	不做处理
	按照被投资单位除净损益和利润分配以外的所有者权益变动的份额（减少）	借：权益法调整 　贷：长期股权投资——其他权益变动	不做处理
长期股权投资处置时	权益法调整科目为借方余额	借：投资收益 　贷：权益法调整（与所处置投资对应部分的金额）	不做处理
	权益法调整科目为贷方余额	借：权益法调整（与所处置投资对应部分的金额） 　贷：投资收益	不做处理

【例 6-15】某事业单位的被投资者除净损益和利润分配以外的所有者权益变动的金额为 60 000 元，该单位持有被投资单位 40% 的股权，不考虑相关税费。账务处理如表 6-25 所示。

表 6-25　　　　　　　　　　　【例 6-15】的账务处理

经济业务与事项	财务会计处理	预算会计处理
被投资单位除净损益和利润分配以外的所有者权益变动的份额增加	借：长期股权投资——其他权益变动 　　　　　　　　　　　　　24 000 　贷：权益法调整　　　　　24 000	不做处理

【例 6-16】2019 年某事业单位的被投资者除净损益和利润分配以外的所有者权益变动的金额为 80 000 元，该单位持有被投资单位 30% 的股权，不考虑相关税费，之后在 2020 年 2 月处置了该项投资。账务处理如表 6-26 所示。

表 6-26　　　　　　　　　　　【例 6-16】的账务处理

经济业务与事项	财务会计处理	预算会计处理
被投资单位除净损益和利润分配以外的所有者权益变动的份额增加	借：长期股权投资——其他权益变动 　　　　　　　　　　　　　24 000 　贷：权益法调整　　　　　24 000	不做处理

续表

经济业务与事项	财务会计处理	预算会计处理
权益法调整科目为贷方余额	借：权益法调整　　　　24 000 　贷：投资收益　　　　　　24 000	不做处理

【复习思考题】

1. 净资产主要包括什么？
2. 本年盈余数和本年预算结余数之间的差异应该怎样调节？
3. 什么是本年盈余分配，如何核算？
4. 无偿调入和无偿调出的资产应该如何核算？
5. 什么是以前年度盈余调整，如何核算？
6. 影响累计盈余期末余额的因素有哪些？
7. 什么是专用基金，主要用途是什么？

第七章
政府会计预算收入的管理与核算

【本章要点】
- 了解预算收入概念
- 掌握预算收入的种类
- 熟悉各种预算收入的科目设置
- 熟悉各种预算收入的账务处理
- 掌握预算会计和财务会计相关处理的区别

第一节 预算收入的管理

一、预算收入的概念和分类

政府预算会计预算收入是指政府会计主体在预算年度内依法取得的并纳入预算管理的现金流入。政府预算会计预算收入包括9类，其中行政事业单位都可以使用的共3类，分别为财政拨款预算收入、非同级财政拨款预算收入、其他预算收入；事业单位可以使用的共6类，分别为事业预算收入、上级补助预算收入、附属单位上缴预算收入、经营预算收入、债务预算收入、投资预算收益。

二、预算收入的确认与计量

按照政府会计准则的要求，政府会计的预算会计部分实行收付实现制，所以，预算收入一般在实际收到时予以确认，以实际收到的金额计量。就是说涉及现金流入的纳入预算管理的收入，才在预算会计系统进行预算收入的核算，否则，只进行财务会计的处理。

三、预算收入的科目设置

根据《政府会计制度》，预算收入类科目共设置9个（见表7-1），分别为财政拨款预算收入、事业预算收入、上级补助预算收入、附属单位上缴预算收入、经营预算收入、债务预算收入、非同级财政拨款预算收入、投资预算收益、其他预算收入。

表 7-1　　　　　　　　预算收入类科目一览表

序号	科目编码	会计科目	适用单位
1	6001	财政拨款预算收入	行政、事业
2	6101	事业预算收入	事业
3	6201	上级补助预算收入	事业
4	6301	附属单位上缴预算收入	事业
5	6401	经营预算收入	事业
6	6501	债务预算收入	事业
7	6601	非同级财政拨款预算收入	行政、事业
8	6602	投资预算收益	事业
9	6609	其他预算收入	行政、事业

政府预算会计预算收入类科目与财务会计收入类科目存在表 7-2 所示的对应关系。

表 7-2　　　　　　　预算会计与财务会计科目的对应

序号	预算会计		财务会计	
	科目编码	会计科目	科目编码	会计科目
1	6001	财政拨款预算收入	4001	财政拨款收入
2	6101	事业预算收入	4101	事业收入
3	6201	上级补助预算收入	4201	上级补助收入
4	6301	附属单位上缴预算收入	4301	附属单位上缴收入
5	6401	经营预算收入	4401	经营收入
6	6501	债务预算收入	2001/2501	短期借款/长期借款
7	6601	非同级财政拨款预算收入	4601	非同级财政拨款收入
8	6602	投资预算收益	4602	投资收益
9	6609	其他预算收入	4603	捐赠收入
			4604	利息收入
			4605	租金收入
			4609	其他收入

第二节　拨款类预算收入

一、财政拨款预算收入

（一）财政拨款预算收入的定义

财政拨款预算收入指单位从同级政府财政部门取得的各类财政拨款。其中同级财政部门是指行政事业单位的预算管理部门，单位预算需要经过同级财政部门批准后才能开始执行。

在现行的财政管理体制下，财政拨款预算收入是行政事业单位主要的经费来源，是单位开展业务活动最主要的资金来源之一。

（二）科目的设置

单位应该在预算会计下设置"财政拨款预算收入"科目进行核算。"财政拨款预算收入"科目应当设置"基本支出"和"项目支出"两个明细科目，并按照《政府收支分类科目》中"支出功能分类科目"的项级科目进行明细核算；同时，在"基本支出"明细科目下按照"人员经费"和"日常公用经费"进行明细核算，在"项目支出"明细科目下按照具体项目进行明细核算。有一般公共预算财政拨款、政府性基金预算财政拨款等两种或两种以上财政拨款的单位还应当按照财政拨款的种类进行明细核算。年末结转后，本科目应该没有余额。

（三）账务处理

1. 财政直接支付方式下的处理

根据收到的财政直接支付入账通知书及相关原始凭证，按照通知书中的直接支付金额，借记"行政支出""事业支出"等科目，贷记"财政拨款预算收入"科目。

财政直接支付方式下取得财政拨款预算收入的账务处理，如表7-3所示。

表7-3　　　　　财政直接支付方式下取得财政拨款预算收入的账务处理

经济业务与事项	财务会计处理	预算会计处理
财政直接支付方式下收到拨款	借：库存物品/固定资产/业务活动费用等 　贷：财政拨款收入	借：行政支出/事业支出等 　贷：财政拨款预算收入

年末，根据本年度财政直接支付预算指标数与当年财政直接支付实际支出数的差额，借记"资金结存——财政应返还额度"科目，贷记"财政拨款预算收入"科目。

财政直接支付方式下年末财政拨款预算收入的账务处理，如表7-4所示。

表7-4　　　　　财政直接支付方式下年末财政拨款预算收入的账务处理

经济业务与事项	财务会计处理	预算会计处理
财政直接支付方式下年末确认拨款差额	借：财政应返还额度——财政直接支付 　贷：财政拨款收入	借：资金结存——财政应返还额度 　贷：财政拨款预算收入

【例7-1】2020年3月23日，某事业单位因专项业务活动发生专用设备购置费100 000元，已经收到国库支付执行机构委托代理银行转来的"财政直接支付入账通知书"及原始凭证。账务处理如表7-5所示。

表 7-5 【例 7-1】的账务处理

经济业务与事项	财务会计处理	预算会计处理
2020 年 3 月 23 日，财政直接支付方式下收到拨款	借：固定资产——专用设备 100 000 贷：财政拨款收入 100 000	借：事业支出——项目支出 100 000 贷：财政拨款预算收入——项目支出拨款 100 000

2. 财政授权支付方式下的处理

根据收到的财政授权支付额度到账通知书，按照通知书中的授权支付额度，借记"资金结存——零余额账户用款额度"科目，贷记"财政拨款预算收入"科目。

财政授权支付方式下取得财政拨款预算收入的账务处理，如表 7-6 所示。

表 7-6 财政授权支付方式下取得财政拨款预算收入的账务处理

经济业务与事项	财务会计处理	预算会计处理
财政授权支付方式下收到拨款	借：零余额账户用款额度 贷：财政拨款收入	借：资金结存——零余额账户用款额度 贷：财政拨款预算收入

年末，本年度财政授权支付预算指标数大于零余额账户用款额度下达数的，按照两者差额，借记"资金结存——财政应退还额度"科目，贷记"财政拨款预算收入"科目。

财政授权支付方式下年末财政拨款预算收入的账务处理，如表 7-7 所示。

表 7-7 财政授权支付方式下年末财政拨款预算收入的账务处理

经济业务与事项	财务会计处理	预算会计处理
财政授权支付方式下年末确认拨款差额	借：财政应返还额度——财政授权支付 贷：财政拨款收入	借：资金结存——财政应返还额度 贷：财政拨款预算收入

3. 其他方式下的处理

收到财政拨款收入时，单位按照实际收到的金额，借记"资金结存——货币资金"科目，贷记"财政拨款预算收入"科目。单位收到下期预算的财政预拨款，应当在下个预算期按照预收的金额，借记"资金结存——货币资金"科目，贷记"财政拨款预算收入"科目。

其他方式下财政拨款预算收入的账务处理，如表 7-8 所示。

表 7-8 其他方式下财政拨款预算收入的账务处理

经济业务与事项	财务会计处理	预算会计处理
其他方式下收到拨款	借：银行存款等 贷：财政拨款收入	借：资金结存——货币资金 贷：财政拨款预算收入

4. 因差错更正或购货退回等发生的国库直接支付款项退回的

（1）属于本年度支付的款项。

按照退回金额，借记"财政拨款预算收入"科目，贷记"行政支出""事业支出"等科目。

属于本年度支付的财政拨款预算收入的账务处理，如表7-9所示。

表7-9　　　　　属于本年度支付的财政拨款预算收入的账务处理

经济业务与事项	财务会计处理	预算会计处理
属于本年度支付的国库直接支付款项退回	借：财政拨款收入 　　贷：业务活动费用/库存物品等	借：财政拨款预算收入 　　贷：行政支出/事业支出等

（2）属于以前年度支付的款项。

按照退回金额，借记"资金结存——财政应返还额度"科目，贷记"财政拨款结转（结余）——年初余额调整"科目。

属于以前年度支付的财政拨款预算收入的账务处理，如表7-10所示。

表7-10　　　　属于以前年度支付的财政拨款预算收入的账务处理

经济业务与事项	财务会计处理	预算会计处理
财政拨款结转资金	借：财政应返还额度——财政直接支付 　　贷：以前年度盈余调整/库存物品等	借：资金结存——财政应返还额度 　　贷：财政拨款结转——年初余额调整
财政拨款结余资金	借：财政应返还额度——财政直接支付 　　贷：以前年度盈余调整/库存物品等	借：资金结存——财政应返还额度 　　贷：财政拨款结余——年初余额调整

5. 期末/年末结转

将财政拨款预算收入本年发生额转入财政拨款结转，借记"财政拨款预算收入"科目，贷记"财政拨款结转——本年收支结转"科目。年末结转后，本科目应无余额。

期末/年末结转财政拨款预算收入的账务处理，如表7-11所示。

表7-11　　　　　期末/年末结转财政拨款预算收入的账务处理

经济业务与事项	财务会计处理	预算会计处理
期末/年末结转	借：财政拨款收入 　　贷：本期盈余	借：财政拨款预算收入 　　贷：财政拨款结转——本年收支结转

二、非同级财政拨款预算收入

（一）非同级财政拨款预算收入的定义

非同级财政拨款预算收入指单位从非同级政府财政部门取得的财政拨款，包括本级横向转拨财政款和非本级财政拨款。但不包括对于因开展科研及其辅助活动从非同级政府财政部门取得的经费拨款。

（二）科目的设置

通过"非同级财政拨款预算收入"科目进行核算。对于因开展科研及其辅助活动从非同级政府财政部门取得的经费拨款，应当通过"事业预算收入——非同级财政拨款"科目进行核算，不通过本科目核算。"非同级财政拨款预算收入"科目应当按照非同级财政拨款预算收入的类别、来源、《政府收支分类科目》中"支出功能分类科目"的项级科目等进行明细核算。非同级财政拨款预算收入中如有专项资金收入，还应按照具体项目进行明细核算。年末结转后，本科目应该没有余额。

（三）账务处理

1. 确认收入

取得非同级财政拨款预算收入时，按照实际收到的金额，借记"资金结存——货币资金"科目，贷记"非同级财政拨款预算收入"科目。

取得非同级财政拨款预算收入的账务处理，如表7-12所示。

表7-12 取得非同级财政拨款预算收入的账务处理

经济业务与事项	财务会计处理	预算会计处理
收到应收的款项	借：银行存款 　贷：非同级财政拨款收入	借：资金结存——货币资金（实际收到的金额） 　贷：非同级财政拨款预算收入
确认收入时	借：其他应收款 　贷：非同级财政拨款收入	借：资金结存——货币资金（实际收到的金额） 　贷：非同级财政拨款预算收入

2. 期末/年末结转

期末/年末结转非同级财政拨款预算收入的账务处理，如表7-13所示。

表7-13 期末/年末结转非同级财政拨款预算收入的账务处理

经济业务与事项	财务会计处理	预算会计处理
专项收入资金结转	借：非同级财政拨款收入 　贷：本期盈余	借：非同级财政拨款预算收入 　贷：非财政拨款结转——本年收支结转
非专项收入资金结转	借：非同级财政拨款收入 　贷：本期盈余	借：非同级财政拨款预算收入 　贷：其他结余

【例7-2】2020年5月9日，某省级行政单位从当地市级财政部门获得一笔财政资金200 000元，为市政府给予的奖励，无限定用途，款项已经存入单位的银行账户。账务处理如表7-14所示。

表 7-14 〖例 7-2〗的账务处理

经济业务与事项	财务会计处理	预算会计处理
2020 年 5 月 9 日，取得非同级财政拨款预算收入	借：银行存款　　　　200 000 　　贷：非同级财政拨款收入 　　　　　　　　　　200 000	借：资金结存——货币资金 　　　　　　　　　　200 000 　　贷：非同级财政拨款预算收入 　　　　　　　　　　200 000

第三节　业务类预算收入

一、事业预算收入

（一）事业预算收入的定义

事业预算收入指事业单位开展专业业务活动及其辅助活动取得的纳入预算管理的现金流入。这里，也包括事业单位因开展与专业业务密切相关的科研及其辅助活动从非同级政府部门取得的经费拨款。

由于事业单位的业务存在一定的差异化，所以不同行业的事业预算收入在种类上会有一定的不同，但核算的原理应该是相同的。

（二）科目的设置

事业单位应该设置"事业预算收入"科目进行核算。事业单位因开展科研及其辅助活动从非同级政府财政部门取得的经费拨款，也通过本科目核算。"事业预算收入"科目应当按照事业预算收入类别、项目、来源、《政府收支分类科目》中"支出功能分类科目"项级科目等进行明细核算。对于因开展科研及其辅助活动从非同级政府财政部门取得的经费拨款，应当在本科目下单设"非同级财政拨款"明细科目进行明细核算；事业预算收入中如有专项资金收入，还应按照具体项目进行明细核算。年末结转后，本科目应该没有余额。

（三）账务处理

1. 财政专户返还方式的处理

对实现应上缴财政专户的事业收入时，实际收到或应收应上缴的金额，因为不是预算收入，不做账务处理。

财政专户返还方式的事业预算收入的账务处理，如表 7-15 所示。

表 7-15　　　　财政专户返还方式的事业预算收入的账务处理

经济业务与事项	财务会计处理	预算会计处理
实际收到或应收应上缴财政专户的事业收入	借：银行存款/应收账款等 　　贷：应缴财政款	不做处理
收到从财政专户返还的款项	借：银行存款 　　贷：事业收入	借：资金结存 　　贷：事业预算收入

【例7-3】2020年4月23日，某事业单位收到从财政专户返还的事业收入70 000元。账务处理如表7-16所示。

表7-16　　　　　　　　　　　　〖例7-3〗的账务处理

经济业务与事项	财务会计处理	预算会计处理
2020年4月23日，收到从财政专户返还的款项	借：银行存款　　　　70 000 　贷：事业收入　　　　　70 000	借：资金结存　　　　70 000 　贷：事业预算收入　　　70 000

2. 采用预收款方式的处理

实际收到预收款项金额时，按照收付实现制核算，对已经构成单位的预算收入进行处理。

按照合同完成进度确认收入时，按照收付实现制方式，因实际收到时已经将收到的款项作为事业预算收入核算，因此不做账务处理。

采用预收款方式的事业预算收入的账务处理，如表7-17所示。

表7-17　　　　　　　采用预收款方式的事业预算收入的账务处理

经济业务与事项	财务会计处理	预算会计处理
实际收到款项	借：银行存款等 　贷：预收账款	借：资金结存 　贷：事业预算收入
按照合同完成进度确认收入	借：预收账款 　贷：事业收入	不做处理

3. 采用应收款方式

采用应收款方式的事业预算收入的账务处理，如表7-18所示。

表7-18　　　　　　　采用应收款方式的事业预算收入的账务处理

经济业务与事项	财务会计处理	预算会计处理
根据合同完成进度计算本期应收的款项	借：应收账款 　贷：事业收入	不做处理
实际收到款项	借：银行存款等 　贷：应收账款	借：资金结存——货币资金 　贷：事业预算收入

4. 其他方式

其他方式的事业预算收入的账务处理，如表7-19所示。

表 7-19　　　　　　　其他方式的事业预算收入的账务处理

经济业务与事项	财务会计处理	预算会计处理
其他方式收到款项	借：银行存款等 　贷：事业收入	借：资金结存——货币资金 　贷：事业预算收入

5. 期末/年末结转

期末/年末结转事业预算收入的账务处理，如表 7-20 所示。

表 7-20　　　　　　　期末/年末结转事业预算收入的账务处理

经济业务与事项	财务会计处理	预算会计处理
专项资金收入结转	借：事业收入 　贷：本期盈余	借：事业预算收入 　贷：非财政拨款结转——本年收支结转
非专项资金收入结转	借：事业收入 　贷：本期盈余	借：事业预算收入 　贷：其他结余

二、经营预算收入

（一）经营预算收入的定义

经营预算收入指事业单位在专业业务活动及其辅助活动之外开展非独立核算经营活动取得的现金流入。

由于目前已经实行全口径的预算管理，因此事业单位的销售收入、经营性服务收入、租赁收入等均应全部纳入单位预算，实行统一的管理与核算。就是不存在所谓自有资金和预算外收入的问题。

（二）科目的设置

事业单位应该设置"经营预算收入"科目进行核算。

"经营预算收入"科目应当按照经营活动类别、项目、《政府收支分类科目》中"支出功能分类科目"的项级科目等进行明细核算。年末结转后，本科目应该没有余额。

（三）账务处理

1. 日常核算

日常核算经营预算收入的账务处理，如表 7-21 所示。

表 7-21　　　　　　　日常核算经营预算收入的账务处理

经济业务与事项	财务会计处理	预算会计处理
收到应收的款项	借：银行存款等 　贷：应收账款/应收票据	借：资金结存——货币资金 　贷：经营预算收入
确认经营收入	借：应收账款/应收票据 　贷：经营收入	借：资金结存——货币资金 　贷：经营预算收入

【例7-4】2020年4月2日，某事业单位职工食堂对外提供餐饮服务，收到应收经营收入3 000元。账务处理如表7-22所示。

表7-22　　　　　　　　　　　　《例7-4》的账务处理

经济业务与事项	财务会计处理	预算会计处理
2020年4月2日，收到应收经营收入	借：银行存款　　　　3 000 　　贷：应收账款　　　　3 000	借：资金结存——货币资金　3 000 　　贷：经营预算收入　　　　3 000

2. 期末/年末结转

期末/年末结转经营预算收入的账务处理，如表7-23所示。

表7-23　　　　　　　　　期末/年末结转经营预算收入的账务处理

经济业务与事项	财务会计处理	预算会计处理
期末/年末结转	借：经营收入 　　贷：本期盈余	借：经营预算收入 　　贷：经营结余

三、投资预算收益

（一）投资预算收益的定义

投资预算收益指事业单位取得的按照规定纳入部门预算管理的属于投资收益性质的现金流入，包括股权投资收益、出售或收回债券投资所取得的收益和债券投资利息收入。

（二）科目的设置

事业单位应该在预算会计下设置"投资预算收益"科目进行相关业务的核算。本科目应当按照《政府收支分类科目》中"支出功能分类科目"的项级科目等进行明细核算。年末结转后，本科目应该没有余额。

（三）账务处理

1. 收到短期投资持有期间的利息

收到短期投资持有期间利息的账务处理，如表7-24所示。

表7-24　　　　　　　　　收到短期投资持有期间利息的账务处理

经济业务与事项	财务会计处理	预算会计处理
收到短期投资持有期间的利息	借：银行存款 　　贷：投资收益	借：资金结存——货币资金 　　贷：投资预算收益

【例7-5】2020年5月2日，某事业单位收到短期持有期间的利息1 000元。账务处理如表7-25所示。

表 7-25　　　　　　　　　　　　〖例 7-5〗的账务处理

经济业务与事项	财务会计处理	预算会计处理
2020 年 5 月 2 日，收到短期投资持有期间的利息	借：银行存款　　　　1 000 　　贷：投资收益　　　　　1 000	借：资金结存——货币资金　1 000 　　贷：投资预算收益　　　　　1 000

2. 出售或到期收回短期债券本息

出售或到期收回短期债券本息的账务处理，如表 7-26 所示。

表 7-26　　　　　　　出售或到期收回短期债券本息的账务处理

经济业务与事项	财务会计处理	预算会计处理
出售或到期收回短期债券本息	借：银行存款 　　投资收益［借差］ 　　贷：短期投资［成本］ 　　　　投资收益［贷差］	借：资金结存——货币资金 　　投资预算收益［借差］ 　　贷：投资支出［本年度］/其他结余［以前年度］ 　　　　投资预算收益［贷差］

3. 持有的分期付息、一次性还本的长期债券投资

持有的分期付息、一次性还本的长期债券投资的账务处理，如表 7-27 所示。

表 7-27　　　　　持有的分期付息、一次性还本的长期债券投资的账务处理

经济业务与事项	财务会计处理	预算会计处理
确认应收未收利息	借：应收利息 　　贷：投资收益	不做处理
实际收到利息	借：银行存款 　　贷：应收利息	借：资金结存——货币资金 　　贷：投资预算收益

4. 出售长期债券投资或到期收回长期债券投资本息

出售长期债券投资或到期收回长期债券投资本息的账务处理，如表 7-28 所示。

表 7-28　　　　　出售长期债券投资或到期收回长期债券投资本息的账务处理

经济业务与事项	财务会计处理	预算会计处理
出售长期债券投资或到期收回长期债券投资本息	借：银行存款 　　投资收益［借差］ 　　贷：长期债券投资/应收利息 　　　　投资收益［贷差］	借：资金结存——货币资金 　　投资预算收益［借差］ 　　贷：投资支出［本年度］/其他结余［以前年度］ 　　　　投资预算收益［贷差］

5. 采用成本法下长期股权投资持有期间，被投资单位宣告分派利润或股利

长期股权投资持有期间被投资单位宣告分派利润或股利的账务处理，如表 7-29 所示。

表 7-29　　长期股权投资持有期间被投资单位宣告分派利润或股利的账务处理

经济业务与事项	财务会计处理	预算会计处理
取得分派的利润或股利，按照实际收到的金额	借：银行存款 　　贷：应收股利	借：资金结存——货币资金 　　贷：投资预算收益

6. 采用权益法核算的长期股权投资持有期间，收到被投资单位发放的股利

长期股权投资持有期间收到被投资单位发放的股利的账务处理，如表 7-30 所示。

表 7-30　　长期股权投资持有期间收到被投资单位发放的现金股利的账务处理

经济业务与事项	财务会计处理	预算会计处理
收到被投资单位发放的现金股利	借：银行存款 　　贷：应收股利	借：资金结存——货币资金 　　贷：投资预算收益

7. 期末/年末结转

期末/年末结转投资预算收益的账务处理，如表 7-31 所示。

表 7-31　　期末/年末结转投资预算收益的账务处理

经济业务与事项	财务会计处理	预算会计处理
投资收益为贷方余额	借：投资收益 　　贷：本期盈余	借：投资预算收益 　　贷：其他结余
投资收益为借方余额	借：本期盈余 　　贷：投资收益	借：其他结余 　　贷：投资预算收益

第四节　债务预算收入

一、债务预算收入的定义

债务预算收入是指事业单位按照规定从银行和其他金融机构等借入的、纳入部门预算管理的、不以财政资金作为偿还来源的债务本金。

事业单位为弥补收支缺口，经主管部门审批，可以从金融机构借入资金。为保证借款使用与偿还的正确与效益性，对于借入的资金必须纳入单位预算。明确资金的使用范围，严格进行还本付息。

需要注意的是，在财务会计下，单位借入资金是纳入负债进行核算和管理的，这和其他预算收入存在一定的差异。

二、科目的设置

事业单位严格在预算会计下设置"债务预算收入"科目进行核算。"债务预算收

入"科目应当按照贷款单位、贷款种类、《政府收支分类科目》中"支出功能分类科目"的项级科目等进行明细核算。债务预算收入中如有专项资金收入，还应按照具体项目进行明细核算。

三、债务预算收入的账务处理

1. 借入或归还各项短期或长期借款

借入或归还各项短期或长期借款的账务处理，如表7-32所示。

表7-32　　　　　借入或归还各项短期或长期借款的账务处理

经济业务与事项	财务会计处理	预算会计处理
借入各项短期或长期借款	借：银行存款 　　贷：短期借款/长期借款	借：资金结存——货币资金（实际收到的金额） 　　贷：债务预算收入
归还各项短期或长期借款	借：短期借款/长期借款 　　贷：银行存款	借：债务还本支出 　　贷：资金结存——货币资金

【例7-6】2020年5月12日，某事业单位按照相关规定，借入短期借款900 000元。账务处理如表7-33所示。

表7-33　　　　　　　　〖例7-6〗的账务处理

经济业务与事项	财务会计处理	预算会计处理
2020年5月12日，借入短期借款	借：银行存款　　900 000 　　贷：短期借款　　900 000	借：资金结存——货币资金　900 000 　　贷：债务预算收入　　900 000

2. 期末/年末结转

期末/年末结转债务预算收入的账务处理，如表7-34所示。

表7-34　　　　　期末/年末结转债务预算收入的账务处理

经济业务与事项	财务会计处理	预算会计处理
专项资金收入结转	不做处理	借：债务预算收入 　　贷：非财政拨款结转——本年收支结转
非专项资金收入结转	不做处理	借：债务预算收入 　　贷：其他结余
债务还本支出结转	不做处理	借：其他结余 　　贷：债务还本支出

第五节　其他的预算收入

一、上级补助预算收入

（一）上级补助预算收入的定义

上级补助预算收入指事业单位从主管部门和上级单位取得的非财政补助现金流入。

与财政拨款预算收入不同，上级补助预算收入的资金性质是非财政资金，但也需要纳入预算管理。

（二）科目的设置

事业单位应该在预算会计下设置"上级补助预算收入"科目进行核算。"上级补助预算收入"科目应当按照发放补助单位、补助项目、《政府收支分类科目》中"支出功能分类科目"的项级科目等进行明细核算。上级补助预算收入中如有专项资金收入，还应按照具体项目进行明细核算。年末结转后，本科目应该没有余额。

（三）账务处理

1. 日常核算

日常核算上级补助预算收入的账务处理，如表7-35所示。

表7-35　日常核算上级补助预算收入的账务处理

经济业务与事项	财务会计处理	预算会计处理
实际收到款项	借：银行存款 　　贷：上级补助收入	借：资金结存——货币资金 [实际收到的金额] 　　贷：上级补助预算收入
确认应收款项	借：其他应收款 　　贷：上级补助收入	借：资金结存——货币资金 [实际收到的金额] 　　贷：上级补助预算收入

【例7-7】2020年6月5日，某事业单位收到上级单位拨来非财政性补助款项200 000元，款项已经拨入单位银行存款账户。账务处理如表7-36所示。

表7-36　〖例7-7〗的账务处理

经济业务与事项	财务会计处理	预算会计处理
2020年6月5日，收到上级补助预算收入	借：银行存款　　200 000 　　贷：上级补助收入　　200 000	借：资金结存——货币资金　　200 000 　　贷：上级补助预算收入　　200 000

2. 期末/年末结转

期末/年末结转上级补助预算收入的账务处理，如表7-37所示。

表 7－37　　　　　　　期末/年末结转上级补助预算收入的账务处理

经济业务与事项	财务会计处理	预算会计处理
专项资金收入结转	借：上级补助收入 　　贷：本期盈余	借：上级补助预算收入 　　贷：非财政拨款结转——本年收支结转
非专项资金收入结转	借：上级补助收入 　　贷：本期盈余	借：上级补助预算收入 　　贷：其他结余

二、附属单位上缴预算收入

（一）附属单位上缴预算收入的定义

附属单位上缴预算收入指事业单位取得附属独立核算单位根据有关规定上缴的现金流入。

事业单位的附属单位大致有两种：一是非独立核算的事业单位，二是独立核算的企业，但不是前述的投资关系。

（二）科目的设置

事业单位应该在预算会计下设置"附属单位上缴预算收入"科目进行核算。"附属单位上缴预算收入"科目应当按照附属单位、缴款项目、《政府收支分类科目》中"支出功能分类科目"的项级科目等进行明细核算。附属单位上缴预算收入中如有专项资金收入，还应按照具体项目进行明细核算。年末结转后，本科目应该没有余额。

（三）账务处理

1. 日常核算

日常核算附属单位上缴预算收入的账务处理，如表 7－38 所示。

表 7－38　　　　　　　日常核算附属单位上缴预算收入的账务处理

经济业务与事项	财务会计处理	预算会计处理
实际收到款项	借：银行存款 　　贷：附属单位上缴收入	借：资金结存——货币资金［实际收到的金额］ 　　贷：附属单位上缴预算收入
确认应收款项	借：其他应收款 　　贷：附属单位上缴收入	借：资金结存——货币资金［实际收到的金额］ 　　贷：附属单位上缴预算收入

【例 7－8】2020 年 6 月 15 日，某事业单位收到其所属独立核算单位上缴的一笔款项 500 000 元，款项已存入银行。账务处理如表 7－39 所示。

表 7－39　　　　　　　　　　　【例 7－8】的账务处理

经济业务与事项	财务会计处理	预算会计处理
2020 年 6 月 15 日，收到附属单位上缴预算收入	借：银行存款　　500 000 　　贷：附属单位上缴收入 　　　　　　　　500 000	借：资金结存——货币资金 　　　　　　　　500 000 　　贷：附属单位上缴预算收入 　　　　　　　　500 000

2. 期末/年末结转

期末/年末结转附属单位上缴预算收入的账务处理，如表 7-40 所示。

表 7-40   期末/年末结转附属单位上缴预算收入的账务处理

经济业务与事项	财务会计处理	预算会计处理
专项资金收入结转	借：附属单位上缴收入 　贷：本期盈余	借：附属单位上缴预算收入 　贷：非财政拨款结转——本年收支结转
非专项资金收入结转	借：附属单位上缴收入 　贷：本期盈余	借：附属单位上缴预算收入 　贷：其他结余

三、其他预算收入

（一）其他预算收入的定义

其他预算收入指单位除财政拨款预算收入、事业预算收入、上级补助预算收入、附属单位上缴预算收入、经营预算收入、债务预算收入、非同级财政拨款预算收入、投资预算收益之外的纳入部门预算管理的现金流入，包括捐赠预算收入、利息预算收入、租金预算收入、现金盘盈收入等。

（二）科目的设置

事业单位应该在预算会计下设置"其他预算收入"科目进行核算。"其他预算收入"科目应当按照其他收入类别、《政府收支分类科目》中"支出功能分类科目"的项级科目等进行明细核算。其他预算收入中如有专项资金收入，还应按照具体项目进行明细核算。单位发生的捐赠预算收入、利息预算收入、租金预算收入金额较大或业务较多的，可单独设置"6603 捐赠预算收入""6604 利息预算收入""6605 租金预算收入"等科目。

（三）账务处理

1. 现金盘盈

现金盘盈的账务处理，如表 7-41 所示。

表 7-41   现金盘盈的账务处理

经济业务与事项	财务会计处理	预算会计处理
现金盘盈	借：库存现金 　贷：待处理财产损溢	借：资金结存——货币资金 　贷：其他预算收入
支付给属于有关人员或单位的部分	借：其他应付款 　贷：库存现金	借：其他预算收入 　贷：资金结存——货币资金

2. 科技成果转化收入

科技成果转化收入的账务处理，如表 7-42 所示。

表 7-42　　　　　　　　　科技成果转化收入的账务处理

经济业务与事项	财务会计处理	预算会计处理
科技成果转化收入	借：银行存款 　贷：其他收入	借：资金结存——货币资金［实际收到的金额］ 　贷：其他预算收入

3. 收回已核销的其他应收款

收回已核销的其他应收款的账务处理，如表 7-43 所示。

表 7-43　　　　　　　　收回已核销的其他应收款的账务处理

经济业务与事项	财务会计处理	预算会计处理
收回已核销的其他应收款	借：银行存款等 　贷：其他收入	借：资金结存——货币资金［实际收到的金额］ 　贷：其他预算收入

4. 捐赠收入

接受捐赠现金资产，按照实际收到的金额，借记"资金结存——货币资金"科目，贷记"其他预算收入（捐赠预算收入）"科目。

接受捐赠的存货、固定资产等非现金资产，没有现金流量，不做账务处理。对于发生的相关税费、运输费等，借记"其他支出"科目，贷记"资金结存——货币资金"科目。

捐赠收入的账务处理，如表 7-44 所示。

表 7-44　　　　　　　　　　捐赠收入的账务处理

经济业务与事项	财务会计处理	预算会计处理
接受捐赠的货币资金	借：库存现金等 　贷：捐赠收入	借：资金结存——货币资金［实际收到的金额］ 　贷：其他预算收入——捐赠收入
接受捐赠的存货、固定资产等	借：库存物品/固定资产等 　贷：银行存款［相关税费支出］ 　　　捐赠收入	借：其他支出［支付的相关税费等］ 　贷：资金结存

5. 租金收入

租金收入的账务处理，如表 7-45 所示。

表 7-45　　　　　　　　　　租金收入的账务处理

经济业务与事项	财务会计处理	预算会计处理
实际收到预付的租金	借：银行存款等 　贷：预收账款	借：资金结存——货币资金［实际收到的金额］ 　贷：其他预算收入——租金收入

续表

经济业务与事项	财务会计处理	预算会计处理
实际收到后付租金	借：银行存款等 　贷：应收账款	借：资金结存——货币资金［实际收到的金额］ 　贷：其他预算收入——租金收入
实际收到按期收取的租金	借：银行存款等 　贷：租金收入	借：资金结存——货币资金［实际收到的金额］ 　贷：其他预算收入——租金收入

【例7-9】2020年2月9日，某事业单位收到按期支付的租金收入9 000元。账务处理如表7-46所示。

表7-46　　　　　　　　　　【例7-9】的账务处理

经济业务与事项	财务会计处理	预算会计处理
2020年2月9日，实际收到按期收取的租金	借：银行存款　　9 000 　贷：租金收入　　9 000	借：资金结存——货币资金　　9 000 　贷：其他预算收入——租金收入　　9 000

6. 期末/年末结转

期末/年末结转其他预算收入的账务处理，如表7-47所示。

表7-47　　　　　　　期末/年末结转其他预算收入的账务处理

经济业务与事项	财务会计处理	预算会计处理
资金收入结转	借：其他收入 　贷：本期盈余	借：其他预算收入——租金收入 　贷：其他结余

【复习思考题】

1. 什么是预算收入？预算收入主要有哪些？
2. 什么是拨款预算收入？什么是非同级财政拨款预算收入？两者有什么区别？
3. 什么是事业预算收入？什么是经营预算收入？两者有什么区别？
4. 在预算收入的处理中，预算会计和财务会计的处理方式主要有哪些区别？

第八章
政府会计预算支出的管理与核算

【本章要点】
- 了解预算支出的基本定义
- 了解我国预算支出的分类原则及内容
- 熟悉预算支出的科目设置
- 掌握预算支出各科目的核算内容
- 掌握预算支出各科目的账务处理

第一节 预算支出的管理

一、预算支出的定义与分类

预算支出是指政府会计主体在预算年度内依法发生并纳入预算管理的现金流出。为加强预算支出的管理与核算，提高资金使用效益，政府会计主体须对预算支出进行科学分类。根据《2020年政府收支分类科目》，我国现行政府支出划分为支出功能分类体系、支出经济分类体系两类。

支出功能分类体系更为清楚地反映政府各项功能活动及政策目标，根据社会主义市场经济条件下政府职能活动情况及国际通行做法，以及政府管理和部门预算的要求，现行支出功能分类统一设置类、款、项三级科目。类级科目综合反映政府的职能活动，如国防、外教、科技、社会保障、环境保护等；款级科目反映为完成政府某项活动的某一方面的工作，如"教育"下的"普通教育"；项级科目反映为完成某一方面工作所发生的具体事项，如"文化和旅游"款下的"图书馆""旅游宣传"等。根据经调整的《2020年政府收支分类科目》，支出功能分类科目中类级科目见表8-1。

表8-1　　　　　　　　　政府收支分类的支出分类情况

预算支出功能分类	部门预算支出经济分类科目
1. 一般公共服务支出	1. 工资福利支出
2. 外交支出	2. 商品和服务支出
3. 国防支出	3. 对个人和家庭的补助
4. 公共安全支出	4. 债务利息及费用支出
5. 教育支出	5. 资本性支出（基本建设）

续表

预算支出功能分类	部门预算支出经济分类科目
6. 科学技术支出	6. 资本性支出
7. 文化旅游体育与传媒支出	7. 对企业补助（基本建设）
8. 社会保障和就业支出	8. 对企业补助
9. 社会保险基金支出	9. 对社会保障基金补助
10. 卫生健康支出	10. 其他支出
11. 节能环保支出	
12. 城乡社区支出	
13. 农林水支出	
14. 交通运输支出	
15. 资源勘探工业信息等支出	
16. 商业服务业等支出	
17. 金融支出	
18. 援助其他地区支出	
19. 自然资源海洋气象等支出	
20. 住房保障支出	
21. 粮油物资储备支出	
22. 国有资本经营预算支出	
23. 灾害防治及应急管理支出	
24. 预备费	
25. 其他支出	
26. 转移性支出	
27. 债务还本支出	
28. 债务付息支出	
29. 债务发行费用支出	

支出经济分类主要反映政府支出的经济性质和具体用途。遵循简便、实用的原则，支出经济分类科目设置类、款两级。款级科目是对类级科目的细化，主要体现部门预算编制和单位财务管理等有关方面的要求，如将基建支出细化为房屋建筑物构建、大型修缮、土地资源开发等各种形态。建立支出经济分类体系，目的是全面、规范、明细地反映政府各项支出的具体用途，为政府预算管理、部门财务管理以及政府统计分析提供依据。

根据《2020年政府收支分类科目》，我国目前预算支出功能分类和经济分类的类级情况见表8-1。

二、预算支出的确认与计量

根据《政府会计准则——基本准则》的规定，预算会计实行收付实现制，其支出一般在实际支付时予以确认，以实际支付的金额计量。这有利于如实反映当期财政资金的支出情况，有利于加强预算管理，提高预算资金的利用效率。但是，对于个别预算支出事项,可以采用权责发生制进行确认。根据《关于中央财政总预算会计部分事项采取权责发生制核算有关问题的通知》的规定,中央财政总预算会计的下列会计事项可以采用权责发生制进行确认:

(1) 党中央、国务院确定的重大事项,在预算中已做安排,有具体项目名称和资金测算,当年应支未支的款项;

(2) 国务院已批准动用,当年未实际支付的预备费项目;

(3) 预算已经安排,当年应支未支的工资和社保资金;

(4) 国库集中支付中,当年未支而需结转下一年度支付的款项(国库集中支付年终结余);

(5) 当年出口退税中应退而未退的出口退税收入;

(6) 预算已经安排,根据国债余额管理有关规定形成的应发未发国债;

(7) 国务院批准的其他特殊事项。

三、预算支出的科目设置

预算支出设置行政支出、事业支出、经营支出、上缴上级支出、对附属单位补助支出、投资支出、债务还本支出、其他支出等总账科目,各科目按照支出类别、项目、《政府收支分类科目》中"支出功能分类科目"的项级科目和"部门预算支出经济分类科目"的款级科目等进行明细核算。其中的专项资金支出须按具体项目进行明细核算;行政支出/事业支出/其他支出还应按照"财政拨款支出""非财政专项资金支出""其他资金支出"以及"基本支出""项目支出"等进行明细核算;在"财政拨款支出"下按照一般公共预算财政拨款、政府性基金预算财政拨款等拨款种类进行明细核算。

财务会计费用科目与预算会计预算支出科目对照,如表 8-2 所示。

表 8-2　　　　　财务会计费用科目与预算会计预算支出科目对照

费用类		预算支出类		适用单位
科目编码	会计科目	科目编码	会计科目	
5001	业务活动费用	7101	行政支出	行政单位
5101	单位管理费用	7201	事业支出	事业单位
5201	经营费用	7301	经营支出	事业单位
5301	资产处置费用	—	—	—
5401	上缴上级费用	7401	上缴上级支出	事业单位
5501	对附属单位补助费用	7501	对附属单位补助支出	事业单位
—	—	7601	投资支出	事业单位
—	—	7701	债务还本支出	事业单位
5801	所得税费用	—	—	事业单位
5901	其他费用	7901	其他支出	—

第二节 业务类预算支出

一、行政支出

（一）行政支出的核算内容

行政单位履行其职责实际发生的各项现金流出，应当分别按照"财政拨款支出""非财政专项资金支出""其他资金支出"以及"基本支出""项目支出"等进行明细核算，并按照《政府收支分类科目》中"支出功能分类科目"的项级科目进行明细核算；"基本支出"和"项目支出"明细科目下应当按照《政府收支分类科目》中"部门预算支出经济分类科目"的款级科目进行明细核算，同时在"项目支出"明细科目下按照具体项目进行明细核算。

有一般公共预算财政拨款、政府性基金预算财政拨款等两种或两种以上财政拨款的行政单位，还应当在"财政拨款支出"明细科目下按照财政拨款的种类进行明细核算。

对于预付款项，可通过在本科目下设置"待处理"明细科目进行核算，待确认具体支出项目后再转入本科目下相关明细科目。年末结账前，应将本科目"待处理"明细科目余额全部转入本科目下相关明细科目。

（二）行政支出的主要账务处理

1. 支付单位职工薪酬

向单位职工个人支付薪酬时，按照实际支付的金额，借记本科目，贷记"财政拨款预算收入""资金结存"科目。

按照规定代扣代缴个人所得税以及代扣代缴或为职工缴纳职工社会保险费、住房公积金等时，按照实际缴纳的金额，借记本科目，贷记"财政拨款预算收入""资金结存"科目。

支付单位职工薪酬的账务处理，如表8-3所示。

表8-3　　　　　　　　　　支付单位职工薪酬的账务处理

经济业务与事项		财务会计处理	预算会计处理
为履职或开展业务活动人员计提并支付职工薪酬	实际支付给职工并代扣个人所得税时	借：应付职工薪酬 　贷：财政拨款收入/零余额账户用款额度/ 　　　银行存款等 　　　其他应交税费——应交个人所得税	借：行政支出［按照支付给个人部分］ 　贷：财政拨款预算收入/资金结存
	实际缴纳税款时	借：其他应交税费——应交个人所得税 　贷：银行存款/零余额账户用款额度等	借：行政支出［按照实际缴纳额］ 　贷：资金结存等

【例8-1】2019年11月14日，某行政单位为某职工支付工资薪酬13 500元，代扣其个人所得税230元，次月7日代缴此部分税款。款项通过零余额账户支付。账务处理如表8-4所示。

表 8-4　〖例 8-1〗的账务处理

经济业务与事项	财务会计处理	预算会计处理
2019 年 11 月 14 日，支付职工工资薪酬并代扣个人所得税	借：应付职工薪酬　　　　　　13 730 　贷：零余额账户用款额度　　　13 500 　　　其他应交税费——应交个人所得税 　　　　　　　　　　　　　　　230	借：行政支出　　　　　13 500 　贷：资金结存　　　　13 500
2019 年 12 月 7 日，代缴个人所得税	借：其他应交税费——应交个人所得税 　　　　　　　　　　　　　　　230 　贷：零余额账户用款额度等　　230	借：行政支出　　　　　　230 　贷：资金结存　　　　　230

2. 支付外部人员劳务费

按照实际支付给外部人员个人的金额，借记本科目，贷记"财政拨款预算收入""资金结存"科目。

按照规定代扣代缴个人所得税时，按照实际缴纳的金额，借记本科目，贷记"财政拨款预算收入""资金结存"科目。

支付外部人员劳务费的账务处理，如表 8-5 所示。

表 8-5　支付外部人员劳务费的账务处理

经济业务与事项		财务会计处理	预算会计处理
为履职或开展业务活动发生的外部人员劳务费	实际支付并代扣个人所得税时	借：其他应付款 　贷：财政拨款收入/零余额账户用款额度/银行存款等 　　　其他应交税费——应交个人所得税	借：行政支出 [按照实际支付给个人部分] 　贷：财政拨款预算收入/资金结存
	实际缴纳税款时	借：其他应交税费——应交个人所得税 　贷：银行存款/零余额账户用款额度等	借：行政支出 [按照实际缴纳额] 　贷：资金结存等

3. 开展业务活动购买资产或支付在建工程款时

为购买存货、固定资产、无形资产等以及在建工程支付相关款项时，按照实际支付的金额，借记本科目，贷记"财政拨款预算收入""资金结存"科目。

购买资产或支付在建工程款的账务处理，如表 8-6 所示。

表 8-6　购买资产或支付在建工程款的账务处理

经济业务与事项	财务会计处理	预算会计处理
为履职或开展业务活动购买资产或支付在建工程款等	借：库存物品/固定资产/无形资产/在建工程等 　贷：财政拨款收入/零余额账户用款额度/银行存款/应付账款等	借：行政支出 　贷：财政拨款预算收入/资金结存

【例 8-2】2018 年 5 月 3 日，某行政单位通过政府采购购入一批材料，取得的增值税发票上注明总价价款 58 000 元。款项通过零余额账户支付。账务处理如表 8-7 所示。

表 8-7　　　　　　　　　　　〖例 8-2〗的账务处理

经济业务与事项	财务会计处理	预算会计处理
2018 年 5 月 3 日，购买材料	借：库存物品　　　　　　58 000 　　贷：零余额账户用款额度　58 000	借：行政支出　　　　58 000 　　贷：资金结存　　　58 000

4. 发生预付账款时

按照实际支付的金额，借记本科目，贷记"财政拨款预算收入""资金结存"科目。

对于暂付款项，在支付款项时可不做预算会计处理，待结算或报销时，按照结算或报销的金额，借记本科目，贷记"资金结存"科目。

预付账款的账务处理，如表 8-8 所示。

表 8-8　　　　　　　　　　　预付账款的账务处理

经济业务与事项			财务会计处理	预算会计处理
为履职或开展业务活动发生的预付款项	预付账款	支付款项时	借：预付账款 　　贷：财政拨款收入/零余额账户用款额度/银行存款等	借：行政支出 　　贷：财政拨款预算收入/资金结存
		结算时	借：业务活动费用 　　贷：预付账款 　　　　财政拨款收入/零余额账户用款额度/银行存款等〔补付金额〕	借：行政支出 　　贷：财政拨款预算收入/资金结存〔补付金额〕
	暂付款项	支付款项时	借：其他应收款 　　贷：银行存款等	不做处理
		结算或报销时	借：业务活动费用 　　贷：其他应收款	借：行政支出 　　贷：资金结存等

【例 8-3】2015 年 3 月 14 日，某行政单位向某公司购进一批设备，根据购货合同约定先预付 100 000 元，该公司发回货物，取得的增值税发票上注明总价价款 180 000 元。2015 年 4 月 2 日，该行政单位补付 80 000 元。款项通过零余额账户支付。账务处理如表 8-9 所示。

表 8-9　　　　　　　　　　　〖例 8-3〗的账务处理

经济业务与事项	财务会计处理	预算会计处理
2015 年 3 月 14 日，支付预付账款	借：预付账款　　　　　　　100 000 　　贷：零余额账户用款额度　100 000	借：行政支出　　　　100 000 　　贷：资金结存　　　100 000
2015 年 4 月 2 日，结算补付金额	借：业务活动费用　　　　　180 000 　　贷：预付账款　　　　　　100 000 　　　　零余额账户用款额度　80 000	借：行政支出　　　　80 000 　　贷：资金结存　　　80 000

5. 发生其他各项支出时

按照实际支付的金额，借记本科目，贷记"财政拨款预算收入""资金结存"科目。

其他各项支出的账务处理，如表8-10所示。

表8-10　　　　　　　　　　其他各项支出的账务处理

经济业务与事项	财务会计处理	预算会计处理
为履职或开展业务活动发生其他各项费用	借：业务活动费用 　贷：财政拨款收入/零余额账户用款额度/银行存款/应付账款/其他应付款等	借：行政支出［按照实际支付的金额］ 　贷：财政拨款预算收入/资金结存

6. 购货退回时

因购货退回等发生款项退回，或者发生差错更正的，属于当年支出收回的，按照收回或更正金额，借记"财政拨款预算收入""资金结存"科目，贷记本科目。

购货退回的账务处理，如表8-11所示。

表8-11　　　　　　　　　　购货退回的账务处理

经济业务与事项		财务会计处理	预算会计处理
购货退回等	当年发生的	借：财政拨款收入/零余额账户用款额度/银行存款/应收账款等 　贷：库存物品/业务活动费用	借：财政拨款预算收入/资金结存 　贷：行政支出

【例8-4】2018年5月3日，某行政单位发现1个月前通过政府采购购入的一批价值2 000元的材料存在质量问题后将其全部退回供货商，并获得全额退款。账务处理如表8-12所示。

表8-12　　　　　　　　　　【例8-4】的账务处理

经济业务与事项	财务会计处理	预算会计处理
2018年5月3日，退回购货	借：财政拨款收入　　2 000 　贷：库存物品　　　　2 000	借：财政拨款收入　　2 000 　贷：行政支出　　　　2 000

7. 年末结转时

年末，将本科目本年发生额中的财政拨款支出转入财政拨款结转，借记"财政拨款结转——本年收支结转"科目，贷记本科目下各财政拨款支出明细科目；将本科目本年发生额中的非财政专项资金支出转入非财政拨款结转，借记"非财政拨款结转——本年收支结转"科目，贷记本科目下各非财政专项资金支出明细科目；将本科目本年发生额中的其他资金支出（非财政非专项资金支出）转入其他结余，借记"其他结余"科目，贷记本科目下其他资金支出明细科目。

年末结转的账务处理，如表8-13所示。

· 291 ·

表 8-13　　　　　　　　　　　　年末结转的账务处理

经济业务与事项	财务会计处理	预算会计处理
期末/年末结转	借：本期盈余 　贷：业务活动费用	借：财政拨款结转——本年收支结转［财政拨款支出］ 　　非财政拨款结转——本年收支结转［非同级财政专项资金支出］ 　　其他结余［非同级财政、非专项资金支出］ 　贷：行政支出

【例 8-5】2017 年 12 月 9 日，某行政单位的公用经费余额为 36 000 元，年终结账转入"财政拨款结转"账户。账务处理如表 8-14 所示。

表 8-14　　　　　　　　　　　　《例 8-5》的账务处理

经济业务与事项	财务会计处理	预算会计处理
期末/年末结转	借：本期盈余　　　　36 000 　贷：业务活动费用　　36 000	借：财政拨款结转——本年收支结转 　　　　　　　　　　　　36 000 　贷：行政支出　　　　　36 000

二、事业支出

（一）事业支出的核算内容

事业单位开展专业业务活动及其辅助活动实际发生的各项现金流出。单位发生教育、科研、医疗、行政管理、后勤保障等活动的，可在本科目下设置相应的明细科目进行核算。

本科目应当分别按照"财政拨款支出""非财政专项资金支出""其他资金支出"以及"基本支出""项目支出"等进行明细核算，并按照《政府收支分类科目》中"支出功能分类科目"的项级科目进行明细核算；"基本支出"和"项目支出"明细科目下应当按照《政府收支分类科目》中"部门预算支出经济分类科目"的款级科目进行明细核算，同时在"项目支出"明细科目下按照具体项目进行明细核算。

有一般公共预算财政拨款、政府性基金预算财政拨款等两种或两种以上财政拨款的事业单位，还应当在"财政拨款支出"明细科目下按照财政拨款的种类进行明细核算。

对于预付款项，可通过在本科目下设置"待处理"明细科目进行明细核算，待确认具体支出项目后再转入本科目下相关明细科目。年末结账前，应将本科目"待处理"明细科目余额全部转入本科目下相关明细科目。

（二）事业支出的主要账务处理

1. 支付单位职工（经营部门职工除外）薪酬

向单位职工个人支付薪酬时，按照实际支付的数额，借记本科目，贷记"财政拨款预算收入""资金结存"科目。

按照规定代扣代缴个人所得税以及代扣代缴或为职工缴纳职工社会保险费、住房公积金等时，按照实际缴纳的金额，借记本科目，贷记"财政拨款预算收入""资金结存"科目。

支付单位职工薪酬的账务处理，如表8-15所示。

表8-15　　　　　　　　　　　支付单位职工薪酬的账务处理

经济业务与事项		财务会计处理		预算会计处理
		业务活动费用	单位管理费用	
为履职或开展业务活动人员计提并支付职工薪酬/管理活动人员职工薪酬	计提时，按照计算的金额	借：业务活动费用 　　贷：应付职工薪酬	借：单位管理费用 　　贷：应付职工薪酬	不做处理
	实际支付给职工并代扣个人所得税时	借：应付职工薪酬 　　贷：财政拨款收入/零余额账户用款额度/银行存款等 　　　　其他应交税费——应交个人所得税	借：应付职工薪酬 　　贷：财政拨款收入/零余额账户用款额度/银行存款等 　　　　其他应交税费——应交个人所得税	借：事业支出［按照支付给个人部分］ 　　贷：财政拨款预算收入/资金结存
	实际缴纳税款时	借：其他应交税费——应交个人所得税 　　贷：银行存款/零余额账户用款额度等	借：其他应交税费——应交个人所得税 　　贷：银行存款/零余额账户用款额度等	借：事业支出［按照实际缴纳额］ 　　贷：资金结存等

2. 为专业业务活动及其辅助活动支付外部人员劳务费

按照实际支付给外部人员个人的金额，借记本科目，贷记"财政拨款预算收入""资金结存"科目。

按照规定代扣代缴个人所得税时，按照实际缴纳的金额，借记本科目，贷记"财政拨款预算收入""资金结存"科目。

支付外部人员劳务费的账务处理，如表8-16所示。

表8-16　　　　　　　　　　　支付外部人员劳务费的账务处理

经济业务与事项		财务会计处理		预算会计处理
		业务活动费用	单位管理费用	
为履职或开展业务活动发生的外部人员劳务费/为开展管理活动发生的外部人员劳务费	计提时，按照计算的金额	借：业务活动费用 　　贷：其他应付款	借：单位管理费用 　　贷：其他应付款	不做处理
	实际支付并代扣个人所得税时	借：其他应付款 　　贷：财政拨款收入/零余额账户用款额度/银行存款等 　　　　其他应交税费——应交个人所得税	借：其他应付款 　　贷：财政拨款收入/零余额账户用款额度/银行存款等 　　　　其他应交税费——应交个人所得税	借：事业支出［按照实际支付给个人部分］ 　　贷：财政拨款预算收入/资金结存
	实际缴纳税款时	借：其他应交税费——应交个人所得税 　　贷：银行存款/零余额账户用款额度等	借：其他应交税费——应交个人所得税 　　贷：银行存款/零余额账户用款额度等	借：事业支出［按照实际缴纳额］ 　　贷：资金结存等

3. 为开展业务活动购买资产或支付在建工程款时

开展专业业务活动及其辅助活动过程中为购买存货、固定资产、无形资产等以及在建工程支付相关款项时，按照实际支付的金额，借记本科目，贷记"财政拨款预算收入""资金结存"科目。

购买资产或支付在建工程款的账务处理，如表8-17所示。

表8-17　购买资产或支付在建工程款的账务处理

经济业务与事项		财务会计处理		预算会计处理
		业务活动费用	单位管理费用	
为履职或开展业务活动购买资产或支付在建工程款等	按照实际支付或应付的价款	借：库存物品/固定资产/无形资产/在建工程等 贷：财政拨款收入/零余额账户用款额度/银行存款/应付账款等	借：库存物品/固定资产/无形资产/在建工程等 贷：财政拨款收入/零余额账户用款额度/银行存款/应付账款等	借：事业支出［按照实际支付价款］ 贷：财政拨款预算收入/资金结存

4. 开展业务活动发生预付款项时

开展专业业务活动及其辅助活动过程中发生预付账款时，按照实际支付的金额，借记本科目，贷记"财政拨款预算收入""资金结存"科目。对于暂付款项，在支付款项时可不做预算会计处理，待结算或报销时，按照结算或报销的金额，借记本科目，贷记"资金结存"科目。

预付款项的账务处理，如表8-18所示。

表8-18　预付款项的账务处理

经济业务与事项			财务会计处理		预算会计处理
			业务活动费用	单位管理费用	
为履职或开展业务活动发生的预付款项	预付账款	支付款项时	借：预付账款 贷：财政拨款收入/零余额账户用款额度/银行存款等	借：预付账款 贷：财政拨款收入/零余额账户用款额度/银行存款等	借：事业支出 贷：财政拨款预算收入/资金结存
		结算时	借：业务活动费用 贷：预付账款 财政拨款收入/零余额账户用款额度/银行存款等［补付金额］	借：单位管理费用 贷：预付账款 财政拨款收入/零余额账户用款额度/银行存款等［补付金额］	借：事业支出 贷：财政拨款预算收入/资金结存［补付金额］
	暂付款项	支付款项时	借：其他应收款 贷：银行存款等	借：其他应收款 贷：银行存款等	不做处理
		结算或报销时	借：业务活动费用 贷：其他应收款	借：单位管理费用 贷：其他应收款	借：事业支出 贷：资金结存等

5. 支付税费及附加时

开展专业业务活动及其辅助活动过程中缴纳的相关税费以及发生的其他各项支出，按照实际支付的金额，借记本科目，贷记"财政拨款预算收入""资金结存"科目。

缴纳税费及附加的账务处理，如表8-19所示。

表8-19　　　　　　　　缴纳税费及附加的账务处理

经济业务与事项		财务会计处理		预算会计处理
		业务活动费用	单位管理费用	
为履职或开展业务活动发生应负担的税金及附加时/开展管理活动发生应负担的税金及附加时	确认其他应交税费时	借：业务活动费用 　贷：其他应交税费	借：单位管理费用 　贷：其他应交税费	不做处理
	支付其他应交税费时	借：其他应交税费 　贷：银行存款等	借：其他应交税费 　贷：银行存款等	借：事业支出 　贷：资金结存等

6. 购货退回时

开展专业业务活动及其辅助活动过程中因购货退回等发生款项退回，或者发生差错更正的，属于当年支出收回的，按照收回或更正金额，借记"财政拨款预算收入""资金结存"科目，贷记本科目。

购货退回的账务处理，如表8-20所示。

表8-20　　　　　　　　购货退回的账务处理

经济业务与事项		财务会计处理		预算会计处理
		业务活动费用	单位管理费用	
购货退回等	当年发生的	借：财政拨款收入/零余额账户用款额度/银行存款/应收账款等 　贷：库存物品/业务活动费用等	借：财政拨款收入/零余额账户用款额度/银行存款/应收账款等 　贷：库存物品/单位管理费用等	借：财政拨款预算收入/资金结存 　贷：事业支出

7. 年末结转时

年末，将本科目本年发生额中的财政拨款支出转入财政拨款结转，借记"财政拨款结转——本年收支结转"科目，贷记本科目下各财政拨款支出明细科目；将本科目本年发生额中的非财政专项资金支出转入非财政拨款结转，借记"非财政拨款结转——本年收支结转"科目，贷记本科目下各非财政专项资金支出明细科目；将本科目本年发生额中的其他资金支出（非财政非专项资金支出）转入其他结余，借记"其他结余"科目，贷记本科目下其他资金支出明细科目。

年末结转的账务处理，如表8-21所示。

表 8-21　　　　　　　　　　　　年末结转的账务处理

经济业务与事项	财务会计处理		预算会计处理
	业务活动费用	单位管理费用	
期末/年末结转	借：本期盈余 　贷：业务活动费用	借：本期盈余 　贷：单位管理费用	借：财政拨款结转——本年收支结转［财政拨款支出］ 　　非财政拨款结转——本年收支结转［非财政专项资金支出］ 　　其他结余［非财政、非专项资金支出］ 　贷：事业支出

根据《政府会计准则制度解释第 2 号》，单位按规定报经财政部门审核批准，在财政授权支付用款额度或财政直接支付用款计划下达之前，用本单位实有资金账户资金垫付相关支出，再通过财政授权支付方式或财政直接支付方式将资金归还原垫付资金账户的，应当按照以下规定进行账务处理：

（1）用本单位实有资金账户资金垫付相关支出时，按照垫付的资金金额，借记"其他应收款"科目，贷记"银行存款"科目；预算会计不做处理。

（2）通过财政直接支付方式或授权支付方式将资金归还原垫付资金账户时，按照归垫的资金金额，借记"银行存款"科目，贷记"财政拨款收入"科目，并按照相同的金额，借记"业务活动费用"等科目，贷记"其他应收款"科目；同时，在预算会计中，按照相同的金额，借记"行政支出""事业支出"等科目，贷记"财政拨款预算收入"科目。

> **专栏 8-1**
>
> **关于单位年末暂收暂付非财政资金的会计处理**
>
> 单位对于纳入本年度部门预算管理的现金收支业务，在采用财务会计核算的同时应当及时进行预算会计核算。年末结账前，单位应当对暂收暂付款项进行全面清理，并对于纳入本年度部门预算管理的暂收暂付款项进行预算会计处理，确认相关预算收支，确保预算会计信息能够完整反映本年度部门预算收支执行情况。
>
> （1）对于纳入本年度部门预算管理的暂付款项，单位在支付款项时可不做预算会计处理，待结算或报销时，按照结算或报销的金额，借记相关预算支出科目，贷记"资金结存"科目。但是，在年末结账前，对于尚未结算或报销的暂付款项，单位应当按照暂付的金额，借记相关预算支出科目，贷记"资金结存"科目。以后年度，实际结算或报销金额与已计入预算支出的金额不一致的，单位应当通过相关预算结转结余科目"年初余额调整"明细科目进行处理。
>
> （2）对于应当纳入下一年度部门预算管理的暂收款项，单位在收到款项时，借记"银行存款"等科目，贷记"其他应付款"科目；本年度不做预算会计处理。待

下一年初，单位应当按照上年暂收的款项金额，借记"其他应付款"科目，贷记有关收入科目；同时在预算会计中，按照暂收款项的金额，借记"资金结存"科目，贷记有关预算收入科目。

对于应当纳入下一年度部门预算管理的暂付款项，单位在付出款项时，借记"其他应收款"科目，贷记"银行存款"等科目，本年度不做预算会计处理。待下一年实际结算或报销时，单位应当按照实际结算或报销的金额，借记有关费用科目，按照之前暂付的款项金额，贷记"其他应收款"科目，按照退回或补付的金额，借记或贷记"银行存款"等科目；同时，在预算会计中，按照实际结算或报销的金额，借记有关支出科目，贷记"资金结存"科目。下一年度内尚未结算或报销的，按照上述（1）中的规定处理。

（3）对于不纳入部门预算管理的暂收暂付款项（如应上缴、应转拨或应退回的资金），单位应当按照《政府会计制度》规定，仅作财务会计处理，不做预算会计处理。

三、经营支出

（一）经营支出的核算内容

经营支出科目核算事业单位在专业业务活动及其辅助活动之外开展非独立核算经营活动实际发生的各项现金流出，应当按照经营活动类别、项目、《政府收支分类科目》中"支出功能分类科目"的项级科目和"部门预算支出经济分类科目"的款级科目等进行明细核算。

对于预付款项，可通过在本科目下设置"待处理"明细科目进行明细核算，待确认具体支出项目后再转入本科目下相关明细科目。年末结账前，应将本科目"待处理"明细科目余额全部转入本科目下相关明细科目。

（二）经营支出的主要账务处理

1. 支付经营部门职工薪酬

向职工个人支付薪酬时，按照实际的金额，借记本科目，贷记"资金结存"科目。

按照规定代扣代缴个人所得税以及代扣代缴或为职工缴纳职工社会保险费、住房公积金时，按照实际缴纳的金额，借记本科目，贷记"资金结存"科目。

支付经营部门职工薪酬的账务处理，如表8-22所示。

表8-22　　　　　　　　支付经营部门职工薪酬的账务处理

经济业务与事项		财务会计处理	预算会计处理
为经营活动人员支付职工薪酬	计提时，按照计算的金额	借：经营费用 　　贷：应付职工薪酬	不做处理
	实际支付给职工时	借：应付职工薪酬 　　贷：银行存款等 　　　　其他应交税费——应交个人所得税	借：经营支出［按照支付给个人部分］ 　　贷：资金结存——货币资金
	实际支付税款时	借：其他应交税费——应交个人所得税 　　贷：银行存款等	借：经营支出［按照实际缴纳额］ 　　贷：资金结存——货币资金

2. 为经营活动支付外部人员劳务费

按照实际支付给外部人员个人的金额，借记本科目，贷记"资金结存"科目。

按照规定代扣代缴个人所得税时，按照实际缴纳的金额，借记本科目，贷记"资金结存"科目。

3. 为开展经营活动购买资产或支付在建工程款时

开展经营活动过程中为购买存货、固定资产、无形资产等以及在建工程支付相关款项时，按照实际支付的金额，借记本科目，贷记"资金结存"科目。

购买资产或支付在建工程款的账务处理，如表8-23所示。

表8-23　购买资产或支付在建工程款的账务处理

经济业务与事项	财务会计处理	预算会计处理
为开展经营活动购买资产或支付在建工程款　按照实际支付或应付的金额	借：库存物品/固定资产/无形资产/在建工程 　贷：银行存款/应付账款等	借：经营支出 　贷：资金结存——货币资金［按照实际支付金额］

4. 开展经营活动发生预付款项时

开展经营活动过程中发生预付账款时，按照实际支付的金额，借记本科目，贷记"资金结存"科目。

对于暂付款项，在支付款项时可不做预算会计处理，待结算或报销时，按照结算或报销的金额，借记本科目，贷记"资金结存"科目。

预付款项的账务处理，如表8-24所示。

表8-24　预付款项的账务处理

经济业务与事项		财务会计处理	预算会计处理
开展经营活动发生的预付款项	预付时，按照预付的金额	借：预付账款 　贷：银行存款等	借：经营支出 　贷：资金结存——货币资金
	结算时	借：经营费用 　贷：预付账款 　　银行存款等［补付金额］	借：经营支出 　贷：资金结存——货币资金［补付金额］

5. 支付税费及附加时

因开展经营活动缴纳的相关税费以及发生的其他各项支出，按照实际支付的金额，借记本科目，贷记"资金结存"科目。

支付税费及附加的账务处理，如表8-25所示。

表 8－25		支付税费及附加的账务处理	
经济业务与事项		财务会计处理	预算会计处理
开展经营活动发生应负担的税金及附加时	按照计算确定的缴纳金额	借：经营费用 　　贷：其他应交税费	不做处理
	实际缴纳时	借：其他应交税费 　　贷：银行存款等	借：经营支出 　　贷：资金结存——货币资金

6. 购货退回时

开展经营活动中因购货退回等发生款项退回，或者发生差错更正的，属于当年支出收回的，按照收回或更正金额，借记"资金结存"科目，贷记本科目。

购货退回的账务处理，如表 8－26 所示。

表 8－26		购货退回的账务处理	
经济业务与事项		财务会计处理	预算会计处理
购货退回等	当年发生的	借：银行存款/应收账款等 　　贷：库存物品/经营费用等	借：资金结存——货币资金［按照实际收到的金额］ 　　贷：经营支出

7. 年末结转时

年末，将本科目本年发生额转入经营结余，借记"经营结余"科目，贷记本科目。

年末结转的账务处理，如表 8－27 所示。

表 8－27	年末结转的账务处理	
经济业务与事项	财务会计处理	预算会计处理
期末/年末结转	借：本期盈余 　　贷：经营费用	借：经营结余 　　贷：经营支出

第三节　投　资　支　出

一、投资支出的核算内容

投资支出科目核算事业单位以货币资金对外投资发生的现金流出，应当按照投资类型、投资对象、《政府收支分类科目》中"支出功能分类科目"的项级科目和"部门预算支出经济分类科目"的款级科目等进行明细核算。

二、投资支出的账务处理

（一）以货币资金对外投资时

以货币资金对外投资时，按照投资金额和所支付的相关税费金额的合计数，借记本科目，贷记"资金结存"科目。

以货币资金对外投资的账务处理，如表8-28所示。

表8-28　　　　　　　　　　以货币资金对外投资的账务处理

经济业务与事项	财务会计处理	预算会计处理
以货币资金对外投资时	借：短期投资/长期股权投资/长期债券投资 　　贷：银行存款	借：投资支出 　　贷：资金结存——货币资金

（二）出售、对外转让或到期收回本年度以货币资金取得的对外投资时

出售、对外转让或到期收回本年度以货币资金取得的对外投资的，如果按规定将投资收益纳入单位预算，按照实际收到的金额，借记"资金结存"科目，按照取得投资时"投资支出"科目的发生额，贷记本科目，按照其差额，贷记或借记"投资预算收益"科目；如果按规定将投资收益上缴财政的，按照取得投资时"投资支出"科目的发生额，借记"资金结存"科目，贷记本科目。

出售、对外转让或到期收回以前年度以货币资金取得的对外投资的，如果按规定将投资收益纳入单位预算，按照实际收到的金额，借记"资金结存"科目，按照取得投资时"投资支出"科目的发生额，贷记"其他结余"科目，按照其差额，贷记或借记"投资预算收益"科目；如果按规定将投资收益上缴财政的，按照取得投资时"投资支出"科目的发生额，借记"资金结存"科目，贷记"其他结余"科目。

出售、对外转让或到期收回对外投资的账务处理，如表8-29所示。

表8-29　　　　　　出售、对外转让或到期收回对外投资的账务处理

经济业务与事项		财务会计处理	预算会计处理
出售、对外转让或到期收回本年度以货币资金取得的对外投资	实际取得价款大于投资成本的	借：银行存款等［实际取得或收回的金额］ 　　贷：短期投资/长期债券投资等［账面余额］ 　　　　应收利息［账面余额］ 　　　　投资收益	借：资金结存——货币资金 　　贷：投资支出［投资成本］ 　　　　投资预算收益
	实际取得价款小于投资成本的	借：银行存款等［实际取得或收回的金额］ 　　　投资收益 　　贷：短期投资/长期债券投资等［账面余额］ 　　　　应收利息［账面余额］	借：资金结存——货币资金 　　　投资预算收益 　　贷：投资支出［投资成本］

【例8-6】2010年8月1日，某事业单位以银行存款购入5年期国债100万元，年利率为3%，按年分期付息，到期还本，付息日为每年8月1日，最后1年偿还本金并付最后一次利息。账务处理如表8-30所示。

表 8-30　　　　　　　　　　　　〖例 8-6〗的账务处理

经济业务与事项	财务会计处理	预算会计处理
2010 年 8 月 1 日，购入国债	借：长期债券投资　1 000 000 　　贷：银行存款　　　　1 000 000	借：投资支出　　　　　　　　1 000 000 　　贷：资金结存——货币资金　1 000 000
2015 年 8 月 1 日，到期收回本息	借：银行存款　　　1 030 000 　　贷：长期债券投资　1 030 000 　　　　应收利益　　　　30 000 　　　　投资收益　　　　30 000	借：资金结存——货币资金　　1 030 000 　　贷：投资支出　　　　　　　　100 000 　　　　投资预算收益　　　　　　30 000

（三）年末结转时

年末，将本科目本年发生额转入其他结余，借记"其他结余"科目，贷记本科目。年末结转的账务处理，如表 8-31 所示。

表 8-31　　　　　　　　　　　　年末结转的账务处理

经济业务与事项	财务会计处理	预算会计处理
年末结转	不做处理	借：其他结余 　　贷：投资支出

第四节　债务还本支出

一、债务还本支出的核算内容

债务还本科目核算事业单位偿还自身承担的纳入预算管理的从金融机构举借的债务本金的现金流出，科目应当按照贷款单位、贷款种类、《政府收支分类科目》中"支出功能分类科目"的项级科目和"部门预算支出经济分类科目"的款级科目等进行明细核算。

二、债务还本支出的账务处理

（一）偿还各项短期或长期借款时

偿还各项短期或长期借款时，按照偿还的借款本金，借记本科目，贷记"资金结存"科目。

偿还短期或长期借款本金的账务处理，如表 8-32 所示。

表 8-32　　　　　　　　　　　偿还短期或长期借款本金的账务处理

经济业务与事项		财务会计处理	预算会计处理
短期借款	归还短期借款本金	借：短期借款 　　贷：银行贷款	借：债务还本支出 　　贷：资金结存——货币资金

续表

经济业务与事项		财务会计处理	预算会计处理
长期借款	归还长期借款本金	借：长期借款——本金 　　贷：银行贷款	借：债务还本支出 　　贷：资金结存——货币资金

【例8-7】2014年11月2日，某事业单位从银行贷入半年期贷款800 000元，年利率4%，到期一次还本付息。账务处理如表8-33所示。

表8-33　　　　　　　　　　【例8-7】的账务处理

经济业务与事项	财务会计处理	预算会计处理
2015年5月2日，归还短期借款本金	借：短期借款　　　　800 000 　　贷：银行贷款　　　　800 000	借：债务还本支出　　　　800 000 　　贷：资金结存——货币资金　　800 000

（二）年末结转时

年末，将本科目本年发生额转入其他结余，借记"其他结余"科目，贷记本科目。年末结转的账务处理，如表8-34所示。

表8-34　　　　　　　　　　年末结转的账务处理

经济业务与事项		财务会计处理	预算会计处理
期末/年末结转	债务还本支出结转	不做处理	借：其他结余 　　贷：债务还本支出

第五节　其他的预算支出

一、上缴上级支出

（一）上缴上级支出的核算内容

上缴上级支出科目核算事业单位按照财政部门和主管部门的规定上缴上级单位款项发生的现金流出，应当按照收缴款项单位、缴款项目、《政府收支分类科目》中"支出功能分类科目"的项级科目和"部门预算支出经济分类科目"的款级科目等进行明细核算。

（二）上缴上级支出的主要账务处理

1. 上缴上级单位时

按照规定将款项上缴上级单位的，按照实际上缴的金额，借记本科目，贷记"资金结存"科目。

上缴上级单位款项的账务处理，如表8-35所示。

表 8-35　　　　　　　　　　　上缴上级单位款项的账务处理

经济业务与事项	财务会计处理	预算会计处理
按照实际上缴的金额或者按照规定计算出应当上缴的金额	借：上缴上级费用 　贷：银行存款/其他应付款等	借：上缴上级支出［实际上缴的金额］ 　贷：资金结存——货币资金
实际上缴应缴的金额	借：其他应付款 　贷：银行存款等	

【例 8-8】2015 年 2 月 5 日，某事业单位按规定上缴上级单位款项 800 000 元，以银行存款支付。财务处理如表 8-36 所示。

表 8-36　　　　　　　　　　　《例 8-8》的账务处理

经济业务与事项	财务会计处理	预算会计处理
2015 年 2 月 5 日，按照规定上缴上级单位款项	借：上缴上级费用　　800 000 　贷：银行存款/其他应付款等 　　　　　　　　　800 000	借：上缴上级支出　　800 000 　贷：资金结存——货币资金 　　　　　　　　　800 000

2. 年末结转时

年末，将本科目本年发生额转入其他结余，借记"其他结余"科目，贷记本科目。年末结转的账务处理，如表 8-37 所示。

表 8-37　　　　　　　　　　　年末结转的账务处理

经济业务与事项	财务会计处理	预算会计处理
期末/年末结转	借：本期盈余 　贷：上缴上级费用	借：其他结余 　贷：上缴上级支出

二、对附属单位补助支出

（一）对附属单位补助支出的核算内容

本科目核算事业单位用财政拨款预算收入之外的收入对附属单位补助发生的现金流出。

本科目应当按照接受补助单位、补助项目、《政府收支分类科目》中"支出功能分类科目"的项级科目和"部门预算支出经济分类科目"的款级科目等进行明细核算。

（二）对附属单位补助支出的主要账务处理

1. 对附属单位补助支出时

发生对附属单位补助支出的，按照实际补助的金额，借记本科目，贷记"资金结存"科目。

附属单位补助支出的账务处理，如表 8-38 所示。

表 8-38　　　　　　　　　附属单位补助支出的账务处理

经济业务与事项	财务会计处理	预算会计处理
按照实际补助的金额或者按照规定计算出应当补助的金额	借：对附属单位补助费用 　　贷：银行存款/其他应付款等	借：对附属单位补助支出［实际补助的金额］ 　　贷：资金结存——货币资金
实际支出应补助的金额	借：其他应付款 　　贷：银行存款等	

【例 8-9】2019 年 12 月 7 日，某事业单位按规定对附属单位进行补助 100 000 元，以银行存款支付。账务处理如表 8-39 所示。

表 8-39　　　　　　　　　〖例 8-9〗的账务处理

经济业务与事项	财务会计处理	预算会计处理
2019 年 12 月 7 日，按照规定对附属单位进行补助	借：对附属单位补助费用　100 000 　　贷：银行存款　　　　　100 000	借：对附属单位补助支出　100 000 　　贷：资金结存——货币资金　100 000

2. 年末结转时

年末，将本科目本年发生额转入其他结余，借记"其他结余"科目，贷记本科目。年末结转的账务处理，如表 8-40 所示。

表 8-40　　　　　　　　　年末结转的账务处理

经济业务与事项	财务会计处理	预算会计处理
期末/年末结转	借：本期盈余 　　贷：对附属单位补助费用	借：其他结余 　　贷：对附属单位补助支出

三、其他支出

（一）其他支出的核算内容

其他支出科目核算单位除行政支出、事业支出、经营支出、上缴上级支出、对附属单位补助支出、投资支出、债务还本支出以外的各项现金流出，包括利息支出、对外捐赠现金支出、现金盘亏损失、接受捐赠（调入）和对外捐赠（调出）非现金资产发生的税费支出、资产置换过程中发生的相关税费支出、罚没支出等。

本科目应当按照其他支出的类别，"财政拨款支出""非财政专项资金支出"和"其他资金支出"，《政府收支分类科目》中"支出功能分类科目"的项级科目和"部门预算支出经济分类科目"的款级科目等进行明细核算。其他支出中如有专项资金支出，还应按照具体项目进行明细核算。

有一般公共预算财政拨款、政府性基金预算财政拨款等两种或两种以上财政拨款的事业单位，还应当在"财政拨款支出"明细科目下按照财政拨款的种类进行明细核算。单位发生利息支出、捐赠支出等其他支出金额较大或业务较多的，可单独设置"7902 利息支出""7903 捐赠支出"等科目。

（二）其他支出的主要账务处理如下：

1. 利息支出

支付银行借款利息时，按照实际支付金额，借记本科目，贷记"资金结存"科目。

支付银行借款利息的账务处理，如表 8-41 所示。

表 8-41　　　　　　　　　　支付银行借款利息的账务处理

经济业务与事项		财务会计处理	预算会计处理
利息费用	计算确定借款利息费用时	借：其他费用/在建工程 　　贷：应付利息/长期借款——应计利息	不做处理
	实际支付利息时	借：应付利息等 　　贷：银行存款等	借：其他支出 　　贷：资金结存——货币资金

【例 8-10】 2011 年 11 月 15 日，某事业单位支付银行借款利息 66 000 元。账务处理如表 8-42 所示。

表 8-42　　　　　　　　　　【例 8-10】的账务处理

经济业务与事项	财务会计处理	预算会计处理
2011 年 11 月 15 日，支付银行借款利息	借：应付利息等　　66 000 　　贷：银行存款等　　66 000	借：其他支出　　66 000 　　贷：资金结存——货币资金　66 000

2. 对外捐赠现金资产

对外捐赠现金资产时，按照捐赠金额，借记本科目，贷记"资金结存——货币资金"科目。

对外捐赠现金资产的账务处理，如表 8-43 所示。

表 8-43　　　　　　　　　　对外捐赠现金资产的账务处理

经济业务与事项		财务会计处理	预算会计处理
现金资产对外捐赠	按照实际捐赠的金额	借：其他费用 　　贷：银行存款/库存现金等	借：其他支出 　　贷：资金结存——货币资金

【例 8-11】 2012 年 10 月 20 日，某事业单位对外捐赠现金 50 000 元。账务处理如表 8-44 所示。

表 8-44　　　　　　　　　　　　《例 8-11》的账务处理

经济业务与事项	财务会计处理	预算会计处理
2012 年 10 月 20 日，现金资产对外捐赠	借：其他费用　　　　　　　50 000 　　贷：银行存款/库存现金等　50 000	借：其他支出　　　　　　　　　50 000 　　贷：资金结存——货币资金　50 000

3. 现金盘亏损失

每日现金账款核对中如发现现金短缺，按照短缺的现金金额，借记本科目，贷记"资金结存——货币资金"科目。经核实，属于应当由有关人员赔偿的，按照收到的赔偿金额，借记"资金结存——货币资金"科目，贷记本科目。

现金盘亏损失的账务处理，如表 8-45 所示。

表 8-45　　　　　　　　　　现金盘亏损失的账务处理

经济业务与事项		财务会计处理	预算会计处理
现金短缺	按照短缺金额转入待处理财产损溢	借：待处理财产损溢 　　贷：库存现金	借：其他支出 　　贷：资金结存——货币资金
	属于由责任人赔偿的部分	借：其他应收款 　　贷：待处理财产损溢 借：库存现金 　　贷：其他应收款	借：资金结存——货币资金 　　贷：其他支出

【例 8-12】2017 年 6 月 10 日，某事业单位在每日现金账款核对中发现短缺现金 300 元，查明原因后由责任人进行赔偿。账务处理如表 8-46 所示。

表 8-46　　　　　　　　　　　　《例 8-12》的账务处理

经济业务与事项	财务会计处理	预算会计处理
2017 年 6 月 10 日，由责任人赔偿短缺部分现金	借：其他应收款　　　　　300 　　贷：待处理财产损溢　　300 借：库存现金　　　　　　300 　　贷：其他应收款　　　　300	借：资金结存——货币资金　　300 　　贷：其他支出　　　　　　　300

4. 接受捐赠（无偿调入）和对外捐赠（无偿调出）非现金资产发生的税费支出

接受捐赠（无偿调入）非现金资产发生的归属于捐入方（调入方）的相关税费、运输费等，以及对外捐赠（无偿调出）非现金资产发生的归属于捐出方（调出方）的相关税费、运输费等，按照实际支付金额，借记本科目，贷记"资金结存"科目。

捐赠非现金资产的相关税费、运输费的账务处理，如表 8-47 所示。

表 8－47　　　　　　　捐赠非现金资产的相关税费、运输费的账务处理

经济业务与事项	财务会计处理	预算会计处理
其他相关税费、运输费等	借：其他费用 　贷：零余额账户用款额度/银行存款等	借：其他支出 　贷：资金结存

【例 8－13】2019 年 7 月 1 日，某事业单位无偿调入设备 1 台，发生运输设备的费用 500 元，以银行存款支付。账务处理如表 8－48 所示。

表 8－48　　　　　　　　　　　〖例 8－13〗的账务处理

经济业务与事项	财务会计处理	预算会计处理
2019 年 7 月 1 日，发生捐赠非现金资产的运输费	借：其他费用　　　　500 　贷：银行存款　　　　　500	借：其他支出　　　　500 　贷：资金结存　　　　　500

5. 资产置换过程中发生的相关税费支出

资产置换过程中发生的相关税费，按照实际支付金额，借记本科目，贷记"资金结存"科目。

资产置换的相关税费、运输费的账务处理，如表 8－49 所示。

表 8－49　　　　　　　资产置换的相关税费、运输费的账务处理

经济业务与事项	财务会计处理	预算会计处理
其他相关税费、运输费等	借：其他费用 　贷：零余额账户用款额度/银行存款等	借：其他支出 　贷：资金结存

【例 8－14】2019 年 6 月 12 日，某事业单位进行资产置换，发生税费 3 000 元，以银行存款支付。账务处理如表 8－50 所示。

表 8－50　　　　　　　　　　　〖例 8－14〗的账务处理

经济业务与事项	财务会计处理	预算会计处理
2019 年 6 月 12 日，发生资产置换税费	借：其他费用　　　3 000 　贷：银行存款　　　　3 000	借：其他支出　　　3 000 　贷：资金结存　　　　3 000

6. 其他支出

发生罚没等其他支出时，按照实际支出金额，借记本科目，贷记"资金结存"科目。

罚没支出的账务处理，如表 8－51 所示。

表 8-51　　　　　　　　　　　　罚没支出的账务处理

经济业务与事项	财务会计处理	预算会计处理
罚没支出　按照实际发生金额	借：其他费用 　　贷：银行存款/库存现金/其他应付款	借：其他支出 　　贷：资金结存——货币资金［实际支付金额］

【例 8-15】2018 年 8 月 17 日，某事业单位缴纳罚没支出 5 000 元，以银行存款支付。账务处理如表 8-52 所示。

表 8-52　　　　　　　　　　　　【例 8-15】的账务处理

经济业务与事项	财务会计处理	预算会计处理
2018 年 8 月 17 日，发生罚没支出	借：其他费用　　5 000 　　贷：银行存款　　5 000	借：其他支出　　5 000 　　贷：资金结存——货币资金　5 000

7. 年末结转时

年末，将本科目本年发生额中的财政拨款支出转入财政拨款结转，借记"财政拨款结转——本年收支结转"科目，贷记本科目下各财政拨款支出明细科目；将本科目本年发生额中的非财政专项资金支出转入非财政拨款结转，借记"非财政拨款结转——本年收支结转"科目，贷记本科目下各非财政专项资金支出明细科目；将本科目本年发生额中的其他资金支出（非财政非专项资金支出）转入其他结余，借记"其他结余"科目，贷记本科目下各其他资金支出明细科目。

年末结转的账务处理，如表 8-53 所示。

表 8-53　　　　　　　　　　　　年末结转的账务处理

经济业务与事项	财务会计处理	预算会计处理
期末/年末结转	借：本期盈余 　　贷：其他费用	借：其他结余［非财政、非专项资金支出］ 　　非财政拨款结转——本年收支结转［非财政专项资金支出］ 　　财政拨款结转——本年收支结转［财政拨款资金支出］ 　　贷：其他支出

【复习思考题】

1. 简述预算支出的定义，并说明其分类原则标准。
2. 思考预算支出功能分类的意义及其基本内容。
3. 简述预算支出的特点，说明预算支出的确认与计量要求。
4. 费用与预算支出的区别和联系是什么？
5. 行政支出和事业支出的区别是什么？各自的账务处理方式是怎样的？

第九章
政府会计预算结余的管理与核算

【本章要点】
- 了解预算结余的基本概念
- 了解预算结余类科目与净资产相关科目对应关系
- 熟悉预算结余的分类与计量
- 掌握预算结余类明细科目设置
- 掌握预算结余类科目账务处理方式

第一节 预算结余的管理

一、预算结余的概念

预算结余是指政府会计主体预算年度内预算收入扣除预算支出后的资金余额，以及历年滚存的资金余额。

预算结余包括结余资金和结转资金。其中：

（1）结余资金是指年度预算执行终了，预算收入实际完成数扣除预算支出和结转资金后剩余的资金。

（2）结转资金是指预算安排项目的支出年终尚未执行完毕或者因故未执行，且下年需要按原用途继续使用的资金。

二、预算结余的计量

一般情况下：在年末结转预算收支时确认，并按照预算收支相抵后的差额计量。
以前年度结转（结余）调整、变动事项：在发生时确认，并按发生额计量。

三、预算结余的科目设置

预算结余包括9个科目（见表9-1），分别为：资金结存、财政拨款结转、财政拨款结余、非财政拨款结转、非财政拨款结余、专用结余、经营结余、其他结余、非财政拨款结余分配。

表 9-1　　　　　　　　　　预算结余类科目一览表

序号	科目编码	会计科目	适用单位
1	8001	资金结存	行政、事业
2	8101	财政拨款结转	行政、事业
3	8102	财政拨款结余	行政、事业
4	8201	非财政拨款结转	行政、事业
5	8202	非财政拨款结余	行政、事业
6	8301	专用结余	事业
7	8401	经营结余	事业
8	8501	其他结余	行政、事业
9	8701	非财政拨款结余分配	事业

事业单位净资产类科目与预算结余类科目衔接，如表 9-2 所示。

表 9-2　　　　事业单位净资产类科目与预算结余类科目衔接

| 财务会计 || 预算会计 || 衔接关系 |
科目编码	科目名称	科目编码	科目名称	
1001	库存现金	8001	资金结存	预算会计中的"资金结存"科目在财务会计中的"库存现金""银行存款""零余额账户用款额度""其他货币资金""财政应返还额度"等 5 个科目进行核算
1002	银行存款	^	^	^
1011	零余额账户用款额度	^	^	^
1021	其他货币资金	^	^	^
1201	财政应返还额度	^	^	^
3001	累计盈余	8202	非财政拨款结余	预算会计中的"非财政拨款结余""财政拨款结转——累计结转""财政拨款结余""非财政拨款结转——累计结转"等核算内容均在财务会计中的"累计盈余"科目进行核算
^	^	8101	财政拨款结转	^
^	^	8102	财政拨款结余	^
^	^	8201	非财政拨款结转	^
3501	以前年度盈余调整	8202	非财政拨款结余	财务会计中的"以前年度盈余调整"核算内容在预算会计中的"非财政拨款结余——年度余额调整""财政拨款结转——年初余额调整""财政拨款结余——年初余额调整""非财政拨款结转——年初余额调整"等 4 个明细科目中进行核算
^	^	8101	财政拨款结转	^
^	^	8102	财政拨款结余	^
^	^	8201	非财政拨款结转	^
3101	专用基金	8301	专用结余	预算会计中的"专用结余"在财务会计中的"专用基金"科目进行核算
3201	权益法调整			该科目的核算内容仅在财务会计进行核算

续表

财务会计		预算会计		衔接关系
科目编码	科目名称	科目编码	科目名称	
3301	本期盈余	8401	经营结余	预算会计中的"经营结余""其他结余""财政拨款结转——本年收支结转""财政拨款结余——本年收支结转""非财政拨款结转"等明细科目的核算内容在财务会计"本期盈余"科目进行核算
		8501	其他结余	
		8101	财政拨款结转	
		8102	财政拨款结余	
		8201	非财政拨款结转	
3302	本年盈余分配	8701	非财政拨款结余分配	预算会计中的"非财政拨款结余分配"科目核算内容在财务会计中"本年盈余分配"科目进行核算，但是"本年盈余分配"包括"财政拨款结转""财政拨款结转"的本年收支结转
3401	无偿调拨净资产	—	—	该科目的核算内容仅在财务会计进行核算

第二节 资金结存

一、资金结存的核算内容

资金结存科目核算单位纳入部门预算管理的资金的流入、流出、调整和滚存等情况。需要说明的是，资金结存并不是一个真正意义的预算结余科目，而是政府会计的预算会计模块下，基于复式记账的要求来记录预算收入和预算支出对应的资金状态的科目，其账户结构应该和财务会计下资产类的科目一致，但其本身并没有独立的意义。这就必须真正理解平行记账的逻辑。

资金结存科目应设置下列明细科目：

（1）"零余额账户用款额度"：本明细科目核算实行国库集中支付的单位根据财政部门批复的用款计划收到和支用的零余额账户用款额度。年末结账后，本明细科目应无余额。

（2）"货币资金"：本明细科目核算单位以库存现金、银行存款、其他货币资金形态存在的资金。本明细科目年末借方余额，反映单位尚未使用的货币资金。

（3）"财政应返还额度"：本明细科目核算实行国库集中支付的单位可以使用的以前年度财政直接支付资金额度和财政应返还的财政授权支付资金额度。本明细科目下可设置"财政直接支付""财政授权支付"两个明细科目进行明细核算。本明细科目年末借方余额，反映单位应收财政返还的资金额度。

二、资金结存的账务处理

（一）取得预算收入

取得预算收入的账务处理，如表9-3所示。

表 9-3　　　　　　　　　　　　取得预算收入的账务处理

经济业务与事项	财务会计处理	预算会计处理
财政授权支付方式下	借：零余额账户用款额度 　贷：财政拨款收入	借：资金结存——零余额账户用款额度 　贷：财政拨款预算收入
国库集中支付以外的其他支付方式下	借：银行存款 　贷：财政拨款收入/事业收入/经营收入等	借：资金结存——货币资金 　贷：财政拨款预算收入/事业预算收入/经营预算收入等

【例 9-1】某行政事业单位本年度取得财政授权支付方式下的预算收入为 1 000 000 元。账务处理如表 9-4 所示。

表 9-4　　　　　　　　　　　　【例 9-1】的账务处理

经济业务与事项	财务会计处理	预算会计处理
财政授权支付方式下	借：零余额账户用款额度　1 000 000 　贷：财政拨款收入　1 000 000	借：资金结存——零余额账户用款额度　1 000 000 　贷：财政拨款预算收入　1 000 000

（二）从零余额账户提取现金

从零余额账户提取现金的账务处理，如表 9-5 所示。

表 9-5　　　　　　　　　从零余额账户提取现金的账务处理

经济业务与事项	财务会计处理	预算会计处理
从零余额账户提取现金	借：库存现金 　贷：零余额账户用款额度	借：资金结存——货币资金 　贷：资金结存——零余额账户用款额度

【例 9-2】某事业单位从零余额账户中提取现金 10 000 元。该单位账务处理如表 9-6 所示。

表 9-6　　　　　　　　　　　　【例 9-2】的账务处理

经济业务与事项	财务会计处理	预算会计处理
从零余额账户提取现金	借：库存现金　10 000 　贷：零余额账户用款额度　10 000	借：资金结存——货币资金　10 000 　贷：资金结存——零余额账户用款额度　10 000

（三）发生预算支出时

发生预算支出时的账务处理，如表 9-7 所示。

表 9－7　　　　　　　　　　　发生预算支出时的账务处理

经济业务与事项	财务会计处理	预算会计处理
财政授权支付方式下	借：业务活动费用/单位管理费用/库存物品/固定资产等 贷：零余额账户用款额度	借：行政支出/事业支出等 贷：资金结存——零余额账户用款额度
使用以前年度财政直接支付额度	借：业务活动费用/单位管理费用/库存物品/固定资产等 贷：财政应返还额度	借：行政支出/事业支出等 贷：资金结存——财政应返还额度
国库集中支付以外的其他方式下	借：业务活动费用/单位管理费用/库存物品/固定资产等 贷：银行存款/库存现金等	借：事业支出/经营支出等 贷：资金结存——货币资金

【例 9－3】某事业单位本年度使用本年度财政支付额度购买固定资产支出 200 000 元，以前年度的财政支付额度发生的管理支出为 400 000 元，账务处理如表 9－8 所示。

表 9－8　　　　　　　　　　　【例 9－3】的账务处理

经济业务与事项	财务会计处理	预算会计处理
财政授权支付方式下	借：固定资产　　　　　200 000 　　贷：零余额账户用款额度 　　　　　　　　　　　200 000 借：单位管理费用　　　400 000 　　贷：财政应返还额　　400 000	借：事业支出　　　　　200 000 　　贷：资金结存——零余额账户用款额度 　　　　　　　　　　　200 000 借：事业支出　　　　　400 000 　　贷：资金结存——财政应返还额度 　　　　　　　　　　　400 000

（四）按照规定使用提取的专用基金

按照规定使用提取的专用基金的账务处理，如表 9－9 所示。

表 9－9　　　　　　按照规定使用提取的专用基金的账务处理

经济业务与事项	财务会计处理	预算会计处理
一般情况下使用专用基金	借：专用基金 　　贷：银行存款等	使用从非财政拨款结余或经营结余中计提的专用基金 借：专用结余 　　贷：资金结存——货币资金使用从收入中计提并计入费用的专用基金 借：事业支出等 　　贷：资金结存——货币资金
购买固定资产、无形资产等	借：固定资产/无形资产等 　　贷：银行存款等 借：专用基金 　　贷：累计盈余	

【例 9－4】某行政单位使用从非财政拨款结余中提取的职工福利基金购置职工俱乐部健身器材 50 000 元，款项以银行存款支付，购入的设施作为固定资产管理。该单位账务处理如表 9－10 所示。

表 9 – 10　　　　　　　　　　〖例 9 – 4〗的账务处理

经济业务与事项	财务会计处理	预算会计处理
购买固定资产、无形资产等	借：固定资产　　　　50 000 　　贷：银行存款　　　　50 000 借：专用基金　　　　50 000 　　贷：累计盈余　　　　50 000	借：专用结余　　　　　　　　50 000 　　贷：资金结存——货币资金　50 000

（五）预算结转结余调整

预算结转结余调整的账务处理，如表 9 – 11 所示。

表 9 – 11　　　　　　　　预算结转结余调整的账务处理

经济业务与事项	财务会计处理	预算会计处理
按照规定上缴财政拨款结转结余资金或注销财政拨款结转结余额度的	借：累计盈余 　　贷：财政应返还额度/零余额账户用款额度/银行存款	借：财政拨款结转——归集上缴/财政拨款结余——归集上缴 　　贷：资金结存——财政应返还额度/零余额账户用款额度/货币资金
按照规定缴回非财政拨款结转资金的	借：累计盈余 　　贷：银行存款	借：非财政拨款结转——缴回资金 　　贷：资金结存——货币资金
收到调入的财政拨款结转资金的	借：财政应返还额度/零余额账户用款额度/银行存款 　　贷：累计盈余	借：资金结存——财政应返还额度/零余额账户用款额度/货币资金 　　贷：财政拨款结转——归集调入

【例 9 – 5】某行政单位按规定上缴财政拨款结转资金 15 000 元，相应数额的零余额账户用款额度已经核销。该单位账务处理如表 9 – 12 所示。

表 9 – 12　　　　　　　　　　〖例 9 – 5〗的账务处理

经济业务与事项	财务会计处理	预算会计处理
按照规定上缴财政拨款结转结余资金或注销财政拨款结转结余额度的	借：累计盈余　　　　15 000 　　贷：零余额账户用款额度 　　　　　　　　　　15 000	借：财政拨款结转——归集上缴 　　　　　　　　　　　　15 000 　　贷：资金结存——零余额账户用款额度 　　　　　　　　　　　　15 000

（六）因购货退回、发生差错更正等退回国库直接支付、授权支付款项，或者收回货币资金的

因购货退回、发生差错更正等退回国库直接支付、授权支付款项，或者收回货币资金的相关的账务处理，如表 9 – 13 所示。

表 9-13 相关的账务处理

经济业务与事项	财务会计处理	预算会计处理
属于本年度的	借：财政拨款收入/零余额账户用款额度/银行存款等 贷：业务活动费用/库存物品等	借：财政拨款预算收入/资金结存——零余额账户用款额度/货币资金 贷：行政支出/事业支出等
属于以前年度的	借：财政应返还额度/零余额账户用款额度/银行存款等 贷：以前年度盈余调整	借：资金结存——财政应返还额度/零余额账户用款额度/货币资金 贷：财政拨款结转/财政拨款结余/非财政拨款结转/非财政拨款结余（年初余额调整）

【例 9-6】某司法管理部门本年初订购一套设备，逾期未收到货物，经与对方协商，预付账款 80 000 元退回，退回款项增加该单位的零余额账户用款额度。账务处理如表 9-14 所示。

表 9-14 【例 9-6】的账务处理

经济业务与事项	财务会计处理	预算会计处理
属于本年度的	借：零余额账户用款额度　80 000 　贷：库存物品　　　　　　80 000	借：资金结存——零余额账户用款额度　80 000 　贷：行政支出　　　　　　　　　　80 000

（七）有企业所得税缴纳义务的事业单位实际缴纳企业所得税时

有企业所得税缴纳义务的事业单位实际缴纳企业所得税时相关的账务处理，如表 9-15 所示。

表 9-15 相关的账务处理

经济业务与事项	财务会计处理	预算会计处理
有企业所得税缴纳义务的事业单位实际缴纳企业所得税时	借：其他应交税费——单位应交所得税 　贷：银行存款等	借：非财政拨款结余——累计结余 　贷：资金结存——货币资金

【例 9-7】年末，某事业单位就其经营所得税向税务机关缴纳企业所得税 20 000 元，款项通过银行转账方式支付。该单位账务处理如表 9-16 所示。

表 9-16 【例 9-7】的账务处理

经济业务与事项	财务会计处理	预算会计处理
实际缴纳上年的企业所得税	借：其他应交税费——单位应交所得税　20 000 　贷：银行存款　　　　　　　　　　20 000	借：非财政拨款结余——累计结余　　　20 000 　贷：资金结存——货币资金　　　　20 000

（八）年末确认未下达的财政用款额度

年末确认未下达的财政用款额度的账务处理，如表 9-17 所示。

表 9-17　　　　　年末确认未下达的财政用款额度的账务处理

经济业务与事项	财务会计处理	预算会计处理
财政直接支付方式	借：财政应返还额度——财政直接支付 　　贷：财政拨款收入	借：资金结存——财政应返还额度 　　贷：财政拨款预算收入
财政授权支付方式	借：财政应返还额度——财政授权支付 　　贷：财政拨款收入	

【例 9-8】某行政单位本年度财政直接拨款预算指标数 300 000 元，财政直接支付实际支出数 280 000 元，未下达的用款额度为 20 000 元。该单位账务处理如表 9-18 所示。

表 9-18　　　　　〖例 9-8〗的账务处理

经济业务与事项	财务会计处理	预算会计处理
财政直接支付方式	借：财政应返还额度——财政直接支付 　　　　　　　　　　　　20 000 　　贷：财政拨款收入　　　20 000	借：资金结存——财政应返还额度 　　　　　　　　　　　　20 000 　　贷：财政拨款预算收入　20 000

（九）年末注销零余额账户用款额度

年末注销零余额账户用款额度的账务处理，如表 9-19 所示。

表 9-19　　　　　年末注销零余额账户用款额度的账务处理

经济业务与事项	财务会计处理	预算会计处理
年末注销零余额账户用款额度	借：财政应返还额度——财政授权支付 　　贷：零余额账户用款额度	借：资金结存——财政应返还额度 　　贷：资金结存——零余额账户用款额度

【例 9-9】某单位本年末注销零余额账户用款额度 1 200 000 元，账务处理如表 9-20 所示。

表 9-20　　　　　〖例 9-9〗的账务处理

经济业务与事项	财务会计处理	预算会计处理
年末注销零余额账户用款额度	借：财政应返还额度——财政授权支付 　　　　　　　　　　　1 200 000 　　贷：零余额账户用款额度 　　　　　　　　　　　1 200 000	借：资金结存——财政应返还额度 　　　　　　　　　　　1 200 000 　　贷：资金结存——零余额账户用款额度 　　　　　　　　　　　1 200 000

（十）下年初，恢复零余额账户用款额度或收到上年末未下达的零余额账户用款额度的

下年初，恢复零余额账户用款额度或收到上年末未下达的零余额账户用款额度的相关的账务处理，如表9-21所示。

表9-21　　　　　　　　　　　　相关的账务处理

经济业务与事项	财务会计处理	预算会计处理
下年初，恢复零余额账户用款额度或收到上年末未下达的零余额账户用款额度的	借：零余额账户用款额度 　贷：财政应返还额度——财政授权支付	借：资金结存——零余额账户用款额度 　贷：资金结存——财政应返还额度

【例9-10】某行政单位，本年初收到上年度下达零余额账户用款额度为500 000元。该单位账务处理如表9-22所示。

表9-22　　　　　　　　　　　　【例9-10】的账务处理

经济业务与事项	财务会计处理	预算会计处理
下年初，恢复零余额账户用款额度或收到上年末未下达的零余额账户用款额度的	借：零余额账户用款额度　500 000 　贷：财政应返还额度——财政授权支付 　　　　　　　　　　　　500 000	借：资金结存——零余额账户用款额度 　　　　　　　　　　　　500 000 　贷：资金结存——财政应返还额度 　　　　　　　　　　　　500 000

第三节　财政拨款结转与结余

一、财政拨款结转

（一）财政拨款结转的核算内容

财政拨款结转科目核算单位取得的同级财政拨款结转资金的调整、结转和滚存情况。财政拨款结转科目应当设置下列明细科目：

（1）与会计差错更正、以前年度支出收回相关的明细科目。

"年初余额调整"：本明细科目核算因发生会计差错更正、以前年度支出收回等原因，需要调整财政拨款结转的金额。年末结账后，本明细科目应无余额。

（2）与财政拨款调拨业务相关的明细科目。

"归集调入"：本明细科目核算按照规定从其他单位调入财政拨款结转资金时，实际调增的额度数额或调入的资金数额。年末结账后，本明细科目应无余额。

"归集调出"：本明细科目核算按照规定向其他单位调出财政拨款结转资金时，实际调减的额度数额或调出的资金数额。年末结账后，本明细科目应无余额。

"归集上缴"：本明细科目核算按照规定上缴财政拨款结转资金时，实际核销的额

度数额或上缴的资金数额。年末结账后,本明细科目应无余额。

"单位内部调剂":本明细科目核算经财政部门批准对财政拨款结余资金改变用途,调整用于本单位其他未完成项目等的调整金额。年末结账后,本明细科目应无余额。

(3) 与年末财政拨款结转业务相关的明细科目。

"本年收支结转":本明细科目核算单位本年度财政拨款收支相抵后的余额。年末结账后,本明细科目应无余额。

"累计结转":本明细科目核算单位滚存的财政拨款结转资金。本明细科目年末贷方余额,反映单位财政拨款滚存的结转资金数额。

(4) 本科目还应当设置"基本支出结转""项目支出结转"两个明细科目,并在"基本支出结转"明细科目下按照"人员经费""日常公用经费"进行明细核算,在"项目支出结转"明细科目下按照具体项目进行明细核算;同时,本科目还应按照《政府收支分类科目》中"支出功能分类科目"的相关科目进行明细核算。有一般公共预算财政拨款、政府性基金预算财政拨款等两种或两种以上财政拨款的,还应当在本科目下按照财政拨款的种类进行明细核算。

(二) 财政拨款结转的账务处理

1. 因会计差错更正、购货退回、预付款项收回等发生以前年度调整事项

因会计差错更正、购货退回、预付款项收回等发生以前年度调整事项相关的账务处理,如表9-23所示。

表9-23　　　　　　　　　　相关的账务处理

经济业务与事项	财务会计处理	预算会计处理
调整增加相关资产	借:零余额账户用款额度/银行存款等 　贷:以前年度盈余调整	借:资金结存——零余额账户用款额度/货币资金等 　贷:财政拨款结转——年初余额调整
因会计差错更正调整减少相关资产	借:以前年度盈余调整 　贷:零余额账户用款额度/银行存款等	借:财政拨款结转——年初余额调整 　贷:资金结存——零余额账户用款额度/货币资金等

【例9-11】某事业单位本年初发生了300 000元的预收账款退回至银行账户,该款项属于以前年度结转资金。账务处理如表9-24所示。

表9-24　　　　　　　　　　〖例9-11〗的账务处理

经济业务与事项	财务会计处理	预算会计处理
因会计差错更正调整减少相关资产	借:预收账款　300 000 　贷:银行存款　300 000	借:财政拨款结转——年初余额调整　300 000 　贷:资金结存——货币资金　300 000

2. 从其他单位调入财政拨款结转资金

从其他单位调入财政拨款结转资金的账务处理,如表9-25所示。

表9-25　　　　　　　　从其他单位调入财政拨款结转资金的账务处理

经济业务与事项	财务会计处理	预算会计处理
按照实际调增的额度数额或调入的资金数额	借：财政应返款额度/零余额账户用款额度/银行存款 　　贷：累计盈余	借：资金结存——财政应返还额度/零余额账户用款额度/货币资金 　　贷：财政拨款结转——归集调入

【例9-12】某事业单位本年从其他单位调入财政授权内拨款结转资金12 000 000元。账务处理如表9-26所示。

表9-26　　　　　　　　　　〖例9-12〗的账务处理

经济业务与事项	财务会计处理	预算会计处理
按照实际调增的额度数额或调入的资金数额	借：零余额账户用款额度 　　　　　　12 000 000 　　贷：累计盈余　12 000 000	借：资金结存——零余额账户用款额度 　　　　　　12 000 000 　　贷：财政拨款结转——归集调入 　　　　　　12 000 000

3. 向其他单位调出财政拨款结转资金

向其他单位调出财政拨款结转资金的账务处理，如表9-27所示。

表9-27　　　　　　　　向其他单位调出财政拨款结转资金的账务处理

经济业务与事项	财务会计处理	预算会计处理
按照实际调减的额度数额或调减的资金数额	借：累计盈余 　　贷：财政应返还额度/零余额账户用款额度/银行存款	借：财政拨款结转——归集调出 　　贷：资金结存——财政应返还额度/零余额账户用款额度/货币资金

【例9-13】某事业单位本年向下级单位调出财政授权内拨款结转资金50 000元。账务处理如表9-28所示。

表9-28　　　　　　　　　　〖例9-13〗的账务处理

经济业务与事项	财务会计处理	预算会计处理
按照实际调减的额度数额或调减的资金数额	借：累计盈余　50 000 　　贷：银行存款　50 000	借：财政拨款结转——归集调出　50 000 　　贷：资金结存——货币资金　50 000

4. 按照规定上缴财政拨款结转资金或注销财政拨款结转额

按照规定上缴财政拨款结转资金或注销财政拨款结转额相关的账务处理，如表9-29所示。

表 9-29 相关的账务处理

经济业务与事项	财务会计处理	预算会计处理
按照实际上缴资金数额或注销的资金额度	借：累计盈余 　贷：财政应返还额度/零余额账户用款额度/银行存款	借：财政拨款结转——归集上缴 　贷：资金结存——财政应返还额度/零余额账户用款额度/货币资金

【例 9-14】某事业单位按照规定上缴财政拨款结转资金 2 100 000 元，并按规定缴回非财政拨款结转资金 1 100 000 元。账务处理如表 9-30 所示。

表 9-30 〖例 9-14〗的账务处理

经济业务与事项	财务会计处理	预算会计处理
按照实际上缴资金数额或注销的资金额度	借：累计盈余　　　　2 100 000 　贷：零余额账户用款额度 　　　　　　　　　　2 100 000 借：累计盈余　　　　1 100 000 　贷：银行存款　　　1 100 000	借：财政拨款结转——归集上缴 　　　　　　　　　　2 100 000 　贷：资金结存——货币资金 　　　　　　　　　　2 100 000 借：非财政拨款结转——缴回资金 　　　　　　　　　　1 100 000 　贷：资金结存——货币资金 　　　　　　　　　　1 100 000

5. 单位内部调剂财政拨款结余资金

单位内部调剂财政拨款结余资金的账务处理，如表 9-31 所示。

表 9-31 单位内部调剂财政拨款结余资金的账务处理

经济业务与事项	财务会计处理	预算会计处理
按照调整的金额	不做处理	借：财政拨款结余——单位内部调剂 　贷：财政拨款结转——单位内部调剂

【例 9-15】某事业单位内部不同部门调剂财政拨款结余资金 40 000 元。账务处理如表 9-32 所示。

表 9-32 〖例 9-15〗的账务处理

经济业务与事项	财务会计处理	预算会计处理
按照调整的金额	不做处理	借：财政拨款结余——单位内部调剂　　40 000 　贷：财政拨款结转——单位内部调剂　　40 000

6. 年末结转

年末结转的账务处理，如表 9-33 所示。

表 9-33　　　　　　　　　　　　年末结转的账务处理

经济业务与事项	财务会计处理	预算会计处理
结转财政拨款预算收入	不做处理	借：财政拨款预算收入 　　贷：财政拨款结转——本年收支结转
结转财政拨款预算支出	不做处理	借：财政拨款结转——本年收支结转 　　贷：行政支出/事业支出等［财政拨款支出部分］

【例 9-16】某国土管理部门上年度订购了一批材料至今尚未收到，经对供应商协商，预付账款 5 000 元退回，退回款项增加该单位的零余额账户用款额度。该国土管理部门年有关"财政拨款预算收入"科目及明细科目的余额和有关"行政支出"科目中"财政拨款支出"明细科目的余额如表 9-34 所示。

表 9-34　　　　　　　　某国土管理部门科目余额表　　　　　　　　单位：元

总账科目	明细账科目	余额（借方或贷方）
财政拨款预算收入	基本支出拨款——人员经费	1 300 000
	基本支出拨款——日常公共经费	2 700 000
合计		4 000 000
	项目支出拨款——项目勘察	1 900 000
	项目支出拨款——项目执行	2 600 000
合计		4 500 000
行政支出	财政拨款支出——基本支出（人员经费）	1 300 000
	财政拨款支出——基本支出（日常公用经费）	2 600 000
合计		3 900 000
	财政拨款支出——项目支出（项目勘察）	1 800 000
	财政拨款支出——项目支出（项目执行）	2 400 000
合计		4 200 000

该单位结转本年财政拨款预算收入和行政支出的账务处理如表 9-35 所示。

表 9-35　　　　　　　　　　　【例 9-16】的账务处理

经济业务与事项	财务会计处理	预算会计处理
结转财政拨款预算支出	不做处理	借：财政拨款预算收入——基本支出拨款——人员经费 　　　　　　　　　　　　　　　　　　1 300 000 　　　　　　　　　——基本支出拨款——日常公用经费 　　　　　　　　　　　　　　　　　　2 700 000 　　　　　　　　　——项目支出拨款项目勘察 　　　　　　　　　　　　　　　　　　1 900 000

续表

经济业务与事项	财务会计处理	预算会计处理

结转财政拨款预算支出	不做处理	——项目支出拨款——项目执行
		            2 600 000
		贷：财政拨款结转——本年收支结转——基本支出
		            4 000 000
		  ——本年收支结转——项目支出
		            4 500 000
		借：财政拨款结转——本年收支结转——基本支出
		            3 900 000
		  ——本年收支结转——项目支出
		            4 200 000
		贷：行政支出——财政拨款支出——基本支出（人员经费）
		            1 300 000
		  ——财政拨款支出——基本支出（日常公用经费）
		            2 600 000
		  ——财政拨款支出——项目支出（项目勘察）
		            1 800 000
		  ——财政拨款支出——项目支出（案件执行）
		            2 400 000

结转财政拨款预算支出	不做处理	借：财政拨款结转——本年收支结转 贷：行政支出/事业支出等［财政拨款支出部分］

7. 年末冲销本科目有关明细科目余额

年末冲销本科目有关明细科目余额的账务处理，如表9-36所示。

表9-36　　　　　年末冲销本科目有关明细科目余额的账务处理

经济业务与事项	财务会计处理	预算会计处理
年末冲销本科目有关明细科目余额	不做处理	借：财政拨款结转——年初余额调整［该明细科目为贷方余额时］/归集调入/单位内部调剂/本年收支结转［该明细科目为贷方余额时］ 贷：财政拨款结转——累计结转 借：财政拨款结转——累计结转 贷：财政拨款结转——归集上缴/年初余额调整［该明细科目为借方余额时］/归集调出/本年收支结转［该明细科目为借方余额时］

【例9-17】沿用例9-16，年末冲销有关明细科目余额。该单位账务处理如表9-37所示。

表9-37　　　　　　　　　　【例9-17】的账务处理

经济业务与事项	财务会计处理	预算会计处理
年末冲销本科目有关明细科目余额	不做处理	借：财政拨款结转——年初余额调整　　　5 000 贷：财政拨款结转——累计结转　　　　　5 000

续表

经济业务与事项	财务会计处理	预算会计处理
年末冲销本科目有关明细科目余额	不做处理	借：财政拨款结转——累计结转　　　　　　　5 000 　　贷：财政拨款结转——归集调出　　　　　　5 000 借：财政拨款结转——本年收支结转——基本支出　4 000 000 　　　　　　　　　　——本年收支结转——项目支出　4 500 000 　　贷：财政拨款结转——累计结转　　　　　　8 500 000 借：财政拨款结转——累计结转　　　　　　8 100 000 　　贷：财政拨款结转——本年收支结转——基本支出　3 900 000 　　　　　　　　　　——本年收支结转——项目支出　4 200 000

8. 转入财政拨款结余

转入财政拨款结余的账务处理，如表 9-38 所示。

表 9-38　　　　　　　　　　转入财政拨款结余的账务处理

经济业务与事项	财务会计处理	预算会计处理
按照有关规定将符合财政拨款结余性质的项目余额转入财政拨款结余	不做处理	借：财政拨款结转——累计结转 　　贷：财政拨款结余——结转转入

【例 9-18】 沿用例 9-16，对财政拨款各项目执行情况进行分析，截至 12 月 31 日项目勘察已经完成，项目执行尚未完成。按照有关规定，项目勘察结余资金转入财政拨款结余。该单位账务处理如表 9-39 所示。

表 9-39　　　　　　　　　　【例 9-18】的账务处理

经济业务与事项	财务会计处理	预算会计处理
按照有关规定将符合财政拨款结余性质的项目余额转入财政拨款结余	不做处理	借：财政拨款结转——累计结转　　100 000 　　贷：财政拨款结余——转入　　　100 000

二、财政拨款结余

（一）财政拨款结余的核算内容

财政拨款结余科目核算单位取得的同级财政拨款项目支出结余资金的调整、结转和滚存情况。

财政拨款结余科目应当设置下列明细科目：

（1）与会计差错更正、以前年度支出收回相关的明细科目。

"年初余额调整"：本明细科目核算因发生会计差错更正、以前年度支出收回等原因，需要调整财政拨款结余的金额。年末结账后，本明细科目应无余额。

（2）与财政拨款结余资金调整业务相关的明细科目。

"归集上缴"：本明细科目核算按照规定上缴财政拨款结余资金时，实际核销的额度数额或上缴的资金数额。年末结账后,本明细科目应无余额。

"单位内部调剂":本明细科目核算经财政部门批准对财政拨款结余资金改变用途,调整用于本单位其他未完成项目等的调整金额。年末结账后,本明细科目应无余额。

(3) 与年末财政拨款结余业务相关的明细科目。

"结转转入":本明细科目核算单位按照规定转入财政拨款结余的财政拨款结转资金。年末结账后,本明细科目应无余额。

"累计结余":本明细科目核算单位滚存的财政拨款结余资金。本明细科目年末贷方余额,反映单位财政拨款滚存的结余资金数额。

(4) 本科目还应当按照具体项目、《政府收支分类科目》中"支出功能分类科目"的相关科目等进行明细核算。有一般公共预算财政拨款、政府性基金预算财政拨款等两种或两种以上财政拨款的,还应当在本科目下按照财政拨款的种类进行明细核算。

(二) 财政拨款结余的账务处理

1. 因购货退回、会计差错更正等发生以前年度调整事项

因购货退回、会计差错更正等发生以前年度调整事项的账务处理,如表9-40所示。

表9-40　　　因购货退回、会计差错更正等发生以前年度调整事项的账务处理

经济业务与事项	财务会计处理	预算会计处理
调整增加相关资产	借:零余额账户用款额度/银行存款等 　贷:以前年度盈余调整	借:资金结存——零余额账户用款额度/货币资金等 　贷:财政拨款结余——年初余额调整
因会计差错更正调整减少相关资产	借:以前年度盈余调整 　贷:零余额账户用款额度/银行存款等	借:财政拨款结余——年初余额调整 　贷:资金结存——零余额账户用款额度/货币资金等

【例9-19】某事业单位本年初发生了100 000元的预付账款收入国库直接支付额度,该款项属于以前年度结余资金。账务处理如表9-41所示。

表9-41　　　　　　　　　【例9-19】的账务处理

经济业务与事项	财务会计处理	预算会计处理
调整增加相关资产	借:零余额账户用款额度　100 000 　贷:以前年度盈余调整　　100 000	借:资金结存——零余额账户用款额度 　　　　　　　　　　100 000元 　贷:财政拨款结余——年初余额调整 　　　　　　　　　　100 000

2. 按照规定上缴财政拨款结余资金或注销财政拨款结余额度

按照规定上缴财政拨款结余资金或注销财政拨款结余额度的账务处理,如表9-42所示。

表 9-42　按照规定上缴财政拨款结余资金或注销财政拨款结余额度的账务处理

经济业务与事项	财务会计处理	预算会计处理
按照实际上缴资金数额或注销的资金额度	借：累计盈余 　贷：财政应返还额度/零余额账户用款额度/银行存款	借：财政拨款结余——归集上缴 　贷：资金结存——财政应返还额度/零余额账户用款额度/货币资金

【例 9-20】某事业单位本年注销财政授权内拨款结余资金 12 000 000 元。账务处理如表 9-43 所示。

表 9-43　〖例 9-20〗的账务处理

经济业务与事项	财务会计处理	预算会计处理
按照实际上缴资金数额或注销的资金额度	借：累计盈余　　　12 000 000 　贷：零余额账户用款额度 　　　　　　　　　12 000 000	借：财政拨款结余——归集上缴 　　　　　　　　　12 000 000 　贷：资金结存——零余额账户用款额度 　　　　　　　　　12 000 000

3. 单位内部调剂财政拨款结余资金

单位内部调剂财政拨款结余资金的账务处理，如表 9-44 所示。

表 9-44　单位内部调剂财政拨款结余资金的账务处理

经济业务与事项	财务会计处理	预算会计处理
按照调整的金额	不做处理	借：财政拨款结余——单位内部调剂 　贷：财政拨款结转——单位内部调剂

【例 9-21】某行政事业单位内部向其他部门调剂财政拨款结余资金 90 000 元。账务处理如表 9-45 所示。

表 9-45　〖例 9-21〗的账务处理

经济业务与事项	财务会计处理	预算会计处理
按照调整的金额	不做处理	借：财政拨款结余——单位内部调剂　　90 000 　贷：财政拨款结转——单位内部调剂　　90 000

4. 年末，转入财政拨款结余

年末，转入财政拨款结余的账务处理，如表 9-46 所示。

表 9-46　　　　　　　　年末，转入财政拨款结余的账务处理

经济业务与事项	财务会计处理	预算会计处理
按照有关规定将符合财政拨款结余性质的项目余额转入财政拨款结余	不做处理	借：财政拨款结转——累计结转 　　贷：财政拨款结余——结转转入

【例 9-22】年末，某行政单位对财政拨款各项目执行情况进行分析，其中 A 项目已经完成，结余资金 80 000 元，按照有关规定，将其转入财政拨款结余，并将结余资金的 50% 上缴财政，该行政单位用零余额账户上缴。该单位结转结余资金的账务处理如表 9-47 所示。

表 9-47　　　　　　　　　　　【例 9-22】的账务处理

经济业务与事项	财务会计处理	预算会计处理
按照有关规定将符合财政拨款结余性质的项目余额转入财政拨款结余	不做处理	借：财政拨款结转——累计结转　　80 000 　　贷：财政拨款结余——结转转入　　80 000

5. 年末冲销本科目有关明细科目余额

年末冲销本科目有关明细科目余额的账务处理，如表 9-48 所示。

表 9-48　　　　　　　　年末冲销本科目有关明细科目余额的账务处理

经济业务与事项	财务会计处理	预算会计处理
年末冲销本科目有关明细科目余额	不做处理	借：财政拨款结余——年初余额调整［该明细科目为贷方余额时］ 　　贷：财政拨款结余——累计结转 借：财政拨款结余——累计结转 　　贷：财政拨款结余——年初余额调整［该明细科目为借方余额时］ 　　　　　　　　　　——归集上缴 　　　　　　　　　　——单位内部调剂 借：财政拨款结余——结转转入 　　贷：财政拨款结余——累计结余

【例 9-23】沿用例 9-22，年末冲销有关明细科目余额，该单位账务处理如表 9-49 所示。

表 9-49　　　　　　　　　　　【例 9-23】的账务处理

经济业务与事项	财务会计处理	预算会计处理
年末冲销本科目有关明细科目余额	不做处理	借：财政拨款结余——结转转入　　80 000 　　贷：财政拨款结余——累计结余　　80 000 借：财政拨款结余——累计结余　　40 000 　　贷：财政拨款结余——归集上缴　　40 000

第四节 非财政拨款结转与结余

一、非财政拨款结转

（一）非财政拨款结转的核算内容

非财政拨款结转科目核算单位除财政拨款收支、经营收支以外各非同级财政拨款专项资金的调整、结转和滚存情况。

非财政拨款结转科目应当设置下列明细科目：

（1）"年初余额调整"：本明细科目核算因发生会计差错更正、以前年度支出收回等原因，需要调整非财政拨款结转的资金。年末结账后，本明细科目应无余额。

（2）"缴回资金"：本明细科目核算按照规定缴回非财政拨款结转资金时，实际缴回的资金数额。年末结账后，本明细科目应无余额。

（3）"项目间接费用或管理费"：本明细科目核算单位取得的科研项目预算收入中，按照规定计提项目间接费用或管理费的数额。年末结账后，本明细科目应无余额。

（4）"本年收支结转"：本明细科目核算单位本年度非同级财政拨款专项收支相抵后的余额。年末结账后，本明细科目应无余额。

（5）"累计结转"：本明细科目核算单位滚存的非同级财政拨款专项结转资金。本明细科目年末贷方余额，反映单位非同级财政拨款滚存的专项结转资金数额。

（6）本科目还应当按照具体项目、《政府收支分类科目》中"支出功能分类科目"的相关科目等进行明细核算。

（二）非财政拨款结转的账务处理

1. 按照规定从科研项目预算收入中提取项目管理费或间接费

按照规定从科研项目预算收入中提取项目管理费或间接费的账务处理，如表9-50所示。

表9-50　按照规定从科研项目预算收入中提取项目管理费或间接费的账务处理

经济业务与事项	财务会计处理	预算会计处理
按照规定从科研项目预算收入中提取项目管理费或间接费	借：单位管理费用 　贷：预提费用——项目间接费用或管理费	借：非财政拨款结转——项目间接费用或管理费 　贷：非财政拨款结余——项目间接费用或管理费

【例9-24】某事业单位从单位的科研项目预算收入中提取项目管理费180 000元。账务处理如表9-51所示。

表9-51　　　　　　　　　　〖例9-24〗的账务处理

经济业务与事项	财务会计处理	预算会计处理
按照规定从科研项目预算收入中提取项目管理费或间接费	借：单位管理费用　180 000 　贷：预提费用——管理费 　　　　　　　　　180 000	借：非财政拨款结转——管理费 　　　　　　　　　180 000 　贷：非财政拨款结余——管理费 　　　　　　　　　180 000

2. 因购货退回、会计差错更正等发生以前年度调整事项

因购货退回、会计差错更正等发生以前年度调整事项的账务处理，如表9-52所示。

表9-52　　因购货退回、会计差错更正等发生以前年度调整事项的账务处理

经济业务与事项	财务会计处理	预算会计处理
调整增加相关资产	借：银行存款等 　贷：以前年度盈余调整	借：资金结存——货币资金 　贷：非财政拨款结转——年初余额调整
调整减少相关资产	借：以前年度盈余调整 　贷：银行存款等	借：非财政拨款结转——年初余额调整 　贷：资金结存——货币资金

【例9-25】某行政部门年前订购一套设备，至今未收到货物，经与对方协商，预付账款80 000退回。账务处理如表9-53所示。

表9-53　　　　　　　　　　〖例9-25〗的账务处理

经济业务与事项	财务会计处理	预算会计处理
调整增加相关资产	借：银行存款　　　　80 000 　贷：以前年度盈余调整　80 000	借：资金结存——货币资金　80 000 　贷：非财政拨款结转——年初余额调整 　　　　　　　　　80 000

3. 按照规定缴回非财政拨款结转资金

按照规定缴回非财政拨款结转资金的账务处理，如表9-54所示。

表9-54　　　　　　按照规定缴回非财政拨款结转资金的账务处理

经济业务与事项	财务会计处理	预算会计处理
按照实际缴回资金	借：累计盈余 　贷：银行存款等	借：非财政拨款结转——缴回资金 　贷：资金结存——货币资金

【例9-26】某行政单位按照规定缴回非财政拨款结转资金为500 000元。账务处理如表9-55所示。

表 9-55　　　　　　　　　　　　〖例 9-26〗的账务处理

经济业务与事项	财务会计处理	预算会计处理
按照实际缴回资金	借：累计盈余　　　500 000 　贷：银行存款　　　500 000	借：非财政拨款结转——缴回资金　500 000 　贷：资金结存——货币资金　　　　500 000

4. 年末结转

年末结转的账务处理，如表 9-56 所示。

表 9-56　　　　　　　　　　　　年末结转的账务处理

经济业务与事项	财务会计处理	预算会计处理
结转非财政拨款专项收入	不做处理	借：事业预算收入/上级补助预算收入/附属单位上缴预算收入/ 　　　非同级财政拨款预算收入/债务预算收入/其他预算收入 　贷：非财政拨款结转——本年收支结转
结转非财政拨款专项支出	不做处理	借：非财政拨款结转——本年收支结转 　贷：行政支出/事业支出/其他支出

【例 9-27】某卫生事业单位有关事业活动过程中非财政专项资金收支科目的本年发生额如表 9-57 所示。该项目已经完成。按照相关规定，剩余资金的 50% 缴回上级单位，通过银行转账。剩余 50% 留归本单位使用。

表 9-57　　　　　非财政专项资金收支科目本年发生科目余额表　　　　　单位：元

科目名称	借方余额	贷方余额
上级补助预算收入——项目支出（A 项目）		40 000
其他预算收入——项目支出（A 项目）		20 000
事业支出——非财政专项资金支出（A 项目）	50 000	
合计	50 000	60 000

年末结转非财政拨款专项收入、支出。账务处理如表 9-58 所示。

表 9-58　　　　　　　　　　　　〖例 9-27〗的账务处理

经济业务与事项	财务会计处理	预算会计处理
结转非财政拨款 收入、支出	不做处理	借：上级补助预算收入——项目支出（A 项目）　40 000 　　其他预算收入——项目支出（A 项目）　　20 000 　贷：非财政拨款结转——本年收支结转　　　　　60 000 借：非财政拨款结转——本年收支结转　　　　　50 000 　贷：事业支出——非财政专项资金支出（A 项目）　50 000

5. 年末冲销本科目相关明细科目金额

年末冲销本科目相关明细科目金额的账务处理，如表 9-59 所示。

表 9-59　　　　年末冲销本科目相关明细科目金额的账务处理

经济业务与事项	财务会计处理	预算会计处理
按照实际缴回资金	不做处理	借：非财政拨款结转——年初余额调整［该明细科目为贷方余额时］ 　　　　　　——本年收支结转［该明细科目为贷方余额时］ 　贷：非财政拨款结转——累计结转 借：非财政拨款结转——累计结转 　贷：非财政拨款结转——年初余额调整［该明细科目为借方余额时］ 　　　　　　——缴回资金 　　　　　　——项目间接费用或管理费 　　　　　　——本年收支结转［该明细科目为借方余额时］

【例 9-28】某行政单位年末非财政拨款结转下明细科目情况如下：年初余额调整贷方 300 000 元，项目间接费用借方 200 000 元，本年收支结转贷方 500 000 元。该单位账务处理如表 9-60 所示。

表 9-60　　　　　　　　〖例 9-28〗的账务处理

经济业务与事项	财务会计处理	预算会计处理
按照实际缴回资金	不做处理	借：非财政拨款结转——年末余额调整　　300 000 　　　　　　——本年收支结转　　　500 000 　贷：非财政拨款结转——累计结转　　　800 000 借：非财政拨款结转——累计结转　　　200 000 　贷：非财政拨款结转——项目间接费用　200 000

6. 将留归本单位使用的非财政拨款专项剩余资金转入非财政拨款结余

将留归本单位使用的非财政拨款专项剩余资金转入非财政拨款结余的账务处理，如表 9-61 所示。

表 9-61　　将留归本单位使用的非财政拨款专项剩余资金转入非财政拨款结余的账务处理

经济业务与事项	财务会计处理	预算会计处理
将留归本单位使用的非财政拨款专项剩余资金转入非财政拨款结余	不做处理	借：非财政拨款结转——累计结转 　贷：非财政拨款结余——结转转入

【例 9-29】沿用例 9-27，将留归本单位使用的非财政拨款专项剩余资金转入非财政拨款结余。该单位账务处理如表 9-62 所示。

表 9-62　　　　　　　　　　　　　【例 9-29】的账务处理

经济业务与事项	财务会计处理	预算会计处理
将留归本单位使用的非财政拨款专项剩余资金转入非财政拨款结余	不做处理	借：非财政拨款结转——累计结转　　5 000 　　贷：非财政拨款结余——结转转入　　5 000

二、非财政拨款结余

（一）非财政拨款结余的核算内容

非财政拨款结余科目核算单位历年滚存的非限定用途的非同级财政拨款结余资金，主要为非财政拨款结余扣除结余分配后滚存的金额。

非财政拨款结余科目应当设置下列明细科目：

（1）"年初余额调整"：本明细科目核算因发生会计差错更正、以前年度支出收回等原因，需要调整非财政拨款结余的资金。年末结账后，本明细科目应无余额。

（2）"项目间接费用或管理费"：本明细科目核算单位取得的科研项目预算收入中，按照规定计提的项目间接费用或管理费数额。年末结账后，本明细科目应无余额。

（3）"结转转入"：本明细科目核算按照规定留归单位使用，由单位统筹调配，纳入单位非财政拨款结余的非同级财政拨款专项剩余资金。年末结账后，本明细科目应无余额。

（4）"累计结余"：本明细科目核算单位历年滚存的非同级财政拨款、非专项结余资金。本明细科目年末贷方余额，反映单位非同级财政拨款滚存的非专项结余资金数额。

（5）本科目还应当按照《政府收支分类科目》中"支出功能分类科目"的相关科目进行明细核算。

（二）非财政拨款结余的账务处理

1. 按照规定从科研项目预算收入中提取项目管理费或间接费

按照规定从科研项目预算收入中提取项目管理费或间接费的账务处理，如表 9-63 所示。

表 9-63　　　按照规定从科研项目预算收入中提取项目管理费或间接费的账务处理

经济业务与事项	财务会计处理	预算会计处理
按照规定从科研项目预算收入中提取项目管理费或间接费	借：单位管理费用 　　贷：预提费用——项目间接费用或管理费	借：非财政拨款结转——项目间接费用或管理费 　　贷：非财政拨款结余——项目间接费用或管理费

【例 9-30】某高校按照规定从科研项目预算收入中提取项目管理费 70 000 元。该高校账务处理如表 9-64 所示。

表 9-64   〖例 9-30〗的账务处理

经济业务与事项	财务会计处理	预算会计处理
按照规定从科研项目预算收入中提取项目管理费或间接费	借：单位管理费用　　　　70 000 　　贷：预提费用——管理费　70 000	借：非财政拨款结转——管理费 　　　　　　　　　　　　70 000 　　贷：非财政拨款结余——管理费 　　　　　　　　　　　　70 000

2. 实际缴纳企业所得税

实际缴纳企业所得税的账务处理，如表 9-65 所示。

表 9-65   实际缴纳企业所得税的账务处理

经济业务与事项	财务会计处理	预算会计处理
实际缴纳企业所得税	借：其他应交税费——单位应交所得税 　　贷：银行存款等	借：非财政拨款结余——累计结余 　　贷：资金结存——货币资金

【例 9-31】某事业单位本年应缴纳的所得税为 1 300 000 元，账务处理如表 9-66 所示。

表 9-66   〖例 9-31〗的账务处理

经济业务与事项	财务会计处理	预算会计处理
实际缴纳企业所得税	借：其他应交税费——单位应交所得税 　　　　　　　　　　　　1 300 000 　　贷：银行存款　　　1 300 000	借：非财政拨款结余——累计结余 　　　　　　　　　　　　1 300 000 　　贷：资金结存——货币资金 　　　　　　　　　　　　1 300 000

3. 因购货退回、会计差错更正等发生以前年度调整事项

因购货退回、会计差错更正等发生以前年度调整事项的账务处理，如表 9-67 所示。

表 9-67   因购货退回、会计差错更正等发生以前年度调整事项的账务处理

经济业务与事项	财务会计处理	预算会计处理
调整增加相关资产	借：银行存款等 　　贷：以前年度盈余调整	借：资金结存——货币资金 　　贷：非财政拨款结余——年初余额调整
调整减少相关资产	借：以前年度盈余调整 　　贷：银行存款等	借：非财政拨款结余——年初余额调整 　　贷：资金结存——货币资金

【例 9-32】某行政单位由于记账错误，导致该单位去年非财政拨款结余的数额少记录 9 000 元。该单位对这一差错进行了更正，调整了零余额账户用款额度。该单位账

务处理如表 9-68 所示。

表 9-68　　　　　　　　　　【例 9-32】的账务处理

经济业务与事项	财务会计处理	预算会计处理
调整增加相关资产	借：零余额账户用款额度　9 000 　　贷：以前年度盈余调整　　9 000	借：资金结存——货币资金　9 000 　　贷：非财政拨款结余——年初余额调整 　　　　　　　　　　　　　　9 000

4. 将留归本单位使用的非财政拨款专项剩余资金转入非财政拨款结余

将留归本单位使用的非财政拨款专项剩余资金转入非财政拨款结余的账务处理，如表 9-69 所示。

表 9-69　　将留归本单位使用的非财政拨款专项剩余资金转入非财政拨款结余的账务处理

经济业务与事项	财务会计处理	预算会计处理
将留归本单位使用的非财政拨款专项剩余资金转入非财政拨款结余	不做处理	借：非财政拨款结转——累计结转 　　贷：非财政拨款结余——结转转入

【例 9-33】 年末某行政单位 A 项目已经完成，按照规定将非财政拨款专项剩余资金 33 000 元留归本单位使用，该单位将其转入非财政拨款结余。该单位账务处理如表 9-70 所示。

表 9-70　　　　　　　　　　【例 9-33】的账务处理

经济业务与事项	财务会计处理	预算会计处理
将留归本单位使用的非财政拨款专项剩余资金转入非财政拨款结余	不做处理	借：非财政拨款结转——累计结转　33 000 　　贷：非财政拨款结余——结转转入　33 000

5. 年末冲销本科目相关明细科目余额

年末冲销本科目相关明细科目余额的账务处理，如表 9-71 所示。

表 9-71　　　　　　年末冲销本科目相关明细科目余额的账务处理

经济业务与事项	财务会计处理	预算会计处理
年末冲销本科目相关明细科目余额	不做处理	借：非财政拨款结余——年初余额调整［该明细科目为贷方余额时］ 　　　　　　　　——项目间接费用或管理费 　　　　　　　　——结转转入 　　贷：非财政拨款结余——累计结余 借：非财政拨款结余——累计结余 　　贷：非财政拨款结余——年初余额调整［该明细科目为借方余额时］ 　　　　　　　　——缴回资金

【例 9-34】某行政单位年末非财政拨款结余下明细科目情况如下：年初余额调整贷方 200 000 元，项目管理费借方 100 000 元。账务处理如表 9-72 所示。

表 9-72　　　　　　　　　　　　【例 9-34】的账务处理

经济业务与事项	财务会计处理	预算会计处理
年末冲销本科目相关明细科目余额	不做处理	借：非财政拨款结余——年末余额调整　　200 000 　贷：非财政拨款结余——累计结余　　　　200 000 借：非财政拨款结余——累计结余　　　　100 000 　贷：非财政拨款结余——项目管理费　　　100 000

6. 年末结转

年末结转的账务处理，如表 9-73 所示。

表 9-73　　　　　　　　　　　　年末结转的账务处理

经济业务与事项	财务会计处理	预算会计处理
非财政拨款结余分配为贷方余额	不做处理	借：非财政拨款结余分配 　贷：非财政拨款结余——累计结余
非财政拨款结余分配为借方余额	不做处理	借：非财政拨款结余——累计结余 　贷：非财政拨款结余分配

【例 9-35】年末，某科研单位"非财政拨款结余分配"科目贷方余额 90 000 元，将其转入"非财政拨款结余"。该单位账务处理如表 9-74 所示。

表 9-74　　　　　　　　　　　　【例 9-35】的账务处理

经济业务与事项	财务会计处理	预算会计处理
非财政拨款结余分配为贷方余额	不做处理	借：非财政拨款结余分配　　　　　　　　90 000 　贷：非财政拨款结余——累计结余　　　90 000

三、非财政拨款结余分配

（一）非财政拨款结余分配的核算内容

非财政拨款结余分配科目核算事业单位本年度非财政拨款结余分配的情况和结果。预算会计应该设置"非财政拨款结余分配"科目进行核算，年末结账后，该科目应无余额。

（二）非财政拨款结余分配的账务处理

1. 事业单位年末结余转入

事业单位年末结余转入的账务处理，如表 9-75 所示。

表 9 – 75　　　　　　　　　事业单位年末结余转入的账务处理

经济业务与事项	财务会计处理	预算会计处理
其他结余为借方余额时	不做处理	借：非财政拨款结余分配 　　贷：其他结余
其他结余为贷方余额时	不做处理	借：其他结余 　　贷：非财政拨款结余分配
经营结余为贷方余额时	不做处理	借：经营结余 　　贷：非财政拨款结余分配

【例 9 – 36】某教育事业单位年末"其他结余"科目贷方余额为 780 000 元,"经营结余"科目贷方余额为 350 000 元。按其他结余的 10% 提取基金,未分配结余全部转入非财政拨款结余。

将"其他结余""经营结余"科目余额转入"非财政拨款结余分配"。该单位账务处理如表 9 – 76 所示。

表 9 – 76　　　　　　　　　〖例 9 – 36〗的账务处理

经济业务与事项	财务会计处理	预算会计处理
其他结余、经营结余为贷方余额时	不做处理	借：其他结余　　　　　　780 000 　　经营结余　　　　　　350 000 　　贷：非财政拨款结余分配　1 130 000

2. 计提专用基金

计提专用基金的账务处理,如表 9 – 77 所示。

表 9 – 77　　　　　　　　　计提专用基金的账务处理

经济业务与事项	财务会计处理	预算会计处理
从非财政拨款结余中提取	借：本年盈余分配 　　贷：专用基金	借：非财政拨款结余分配 　　贷：专用结余

【例 9 – 37】沿用例 9 – 36,计提专用基金。该单位账务处理如表 9 – 78 所示。

表 9 – 78　　　　　　　　　〖例 9 – 37〗的账务处理

经济业务与事项	财务会计处理	预算会计处理
从非财政拨款结余中提取	借：本年盈余分配　78 000 　　贷：专用基金　　　78 000	借：非财政拨款结余分配　78 000 　　贷：专用结余　　　　　78 000

3. 事业单位转入非财政拨款结余

事业单位转入非财政拨款结余的账务处理，如表 9 – 79 所示。

表 9 – 79　　　　　　　事业单位转入非财政拨款结余的账务处理

经济业务与事项	财务会计处理	预算会计处理
非财政拨款结余分配为贷方余额	不做处理	借：非财政拨款结余分配 　　贷：非财政拨款结余——累计结余
非财政拨款结余分配为借方余额	不做处理	借：非财政拨款结余——累计结余 　　贷：非财政拨款结余分配

【例 9 – 38】 沿用例 9 – 36，未分配结余转入非财政拨款结余。该单位账务处理如表 9 – 80 所示。

表 9 – 80　　　　　　　　【例 9 – 38】的账务处理

经济业务与事项	财务会计处理	预算会计处理
非财政拨款结余分配为贷方余额	不做处理	借：非财政拨款结余分配　　　1 052 000 　　贷：非财政拨款结余——累计结余　1 052 000

第五节　其他结余

一、其他结余的核算内容

其他结余科目核算单位本年度除财政拨款收支、非同级财政专项资金收支和经营收支以外各项收支相抵后的余额。

二、其他结余的账务处理

（一）年末进行结转

年末的账务处理，如表 9 – 81 所示。

表 9 – 81　　　　　　　　　年末的账务处理

经济业务与事项	财务会计处理	预算会计处理
结转预算收入（除财政拨款收入、非同级财政专项收入、经营收入以外）	不做处理	借：事业预算收入/上级补助预算收入/附属单位上缴预算收入/非同级财政拨款预算收入/债务预算收入/其他预算收入［非专项资金收入部分］ 　　投资预算收益［为贷方余额时］ 　　贷：其他结余 借：其他结余 　　贷：投资预算收益［为借方余额时］

续表

经济业务与事项	财务会计处理	预算会计处理
结转预算支出（除同级财政拨款支出、非同级财政专项支出、经营支出以外）	不做处理	借：其他结余 　贷：行政支出/事业支出/其他支出［非财政、非专项资金支出部分］ 　　　上缴上级支出/对附属单位补助支出/投资支出/债务还本支出

【例9-39】某事业单位年末结账前有关收支科目本期发生额中的非财政、非专项资金收支的金额如表9-82所示。

表9-82　　　非财政、非专项资金收支科目的本年度发生的科目余额表　　　单位：元

科目名称	借方余额	贷方余额
事业预算收入——基本支出		900 000
上级补助预算收入——基本支出		55 000
其他预算收入——基本支出		15 000
事业支出——基本支出	800 000	
上缴上级支出	30 000	
其他支出——基本支出	150 000	
合计	980 000	970 000

将以上收支科目余额转入"其他结余"科目。该单位账务处理如表9-83所示。

表9-83　　　　　　　　　【例9-39】的账务处理

经济业务与事项	财务会计处理	预算会计处理
结转预算收入（除财政拨款收入、非同级财政专项收入、经营收入以外）	不做处理	借：事业预算收入——基本支出　　900 000 　　　上级补助预算收入——基本支出　　55 000 　　　其他预算收入——基本支出　　15 000 　　贷：其他结余　　　　　　　　　　970 000 借：其他结余　　　　　　　　　　980 000 　　贷：事业支出——基本支出　　　800 000 　　　　上缴上级支出　　　　　　　30 000 　　　　其他支出——基本支出　　　150 000

（二）行政单位转入非财政拨款

行政单位转入非财政拨款结余的账务处理，如表9-84所示。

表 9-84　　　　　　　行政单位转入非财政拨款结余的账务处理

经济业务与事项	财务会计处理	预算会计处理
其他结余为贷方余额	不做处理	借：其他结余 　贷：非财政拨款结余——累计结余
其他结余为借方余额	不做处理	借：非财政拨款结余——累计结余 　贷：其他结余

【例 9-40】某行政单位年末将"其他结余"科目贷方余额 8 000 元转入"非财政拨款结余"。该单位账务处理如表 9-85 所示。

表 9-85　　　　　　　　　　【例 9-40】的账务处理

经济业务与事项	财务会计处理	预算会计处理
其他结余为贷方余额	不做处理	借：其他结余　　　　　　　　　　　8 000 　贷：非财政拨款结余——累计结余　　8 000

（三）事业单位年末转入结余分配

事业单位年末转入结余分配的账务处理，如表 9-86 所示。

表 9-86　　　　　　　事业单位年末转入结余分配的账务处理

经济业务与事项	财务会计处理	预算会计处理
其他结余为贷方余额	不做处理	借：其他结余 　贷：非财政拨款结余分配
其他结余为借方余额	不做处理	借：非财政拨款结余分配 　贷：其他结余

【例 9-41】沿用例 9-39，将"其他结余"科目的贷方余额 10 000 元转入"非财政拨款结余分配"。该单位账务处理如表 9-87 所示。

表 9-87　　　　　　　　　　【例 9-41】的账务处理

经济业务与事项	财务会计处理	预算会计处理
其他结余为贷方余额	不做处理	借：其他结余　　　　　　　　　　10 000 　贷：非财政拨款结余分配　　　　　10 000

第六节 专用结余

一、专用结余的核算内容

专用结余科目核算事业单位按照规定从非财政拨款结余中提取的具有专门用途的资金的变动和滚存情况。事业单位应该在预算会计下设置"专用结余"科目进行核算。该科目年末贷方余额反映单位从非财政拨款结余中提取的专用基金的累计滚存数额。

二、专用结余的账务处理

1. 计提专用基金

计提专用基金的账务处理，如表9-88所示。

表9-88 　　　　　　　　　　计提专用基金的账务处理

经济业务与事项	财务会计处理	预算会计处理
从预算收入中按照一定比例提取基金并计入费用	借：业务活动费用等 　　贷：专用基金	不做处理
从本年度非财政拨款结余或经营结余中提取基金	借：本年度盈余分配 　　贷：专用基金	借：非财政拨款结余分配 　　贷：专用结余
根据有关规定设置的其他专用基金	借：银行存款等 　　贷：专用基金	不做处理

【例9-42】某单位使用从本年度非财政拨款结余中提取基金200 000元。账务处理如表9-89所示。

表9-89 　　　　　　　　　　〖例9-42〗的账务处理

经济业务与事项	财务会计处理	预算会计处理
从本年度非财政拨款结余或经营结余中提取基金	借：本年度盈余分配　　200 000 　　贷：专用基金　　　　　200 000	借：非财政拨款结余分配 　　　　　　　　　　200 000 　　贷：专用结余　　　200 000

2. 按照规定使用提取的专用基金

按照规定使用提取的专用基金的账务处理，如表9-90所示。

表 9-90　　　　　　按照规定使用提取的专用基金的账务处理

经济业务与事项	财务会计处理	预算会计处理
按照规定使用提取的专用基金	借：专用基金 　　贷：银行存款等 使用专用基金购置固定资产、无形资产的 借：固定资产/无形资产 　　贷：银行存款等 借：专用基金 　　贷：累计盈余	使用从非财政拨款结余或经营结余中提取的基金 借：专用结余 　　贷：资金结存——货币资金 使用从预算收入中提取并计入费用的基金 借：事业支出等 　　贷：资金结存——货币资金

【例 9-43】某行政单位使用提取的专用基金购买 1 台设备价值 90 000 元，款项通过银行转账支付。该单位账务处理如表 9-91 所示。

表 9-91　　　　　　　【例 9-43】的账务处理

经济业务与事项	财务会计处理	预算会计处理
按照规定使用提取的专用基金	借：固定资产　　　　90 000 　　贷：银行存款　　　　90 000 借：专用基金　　　　90 000 　　贷：累计盈余　　　　90 000	借：专用结余　　　　　　　　90 000 　　贷：资金结存——货币资金　90 000

第七节　经营结余

一、经营结余的核算内容

经营结余科目核算事业单位本年度经营活动收支相抵后余额弥补以前年度经营亏损后的余额。事业单位应该在预算会计下设置"经营结余"科目进行核算，年末结账后，该科目一般无余额；如果为借方余额，则反映事业单位累计发生的经营亏损。

经营结余科目可以按照经营活动类别进行明细核算。

二、经营结余的账务处理

1. 年末经营收支结转

年末经营收支结转的账务处理，如表 9-92 所示。

表 9-92　　　　　　年末经营收支结转的账务处理

经济业务与事项	财务会计处理	预算会计处理
年末经营收支结转	不做处理	借：经营预算收入 　　贷：经营结余 借：经营结余 　　贷：经营支出

【例9-44】某教育事业单位年末"经营预收入"科目的贷方发生额为180 000元,"经营支出"科目的借方发生额为170 000元。结转本月的经营收支,该单位账务处理如表9-93所示。

表9-93 【例9-44】的账务处理

经济业务与事项	财务会计处理	预算会计处理
年末经营收支结转	不做处理	借:经营预算收入　　　　180 000 　　贷:经营结余　　　　　　180 000 借:经营结余　　　　　　170 000 　　贷:经营支出　　　　　　170 000

2. 年末经营收支结转

年末经营收支结转的账务处理,如表9-94所示。

表9-94 年末经营收支结转的账务处理

经济业务与事项	财务会计处理	预算会计处理
年末转入结余分配	不做处理	借:经营结余 　　贷:非财政拨款结余分配 年末结余在借方,则不予结转

【例9-45】沿用例9-44,将"经营结余"科目余额转入"非财政拨款结余分配"科目。该单位账务处理如表9-95所示。

表9-95 【例9-45】的账务处理

经济业务与事项	财务会计处理	预算会计处理
年末转入结余分配	不做处理	借:经营结余　　　　　　10 000 　　贷:非财政拨款结余分配　　10 000

【复习思考题】

1. 结转和结余的含义及区别是什么?
2. 资金结存明细科目有哪些?
3. 财政拨款结余与非财政拨款结余的内容是什么?
4. 简述事业单位经营结余的内容及形成过程。
5. 事业单位如何进行非财政拨款结余分配?

第十章
政府会计的成本会计

【本章要点】
- 掌握政府成本会计的理论框架
- 熟悉成本界定与信息需求
- 掌握成本核算原则
- 熟悉成本核算对象
- 熟悉成本核算项目与范围
- 熟悉政府成本会计的核算方法
- 熟悉成本的归集与分配
- 了解成本核算方法

第一节 政府成本会计的理论框架

一、成本界定与信息需求

（一）成本的界定

政府成本会计中的"成本"是指单位特定的成本核算对象所发生的资源耗费，包括人力资源耗费，房屋及建筑物、设备、材料、产品等有形资产的耗费，知识产权等无形资产的耗费，以及其他耗费。

（二）信息需求

单位进行成本核算应当满足内部管理和外部管理的特定成本信息需求。单位的成本信息需求包括但不限于以下方面：

（1）成本控制。为满足该需求，单位应当完整、准确核算特定成本核算对象的成本，揭示成本发生和形成过程，以便对影响成本的各种因素、条件施加影响或管控，将实际成本控制在预期目标内。

（2）公共服务或产品定价。为满足该需求，单位应当准确核算公共服务或产品的成本，以便为政府定价机构、有关单位制定相关价格或收费标准提供依据和参考。

（3）绩效评价。为满足该需求，单位应当设置与成本相关的绩效指标并加以准确核算，以便衡量单位整体和内部组织部门运行效率、核心业务实施效果、政策和项目资金使用效果。

二、成本核算的原则

成本核算是指单位对实现其职能目标过程中实际发生的各种耗费按照确定的成本核算对象和成本项目进行归集、分配，计算确定各成本核算对象的总成本、单位成本等，并向有关使用者提供成本信息的活动。单位应当以权责发生制财务会计数据为基础进行成本核算，财务会计有关明细科目设置和辅助核算应当满足成本核算的需要。

单位进行成本核算，应当遵循以下原则：

（1）相关性原则。单位选择成本核算对象、归集分配成本、提供成本信息应当与满足成本信息需求相关，有助于成本信息使用者依据成本信息作出评价或决策。

（2）可靠性原则。单位应当以实际发生的经济业务或事项为依据进行成本核算，保证成本信息真实可靠、内容完整。

（3）适应性原则。单位进行成本核算，应当与单位行业特点、特定的成本信息需求相适应。

（4）及时性原则。单位应当及时收集、传递、处理、报告成本信息，便于信息使用者及时作出评价或决策。

（5）可比性原则。同一单位不同期间、相同行业不同单位，对相同或相似的成本核算对象进行成本核算所采用的方法和依据等应当保持一致，确保成本信息相互可比。

（6）重要性原则。单位选择成本核算对象、进行成本核算应当区分重要程度，对于重要的成本核算对象和成本项目应当力求成本信息的精确，对于非重要的成本核算对象和成本项目可以适当简化核算。

三、成本核算对象

对比企业会计成本核算时的规定，"企业为生产产品、提供劳务等发生的可归属于产品成本、劳务成本等的费用，应当在确认产品销售收入、劳务收入时，将已销售产品、已提供的劳务成本等计入当期损益。"事业单位应当根据其职能目标、所处行业特点，以及不同的成本信息需求等多维度、多层次地确定成本核算对象。

（一）单位按照维度确定的成本核算对象

（1）按业务活动类型确定的成本核算对象。
（2）按政策、项目确定的成本核算对象。
（3）按提供的公共服务或产品确定的成本核算对象。

（二）单位按照层次确定的成本核算对象

（1）以单位整体作为成本核算对象。
（2）按内部组织部门确定的成本核算对象。
（3）按业务团队确定的成本核算对象。

单位为满足成本控制需求，可以以业务活动类型、项目、内部组织部门等作为成本核算对象；为满足公共服务或产品定价需求，可以以公共服务或产品作为成本核算对象；为满足内部绩效评价需求，可以以项目、内部组织部门、业务团队等作为成本核算对象；为满足外部绩效评价需求，可以以政策和项目、单位整体等作为成本核算对象。

四、成本核算的项目与范围

单位应当根据成本信息需求设置成本项目，并对每个成本核算对象按照其成本项目进行数据归集。

成本项目是指将归集到成本核算对象的成本按照一定标准划分的反映成本构成的具体项目。单位可以根据具体成本信息需求，按照成本经济用途、成本要素等设置成本项目。

单位成本项目的设置，应当与政府会计准则制度中"加工物品""业务活动费用""单位管理费用"等科目的明细科目保持协调。单位可以根据需要在本条前款规定的成本项目下设置进一步的明细项目或进行辅助核算。

不属于成本核算对象的耗费，不计入该成本核算对象的成本。成本核算对象为业务活动类型的，与单位开展业务活动耗费无关的费用，如资产处置费用、上缴上级费用、对附属单位补助费用等，一般不计入成本。

成本核算对象为单位整体的，单位负有管理维护职责但并非为满足其自身开展业务活动需要所控制资产的折旧（摊销）费用，如公共基础设施折旧（摊销）费、保障性住房折旧费等，一般不计入成本。

为满足公共服务或产品定价需求开展的成本核算，应当在对相关成本进行完整核算的基础上，按规定对成本范围予以调整，如按规定调减不符合有关法律法规规定的费用、有财政资金补偿的费用等。

第二节 政府成本会计的核算方法

一、成本的归集与分配

单位应当根据其职能目标确定主要的专业业务活动，作为基本的成本归集和分配的对象。单位一般通过"业务活动费用""单位管理费用"等会计科目，按照成本项目归集实际发生的各种费用，据此计算确定各成本核算对象的成本。当成本核算对象为自制或委托外单位加工的各种物品、建设工程项目、自行研究开发项目时，应当按照政府会计准则制度等规定分别通过"加工物品""在建工程""研发支出"等会计科目，按照成本项目归集并结转实际发生的各种费用。

二、成本核算方法

（一）成本核算方法

单位应当根据成本信息需求，对具体的成本核算对象分别选择完全成本法或制造成本法进行成本核算。

1. 完全成本法

(1) 完全成本法的含义。

完全成本法是指将单位所发生的全部耗费按照成本核算对象进行归集和分配,计算出总成本和单位成本的方法。成本核算对象为单位整体、主要业务活动的,可以采用完全成本法。完全成本法就是在计算产品成本和存货成本时,把一定期间内在生产过程中所消耗的直接材料、直接人工、变动制造费用和固定制造费用的全部成本都归纳到产品成本和存货成本中去。

(2) 采用完全成本法的原因。

虽然固定性制造费用只是与企事业单位生产能力的形成有关,不与产品生产直接相联系,但它仍是产品最终形成所必不可少的,所以应当成为产品成本的组成部分。例如,企事业单位的生产车间、生产流水线等固定资产,只是与企事业单位生产能力的形成有关,其累计折旧并不与产品成本直接联系,但在完全成本法下,企事业单位的生产车间、生产流水线等固定资产的折旧也应当属于产品成本的一部分。

(3) 完全成本法的特点。

在完全成本法下,单位产品成本受产量的直接影响,产量越大,单位产品成本越低,这样就能刺激事业单位提高产品生产的积极性。但是采用完全成本法计算出来的单位产品成本不仅不能反映生产部门的真实业绩,反而会掩盖或夸大它们的生产实绩;在产销量不平衡的情况下,采用完全成本法计算确定的当期税前利润,往往不能真实反映单位当期实际发生的费用,从而会促使单位生产部门片面追求高产量,进行盲目生产;另外采用这种方法不便于管理者进行预测分析、参与决策以及编制弹性预算等。

专栏 10-1

完全成本法的主要问题

完全成本法的问题主要有两个方面:

第一,不利于成本管理。由于完全成本法将固定制造费用计入产品成本,给成本管理带来了问题:一是固定制造费用的分配增加了成本的计算工作量,影响成本计算的及时性和准确性;二是产品成本中变动成本和固定成本的划分,使成本控制工作变得复杂。

第二,不利于生产决策部门的短期决策。因为在产品单价、单位变动成本和固定成本总额不变时,其利润的变化理应同销售量的变化同向。但是按完全成本法计算,利润的多少和销售量的增减不能保持相应的比例,因而不易被人们理解,不利于短期决策、控制和分析工作,甚至会片面追求产量。

---

(4) 完全成本法的计算。

完全成本法的成本构成为产品成本和期间成本,其中:

$$产品成本 = 直接材料 + 直接人工 + 制造费用$$
$$期间成本 = 销售费用 + 单位管理费用 + 其他费用$$

【例10-1】某事业单位2020年有关成本的资料如下：单位直接材料10元，单位直接人工5元，变动制造费用7元，固定制造费用总额4 000元，单位变动销售管理费用4元，固定管理费用1 000元，期初库存为0，本期产量1 000件，销售为600件，单价40元，要求：按完全成本法计算该事业单位归集的成本。

解析：完全成本法是把生产制造过程的全部成本都计入产品成本的成本计算制度。

单位生产成本 = (10 + 5 + 7) + (4 000 ÷ 1 000) = 26（元）

期间费用 = 4 × 600 + 1 000 = 3 400（元）

2. 制造成本法

制造成本法是指只将与产品制造或业务活动有联系的费用计入成本核算对象，不将单位管理费用等向成本核算对象分配的方法。成本核算对象为公共服务或产品、项目、内部组织部门、业务团队的，可以采用制造成本法。

注意区分：当产品成本计算方法采用制造成本法时，产品成本与制造成本内容一致，但当采用变动成本法等其他方法时，产品成本与制造成本内容不一致。

变动成本法与制造成本法构成的区别，如表10-1所示。

表10-1　变动成本法与制造成本法构成的区别

变动成本法			制造成本法	
变动成本	产品成本	直接材料	产品成本	直接材料
		直接人工		直接人工
		变动制造费用		制造费用
	变动期间费用		期间费用	单位管理费用
固定费用	固定制造费用			其他费用
	固定期间费用			

制造成本与非制造成本及产品成本与期间成本的区别，如表10-2所示。

表10-2　制造成本与非制造成本及产品成本与期间成本的区别

项目	内容
制造成本与非制造成本	制造成本包括了直接材料成本、直接人工成本和制造费用
	非制造成本包括销售费用、管理费用和财务费用，不构成产品的制造成本
产品成本与期间成本	产品成本与产品的生产直接相关，包括直接材料成本、直接人工成本和制造费用
	期间成本是单位生产经营活动中发生的与该会计期间的销售、经营和管理等活动相关的成本，包括单位管理费用和其他费用

3. 作业成本法

伴随高度自动化、智能化的事业单位生产环境的改变，产品成本结构中的制造费用（主要是折旧费等固定成本）比重大幅度增加，其分配的科学与否决定着产品成本计算的准确性和成本控制的有效性。传统的全部按产量基础分配制造费用，会产生误导决策的成本信息。

作业成本法是将间接成本和辅助费用更准确地分配到产品和服务的一种成本计算方法。

（1）作业及作业成本动因。

作业是指生产中特定组织（成本中心、部门或产品线）重复执行的任务或活动。成本动因是指作业成本或产品成本的驱动因素，分为资源成本动因和作业成本动因两种。

①资源成本动因。

资源成本动因是引起作业成本增加的驱动因素，用来衡量一项作业的资源消耗量。依据资源成本动因可以将资源成本分配给各有关作业。

②作业成本动因。

作业成本动因是衡量一个成本对象（产品、服务或顾客）需要的作业量，是产品成本增加的驱动因素。作业成本动因计量各成本对象耗用作业的情况，并被用来作为作业成本的分配基础。

（2）作业成本法的特点。

作业成本法的成本计算分为两个阶段：

根据资源成本动因，将资源消耗分配到作业，形成作业成本。

根据作业成本动因，将作业成本分配到成本对象（产品或服务），形成产品（或服务）成本。

作业成本法与传统成本计算方法的区别，如表10-3所示。

表10-3　　　　　　　　作业成本法与传统成本计算方法的区别

项目	传统成本计算法	作业成本计算法
第一阶段	直接成本追溯到产品	直接成本追溯到产品
	间接费用按照部门归集	间接费用分配到作业（资源动因分配）
第二阶段	以产量为基础将间接费用分配到各产品	按照作业消耗和产品之间因果关系将作业成本分配到产品（作业动因分配）
分配路径	资源-部门-产品	资源-作业-产品

（3）作业成本的计算。

①作业认定与作业成本库设计。

作业认定：作业认定就是确认每一项作业完成的工作以及执行该作业耗用的资源成本。

作业成本库的设计：将作业按作业产出或消耗的方式，分为单位级作业、批次级作业、品种级（产品级）作业和生产维持级作业四类，相应的设置四类作业成本库。

②资源成本分配到作业。

资源成本借助于资源成本动因分配到各项作业。资源成本动因和作业成本之间一定要存在因果关系。

③作业成本分配到成本对象。

计算单位作业成本（即分配率）：在确定了作业成本之后，根据作业成本动因计算单位作业成本，再根据作业量计算成本对象应负担的作业成本。

单位作业成本（即分配率）＝本期作业成本库归集总成本÷作业量

作业成本动因的种类，如表10-4所示。

表10-4　　　　　　　　　　　作业成本动因的种类

种类	主要内容	特点
业务动因	通常以执行的次数作为作业动因，并假定执行每次作业的成本相等，即：分配率＝归集期内作业总成本/归集期内总作业次数。某产品应分配的作业成本＝分配率×该产品耗用的作业次数	精确度最差，但其执行成本最低
持续动因	指执行一项作业所需的时间标准，并假定单位时间内耗用的资源是相等的，即：分配率＝归集期内作业总成本/归集期内总作业时间。某产品应分配的作业成本＝分配率×该产品耗用的作业时间	精确度和执行成本居中
强度动因	在某些特殊情况下，将作业执行中实际耗用的全部资源单独归集，并将该项单独归集的作业成本直接计入某一特定的产品。适用于某一特殊订单或某种新产品试制	精确度最高，执行成本最高

【例10-2】甲是一事业单位，主要提供A、B两种产品。A、B两种产品的产量分别为500台和250台，单位直接成本分别为0.4万元和0.6万元。此外A、B两种产品制造费用的作业成本资料如表10-5所示。

表10-5　　　　　　　　　〖例10-2〗的成本动因和作业量

作业名称	作业成本（万元）	成本动因	作业量（台） A产品	B产品	合计
材料整理	200	人工小时	20	140	160
机器运行	400	机器小时	300	100	400
设备维修	100	维修小时	20	80	100
质量检测	150	质检次数	5	45	50
合计	850	—	—	—	—

要求：

（1）采用传统成本计算方法，制造费用按照机器小时比例进行分配，分别计算A、B两种产品的单位成本。

（2）采用作业成本计算方法，分别计算A、B两种产品的单位成本。

（3）分析两种方法计算产品成本差别原因。

解析：

（1）A 产品承担制造费用 = 850/(300 + 100) × 300 = 637.5（万元）

B 产品承担制造费用 = 850/(300 + 100) × 100 = 212.5（万元）

A 产品的单位成本 = 0.4 + 637.5/500 = 1.675（万元）

B 产品的单位成本 = 0.6 + 212.5/250 = 1.45（万元）

（2）A 产品的制造费用 = 20 × (200/160) + 300 × (400/400) + 20 × (100/100) + 5 × (150/50) = 360（万元）

B 产品的制造费用 = 140 × (200/160) + 100 × (400/400) + 80 × (100/100) + 45 × (150/50) = 490（万元）

A 产品的单位成本 = 0.4 + 360/500 = 1.12（万元）

B 产品的单位成本 = 0.6 + 490/250 = 2.56（万元）

（3）传统方法分配制造费用按照单一标准进行分配，产量大的 A 产品承担更多的制造费用，高估了产量高产品的成本，低估了产量低产品的成本，扭曲了产品成本；作业成本法按照多动因分配，提高了成本分配的准确性。

（二）费用的处理

单位所发生的费用，按照计入成本核算对象的方式不同，分为直接费用和间接费用。其中：

直接费用是指能确定由某一成本核算对象负担的费用，应当按照所对应的成本项目类别，直接计入成本核算对象。

间接费用是指不能直接计入成本核算对象的费用，应当选择合理的分配标准或方法分配计入各个成本核算对象。

注意区分：直接成本与成本对象直接相关、可以用经济合理的方式直接追溯到成本对象，间接成本是不能用经济合理的方式追溯到成本对象。

单位内直接开展专业业务活动的业务部门所发生的业务活动费用，如直接开展专业业务活动人员的工资福利费用、开展专业业务活动领用的库存物品成本、业务部门所使用资产的折旧（摊销）费用等，应当区分直接费用和间接费用，归集、分配计入各类业务活动等成本核算对象。

（三）费用的分配

单位应当根据业务特点，按照资源耗费方式确定合理的间接费用分配标准或方法。

间接费用分配标准或方法一般遵循因果关系和受益原则，将资源耗费根据资源耗费动因分项目追溯或分配至相关的成本核算对象，如根据工作量占比、耗用资源占比、收入占比等。同一成本核算对象的间接费用分配标准或方法一旦确定，各期间应当保持一致，不得随意变动。

单位内为业务部门提供服务或产品的辅助部门所发生的业务活动费用，应当采用合理的标准或方法分配计入各类业务活动等成本核算对象。

1. 基本生产费用的分配

如果能够直接确认生产某一特定产品发生的生产费用，直接归集在相应的成本项目中，不能直接归集的生产费用，采用一定的标准进行分配。

其分配方法为：

$$分配率 = 待分配的生产费用 \div 各分配对象分配标准的合计$$
$$某分配对象应分配的生产费用 = 分配率 \times 该分配对象分配标准$$

【例10-3】某事业单位生产甲、乙两种产品。共同耗用原材料费用4 212元，人工成本4 400元，该月制造费用总额3 608元。其他相关材料如表10-6所示。

表10-6　　　　　　　　　　　【例10-3】的相关资料

项目	甲产品	乙产品
直接领用材料成本（元）	30 040	12 840
生产工时（小时）	56 000	32 000
消耗定额（千克/件）	1.2	1.1
生产数量（件）	400	300

要求：

（1）计算甲、乙产品分别耗用的原材料成本（其中共同耗用的原材料费用按照定额消耗量标准分配）。

（2）计算甲、乙产品分别耗用的人工成本（按照生产工时标准分配）。

（3）计算甲、乙产品分别承担的制造费用（按照生产工时标准分配）。

（4）计算甲、乙产品总生产成本与单位生产成本。

解析：

（1）分配率 = 4212/(400×1.2 + 300×1.1) = 5.2

甲产品耗用原材料成本 = 30 040 + 400×1.2×52 = 5 500（元）

乙产品耗用原材料成本 = 12 840 + 300×1.1×52 = 3 000（元）

（2）分配率 = 4 400/(56 000 + 32 000) = 0.05

甲产品耗用人工成本 = 0.05×56 000 = 2 800（元）

乙产品耗用人工成本 = 0.05×32 000 = 1 600（元）

（3）分配率 = 3 608/(56 000 + 32 000) = 0.041

甲产品承担制造费用 = 0.041×56 000 = 2 296（元）

乙产品承担制造费用 = 0.41×32 000 = 13 120（元）

（4）产品总生产成本 = 材料成本 + 人工成本 + 制造费用

甲产品总生产成本 = 5 500 + 2 800 + 2 296 = 10 596（元）

甲产品单位生产成本 = 10 596/400 = 26.49（元）

乙产品总生产成本 = 3 000 + 1 600 + 1 312 = 5 912（元）

乙产品单位生产成本 = 5 912/300 = 19.707（元）

2. 辅助生产费用的分配

辅助部门之间互相提供的服务、产品成本，应当采用合理的方法，进行交互分配。

互相提供服务、产品的成本较少的，可以不进行交互分配，直接分配计入各类业务活动等成本核算对象。单位本级行政及后勤管理部门开展管理活动发生的单位管理费用，如单位行政及后勤管理部门发生的人员经费、公用经费、资产折旧（摊销）等费用，以及由单位统一负担的费用，可以根据成本信息需求，采用合理的标准或方法分配计入相关成本核算对象。

辅助部门提供的产品和劳务，主要为基本生产部门和管理部门使用和服务，有时辅助生产部门之间也有相互提供产品和劳务的情况。辅助生产费用的分配通常有采用直接分配法和交互分配法等。

（1）直接分配法。

直接分配法特点是不考虑辅助生产内部相互提供的劳务量，直接将各辅助生产车间发生的费用分配给辅助生产以外的各个受益单位或产品。只有在辅助生产内部相互提供产品或劳务不多的情况下采用。

直接分配法的优点是只进行对外分配，计算工作简便。其缺点是当辅助生产车间相互提供产品或劳务量差异较大时，分配结果往往与实际不符。

图 10-1 是直接分配法的基本流程。

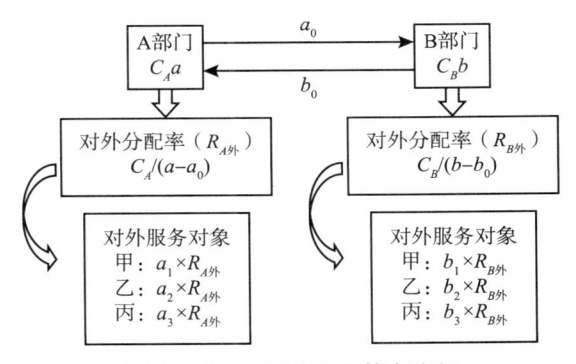

图 10-1 直接分配法基本流程

直接分配法的计算公式是：

辅助生产的单位成本 = 辅助生产费用总额 ÷（辅助生产的产品或劳务总量 − 对其他辅助部门提供的产品或劳务总量）

各受益车间、产品或各部门应分配的费用 = 辅助生产的单位成本 × 该车间、产品或部门的耗用量

【例 10-4】某事业单位有内部食堂和锅炉车间两个辅助生产部门，这两个部门的辅助生产明细账所归集的费用分别是：内部食堂 8 900 元、锅炉车间 2 100 元；内部食堂为生产甲乙产品、各车间管理部门和该事业单位各行政管理部门累计消耗食材 36 200 斤，其中锅炉车间消耗食材 600 斤；锅炉车间为生产甲乙产品、各车间及该事业单位各行政管理部门提供 537 吨热力蒸汽，其中内部食堂耗用 12 吨。

要求：采用直接分配法分配辅助生产费用并将结果填入表 10-7 中。

表 10 – 7　〖例 10 – 4〗的计算要求

项目		甲产品	乙产品	制造费用（基本车间）	管理费用	供电车间	锅炉车间	合计
内部食堂	消耗食材（斤）	22 000	13 000	420	180	—	600	36 200
	分配率							
	金额（元）							
锅炉车间	耗用量（吨）	300	220	3	2	12	—	537
	分配率							
	金额（元）							
金额合计（元）								

解析：

例 10 – 4 的解析，如表 10 – 8 所示。

表 10 – 8　〖例 10 – 4〗的解析

项目		甲产品	乙产品	制造费用（基本车间）	管理费用	供电车间	锅炉车间	合计
内部食堂	消耗食材（斤）	22 000	13 000	420	180	—	600	36 200
	分配率	8 900÷(36 200 – 600)=0.25						
	金额（元）	5 500	3 250	105	45			8 900
锅炉车间	耗用量（吨）	300	220	3	2	12	—	537
	分配率	2 100÷(537 – 12)=4						
	金额（元）	1 200	880	12	8			2 100
金额合计（元）		6 700	4 130	117	53			11 000

（2）交互分配法。

交互分配法的特点是首先按照根据供应劳务总量计算的分配率进行辅助生产车间之间的交互分配；其次将交互分配后的实际费用（加分配转入减分配转出后的费用），按照辅助生产车间以外的各受益单位进行分配。

交互分配法的优点是辅助生产内部相互提供产品或劳务全都进行了交互分配，从而提高了分配结果的正确性；而缺点是各辅助生产费用要计算两个单位成本（费用分配率），进行两次分配，因而增加了计算工作量。

图 10 – 2 是交互分配法的基本流程。

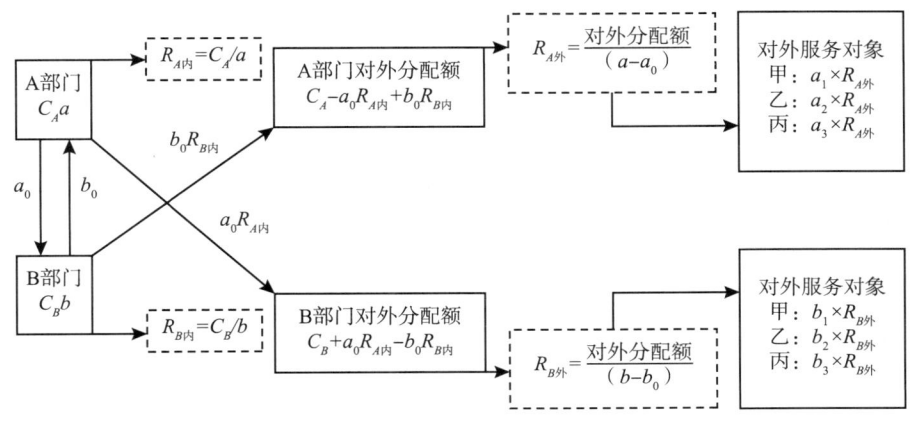

图 10-2 交互分配法的基本流程

交互分配法的计算公式如下：

对内分配分配率 = 辅助生产车间交互分配前发生的费用 ÷ 该辅助生产车间提供的产品或劳务总数量

对外分配率 =（辅助生产车间交互分配前的费用 + 交互分配转入的费用 − 交互分配转出的费用）÷ 该辅助生产车间对外提供产品或劳务的数量

各受益车间、产品或各部门应分配的费用 = 对外分配率 × 该车间、产品或部门的耗用量

三、公共服务或产品的成本核算方法

成本核算对象为公共服务或产品的，可以合理选择品种法、分批法、分步法等方法进行成本核算。

1. 品种法

品种法是"产品成本计算品种法"的简称，是以产品品种为成本计算对象来归集生产费用，计算产品成本的方法。它是计算产品成本最基本的方法之一，主要适用于大量、大批的简单生产或管理上不要求分步骤计算成本的复杂生产，如发电、供水等公共产品。简单生产，由于技术上的不可间断或工作地点的不可分离，只能由一个部门单独完成，不能由几个部门或者单位进行协作和分工。同时，由于生产过程较短，产品单一，一般没有在产品，即使有，也为数不多，数量也较稳定。在这种情况下，按产品品种归集的生产费用一般不需进行费用分配，也不存在在产品成本的计算问题。因此，生产单一产品，没有在产品或可以不考虑在产品的成本计算方法称为"简单法"，或"简易成本计算法"。

2. 分批法

分批法也称订单法，是以产品的批次或定单作为成本计算对象来归集生产费用、计算产品成本的一种方法。分批法主要适用于单件和小批的多步骤生产。如精密仪器和专用设备等。分批法的成本计算期是不固定的，一般把一个生产周期（即从投产到完工的整个时期）作为成本计算期定期计算产品成本。由于在未完工时没有完工产品，完工后又没有在产品，完工产品和在产品不会同时并存，因而也不需要把生产费用在完工产品和在成品之间进行分配。

3. 分步法

分步法是"产品成本计算分步法"的简称,是以产品生产步骤和产品品种为成本计算对象,来归集和分配生产费用、计算产品成本的一种方法。适用于连续、大量、多步骤生产的单位或者部门。这些单位或者部门,从原材料投入到产品完工,要经过若干连续的生产步骤,除最后一个步骤生产的是产成品外,其他步骤生产的都是完工程度不同的半成品。这些半成品,除少数可能出售外,都是下一步骤加工的对象。因此,应按步骤、按产品品种设置产品成本明细账,分别成本项目归集生产费用。

需要说明的是,目前政府会计中开展成本会计核算还是起步阶段,具体到实际操作,可以借鉴企业会计比较成熟的经验与做法,有针对性地进行改良处理,从而实现政府会计下的成本核算。

【复习思考题】

1. 成本核算应遵循的原则有哪些?
2. 应基于什么维度来确定成本核算对象?
3. 变动成本法与制造成本法的区别有哪些?
4. 试述完全成本法和制造成本法的优缺点。
5. 试述辅助生产费用的两种分配方式。

第十一章
政府与社会资本合作项目合同的管理与核算

【本章要点】
- 了解政府与社会资本合作的含义和历史沿革
- 熟悉政府与社会资本合作的主要方式
- 熟悉政府与社会资本合作项目合同的确认条件
- 掌握政府与社会资本合作项目资产与净资产的确认和计量
- 掌握政府与社会资本合作项目合同的列报
- 熟悉政府与社会资本合作项目绩效管理基本要求
- 掌握政府与社会资本合作项目绩效目标与绩效指标管理过程
- 掌握政府与社会资本合作项目绩效监控过程
- 掌握政府与社会资本合作项目绩效评价工作方案和绩效评价报告

第一节 政府与社会资本合作（PPP）概述

一、政府与社会资本合作（PPP）的含义与沿革

（一）政府与社会资本合作（PPP）的含义

PPP，英文全称"public-private partnership"，这一概念产生于欧洲，在欧洲很多国家得到了广泛应用并取得了很好的效果，其起源可以追溯至18世纪欧洲的收费公路建设计划，但其在现代意义上的形成和发展主要归功于新公共管理运动中引入私人部门参与公共服务供给的改革。[①] 英国是最早采用PPP模式的国家之一，1992年首次提出私人融资计划（private finance initiative，PFI），2012年英国财政部进一步推出新型私人融资（PF2），并配套出台政策性文件《PPP的新方式》，而法国、德国、瑞士等很多欧洲国家应用PPP模式都取得良好成效并形成各自的特色。[②]

总体来看，PPP指的是公共部门和私人部门之间就提供公共品而建立的各种合作关系。但由于各国各地区的具体实践不同，因而PPP目前并没有形成一个国际上被广泛接受的定义（见表11-1）。我国将PPP翻译为"政府与社会资本合作模式"，《关于推广运用政府和社会资本合作模式有关问题的通知》中，将其描述为在基础设施及公共服务领域建立的一种长期合作关系，并对合作双方，即政府和社会资本的具体职责进

---

① 刘薇. PPP模式理论阐释及其现实例证［J］. 改革，2015（1）：78-89.
② 王天义. 全球化视野的可持续发展目标与PPP标准：中国的选择［J］. 改革，2016（2）：20-34.

行说明，明确了 PPP 模式在中国的具体内涵。

表 11-1　　　　　　　　　　　　　国际上对 PPP 的定义

机构或学者	定义
中国财政部[1]	PPP 是指在基础设施及公共服务领域建立的一种长期合作关系。通常模式是由社会资本承担设计、建设、运营、维护基础设施的大部分工作，并通过"使用者付费"及必要的"政府付费"获得合理投资回报。政府部门负责基础设施及公共服务的价格和质量监管，以保证公共利益最大化。
世界银行[2]	PPP 是指政府部门与私人部门之间就公共品或公共服务的提供而签订的长期合同。在此合同下，私人部门承担一定的风险和管理职能，其报酬与业绩挂钩。
亚洲开发银行[3]	PPP 是指为开展基础设施建设和提供其他服务，在公共部门和私营部门实体之间建立的一系列合作伙伴关系。
英国财政部[4]	PPP 是一种以公共部门和私人部门相互合作为主要特征的安排。从最广义的层面看，PPP 可以包括从公共部门独立运作到私人部门独立运作之间的各种合作执行政策、提供服务和建造基础设施的方式。
加拿大 PPP 委员会[5]	PPP 是指公私部门之间基于各自的专长而建立的风险合作关系。它通过资源、风险和收益的适当分配，更好地满足事先界定好的公共需求。
欧盟委员会[6]	PPP 是指公共部门和私人部门之间的一种伙伴关系，旨在合作建造传统上应由公共部门建造的项目或提供传统上应由公共部门提供的服务。它承认双方都有某种优势，通过使双方各自从事自己最擅长的工作，公共服务和基础设施便得以以最有效的方式提供。
穆迪[7]	PPP 是指政府公共部门与私人开发者之间基于合同的伙伴关系。目的是设计、建造一项基础设施并提供融资，私人部门在一定时期内负责设施的运营、维护，合同到期后，资产移交政府来运营、维护。政府通常在整个合同期间保留对设施的所有权。
德勤[8]	PPP 是指政府机构与私人部门实体之间签署的协议，使得私人部门可以在公共基础设施的建设中发挥更大作用。
耶斯考比[9]	PPP 具有如下几大要素：这是公共部门和私人之间的长期合同；目的是由私人部门设计、建造、运营公共基础设施并负责融资；私人部门获得的回报分布在整个合同周期内，由公共部门支付或由社会公众作为使用者来支付；设施的所有权归公共部门，或者在合同结束时移交公共部门。
阿尔沙维[10]	PPP 的主要原则包括：一是购买服务而非资产；二是对公共部门要物有所值（Value for Money）；三是项目风险由公共部门和私人部门分担；四是充分发挥私人部门的专业技能和经验；五是在基础设施建设中通盘考虑整个项目周期内的成本。

注：1　财政部：《关于推广运用政府和社会资本合作模式有关问题的通知》（财金〔2014〕76 号），2014 年 9 月 23 日。

2　World Bank, *Public-Private Partnerships Reference Guide*: Version 2.0, p14.

3　亚洲开发银行：《公私合作手册》，第 1 页。

4　HM Treasury, *Infrastructure Procurement*: *Delivering Long-Term Value*, 2008.

5　见 http://www.pppcouncil.ca/resources/about-ppp/definitions.html.

6　Yong Hee Kong, *Different Models of PPP*: *Session on Private Sector Participation*, PPP Resource & Research Centre, Kuala Lumpur, 2007.

7　Moody's Investors Service, *Public-Private Partnerships*: *Global P3 Landscape*, 2014.

8　Deloitte, *Closing the Infrastructure Gap*: *The Role of Public-Private Partnerships*, 2006.

9　Yescombe E R, *Public-Private Partnerships*: *Principles of Policy and Finance*, Elsevier, 2007.

10　Alshawi M, *Concept and Background to Public Private Partnership (PPP)/Private Finance Initiative (PFI) UK Experience*, OECD, 2009.

资料来源：刘晓凯，张明. 全球视角下的 PPP：内涵、模式、实践与问题 [J]. 国际经济评论，2015（4）：53-67.

(二) 我国政府与社会资本合作（PPP）的历史沿革

我国的 PPP 早在 20 世纪 90 年代就在民间开始萌芽。1986 年，在国务院《关于鼓励外商投资的规定》的鼓励下，一些外商华侨开始以合资企业的形式探索进入中国的基础设施建设领域。代表性的是深圳沙角 B 电厂项目、广州北环高速公路项目、广深高速公路项目、顺德电厂项目等。但由于当时的政策过于粗线条和务虚，导致地方 PPP 项目发展暴露出大量问题。1995 年之后中央各部委出台了具体的 PPP 政策对当时的 PPP 乱象进行管制，如 1995 年对外经济贸易合作部出台的《关于以 BOT 方式吸收外商投资有关问题的通知》，而后又爆发了 1998 年亚洲金融危机。第一波 PPP 浪潮就这样在经济环境和政策环境的双重限制下，于 90 年代末跌落。

21 世纪初，中国进入了城镇化建设的飞速发展时期，在此背景下，国家开始积极推动城市基础设施建设的市场化。代表性的政策有 2001 年国家计委出台的《国家计委关于印发促进和引导民间投资的若干意见的通知》和 2004 年国务院发布的《国务院关于投资体制改革的决定》，不仅为民间资本投资的审批程序松绑，同时允许更多领域向民间资本开放。中央的鼓励政策，以及落实到具体行业部门的 PPP 指导政策对该时期 PPP 项目发展起到推动性作用。PPP 开始出现新一轮的浪潮，项目数量和投资额都不断扩大，直到 2008 年金融危机才缓落。比较典型的包括北京的奥运运动场所的建设，以及深圳的地铁四号线项目。

2008 年金融危机之后，PPP 一直处于相对沉寂的状态。为了刺激经济复苏，中央推出了"四万亿"的一揽子计划。计划在取得积极效果的同时，也导致了地方政府不加限制的投资。许多地方政府通过建立投融资平台追求项目建设，导致了地方债务的极度恶化。此时，PPP 作为应对地方债务问题、规范地方政府融资平台的政策工具再一次进入中央的视野。2014 年开始，国家分别颁布了《国务院关于加强地方政府性债务管理的意见》《关于推广运用政府和社会资本合作模式有关问题的通知》《国务院关于深化预算管理制度改革的决定》《财政部关于印发政府和社会资本合作模式操作指南（试行）的通知》、财政部印发的《PPP 项目合同指南（试行）》《政府和社会资本合作项目财政承受能力论证指引》等。相比前两个阶段，这一阶段中央开始全面主导 PPP 模式发展，表现出推广密集、行业全面和操作具体三个特征，标志着我国 PPP 发展进入新一轮浪潮。2014 年 12 月，财政部政府和社会资本合作中心正式获批，截至 2020 年 7 月 26 日，共有入库项目 9 574 个，入库金额 146 583 亿元。

2015 年，《政府会计准则——基本准则》出台。为了适应权责发生制政府综合财务报告制度改革需要，规范 PPP 项目合同的确认、计量和相关信息的列报，提高会计信息质量，2019 年财政部出台了《政府会计准则第 10 号——政府和社会资本合作项目合同》，以进一步从政府会计方面完善我国的 PPP 制度体系。

二、政府与社会资本合作（PPP）的必然性与现实性

我国 PPP 从 20 世纪 90 年代开始发展至今，经历了几次起伏后最终成为新时代下国家重要的财政政策工具，其具备内在的必然性和现实性。

第一，推广运用 PPP 模式，是促进经济转型升级、支持新型城镇化建设的必然要

求。政府通过PPP模式向社会资本开放基础设施和公共服务项目，可以拓宽城镇化建设融资渠道，形成多元化、可持续的资金投入机制，有利于整合社会资源，盘活社会存量资本，激发民间投资活力，拓展企业发展空间，提升经济增长动力，促进经济结构调整和转型升级。

第二，推广运用PPP模式，是加快转变政府职能、提升国家治理能力的一次体制机制变革。规范的PPP模式能够将政府的发展规划、市场监管、公共服务职能，与社会资本的管理效率、技术创新动力有机结合，减少政府对微观事务的过度参与，提高公共服务的效率与质量。PPP模式要求平等参与、公开透明，政府和社会资本按照合同办事，有利于简政放权，更好地实现政府职能转变，弘扬契约文化，体现现代国家治理理念。

第三，推广运用PPP模式，是深化财税体制改革、构建现代财政制度的重要内容。根据财税体制改革要求，现代财政制度的重要内容之一是建立跨年度预算平衡机制、实行中期财政规划管理、编制完整体现政府资产负债状况的综合财务报告等。PPP模式的实质是政府购买服务，要求从以往单一年度的预算收支管理，逐步转向强化中长期财政规划，这与深化财税体制改革的方向和目标高度一致。

三、政府与社会资本合作（PPP）的方式

（一）项目运作方式

1. 委托运营（operations & maintenance，O&M）

O&M是指政府将存量公共资产的运营维护职责委托给社会资本或项目公司，社会资本或项目公司不负责用户服务的政府和社会资本合作项目运作方式。

这类模式中，地方政府保留资产所有权和建设，只向社会资本或项目公司支付委托运营费。在模式的运作方式下，政府主体的经济业务比较简单，其经济实质就是政府主体通过支付一定运营费的形式，委托社会资本方或项目公司代为运营、维护，各类项目的资金输出均由政府主体直接承担经济责任。该方式下政府主体支付给社会资本方或项目公司的委托费，实质上是对公共资产进行运营和维护所发生的费用。

2. 管理合同（management contract，MC）

MC是指政府将存量公共资产的运营、维护及用户服务职责授权给社会资本或项目公司的项目运作方式。地方保留资产所有权，只向社会资本方或项目公司支付管理费。

这类模式，政府主体除了委托社会资本方或项目公司对公共资产进行运营和维护，还通过授权的方式把用户服务职责转移给了社会资本方或项目公司。但是与公共资产相关的所有权、公共资产建设、公共资产的改建和扩建等还归属于政府主体直接承担经济责任。该方式下，政府主体的支出责任采用与直接支付给社会资本方或项目公司对应管理费相同的处理方式。

3. 建设–运营–移交（build-operate-transfer，BOT）

BOT是PPP项目中较为认可的一类，其由社会资本或项目公司承担新建项目设计、融资、建造、运营、维护和用户服务职责，合同期满后项目资产及相关权利等移交给

政府，这类模式合同期较长，符合 PPP 项目的要求。

在这种模式下，政府主体拥有公共资产项目的所有权，但其将项目的建设、设计、融资、建造、运营、维护和用户服务职责等内容悉数交给社会资本方，只是在合同期满后，社会资本方或项目公司再把所有和项目相关的内容全部交还政府。在 BOT 运作方式下，新建项目的所有权虽然归政府主体所有，社会资本方在项目上的所有投资，也是通过对项目运营和用户服务收费的形式来获得成本补偿和利润回报。

4. 建设 – 移交（build-transfer，BT）

BT 是政府利用非政府资金来进行基础非经营性设施建设项目的一种融资模式。项目工程由投资人负责进行投融资，具体落实项目投资、建设、管理。工程项目建成后，经政府组织竣工验收合格后，资产交付政府。政府根据回购协议向投资人分期支付资金或者以土地抵资，投资人确保在质保期内的工程质量。相比 BOT，BT 的特点是没有运营阶段。

5. 建设 – 拥有 – 运营（build-own-operate，BOO）

BOO 与 BOT 在运营方式上较为类似，二者的区别主要是 BOO 方式下社会资本或项目公司拥有项目所有权，但必须在合同中注明保证公益性的约束条款，一般不涉及项目期满移交。

在该模式下政府主体有两个身份：一是作为股东入股项目公司，履行股东的出资责任；二是政府主体作为公共产品或服务代为购买者或付费者的身份，在项目无法获得预期利润率的情况下，通过政府付费或可行性缺口补助的形式，给予项目一定补助。

6. 移交 – 运营 – 移交（transfer-operate-transfer，TOT）

TOT 是指政府将存量资产所有权有偿转让给社会资本或项目公司，并由其负责运营、维护和用户服务，合同期满后资产及其所有权等移交给政府的项目运作方式。

在 TOT 运作方式下，政府主体与社会资本方之间的经济关系比较简单：政府主体通过自己的经济活动，获得公共资产，然后把属于自己的公共资产转卖给社会资本方或项目公司。在项目运营期间，政府主体只是起到监督社会资本方提供的公共服务或产品的作用。合同结束后，社会资本方把该公共资产卖给政府，政府根据回购该公共资产的价格和相关费用等记入政府资产。

7. 改建 – 运营 – 移交（rehabilitate-operate-transfer，ROT）

ROT 模式可以说是 TOT 的升级版，改建 – 运营 – 移交增加了改扩建内容，且合同期限属于长期合同。在 ROT 模式下，政府首先把公共资产进行改扩建，再交给社会资本方或项目公司进行运营，合同期满后再移交给政府主体。

8. 移交 – 拥有 – 运营（transfer-own-operate，TOO）

TOO 是指由社会投资者投资收购已建成的项目并承担项目的运行、维护、培训等工作，资产的产权归属于为项目专门设立的项目公司，而由政府负责宏观协调、创建环境、提出需求。

除了以上几种主要的 PPP 运作方式之外，还有租赁 – 运营 – 移交（lease-operate-transfer，LOT）、购买 – 建设 – 运营（buy-build-operate，BBO）、区域特许经营（concession），以及上述这些方式的组合等。

(二) 项目支付方式

1. 政府付费

政府付费指政府直接付费购买公共产品和服务。在政府付费方式下，政府可以依据项目设施的可用性、产品或服务的使用量以及质量向项目公司付费。政府付费是公用设施类和公共服务类项目中较为常用的付费机制，通常用于不直接向终端用户提供服务的终端型基础设施项目，如市政污水处理厂、垃圾焚烧发电厂等，或者不具备收益性的基础设施项目，如市政道路、河道治理等。

2. 使用者付费

使用者付费指由最终消费用户直接付费购买公共产品和服务。在使用者付费项目中，项目公司直接从最终用户处收取费用，项目公司的成本回收和收益取得与项目的使用者实际需求量（即市场风险）直接挂钩。该方式通常用于可经营性系数较高、财务效益良好、直接向终端用户提供服务的基础设施项目，如市政供水、城市管道燃气和收费公路等。

3. 可行性缺口补助

可行性缺口补助指使用者付费不足以满足项目公司成本回收和合理回报时，由政府给予项目公司一定的经济补助，以弥补使用者付费之外的缺口部分。该方式通常用于可经营性系数较低、财务效益欠佳、直接向终端用户提供服务但收费无法覆盖投资和运营回报的基础设施项目，如医院、学校、文化及体育场馆、保障房、价格调整之后或需求不足的网络型市政公用项目、交通流量不足的收费公路等。

可行性缺口补助是在政府付费机制与使用者付费机制之外的一种折中选择。在我国实践中，可行性缺口补助的形式多种多样，包括土地划拨、投资入股、投资补助、优惠贷款、贷款贴息、放弃分红权、授予项目相关开发收益权等其中的一种或多种。

第二节 政府与社会资本合作（PPP）项目合同的管理

一、PPP 项目合同的含义与特征

PPP 项目合同是指政府方与社会资本方依法依规就 PPP 项目合作所订立的合同。合同中的政府方是指政府授权或指定的 PPP 项目实施机构，通常为政府有关职能部门或事业单位。合同中的社会资本方是指与政府方签署 PPP 项目合同的社会资本或项目公司。合同中的 PPP 项目资产是指 PPP 项目合同中确定的用来提供公共产品和服务的资产，其有两个来源：一是包括由社会资本方投资建造或者从第三方购买，或者是社会资本方的现有资产；二是政府方现有资产，或者对政府方现有资产进行改建、扩建。

PPP 项目合同应当满足以下几个原则：

第一，合法性。PPP 项目合同必须是依法依规签订的。

第二，"双特征"。一是社会资本方在合同约定的运营期间内代表政府方使用 PPP 项目资产提供公共产品和服务；二是社会资本方在合同约定的期间内就其提供的公共产品和服务获得补偿。

第三,"双控制"。一是政府方控制或管制社会资本方使用 PPP 项目资产必须提供的公共产品和服务的类型、对象和价格;二是 PPP 项目合同终止时,政府方通过所有权、收益权或其他形式控制 PPP 项目资产的重大剩余权益。

因此,只有满足以上三个条件的 PPP 项目合同才适用第 10 号准则,换句话说也就是并不是所有的 PPP 项目合同都满足条件,更多内容见专栏 11 – 1 和表 11 – 2。

专栏 11 – 1

第 10 号准则的适用范围

第一,非法或违规签订的 PPP 项目合同不适用,因为其违反了合法性原则。

第二,不符合"双特征"的项目合同。如 BT 没有运营期,而租赁和无偿捐赠,不符合就其提供的产品和服务获得补偿,都不满足"双特征"原则,所以不适用。

第三,不满足"双控制"的项目合同。如建设 – 拥有 – 运营(BOO)、移交 – 拥有 – 运营(TOO)等方式运作的 PPP 项目,因为其实现了私有化,政府不能控制重大剩余收益权,不符合"双控制"要求,所以不适用。

第四,其他不适用情况。由于政府会计准则规范的对象是政府方,而不是社会资本方,因此社会资本方对 PPP 项目合同的确认、计量和相关信息的披露,或者是有关代表政府出资的企业对项目公司的投资,均适用相关企业会计准则。而政府方对项目公司的直接投资,则适用《政府会计准则第 2 号——投资》。

表 11 – 2　　　　　　　第 10 号准则对 PPP 主要运作方式的适用情况

运作方式	所有权所属	是否适用第 10 号准则
委托运营(O&M)	政府部门	不适用
管理合同(MC)	政府部门	不适用
建设 – 运营 – 移交(BOT)	运营期间所有权暂属于社会资本方或项目公司,移交后归属于政府部门	适用
建设 – 移交(BT)	政府部门	不适用
建设 – 拥有 – 运营(BOO)	社会资本方或项目公司	不适用
移交 – 运营 – 移交(TOT)	运营期间所有权暂属于社会资本方或项目公司,移交后归属于政府部门	适用
改建 – 运营 – 移交(ROT)	运营期间所有权暂属于社会资本方或项目公司,移交后归属于政府部门	适用
移交 – 拥有 – 运营(TOO)	社会资本方或项目公司	不适用

二、PPP 项目资产的确认与计量

（一）PPP 项目资产的确认

PPP 项目资产的确认，需要该 PPP 项目合同在满足合法性、"双特征"和"双控制"三个原则后，同时满足以下两个条件：

第一，该资产相关的服务潜力很可能实现或者经济利益很可能流入；

第二，该资产的成本或者价值能够可靠地计量。

结合"双特征"和"双控制"原则，可以看到 PPP 项目资产必须是提供的公共产品或服务，而非政府方自用。同时该产品或服务也必须是在合作期中提供，否则，只能确认为基础设施资产或其他资产等。

《政府会计准则第 10 号——政府和社会资本合作项目合同》进一步对 PPP 项目资产的确认时间做了规定：

（1）由社会资本方投资建造或从第三方购买形成的 PPP 项目资产，政府方应当在 PPP 项目资产验收合格交付使用时予以确认。

（2）使用社会资本方现有资产形成的 PPP 项目资产，政府方应当在 PPP 项目开始运营日予以确认。

（3）政府方使用其现有资产形成 PPP 项目资产的，应当在 PPP 项目开始运营日将其现有资产重分类为 PPP 项目资产。

（4）社会资本方对政府方现有资产进行改建、扩建形成的 PPP 项目资产，政府方应当在 PPP 项目资产验收合格交付使用时予以确认，同时终止确认现有资产。

在确认过程中，如果 PPP 项目资产的各组成部分具有不同使用年限或者以不同方式提供公共产品和服务的，应当分别将各组成部分确认为一个单项 PPP 项目资产。而对于 PPP 项目资产运营过程中发生的后续支出，视其是否满足确认条件，以确定是否计入 PPP 项目资产成本。一般来说，为增加 PPP 项目资产的使用效能或延长其使用年限而发生的改建、扩建等后续支出，政府方应当计入 PPP 项目资产的成本。而为维护 PPP 项目资产的正常使用而发生的日常维修、养护等后续支出，不计入 PPP 项目资产的成本。

PPP 项目合同终止时，PPP 项目资产按规定移交至政府方的，政府方应当根据 PPP 项目资产的性质和用途，将其重分类为公共基础设施等资产。

（二）PPP 项目资产的计量

政府方在取得 PPP 项目资产时一般应当按照成本进行初始计量，如规定需要进行资产评估的，则应当按照评估价值进行初始计量。

PPP 项目资产的成本组成和确定方法如下：

（1）社会资本方投资建造形成的 PPP 项目资产，其成本包括该项资产至验收合格交付使用前所发生的全部必要支出，包括建筑安装工程投资、设备投资、待摊投资、其他投资等支出。已交付使用但尚未办理竣工财务决算手续的 PPP 项目资产，应当按照估计价值入账，待办理竣工财务决算后再按照实际成本调整原来的暂估价值。

（2）社会资本方从第三方购买形成的 PPP 项目资产，其成本包括购买价款、相关税费以及验收合格交付使用前发生的可归属于该项资产的运输费、装卸费、安装费和专业人员服务费等。

（3）使用社会资本方现有资产形成的 PPP 项目资产，其成本按规定以该项资产的评估价值确定。

（4）政府方使用其现有资产形成的 PPP 项目资产，其成本按照 PPP 项目开始运营日该资产的账面价值确定；按照相关规定对现有资产进行资产评估的，其成本按照评估价值确定，资产评估价值与评估前资产账面价值的差额计入当期收入或当期费用。

（5）社会资本方对政府方现有资产进行改建、扩建形成的 PPP 项目资产，其成本按照该资产改建、扩建前的账面价值加上改建、扩建发生的支出，再扣除该资产被替换部分账面价值后的金额确定。

在后续计量中，由于 PPP 项目资产主要还是对应固定资产和公共基础设施资产两大类，因此，需要分别对应参照《政府会计准则第 3 号——固定资产》《政府会计准则第 5 号——公共基础设施》等具体准则进行操作。

但当 PPP 项目合同终止时，PPP 项目资产按规定移交至政府方并进行资产评估的，政府方应当以评估价值作为重分类后资产的入账价值，评估价值与 PPP 项目资产账面价值的差额计入当期收入或当期费用；政府方按规定无需对移交的 PPP 项目资产进行资产评估的，应当以 PPP 项目资产的账面价值作为重分类后资产的入账价值。

三、PPP 项目净资产的确认与计量

（一）PPP 项目净资产的确认

据《政府会计准则第 10 号——政府和社会资本合作项目合同》规定，一般情况下，政府方在确认 PPP 项目资产时，应当同时确认一项 PPP 项目净资产，PPP 项目净资产的初始入账金额与 PPP 项目资产的初始入账金额相等。但存在以下两种特殊情况：

（1）政府方使用其现有资产形成 PPP 项目资产的，在初始确认 PPP 项目资产时，应当同时终止确认现有资产，不确认 PPP 项目净资产。

（2）社会资本方对政府方现有资产进行改建、扩建形成 PPP 项目资产的，政府方应当仅按照 PPP 项目资产初始入账金额与政府方现有资产账面价值的差额确认 PPP 项目净资产。

（二）PPP 项目净资产的计量

对 PPP 项目净资产的计量，具体包含以下内容：

（1）按照 PPP 项目合同约定，政府方承担向社会资本方支付款项的义务的，相关义务应当按照《政府会计准则第 8 号——负债》有关规定进行会计处理，会计处理结果不影响 PPP 项目资产及净资产的账面价值。

政府方按照《政府会计准则第 8 号——负债》有关规定不确认负债的，应当在支付款项时计入当期费用。政府方按照《政府会计准则第 8 号——负债》有关规定确认负债的，应当同时确认当期费用；在以后期间支付款项时，相应冲减负债的账面余额。

（2）在 PPP 项目合同约定的期间内，政府方从社会资本方收到款项的，应当按规定做应缴款项处理或计入当期收入。

（3）在 PPP 项目运营过程中，政府方因 PPP 项目资产改建、扩建等后续支出增加

PPP 项目资产成本的，应当按要求增加 PPP 项目净资产的账面余额。

（4）政府方按照本准则规定在确认 PPP 项目资产的同时确认 PPP 项目净资产的，在 PPP 项目运营期间内，按月对该 PPP 项目资产计提折旧（摊销）的，应当于计提折旧（摊销）时冲减 PPP 项目净资产的账面余额。

政府方初始确认的 PPP 项目净资产金额等于 PPP 项目资产初始入账金额的，应当按照计提的 PPP 项目资产折旧（摊销）金额，等额冲减 PPP 项目净资产的账面余额。

政府方初始确认的 PPP 项目净资产金额小于 PPP 项目资产初始入账金额的，应当按照计提的 PPP 项目资产折旧（摊销）金额的相应比例（即 PPP 项目净资产初始入账金额占 PPP 项目资产初始入账金额的比例），冲减 PPP 项目净资产的账面余额；当期计提的折旧（摊销）金额与所冲减的 PPP 项目净资产金额的差额，应当计入当期费用。

（5）PPP 项目合同终止时，政府方应当将尚未冲减完的 PPP 项目净资产账面余额转入累计盈余。

四、PPP 项目合同的列报

（一）报表列示

根据《政府会计准则第 10 号——政府和社会资本合作项目合同》，政府方应当在资产负债表和净资产变动表中单独列示 PPP 项目资产及相应的 PPP 项目净资产。参考《〈政府会计准则第 10 号——政府和社会资本合作安排〉应用指南（征求意见稿）》，具体做法如下：

（1）在资产负债表的"保障性住房净值"和"长期待摊费用"项目之间依次增加"PPP 服务资产""其中：在建工程""减：PPP 服务资产累计折旧（摊销）""PPP 服务资产净值"项目。

（2）在资产负债表的"长期应付款"项目和"预计负债"项目之间增加"其中：PPP 负债"项目。

（3）在资产负债表的"权益法调整"项目和"无偿调拨净资产"项目之间增加"PPP 净资产"项目。

（4）在净资产变动表的"本年数""上年数"两栏中的"权益法调整"和"净资产合计"项目之间增加"PPP 净资产"列项目。

（5）在净资产变动表的"（六）权益法调整"和"五、本年年末余额"项目之间增加"PPP 净资产"行项目。

（二）附注披露

政府方应当在附注中披露与 PPP 项目合同有关的下列信息：

（1）对 PPP 项目合同的总体描述。

（2）PPP 项目合同中的重要条款：①PPP 项目合同主要参与方；②合同生效日、建设完工日、运营开始日、合同终止日等关键时点；③PPP 项目资产的来源；④PPP 项目的付费方式；⑤合同终止时资产移交的权利和义务；⑥政府方和社会资本方其他重要权利和义务。

（3）报告期间所发生的 PPP 项目合同变更情况。

（4）相关会计信息：①政府方确认的 PPP 项目资产及其类别；②PPP 项目资产、PPP 项目净资产初始入账金额及其确定依据；③政府方确认的与 PPP 项目合同有关的负债金额及其确定依据；④报告期内 PPP 项目资产折旧（摊销）冲减 PPP 项目净资产的金额；⑤报告期内政府方向社会资本方支付的款项金额，或者从社会资本方收到的款项金额；⑥其他需要披露的会计信息。

除了上述披露要求外，政府方还应遵循其他政府会计准则制度关于 PPP 项目合同的披露要求。

第三节　政府与社会资本合作项目合同的核算

一、核算的适用范围

参考《〈政府会计准则第 10 号——政府和社会资本合作安排〉应用指南》，核算的适用范围大体如下：

（1）不同时满足"双特征"的项目合同，如建设－移交（BT）、租赁、无偿捐赠、政府购买服务等，不适用本准则，应当按照其他政府会计准则和《政府会计制度——行政事业单位会计科目和报表》有关规定进行会计处理。

（2）通常情况下，采用建设－运营－移交（BOT）、转让－运营－移交（TOT）、改建－运营－移交（ROT）方式运作的 PPP 项目，满足"双控制"条件的，应当适用本准则。

（3）采用建设－拥有－运营（BOO）、转让－拥有－运营（TOO）方式运作的 PPP 项目，通常仅满足"双控制"原则的第一条，即控制公共产品和服务的类型、对象和价格；但在合同终止时，无法控制 PPP 项目资产的重大剩余权益。这种情况下，应当按照相关企业会计准则进行会计处理。

（4）对于满足"双控制"原则第二条，但不满足第一条的 PPP 项目合同中涉及的资产，应当按照租赁业务相关规定进行会计处理。

（5）采用委托运营（O&M）、管理合同（MC）方式运作的 PPP 项目，不满足"双控制"原则，其中涉及的资产应当按照对应的政府会计具体准则进行会计处理。

（6）PPP 项目合同中政府方对项目公司投资的会计处理，适用《政府会计准则第 2 号——投资》。

（7）社会资本方对 PPP 合同中资产的确认、计量和披露，适用相关企业会计准则。

二、应设置的会计科目及其账务处理

（一）应设置的会计科目

针对上述适用范围内的 PPP 项目合同进行核算时，需要设置对应的会计科目，同样参考《〈政府会计准则第 10 号——政府和社会资本合作安排〉应用指南》，政府方应当设置如下科目：

（1）政府方应当设置"1841 PPP 项目资产"一级科目，核算按照规定确认的 PPP 项目资产，并按照资产类别、项目等进行明细核算。本科目的期末借方余额，反映 PPP

项目资产的账面余额。

（2）政府方应当设置"1842 PPP 项目资产累计折旧（摊销）"一级科目，核算按照规定计提的 PPP 项目资产累计折旧（摊销），并按照资产类别、项目等进行明细核算。本科目期末贷方余额，反映政府方计提的 PPP 项目资产折旧（摊销）的累计数。

（3）政府方应当设置"3601 PPP 项目净资产"一级科目，核算按照规定所确认的 PPP 项目净资产。本科目的期末贷方余额，反映 PPP 项目净资产的账面余额。

（二）主要账务处理

1. PPP 项目资产取得时的账务处理

（1）社会资本方投资建造形成的 PPP 项目资产，政府方应当在资产验收合格交付使用时，按照确定的成本（包括该项资产自建造开始至验收合格交付使用前所发生的全部必要支出），借记"PPP 项目资产"科目，贷记"PPP 项目净资产"科目。

（2）对于已交付使用但尚未办理竣工财务决算手续的 PPP 项目资产，政府方应当按暂估价值，借记"PPP 项目资产"科目，贷记"PPP 项目净资产"科目；待办理竣工财务决算后，政府方应当按照实际成本与暂估价值的差额，借记或贷记"PPP 项目资产"科目，贷记或借记"PPP 项目净资产"科目。

（3）社会资本方从第三方购买形成的 PPP 项目资产，政府方应当在资产验收合格交付使用时，按照确定的成本（包括该项资产的购买价款、相关税费以及验收合格交付使用前发生的可归属于该项资产的运输费、装卸费、安装费和专业人员服务费等），借记"PPP 项目资产"科目，贷记"PPP 项目净资产"科目。

（4）使用社会资本方现有资产形成的 PPP 项目资产，政府方应当在 PPP 项目开始运营日，按照该项资产的评估价值，借记"PPP 项目资产"科目，贷记"PPP 项目净资产"科目。

（5）使用政府方现有资产形成的 PPP 项目资产，无需进行资产评估的，政府方应当在 PPP 项目开始运营日，按照该资产的账面价值，借记"PPP 项目资产"科目，按照资产已计提的累计折旧或摊销，借记"公共基础设施累计折旧（摊销）"等科目，按照资产的账面余额，贷记"公共基础设施"等科目；按照相关规定需要进行资产评估的，政府方应当按照资产评估价值，借记"PPP 项目资产"科目，按照资产已计提的累计折旧或摊销，借记"公共基础设施累计折旧（摊销）"等科目，按照资产的账面余额，贷记"公共基础设施"等科目，按照资产评估价值与账面价值的差额贷记"其他收入"科目或借记"其他费用"科目。

（6）社会资本方对政府方原有资产进行改建、扩建形成的 PPP 项目资产，政府方应当在资产验收合格交付使用时，按照资产改建、扩建前的账面价值加上改建、扩建发生的支出，再扣除资产被替换部分账面价值后的金额，借记"PPP 项目资产"科目，按照资产改建、扩建前已计提的累计折旧或摊销，借记"公共基础设施累计折旧（摊销）"等科目，按照资产的账面余额，贷记"公共基础设施"等科目，按照 PPP 项目资产初始入账金额与原有资产账面价值的差额，贷记"PPP 项目净资产"科目。

2. PPP 项目资产在项目运营期间的账务处理

（1）对于为维护 PPP 项目资产的正常使用而发生的日常维修、养护等后续支出，不计入 PPP 项目资产的成本。

（2）对于为增加 PPP 项目资产的使用效能或延长其使用年限而发生的大修、改建、扩建等后续支出，政府方应当在资产验收合格交付使用时，按照相关支出扣除资产被替换部分账面价值的差额，借记"PPP 项目资产"科目，贷记"PPP 项目净资产"科目。

（3）在 PPP 项目运营期间，政府方应当按月对 PPP 项目资产计提折旧（摊销），但社会资本方持续进行良好维护使得其性能得到永久维护的 PPP 项目资产除外。对于作为 PPP 项目资产单独计价入账的土地使用权，政府方应当按照其他政府会计准则制度的规定进行摊销。

（4）政府方初始确认的 PPP 项目净资产金额等于 PPP 项目资产初始入账金额的，按月计提 PPP 项目资产折旧（摊销）时，应当按照计提的 PPP 项目资产折旧（摊销）金额，借记"PPP 项目净资产"科目，贷记"PPP 项目资产累计折旧（摊销）"科目。

（5）政府方初始确认的 PPP 项目净资产金额小于 PPP 项目资产初始入账金额的，按月计提 PPP 项目资产折旧（摊销）时，应当按照计提的 PPP 项目资产折旧（摊销）金额的相应比例（即 PPP 项目净资产初始入账金额占 PPP 项目资产初始入账金额的比例），借记"PPP 项目净资产"科目，按照计提的 PPP 项目资产折旧（摊销）金额，贷记"PPP 项目资产累计折旧（摊销）"科目，按照当期计提的折旧（摊销）金额与所冲减的 PPP 项目净资产金额的差额，借记"业务活动费用"等科目。

3. PPP 项目合同终止时的账务处理

（1）PPP 项目合同终止时，PPP 项目资产按规定移交至政府方的，政府方应当根据 PPP 项目资产的性质和用途，将其重分类为公共基础设施等资产。无需对所移交的 PPP 项目资产进行资产评估的，政府方应当按移交日 PPP 项目资产的账面价值，借记"公共基础设施"等科目，按照已计提的累计折旧（摊销），借记"PPP 项目资产累计折旧（摊销）"科目，按照 PPP 项目资产的账面余额，贷记"PPP 项目资产"科目；按规定需要对所移交的 PPP 项目资产进行资产评估的，政府方应当按照资产评估价值，借记"公共基础设施"等科目，按照已计提的累计折旧（摊销），借记"PPP 项目资产累计折旧（摊销）"科目，按照 PPP 项目资产的账面余额，贷记"PPP 项目资产"科目，按照资产评估价值与 PPP 项目资产账面价值的差额，贷记"其他收入"科目或借记"其他费用"科目。

（2）PPP 项目合同终止时，政府方应当将尚未冲减完的 PPP 项目净资产账面余额转入累计盈余，即按 PPP 项目净资产的账面余额，借记"PPP 项目净资产"科目，贷记"累计盈余"科目。

4. 其他相关业务的账务处理

对于上述规定中未明确的其他相关经济业务或事项，政府方应当按照其他政府会计准则制度的规定进行账务处理。

（三）关于财务报表项目

1. 关于资产负债表

政府方应当在"保障性住房净值"和"长期待摊费用"项目之间依次增加"PPP 项目资产""减：PPP 项目资产累计折旧（摊销）""PPP 项目资产净值"项目。

政府方应当在"权益法调整"项目和"无偿调拨净资产"项目之间增加"PPP项目净资产"项目。

2. 关于净资产变动表

政府方应当在"本年数""上年数"两栏中的"权益法调整"和"净资产合计"项目之间增加"PPP项目净资产"列项目。

政府方应当在"（六）权益法调整"和"五、本年年末余额"项目之间增加"PPP项目净资产"行项目。

三、核算应注意的问题

可以看到，PPP项目合同存在客观的复杂性，包括形式多样性和主体多元性。因此在进行PPP项目合同核算时，需要特别注意以下问题：

1. 适用范围的界定应遵循实质重于形式原则

前面提到，PPP项目运作模式多样，但并非所有模式的PPP项目都适用第10号准则及其应用指南，且随着PPP的进一步发展和创新，未来会有更多的新模式产生。因此，适用范围的界定成为PPP项目合同核算的重点和难点。正确的做法是保留适用范围界定的灵活性，遵循实质重于形式原则。以BOT模式为例，该模式形成的PPP项目资产是由社会资本方或项目公司投资建设的，按照《民法典》的规定，该资产的所有权属于社会资本方，但是政府以授予社会资本方收费特许权为代价，且对项目运行过程中提供的产品和服务类型、对象、价格进行控制，合同到期后所有权又移交给政府，所以政府方实质上对该资产具有控制权，基于实质重于形式原则，应当在该资产验收合格交付使用时，确认为政府部门的资产。

2. 应厘清PPP项目中各项业务所对应的会计主体和适用准则

PPP项目全生命周期所涉及的业务种类繁多，既关联政府方和社会资本方两个会计主体，又涉及"政府与社会资本合作项目合同""投资""固定资产""公共基础设施"等几类具体准则。因此在核算时必须厘清业务与业务之间、主体与主体之间、准则与准则之间的关系，以确保核算的科学正确。例如，PPP项目合同中，社会资本方对PPP项目合同的确认、计量和相关信息的披露，或者是代表政府出资的企业对项目公司的投资，适用的都是企业会计准则。又如政府方对项目公司的直接投资，适用的是《政府会计准则第2号——投资》。

第四节 政府与社会资本合作项目合同的绩效评价

一、PPP项目绩效管理的基本要求

PPP项目绩效管理是指在PPP项目全生命周期开展的绩效目标和指标管理、绩效监控、绩效评价及结果应用等项目管理活动。基本要求如下：

（1）项目实施机构应在项目所属行业主管部门的指导下开展PPP项目绩效管理工作，必要时可委托第三方机构协助。

（2）各级财政部门负责 PPP 项目绩效管理制度建设、业务指导及再评价、后评价工作。

（3）所有 PPP 项目，包括政府付费、可行性缺口补助和使用者付费项目，都适用《政府和社会资本合作（PPP）项目绩效管理操作指引》。

（4）各参与方应当按照科学规范、公开透明、物有所值、风险分担、诚信履约、按效付费等原则开展 PPP 项目全生命周期绩效管理。

PPP 项目全生命周期绩效管理框架，如图 11-1 所示。

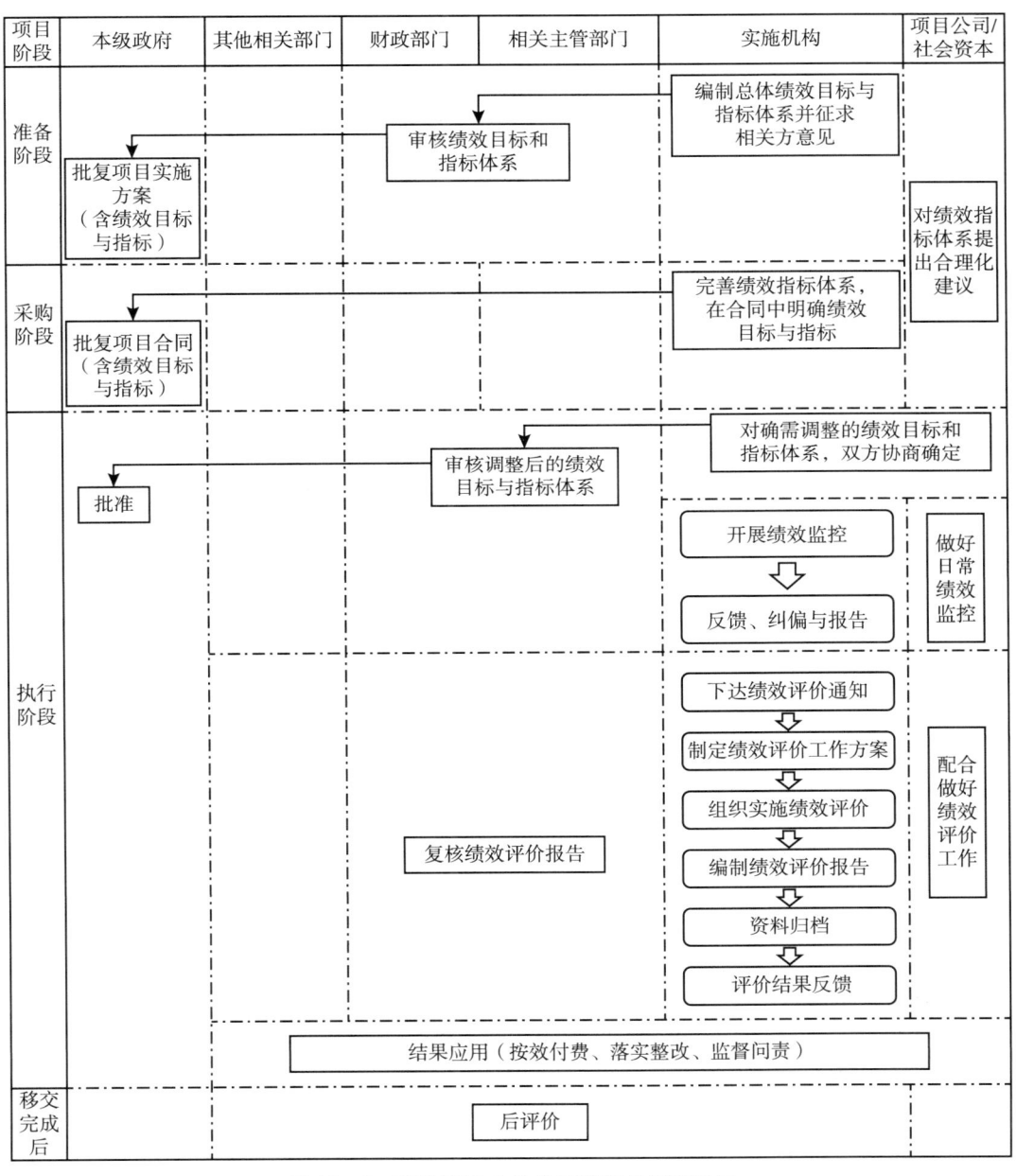

项目阶段	本级政府	其他相关部门	财政部门	相关主管部门	实施机构	项目公司/社会资本
准备阶段	批复项目实施方案（含绩效目标与指标）		审核绩效目标和指标体系		编制总体绩效目标与指标体系并征求相关方意见	对绩效指标体系提出合理化建议
采购阶段	批复项目合同（含绩效目标与指标）				完善绩效指标体系，在合同中明确绩效目标与指标	
执行阶段	批准		审核调整后的绩效目标与指标体系		对确需调整的绩效目标和指标体系，双方协商确定 开展绩效监控 ⇩ 反馈、纠偏与报告 下达绩效评价通知 ⇩ 制定绩效评价工作方案 ⇩ 组织实施绩效评价 ⇩ 编制绩效评价报告 ⇩ 资料归档 ⇩ 评价结果反馈	做好日常绩效监控 配合做好绩效评价工作
			复核绩效评价报告			
			结果应用（按效付费、落实整改、监督问责）			
移交完成后			后评价			

图 11-1 PPP 项目全生命周期绩效管理导图

二、PPP 项目绩效目标与绩效指标管理

（一）PPP 项目绩效目标

PPP 项目绩效目标包括总体绩效目标和年度绩效目标。总体绩效目标是 PPP 项目在全生命周期内预期达到的产出和效果；年度绩效目标是根据总体绩效目标和项目实际确定的具体年度预期达到的产出和效果，应当具体、可衡量、可实现。

专栏 11 -2

PPP 项目绩效目标编制要求

根据《政府和社会资本合作（PPP）项目绩效管理操作指引》，PPP 项目绩效目标编制应符合以下要求：

1. 指向明确。绩效目标应符合区域经济、社会与行业发展规划，与当地财政收支状况相适应，以结果为导向，反映项目应当提供的公共服务，体现环境 - 社会 - 公司治理责任（ESG）理念。

2. 细化量化。绩效目标应从产出、效果、管理等方面进行细化，尽量进行定量表述；不能以量化形式表述的，可采用定性表述，但应具有可衡量性。

3. 合理可行。绩效目标应经过调查研究和科学论证，符合客观实际，既具有前瞻性，又有可实现性。

4. 物有所值。绩效目标应符合物有所值的理念，体现成本效益的要求。

PPP 项目绩效目标应包括预期产出、预期效果及项目管理等内容。其中，预期产出是指项目在一定期限内提供公共服务的数量、质量、时效等。预期效果是指项目可能对经济、社会、生态环境等带来的影响情况，物有所值实现程度，可持续发展能力及各方满意程度等。项目管理是指项目全生命周期内的预算、监督、组织、财务、制度、档案、信息公开等管理情况。

（二）PPP 项目绩效指标

PPP 项目绩效指标是衡量绩效目标实现程度的工具，应按照系统性、重要性、相关性、可比性和经济性的原则，结合预期产出、预期效果和项目管理等绩效目标细化量化后合理设定。

PPP 项目绩效指标体系由绩效指标、指标解释、指标权重、数据来源、评价标准与评分方法构成，具体参考表 11 -3 和表 11 -4。指标权重是指标在评价体系中的相对重要程度。确定指标权重的方法通常包括专家调查法、层次分析法、主成分分析法、熵值法等。数据来源是在具体指标评价过程中获得可靠和真实数据或信息的载体或途径。获取数据的方法通常包括案卷研究、资料收集与数据填报、实地调研、座谈会、问卷调查等。评价标准是指衡量绩效目标完成程度的尺度。绩效评价标准具体包括

计划标准、行业标准、历史标准或其他经相关主管部门确认的标准。评分方法是结合指标权重，衡量实际绩效值与评价标准值偏离程度，对不同的等级赋予不同分值的方法。

表 11-3　　　　PPP 项目绩效评价共性指标框架（参考）——建设期

	一级指标	二级指标	指标解释
项目公司（社会资本）绩效评价（100 分）	产出	竣工验收	评价项目是否通过竣工验收及竣工验收情况。
	效果	社会影响	评价项目建设活动对社会发展所带来的直接或间接的正负面影响情况。如新增就业、社会荣誉、重大诉讼、公众舆情与群体性事件等。
		生态影响	评价项目建设期间对生态环境所带来的直接或间接的正负面影响情况。如节能减排、环保处罚等。
		可持续性	评价项目公司或社会资本是否做好项目运营准备工作，如资源配置、潜在风险及沟通协调机制等。
		满意度	政府相关部门、项目实施机构、社会公众（服务对象）对项目公司或社会资本建设期间相关工作的满意程度。
	管理	组织管理	评价项目公司组织架构是否健全、人员配置是否合理，能否满足项目日常运作需求。
		资金管理	评价社会资本项目资本金及项目公司融资资金的到位率和及时性。
		档案管理	评价项目建设相关资料的完整性、真实性以及归集整理的及时性。
		信息公开	评价项目公司或社会资本履行信息公开义务的及时性与准确性。
项目实施机构绩效评价（100 分）	产出	履约情况	评价项目实施机构是否及时、有效履行 PPP 项目合同约定的义务。
		成本控制	评价项目实施机构履行项目建设成本监督管控责任的情况。（注：PPP 项目合同对建设成本进行固定总价约定的不适用本指标。）
	效果	满意度	社会公众、项目公司或社会资本对项目实施机构工作开展的满意程度。
		可持续性	评价项目实施机构是否为项目可持续性建立有效的工作保障和沟通协调机制。
	管理	前期工作	评价项目实施机构应承担的项目前期手续及各项工作的落实情况。
		资金（资产）管理	评价项目实施机构股权投入、配套投入等到位率和及时性。
		监督管理	评价项目实施机构是否按照 PPP 项目合同约定履行监督管理职能，如质量监督、财务监督及日常管理等。
		信息公开	评价项目实施机构是否按照信息公开相关要求及时、准确公开信息。

注：应根据项目行业特点与实际情况等适当调整二级指标，细化形成三级指标。

表 11－4　　　　　　　PPP 项目绩效评价共性指标框架（参考）——运营期

	一级指标	二级指标	指标解释	说明
项目公司（社会资本）绩效评价（100 分）	产出	项目运营	评价项目运营的数量、质量与时效等目标完成情况。如完成率、达标率与及时性等。	1."产出"指标应作为按效付费的核心指标，指标权重不低于总权重的 80%，其中"项目运营"与"项目维护"指标不低于总权重的 60%； 2. 原则上不低于 80 分才可全额付费。
		项目维护	评价项目设施设备等相关资产维护的数量、质量与时效等目标完成情况。如设施设备维护频次、完好率与维护及时性等。	
		成本效益	评价项目运营维护的成本情况。如成本构成合理性、实际成本与计划成本对比情况、成本节约率、投入产出比等。（注：PPP 项目合同中未对运营维护成本控制进行约定的项目适用本指标。）	
		安全保障	评价项目公司（或社会资本）在提供公共服务过程中安全保障情况。如重大事故发生率、安全生产率、应急处理情况等。	
	效果	经济影响	评价项目实施对经济发展所带来的直接或间接的正负面影响情况。如对产业带动及区域经济影响等。	
		生态影响	评价项目实施对生态环境所带来的直接或间接的正负面影响情况。如节能减排、环保处罚等。	
		社会影响	评价项目实施对社会发展所带来的直接或间接的正负面影响情况。如新增就业、社会荣誉、重大诉讼、公众舆情与群体性事件等。	
		可持续性	评价项目在发展、运行管理及财务状况等方面的可持续性情况。	
		满意度	政府相关部门、项目实施机构、社会公众（服务对象）对项目公司或社会资本提供公共服务质量和效率的满意程度。	
	管理	组织管理	评价项目运营管理实施及组织保障等情况。如组织架构、人员管理及决策审批流程等。	
		财务管理	评价项目资金管理、会计核算等财务管理内容的合规性。	
		制度管理	评价内控制度的健全程度及执行效率。	
		档案管理	评价项目运营、维护等相关资料的完整性、真实性以及归集整理的及时性。	
		信息公开	评价项目公司或社会资本履行信息公开义务的及时性与准确性。	
项目实施机构绩效评价（100 分）	产出	按效付费	评价项目实施机构是否及时、充分按照 PPP 项目合同约定履行按效付费义务。	"物有所值"指标可结合中期评估等工作定期开展。
		其他履约情况	评价项目实施机构是否及时、有效履行 PPP 项目合同约定的其他义务。	
	效果	满意度	社会公众、项目公司或社会资本对项目实施机构工作开展的满意程度。	
		可持续性	评价项目实施机构是否为项目可持续性建立有效的工作保障和沟通协调机制。	
		物有所值	评价项目物有所值实现程度。	

续表

一级指标	二级指标	指标解释	说明
管理	预算编制	评价项目实施机构是否及时、准确将PPP项目支出责任纳入年度预算。	"物有所值"指标可结合中期评估等工作定期开展。
	绩效目标与指标	评价项目实施机构是否编制合理、明确的年度绩效目标和绩效指标。	
	监督管理	评价项目实施机构是否按照PPP项目合同约定履行监督管理职能，如质量监督、财务监督及日常管理等。	
	信息公开	评价项目实施机构是否按照信息公开相关要求及时、准确公开信息。	

（表格左侧合并单元格：项目实施机构绩效评价（100分））

注：应根据项目行业特点与实际情况等适当调整二级指标，细化形成三级指标。

（三）项目各阶段管理要求

（1）PPP项目准备阶段。项目实施机构应根据项目立项文件、历史资料，结合PPP模式特点，在项目实施方案中编制总体绩效目标和绩效指标体系并充分征求相关部门、潜在社会资本等相关方面的意见。财政部门应会同相关主管部门从依据充分性、设置合理性和目标实现保障度等方面进行审核。

（2）PPP项目采购阶段。项目实施机构可结合社会资本响应及合同谈判情况对绩效指标体系中非实质性内容进行合理调整。PPP项目绩效目标和指标体系应在项目合同中予以明确。

（3）PPP项目执行阶段。绩效目标和指标体系原则上不予调整。但因项目实施内容、相关政策、行业标准发生变化或突发事件、不可抗力等无法预见的重大变化影响绩效目标实现而确需调整的，由项目实施机构和项目公司（未设立项目公司时为社会资本，下同）协商确定，经财政部门及相关主管部门审核通过后报本级人民政府批准。

（4）PPP项目移交完成阶段。财政部门应会同有关部门针对项目总体绩效目标实现情况，从全生命周期的项目产出、成本效益、物有所值实现情况、按效付费执行情况及对本地区财政承受能力的影响、监管成效、可持续性、PPP模式应用等方面编制绩效评价（即后评价）指标体系。

三、PPP项目绩效监控

（一）绩效监控的要求

项目实施机构应根据项目合同约定定期开展PPP项目绩效监控，项目公司（社会资本）负责日常绩效监控。PPP项目绩效监控是对项目日常运行情况及年度绩效目标实现程度进行的跟踪、监测和管理，通常包括目标实现程度、目标保障措施、目标偏差和纠偏情况等。

PPP项目绩效监控应符合以下要求：

（1）严格遵照国家规定、行业标准、项目合同约定，按照科学规范、真实客观、重点突出等原则开展绩效监控。重点关注最能代表和反映项目产出及效果的年度绩效目标与指标，客观反映项目运行情况和执行偏差，及时纠偏，改进绩效。

（2）项目实施机构应根据 PPP 项目特点，考虑绩效评价和付费时点，合理选择监控时间、设定监控计划，原则上每年至少开展一次绩效监控。

（二）绩效监控的程序

PPP 项目绩效监控工作通常按照以下程序进行：

（1）开展绩效监控。项目公司（社会资本）开展 PPP 项目日常绩效监控，按照项目实施机构要求，定期报送监控结果。项目实施机构应对照绩效监控目标，查找项目绩效运行偏差，分析偏差原因，结合项目实际，提出实施纠偏的路径和方法，并做好信息记录。

（2）反馈、纠偏与报告。项目实施机构应根据绩效监控发现的偏差情况及时向项目公司（社会资本）和相关部门反馈，并督促其纠偏；偏差原因涉及自身的，项目实施机构应及时纠偏；偏差较大的，应撰写《绩效监控报告》报送相关主管部门和财政部门。

四、PPP 项目绩效评价

（一）绩效评价的要求

项目实施机构应根据项目合同约定，在执行阶段结合年度绩效目标和指标体系开展 PPP 项目绩效评价。财政部门应会同相关主管部门、项目实施机构等在项目移交完成后开展 PPP 项目后评价。

PPP 项目绩效评价应符合以下要求：

（1）严格按照规定程序，遵循真实、客观、公正的要求，采用定量与定性分析相结合的方法。

（2）结合 PPP 项目实施进度及按效付费的需要确定绩效评价时点。原则上项目建设期应结合竣工验收开展一次绩效评价，分期建设的项目应当结合各期子项目竣工验收开展绩效评价；项目运营期每年度应至少开展一次绩效评价，每 3~5 年应结合年度绩效评价情况对项目开展中期评估；移交完成后应开展一次后评价。

（3）绩效评价结果依法依规公开并接受监督。

若项目公司对绩效评价结果有异议，应在 5 个工作日内明确提出并提供有效的佐证材料，向项目实施机构解释说明并达成一致意见。无法达成一致的，应组织召开评审会，双方对评审意见无异议的，根据评审意见确定最终评价结果；仍有异议的，按照合同约定的争议解决机制处理。

项目实施机构应将 PPP 项目绩效评价报告报送相关主管部门、财政部门复核，复核重点关注绩效评价工作方案是否落实、引用数据是否真实合理、揭示的问题是否客观公正、提出的改进措施是否有针对性和可操作性等。

（二）绩效评价的程序

PPP 项目绩效评价工作通常按照以下程序进行：

（1）下达绩效评价通知。项目实施机构确定绩效评价工作开展时间后，应至少提前 5 个工作日通知项目公司（社会资本）及相关部门做好准备和配合工作。

（2）制定绩效评价工作方案（见表 11-5）。项目实施机构应根据政策要求及项目实际组织编制绩效评价工作方案,内容通常包括项目基本情况、绩效目标和指标体系、评价目的和依据、评价对象和范围、评价方法、组织与实施计划、资料收集与调查等。项目实施机构应组织专家对项目建设期、运营期首次及移交完成后绩效评价工作方案进行评审。

表 11-5　　　　　　　PPP 项目绩效评价工作方案（参考）

PPP 项目绩效评价工作方案 （参考）
一、项目基本情况 （一）项目概况。 （二）项目产出说明。 （三）绩效目标和指标体系。 PPP 项目合同约定的绩效目标与指标体系、年度绩效目标与指标体系及调整情况。 （四）项目主要参与方。 说明项目主要参与方职责及参与情况,主要参与方通常包括项目公司（社会资本）、项目实施机构、相关主管部门及其他相关政府部门,项目服务对象及社会公众等其他相关方。 （五）项目实施情况。 项目实施进展情况、实施内容调整及变更情况等。 二、绩效评价思路 （一）绩效评价目的和依据。 确定评价工作基本导向,明确绩效评价工作开展所要达到的目标和结果。 评价依据通常包括 PPP 项目合同,项目相关法律、法规和规章制度,相关行业标准及专业技术规范等。 （二）绩效评价对象和范围。 评价对象为 PPP 项目,评价范围包括项目产出、项目实施效果和项目管理等。 （三）绩效评价时段。 项目本次被评价的时间范围,应明确具体的起止时间。 （四）绩效评价方法。 明确开展绩效评价所选用的相关评价方法及原因。 三、绩效评价组织与实施 （一）明确项目负责人及项目团队的职责与分工。 （二）明确各个环节及各项工作的时间节点及工作计划。 （三）明确绩效评价工作质量控制措施。 四、资料收集与调查 明确开展绩效评价工作所需的资料收集与调查方案,包括资料收集内容与途径、数据资料来源以及具体的调查方法。 调查方法通常包括案卷研究、实地调研、座谈会及问卷调查等,应当尽可能明确调查对象、调查方法、调查内容、调查时间及地点等。如果调查对象涉及抽样,应当说明调查对象总体情况、样本总数、抽样方法及抽样比例。 五、相关附件 通常包括资料清单、数据填报格式、访谈提纲及调查问卷等。

（3）组织实施绩效评价。项目实施机构应根据绩效评价工作方案对 PPP 项目绩效情况进行客观、公正的评价。通过综合分析、意见征询,区分责任主体,形成客观、公正、全面的绩效评价结果。对于不属于项目公司或社会资本责任造成的绩效偏差,不应影响项目公司（社会资本）绩效评价结果。

（4）编制绩效评价报告（见表 11-6）。PPP 项目绩效评价报告应当依据充分、真实完整、数据准确、客观公正,内容通常包括项目基本情况、绩效评价工作情况、评价结论和绩效分析、存在问题及原因分析、相关建议、其他需要说明的问题。

表 11-6　　　　　　　　PPP 项目绩效评价报告（参考）

PPP 项目绩效评价报告
（参考）

一、项目基本情况
（一）项目概况。
简述项目背景、PPP 模式基本安排，包括基本信息、运作模式、回报机制、交易结构等内容。
（二）项目绩效目标。
（三）项目主要参与方。
（四）项目实施情况。
包括项目实施的具体内容、范围、计划及进展情况等。如果项目内容在实施期内发生变更，应当说明变更的内容、依据及变更程序。
（五）资金来源和使用情况。
项目资金来源与使用情况、投融资管理情况、财务管理状况、预算情况等。
二、绩效评价工作情况
（一）绩效评价目的。
（二）绩效评价对象、范围与时段。
（三）绩效评价工作方案制定过程。
（四）绩效评价原则与方法。
（五）绩效评价实施过程。
（六）数据收集方法。
（七）绩效评价的局限性（如有）。
三、评价结论和绩效分析
（一）评价结论。
（二）绩效分析。
对项目产出、效果和管理指标进行分析和评价。
在对绩效指标进行分析和评价时，要充分利用评价工作中所收集的数据，做到定量分析和定性分析相结合。绩效指标评分应当依据充分、数据使用合理恰当，确保绩效评价结果的公正性、客观性、合理性。
四、存在问题及原因分析
通过分析各指标的评价结果，总结项目存在的不足及原因，明确责任主体，为提出相关建议奠定基础。
五、相关建议
通过综合考虑各指标的评价结果，有针对性地对项目存在的不足提出改进措施和建议。措施或建议应当具有较强的可行性、前瞻性及科学性，有利于促进和提高项目绩效水平。
六、绩效评价报告使用限制等其他需要说明的问题
七、评价主体签章
绩效评价报告应当由评价主体加盖公章。
八、相关附件
通常包括主要评价依据、实地调研和座谈会相关资料、调查问卷汇总信息及其他支持评价结论的相关资料。

（5）资料归档。项目实施机构应将绩效评价过程中收集的全部有效资料，主要包括绩效评价工作方案、专家论证意见和建议、实地调研和座谈会记录、调查问卷、绩效评价报告等一并归档，并按照有关档案管理规定妥善管理。

（6）评价结果反馈。项目实施机构应及时向项目公司（社会资本）和相关部门反馈绩效评价结果。

（三）绩效评价的作用

PPP 项目绩效评价结果是按效付费、落实整改、监督问责的重要依据。

1. 按效付费

政府付费和可行性缺口补助项目，政府承担的年度运营补贴支出应与当年项目公司（社会资本）绩效评价结果完全挂钩。财政部门应按照绩效评价结果安排相应支出，项目实施机构应按照项目合同约定及时支付。

使用者付费项目，项目公司（社会资本）获得的项目收益应与当年项目公司（社会资本）绩效评价结果挂钩。绩效评价结果优于约定标准的，项目实施机构应执行项目合同约定的奖励条款。绩效评价结果未达到约定标准的，项目实施机构应执行项目合同约定的违约条款，可通过设置影响项目收益的违约金、项目展期限制或影响调价机制等方式实现。

绩效评价结果可作为项目期满合同是否展期的考量因素。

2. 落实整改

项目实施机构应根据绩效评价过程中发现的问题统筹开展整改工作，并将整改结果报送相关主管部门和财政部门。涉及自身问题的，项目实施机构应及时整改；涉及项目公司（社会资本）或其他相关部门问题的，项目实施机构应及时督促整改。

3. 监督问责

项目实施机构应及时公开绩效评价结果并接受社会监督；项目实施机构绩效评价结果应纳入其工作考核范畴。

【复习思考题】

1. 简述 PPP 的主要运作方式。
2. 简述第 10 号准则对不同 PPP 项目合同的适用性。
3. 简述 PPP 项目资产和净资产的确认和计量。
4. 简述 PPP 项目合同核算的适用范围。
5. 简述 PPP 项目全生命周期绩效管理的过程。
6. 简述 PPP 项目绩效监控过程。
7. 简述 PPP 项目绩效评价过程。

第十二章
政府会计财务报表的编制与列报

【本章要点】
- 熟悉政府会计财务报表列报的原则
- 掌握资产负债表的编制
- 掌握收入费用表的编制
- 掌握现金流量表的编制
- 掌握净资产变动表的编制
- 掌握附注的编制

第一节 财务报表列报的原则

一、财务报表的类型和内容

政府会计财务报表是对政府会计主体财务状况、运行情况和现金流量等信息的结构性表述，是财务分析的基础和依据，其由会计报表及其附注构成。会计报表包括资产负债表、收入费用表、净资产变动表和现金流量表（见表12-1）。

表12-1　　　　　　　　　　财务报表类型

编号	报表名称	编制期
会政财01表	资产负债表	月度、年度
会政财02表	收入费用表	月度、年度
会政财03表	净资产变动表	年度
会政财04表	现金流量表	年度（选编）
	附注	年度

资产负债表，重点反映的是政府部门年末财务状况。资产负债表应当按照资产、负债和净资产分类分项列示。其中，资产和负债都应按照流动性分类分项列示，即流动资产、非流动资产、流动负债和非流动负债。

收入费用表，重点反映政府部门年度运行情况。收入费用表应当按照收入、费用和盈余分类分项列示。

净资产变动表，重点反映政府部门年度净资产的变动情况。净资产变动表应当按照累计盈余、专用基金和权益法调整分项列示。

现金流量表,重点反映单位在某一会计年度内现金的流入和流出信息。现金流量表应按照日常活动、投资活动、筹资活动的现金流量分类分项列示。

报表附注,主要是对会计报表做进一步的解释说明。其主要包括单位基本情况、会计报表编制基础、遵循政府会计准则制度的声明、重要会计政策和估计、会计报表重要项目说明、本年盈余与预算结余的差异情况说明以及其他重要事项说明。

二、财务报表列报的基本原则

政府会计的财务报表列报应遵循以下基本原则:

(1) 除现金流量表以收付实现制为基础编制外,财务报表的编制主要以权责发生制为基础,以单位财务会计核算生成的数据为准。

(2) 财务报表一般包括资产负债表、收入费用表、净资产变动表和附注。单位可根据实际情况自行选择编制现金流量表。

(3) 单位应当至少按照年度编制财务报表。年度财务报表涵盖的期间短于一年的,应当披露年度财务报表的涵盖期间、短于一年的原因以及报表数据不具可比性的事实。

(4) 财务报表项目的列报应当在各个会计期间保持一致,不得随意变更,但政府会计准则制度和财政部发布的其他有关规定要求变更财务报表项目的除外。

(5) 当期财务报表的列报,至少应当提供所有列报项目上一个可比会计期间的比较数据,以及与理解当期财务报表相关的说明,但其他政府会计准则制度等另有规定的除外。

(6) 财务报表中的资产项目和负债项目的金额、收入项目和费用项目的金额不得相互抵销,但其他政府会计准则制度另有规定的除外。资产或负债项目按扣除备抵项目后的净额列示,不属于抵销。

(7) 性质或功能不同的项目,或者性质或功能类似但所属类别具有重要性的,应当在财务报表中单独列报。某些项目不足以在报表中单独列示,但对理解报表具有重要性的,应在附注中单独披露。

专栏 12-1

如何判断项目的重要性?

根据《政府会计准则第9号——财务报表编制和列报》,财务报表某些项目的省略、错报等,能够合理预期将影响报表主要使用者据此作出决策的,则该项目具有重要性。

重要性应当根据政府会计主体所处的具体环境,从项目的性质和金额两方面予以判断。关于各项目重要性的判断标准一经确定,不得随意变更。判断项目性质的重要性,应当考虑该项目在性质上是否显著影响政府会计主体的财务状况和运行情况等因素；判断项目金额的重要性，应当考虑该项目金额占资产总额、负债总额、净资产总额、收入总额、费用总额、盈余总额等直接相关项目金额的比重或所属报表单列项目金额的比重。

（8）单位应当根据《政府会计制度》规定编制真实、完整的财务报表，不得违反规定随意改变编制基础、编制依据、编制原则和方法，不得随意改变制度规定的有关数据的会计口径。

（9）财务报表应当根据登记完整、核对无误的账簿记录和其他有关资料编制，做到数字真实、计算准确、内容完整、编报及时。

（10）单位应当至少在财务报表的显著位置披露以下信息：①编报主体的名称；②报告日或财务报表涵盖的会计期间；③人民币金额单位；④财务报表是合并财务报表的，应当予以标明。

（11）政府会计主体不应以附注披露代替确认和计量，也不能通过充分披露相关会计政策而纠正不恰当的确认和计量。如果按照政府会计准则制度规定披露的信息不足以让财务报表使用者了解特定经济业务或事项对政府会计主体财务状况和运行情况的影响时，政府会计主体还应当披露其他必要的相关信息。

第二节 资产负债表的编制

一、资产负债表的样式

根据《政府会计制度——行政事业单位会计科目和报表》，资产负债表是反映单位在某一特定日期全部资产、负债和净资产情况的报表。资产负债表采用的是账户式结构，其样式如表12-2所示。

表12-2　　　　　　　　　　　　资产负债表　　　　　　　　　　　　会政财01表
编制单位：＿＿＿＿＿＿＿　　　　　　　＿＿＿年＿＿＿月　　　　　　　　　　单位：元

资产	期末余额	年初余额	负债和净资产	期末余额	年初余额
流动资产：			流动负债：		
货币资金			短期借款		
短期投资			应交增值税		
财政应返还额度			其他应交税费		
应收票据			应缴财政款		
应收账款金额			应付职工薪酬		
预付账款			应付票据		
应收股利			应付账款		
应收利息			应付政府补贴款		

续表

资产	期末余额	年初余额	负债和净资产	期末余额	年初余额
其他应收款净额			应付利息		
存货			预收账款		
待摊费用			其他应付款		
一年内到期的非流动资产			预提费用		
其他流动资产			一年内到期的非流动负债		
流动资产合计			其他流动负债		
非流动资产：			流动负债合计		
长期股权投资			非流动负债：		
长期债券投资			长期借款		
固定资产原值			长期应付款		
减：固定资产累计折旧			预计负债		
固定资产净值			其他非流动负债		
工程物资			非流动负债合计		
在建工程			受托代理负债		
无形资产原值			负债合计		
减：无形资产累计摊销					
无形资产净值					
研发支出					
公共基础设施原值					
减：公共基础设施累计折旧（摊销）					
公共基础设施净值					
政府储备物资					
文物文化资产					
保障性住房原值					
减：保障性住房累计折旧			净资产：		
保障性住房净值			累计盈余		
长期待摊费用			专用基金		
待处理财产损溢			权益法调整		
其他非流动资产			无偿调拨净资产*		
非流动资产合计			本期盈余*		
受托代理资产			净资产合计		
资产总计			负债和净资产总计		

注："*"标识项目为月报项目，年报中不需列示。

二、资产负债表的填列

（一）基本要求

本表"年初余额"栏内各项数字，应当根据上年年末资产负债表"期末余额"栏内数字填列。如果本年度资产负债表规定的项目的名称和内容同上年度不一致，应当对上年年末资产负债表项目的名称和数字按照本年度的规定进行调整，将调整后数字填入本表"年初余额"栏内。如果本年度单位发生了因前期差错更正、会计政策变更等调整以前年度盈余的事项，还应当对"年初余额"栏中的有关项目金额进行相应调整。

本表中"资产总计"项目期末（年初）余额应当与"负债和净资产总计"项目期末（年初）余额相等。

（二）"期末余额"栏各项目的内容和填列方法

1. 资产类项目

（1）"货币资金"项目，反映单位期末库存现金、银行存款、零余额账户用款额度、其他货币资金的合计数。本项目应当根据"库存现金""银行存款""零余额账户用款额度""其他货币资金"科目的期末余额的合计数填列；若单位存在通过"库存现金""银行存款"科目核算的受托代理资产还应当按照前述合计数扣减"库存现金""银行存款"科目下"受托代理资产"明细科目的期末余额后的金额填列。

（2）"短期投资"项目，反映事业单位期末持有的短期投资账面余额。本项目应当根据"短期投资"科目的期末余额填列。

（3）"财政应返还额度"项目，反映单位期末财政应返还额度的金额。本项目应当根据"财政应返还额度"科目的期末余额填列。

（4）"应收票据"项目，反映事业单位期末持有的应收票据的票面金额。本项目应当根据"应收票据"科目的期末余额填列。

（5）"应收账款净额"项目，反映单位期末尚未收回的应收账款减去已计提的坏账准备后的净额。本项目应当根据"应收账款"科目的期末余额，减去"坏账准备"科目中对应收账款计提的坏账准备的期末余额后的金额填列。

（6）"预付账款"项目，反映单位期末预付给商品或者劳务供应单位的款项。本项目应当根据"预付账款"科目的期末余额填列。

（7）"应收股利"项目，反映事业单位期末因股权投资而应收取的现金股利或应当分得的利润。本项目应当根据"应收股利"科目的期末余额填列。

（8）"应收利息"项目，反映事业单位期末因债券投资等而应收取的利息。事业单位购入的到期一次还本付息的长期债券投资持有期间应收的利息，不包括在本项目内。本项目应当根据"应收利息"科目的期末余额填列。

（9）"其他应收款净额"项目，反映单位期末尚未收回的其他应收款减去已计提的坏账准备后的净额。本项目应当根据"其他应收款"科目的期末余额减去"坏账准备"科目中对其他应收款计提的坏账准备的期末余额后的金额填列。

（10）"存货"项目，反映单位期末存储的存货的实际成本。本项目应当根据"在途物品""库存物品""加工物品"科目的期末余额的合计数填列。

(11)"待摊费用"项目,反映单位期末已经支出,但应当由本期和以后各期负担的分摊期在1年以内(含1年)的各项费用。本项目应当根据"待摊费用"科目的期末余额填列。

(12)"一年内到期的非流动资产"项目,反映单位期末非流动资产项目中将在1年内(含1年)到期的金额,如事业单位将在1年内(含1年)到期的长期债券投资金额。本项目应当根据"长期债券投资"等科目的明细科目的期末余额分析填列。

(13)"其他流动资产"项目,反映单位期末除本表中上述各项之外的其他流动资产的合计金额。本项目应当根据有关科目期末余额的合计数填列。

(14)"流动资产合计"项目,反映单位期末流动资产的合计数。本项目应当根据本表中"货币资金""短期投资""财政应返还额度""应收票据""应收账款净额""预付账款""应收股利""应收利息""其他应收款净额""存货""待摊费用""一年内到期的非流动资产""其他流动资产"项目金额的合计数填列。

(15)"长期股权投资"项目,反映事业单位期末持有的长期股权投资的账面余额。本项目应当根据"长期股权投资"科目的期末余额填列。

(16)"长期债券投资"项目,反映事业单位期末持有的长期债券投资的账面余额。本项目应当根据"长期债券投资"科目的期末余额减去其中将于1年内(含1年)到期的长期债券投资余额后的金额填列。

(17)"固定资产原值"项目,反映单位期末固定资产的原值。本项目应当根据"固定资产"科目的期末余额填列。

"固定资产累计折旧"项目,反映单位期末固定资产已计提的累计折旧金额。本项目应当根据"固定资产累计折旧"科目的期末余额填列。

"固定资产净值"项目,反映单位期末固定资产的账面价值。本项目应当根据"固定资产"科目期末余额减去"固定资产累计折旧"科目期末余额后的金额填列。

(18)"工程物资"项目,反映单位期末为在建工程准备的各种物资的实际成本。本项目应当根据"工程物资"科目的期末余额填列。

(19)"在建工程"项目,反映单位期末所有的建设项目工程的实际成本。本项目应当根据"在建工程"科目的期末余额填列。

(20)"无形资产原值"项目,反映单位期末无形资产的原值。本项目应当根据"无形资产"科目的期末余额填列。

"无形资产累计摊销"项目,反映单位期末无形资产已计提的累计摊销金额。本项目应当根据"无形资产累计摊销"科目的期末余额填列。

"无形资产净值"项目,反映单位期末无形资产的账面价值。本项目应当根据"无形资产"科目期末余额减去"无形资产累计摊销"科目期末余额后的金额填列。

(21)"研发支出"项目,反映单位期末正在进行的无形资产开发项目开发阶段发生的累计支出数。本项目应当根据"研发支出"科目的期末余额填列。

(22)"公共基础设施原值"项目,反映单位期末控制的公共基础设施的原值。本项目应当根据"公共基础设施"科目的期末余额填列。

"公共基础设施累计折旧(摊销)"项目,反映单位期末控制的公共基础设施已计提的累计折旧和累计摊销金额。本项目应当根据"公共基础设施累计折旧（摊销）"科目的期末余额填列。

"公共基础设施净值"项目，反映单位期末控制的公共基础设施的账面价值。本项目应当根据"公共基础设施"科目期末余额减去"公共基础设施累计折旧（摊销）"科目期末余额后的金额填列。

（23）"政府储备物资"项目，反映单位期末控制的政府储备物资的实际成本。本项目应当根据"政府储备物资"科目的期末余额填列。

（24）"文物文化资产"项目，反映单位期末控制的文物文化资产的成本。本项目应当根据"文物文化资产"科目的期末余额填列。

（25）"保障性住房原值"项目，反映单位期末控制的保障性住房的原值。本项目应当根据"保障性住房"科目的期末余额填列。

"保障性住房累计折旧"项目，反映单位期末控制的保障性住房已计提的累计折旧金额。本项目应当根据"保障性住房累计折旧"科目的期末余额填列。

"保障性住房净值"项目，反映单位期末控制的保障性住房的账面价值。本项目应当根据"保障性住房"科目期末余额减去"保障性住房累计折旧"科目期末余额后的金额填列。

（26）"长期待摊费用"项目，反映单位期末已经支出，但应由本期和以后各期负担的分摊期限在1年以上（不含1年）的各项费用。本项目应当根据"长期待摊费用"科目的期末余额填列。

（27）"待处理财产损溢"项目，反映单位期末尚未处理完毕的各种资产的净损失或净溢余。本项目应当根据"待处理财产损溢"科目的期末借方余额填列；如"待处理财产损溢"科目期末为贷方余额，以"－"号填列。

（28）"其他非流动资产"项目，反映单位期末除本表中上述各项之外的其他非流动资产的合计数。本项目应当根据有关科目的期末余额合计数填列。

（29）"非流动资产合计"项目，反映单位期末非流动资产的合计数。本项目应当根据本表中"长期股权投资""长期债券投资""固定资产净值""工程物资""在建工程""无形资产净值""研发支出""公共基础设施净值""政府储备物资""文物文化资产""保障性住房净值""长期待摊费用""待处理财产损溢""其他非流动资产"项目金额的合计数填列。

（30）"受托代理资产"项目，反映单位期末受托代理资产的价值。本项目应当根据"受托代理资产"科目的期末余额与"库存现金""银行存款"科目下"受托代理资产"明细科目的期末余额的合计数填列。

（31）"资产总计"项目，反映单位期末资产的合计数。本项目应当根据本表中"流动资产合计""非流动资产合计""受托代理资产"项目金额的合计数填列。

2. 负债类项目

（1）"短期借款"项目，反映事业单位期末短期借款的余额。本项目应当根据"短期借款"科目的期末余额填列。

（2）"应交增值税"项目，反映单位期末应缴未缴的增值税税额。本项目应当根据

"应交增值税"科目的期末余额填列；如"应交增值税"科目期末为借方余额，以"-"号填列。

（3）"其他应交税费"项目，反映单位期末应缴未缴的除增值税以外的税费金额。本项目应当根据"其他应交税费"科目的期末余额填列；如"其他应交税费"科目期末为借方余额，以"-"号填列。

（4）"应缴财政款"项目，反映单位期末应当上缴财政但尚未缴纳的款项。本项目应当根据"应缴财政款"科目的期末余额填列。

（5）"应付职工薪酬"项目，反映单位期末按有关规定应付给职工及为职工支付的各种薪酬。本项目应当根据"应付职工薪酬"科目的期末余额填列。

（6）"应付票据"项目，反映事业单位期末应付票据的金额。本项目应当根据"应付票据"科目的期末余额填列。

（7）"应付账款"项目，反映单位期末应当支付但尚未支付的偿还期限在1年以内（含1年）的应付账款的金额。本项目应当根据"应付账款"科目的期末余额填列。

（8）"应付政府补贴款"项目，反映负责发放政府补贴的行政单位期末按照规定应当支付给政府补贴接受者的各种政府补贴款余额。本项目应当根据"应付政府补贴款"科目的期末余额填列。

（9）"应付利息"项目，反映事业单位期末按照合同约定应支付的借款利息。事业单位到期一次还本付息的长期借款利息不包括在本项目内。本项目应当根据"应付利息"科目的期末余额填列。

（10）"预收账款"项目，反映事业单位期末预先收取但尚未确认收入和实际结算的款项余额。本项目应当根据"预收账款"科目的期末余额填列。

（11）"其他应付款"项目，反映单位期末其他各项偿还期限在1年内（含1年）的应付及暂收款项余额。本项目应当根据"其他应付款"科目的期末余额填列。

（12）"预提费用"项目，反映单位期末已预先提取的已经发生但尚未支付的各项费用。本项目应当根据"预提费用"科目的期末余额填列。

（13）"一年内到期的非流动负债"项目，反映单位期末将于1年内（含1年）偿还的非流动负债的余额。本项目应当根据"长期应付款""长期借款"等科目的明细科目的期末余额分析填列。

（14）"其他流动负债"项目，反映单位期末除本表中上述各项之外的其他流动负债的合计数。本项目应当根据有关科目的期末余额的合计数填列。

（15）"流动负债合计"项目，反映单位期末流动负债合计数。本项目应当根据本表"短期借款""应交增值税""其他应交税费""应缴财政款""应付职工薪酬""应付票据""应付账款""应付政府补贴款""应付利息""预收账款""其他应付款""预提费用""一年内到期的非流动负债""其他流动负债"项目金额的合计数填列。

（16）"长期借款"项目，反映事业单位期末长期借款的余额。本项目应当根据"长期借款"科目的期末余额减去其中将于1年内（含1年）到期的长期借款余额后的金额填列。

（17）"长期应付款"项目，反映单位期末长期应付款的余额。本项目应当根据

"长期应付款"科目的期末余额减去其中将于1年内（含1年）到期的长期应付款余额后的金额填列。

（18）"预计负债"项目，反映单位期末已确认但尚未偿付的预计负债的余额。本项目应当根据"预计负债"科目的期末余额填列。

（19）"其他非流动负债"项目，反映单位期末除本表中上述各项之外的其他非流动负债的合计数。本项目应当根据有关科目的期末余额合计数填列。

（20）"非流动负债合计"项目，反映单位期末非流动负债合计数。本项目应当根据本表中"长期借款""长期应付款""预计负债""其他非流动负债"项目金额的合计数填列。

（21）"受托代理负债"项目，反映单位期末受托代理负债的金额。本项目应当根据"受托代理负债"科目的期末余额填列。

（22）"负债合计"项目，反映单位期末负债的合计数。本项目应当根据本表中"流动负债合计""非流动负债合计""受托代理负债"项目金额的合计数填列。

3. 净资产类项目

（1）"累计盈余"项目，反映单位期末未分配盈余（或未弥补亏损）以及无偿调拨净资产变动的累计数。本项目应当根据"累计盈余"科目的期末余额填列。

（2）"专用基金"项目，反映事业单位期末累计提取或设置但尚未使用的专用基金余额。本项目应当根据"专用基金"科目的期末余额填列。

（3）"权益法调整"项目，反映事业单位期末在被投资单位除净损益和利润分配以外的所有者权益变动中累积享有的份额。本项目应当根据"权益法调整"科目的期末余额填列。如"权益法调整"科目期末为借方余额，以"-"号填列。

（4）"无偿调拨净资产"项目，反映单位本年度截至报告期期末无偿调入的非现金资产价值扣减无偿调出的非现金资产价值后的净值。本项目仅在月度报表中列示，年度报表中不列示。月度报表中本项目应当根据"无偿调拨净资产"科目的期末余额填列；"无偿调拨净资产"科目期末为借方余额时，以"-"号填列。

（5）"本期盈余"项目，反映单位本年度截至报告期期末实现的累计盈余或亏损。本项目仅在月度报表中列示，年度报表中不列示。月度报表中本项目应当根据"本期盈余"科目的期末余额填列；"本期盈余"科目期末为借方余额时，以"-"号填列。

（6）"净资产合计"项目，反映单位期末净资产合计数。本项目应当根据本表中"累计盈余""专用基金""权益法调整""无偿调拨净资产"［月度报表］、"本期盈余"［月度报表］项目金额的合计数填列。

（7）"负债和净资产总计"项目，应当按照本表中"负债合计""净资产合计"项目金额的合计数填列。

第三节 收入费用表的编制

一、收入费用表的样式

根据《政府会计制度——行政事业单位会计科目和报表》，收入费用表是反映单位在某一会计期间内发生的收入、费用及当期盈余情况的报表。收入费用表采用的是列表式结构,其样式如表 12-3 所示。

表 12-3　　　　　　　　　　　　　收入费用表　　　　　　　　　　　　会政财 02 表

编制单位:_____　　　____年___月　　　　　　　　　　单位:元

项目	本月数	本年累计数
一、本期收入		
（一）财政拨款收入		
其中:政府性基金收入		
（二）事业收入		
（三）上级补助收入		
（四）附属单位上缴收入		
（五）经营收入		
（六）非同级财政拨款收入		
（七）投资收益		
（八）捐赠收入		
（九）利息收入		
（十）租金收入		
（十一）其他收入		
二、本期费用		
（一）业务活动费用		
（二）单位管理费用		
（三）经营费用		
（四）资产处置费用		
（五）上缴上级费用		
（六）对附属单位补助费用		
（七）所得税费用		
（八）其他费用		
三、本期盈余		

二、收入费用表的填列

（一）基本要求

本表"本月数"栏反映各项目的本月实际发生数。编制年度收入费用表时,应当将本栏改为"本年数",反映本年度各项目的实际发生数。本表"本年累计数"栏反映各项目自年初至报告期期末的累计实际发生数。编制年度收入费用表时,应当将本栏改为"上年数",反映上年度各项目的实际发生数,"上年数"栏应当根据上年年度收入费用表中"本年数"栏内所列数字填列。

如果本年度收入费用表规定的项目的名称和内容同上年度不一致,应当对上年度收入费用表项目的名称和数字按照本年度的规定进行调整,将调整后的金额填入本年度收入费用表的"上年数"栏内。

如果本年度单位发生了因前期差错更正、会计政策变更等调整以前年度盈余的事项,还应当对年度收入费用表中"上年数"栏中的有关项目金额进行相应调整。

(二)"本月数"栏各项目的内容和填列方法

1. 本期收入

(1)"本期收入"项目,反映单位本期收入总额。本项目应当根据本表中"财政拨款收入""事业收入""上级补助收入""附属单位上缴收入""经营收入""非同级财政拨款收入""投资收益""捐赠收入""利息收入""租金收入""其他收入"项目金额的合计数填列。

(2)"财政拨款收入"项目,反映单位本期从同级政府财政部门取得的各类财政拨款。本项目应当根据"财政拨款收入"科目的本期发生额填列。"政府性基金收入"项目,反映单位本期取得的财政拨款收入中属于政府性基金预算拨款的金额。本项目应当根据"财政拨款收入"相关明细科目的本期发生额填列。

(3)"事业收入"项目,反映事业单位本期开展专业业务活动及其辅助活动实现的收入。本项目应当根据"事业收入"科目的本期发生额填列。

(4)"上级补助收入"项目,反映事业单位本期从主管部门和上级单位收到或应收的非财政拨款收入。本项目应当根据"上级补助收入"科目的本期发生额填列。

(5)"附属单位上缴收入"项目,反映事业单位本期收到或应收的独立核算的附属单位按照有关规定上缴的收入。本项目应当根据"附属单位上缴收入"科目的本期发生额填列。

(6)"经营收入"项目,反映事业单位本期在专业业务活动及其辅助活动之外开展非独立核算经营活动实现的收入。本项目应当根据"经营收入"科目的本期发生额填列。

(7)"非同级财政拨款收入"项目,反映单位本期从非同级政府财政部门取得的财政拨款,不包括事业单位因开展科研及其辅助活动从非同级财政部门取得的经费拨款。本项目应当根据"非同级财政拨款收入"科目的本期发生额填列。

(8)"投资收益"项目,反映事业单位本期股权投资和债券投资所实现的收益或发生的损失。本项目应当根据"投资收益"科目的本期发生额填列;如为投资净损失,以"-"号填列。

(9)"捐赠收入"项目,反映单位本期接受捐赠取得的收入。本项目应当根据"捐赠收入"科目的本期发生额填列。

(10)"利息收入"项目,反映单位本期取得的银行存款利息收入。本项目应当根据"利息收入"科目的本期发生额填列。

(11)"租金收入"项目,反映单位本期经批准利用国有资产出租取得并按规定纳入本单位预算管理的租金收入。本项目应当根据"租金收入"科目的本期发生额填列。

（12）"其他收入"项目，反映单位本期取得的除以上收入项目外的其他收入的总额。本项目应当根据"其他收入"科目的本期发生额填列。

2. 本期费用

（1）"本期费用"项目，反映单位本期费用总额。本项目应当根据本表中"业务活动费用""单位管理费用""经营费用""资产处置费用""上缴上级费用""对附属单位补助费用""所得税费用""其他费用"项目金额的合计数填列。

（2）"业务活动费用"项目，反映单位本期为实现其职能目标，依法履职或开展专业业务活动及其辅助活动所发生的各项费用。本项目应当根据"业务活动费用"科目本期发生额填列。

（3）"单位管理费用"项目，反映事业单位本期本级行政及后勤管理部门开展管理活动发生的各项费用，以及由单位统一负担的离退休人员经费、工会经费、诉讼费、中介费等。本项目应当根据"单位管理费用"科目的本期发生额填列。

（4）"经营费用"项目，反映事业单位本期在专业业务活动及其辅助活动之外开展非独立核算经营活动发生的各项费用。本项目应当根据"经营费用"科目的本期发生额填列。

（5）"资产处置费用"项目，反映单位本期经批准处置资产时转销的资产价值以及在处置过程中发生的相关费用或者处置收入小于处置费用形成的净支出。本项目应当根据"资产处置费用"科目的本期发生额填列。

（6）"上缴上级费用"项目，反映事业单位按照规定上缴上级单位款项发生的费用。本项目应当根据"上缴上级费用"科目的本期发生额填列。

（7）"对附属单位补助费用"项目，反映事业单位用财政拨款收入之外的收入对附属单位补助发生的费用。本项目应当根据"对附属单位补助费用"科目的本期发生额填列。

（8）"所得税费用"项目，反映有企业所得税缴纳义务的事业单位本期计算应交纳的企业所得税。本项目应当根据"所得税费用"科目的本期发生额填列。

（9）"其他费用"项目，反映单位本期发生的除以上费用项目外的其他费用的总额。本项目应当根据"其他费用"科目的本期发生额填列。

3. 本期盈余

"本期盈余"项目，反映单位本期收入扣除本期费用后的净额。本项目应当根据本表中"本期收入"项目金额减去"本期费用"项目金额后的金额填列；如为负数，以"－"号填列。

专栏 12 – 2

关于有关往来科目和收入、费用科目明细信息的披露

单位在按照债务人（债权人）对应收款项（应付款项）进行明细核算的基础上，应当在财务报表附注中按照债务人（债权人）分类对应收款项（应付款项）进行披露。债务人（债权人）类别主要分为本部门内部单位（指纳入单位所属部门财务报告合并范围的单位，下同）、本部门以外同级政府单位、本部门以外非同级政府单位和其他单位。

单位在按照收入来源（支付对象）对有关收入科目（费用科目）进行明细核算的基础上，应当在财务报表附注中按照收入来源（支付对象）分类对有关收入（费用）进行披露。收入来源（支付对象）主要分为本部门内部单位、本部门以外同级政府单位、本部门以外非同级政府单位和其他单位。

单位按照《政府会计制度》中财务报表附注所列格式分类对应收款项、应付款项、有关收入和费用进行具体披露时，应当遵循重要性原则。单位对重要性的判断，应当依据《政府会计准则第9号——财务报表编制和列报》，并考虑满足编制合并财务报表的信息需要，即相关合并主体能够基于单位所披露的信息，抵销合并主体与被合并主体之间、被合并主体相互之间发生的债权债务、收入费用等内部业务或事项对财务报表的影响。

第四节 现金流量表的编制

一、现金流量表的样式

根据《政府会计制度——行政事业单位会计科目和报表》，现金流量表是反映单位在某一会计年度内现金流入和流出的信息。其样式如表12-4所示。

表12-4　　　　　　　　　　　现金流量表　　　　　　　　　　会政财04表
编制单位：_____　　　____年　　　　　　　　　单位：元

项目	本年金额	上年金额
一、日常活动产生的现金流量：		
财政基本支出拨款收到的现金		
财政非资本性项目拨款收到的现金		
事业活动收到的除财政拨款以外的现金		
收到的其他与日常活动有关的现金		
日常活动的现金流入小计		
购买商品、接受劳务支付的现金		
支付给职工以及为职工支付的现金		
支付的各项税费		
支付的其他与日常活动有关的现金		
日常活动的现金流出小计		

续表

项目	本年金额	上年金额
日常活动产生的现金流量净额		
二、投资活动产生的现金流量：		
收回投资收到的现金		
取得投资收益收到的现金		
处置固定资产、无形资产、公共基础设施等收回的现金净额		
收到的其他与投资活动有关的现金		
投资活动的现金流入小计		
购建固定资产、无形资产、公共基础设施等支付的现金		
对外投资支付的现金		
上缴处置固定资产、无形资产、公共基础设施等净收入支付的现金		
支付的其他与投资活动有关的现金		
投资活动的现金流出小计		
投资活动产生的现金流量净额		
三、筹资活动产生的现金流量：		
财政资本性项目拨款收到的现金		
取得借款收到的现金		
收到的其他与筹资活动有关的现金		
筹资活动的现金流入小计		
偿还借款支付的现金		
偿还利息支付的现金		
支付的其他与筹资活动有关的现金		
筹资活动的现金流出小计		
筹资活动产生的现金流量净额		
四、汇率变动对现金的影响额		
五、现金净增加额		

二、现金流量表的填列

（一）基本要求

本表所指的现金，是指单位的库存现金以及其他可以随时用于支付的款项，包括库存现金、可以随时用于支付的银行存款、其他货币资金、零余额账户用款额度、财政应返还额度，以及通过财政直接支付方式支付的款项。

现金流量表应当按照日常活动、投资活动、筹资活动的现金流量分别反映。本表所指的现金流量，是指现金的流入和流出。本表"本年金额"栏反映各项目的本年实际发生数。本表"上年金额"栏反映各项目的上年实际发生数，应当根据上年现金流量表中"本年金额"栏内所列数字填列。

单位应当采用直接法编制现金流量表。

专栏 12-3

什么是直接法？

直接法是相对间接法而言的现金流量表的一种编制方法。两者都需要将确认基础从权责发生制转换为收付实现制，从而为报告使用者提供报告期内单位现金流量的准确信息。

直接法以现金流动为起点，直接确定每笔现金收支业务的属性并进行确认基础的转换，分别归入按照现金流动属性分成的日常活动、投资和筹资三类现金收支项目中进行直接列示。而间接法则是以现金净增加额为起点，一步步还原为单位业务活动的现金流。

相比间接法，直接法的计算原理更加直观，易于理解，同时由于直接法以现金流动为计算起点，能够清晰地反映出事项与现金流的关系，有助于使用者分析并预测编制单位未来的现金流量。

（二）"本年金额"栏各项目的内容和填列方法

1. 日常活动产生的现金流量

（1）"财政基本支出拨款收到的现金"项目，反映单位本年接受财政基本支出拨款取得的现金。本项目应当根据"零余额账户用款额度""财政拨款收入""银行存款"等科目及其所属明细科目的记录分析填列。

（2）"财政非资本性项目拨款收到的现金"项目，反映单位本年接受除用于购建固定资产、无形资产、公共基础设施等资本性项目以外的财政项目拨款取得的现金。本项目应当根据"银行存款""零余额账户用款额度""财政拨款收入"等科目及其所属明细科目的记录分析填列。

（3）"事业活动收到的除财政拨款以外的现金"项目，反映事业单位本年开展专业业务活动及其辅助活动取得的除财政拨款以外的现金。本项目应当根据"库存现金""银行存款""其他货币资金""应收账款""应收票据""预收账款""事业收入"等科目及其所属明细科目的记录分析填列。

（4）"收到的其他与日常活动有关的现金"项目，反映单位本年收到的除以上项目之外的与日常活动有关的现金。本项目应当根据"库存现金""银行存款""其他货币资金""上级补助收入""附属单位上缴收入""经营收入""非同级财政拨款收入""捐赠收入""利息收入""租金收入""其他收入"等科目及其所属明细科目的记录分析填列。

(5)"日常活动的现金流入小计"项目,反映单位本年日常活动产生的现金流入的合计数。本项目应当根据本表中"财政基本支出拨款收到的现金""财政非资本性项目拨款收到的现金""事业活动收到的除财政拨款以外的现金""收到的其他与日常活动有关的现金"项目金额的合计数填列。

(6)"购买商品、接受劳务支付的现金"项目,反映单位本年在日常活动中用于购买商品、接受劳务支付的现金。本项目应当根据"库存现金""银行存款""财政拨款收入""零余额账户用款额度""预付账款""在途物品""库存物品""应付账款""应付票据""业务活动费用""单位管理费用""经营费用"等科目及其所属明细科目的记录分析填列。

(7)"支付给职工以及为职工支付的现金"项目,反映单位本年支付给职工以及为职工支付的现金。本项目应当根据"库存现金""银行存款""零余额账户用款额度""财政拨款收入""应付职工薪酬""业务活动费用""单位管理费用""经营费用"等科目及其所属明细科目的记录分析填列。

(8)"支付的各项税费"项目,反映单位本年用于缴纳日常活动相关税费而支付的现金。本项目应当根据"库存现金""银行存款""零余额账户用款额度""应交增值税""其他应交税费""业务活动费用""单位管理费用""经营费用""所得税费用"等科目及其所属明细科目的记录分析填列。

(9)"支付的其他与日常活动有关的现金"项目,反映单位本年支付的除上述项目之外与日常活动有关的现金。本项目应当根据"库存现金""银行存款""零余额账户用款额度""财政拨款收入""其他应付款""业务活动费用""单位管理费用""经营费用""其他费用"等科目及其所属明细科目的记录分析填列。

(10)"日常活动的现金流出小计"项目,反映单位本年日常活动产生的现金流出的合计数。本项目应当根据本表中"购买商品、接受劳务支付的现金""支付给职工以及为职工支付的现金""支付的各项税费""支付的其他与日常活动有关的现金"项目金额的合计数填列。

(11)"日常活动产生的现金流量净额"项目,应当按照本表中"日常活动的现金流入小计"项目金额减去"日常活动的现金流出小计"项目金额后的金额填列;如为负数,以"-"号填列。

2. 投资活动产生的现金流量

(1)"收回投资收到的现金"项目,反映单位本年出售、转让或者收回投资收到的现金。本项目应该根据"库存现金""银行存款""短期投资""长期股权投资""长期债券投资"等科目的记录分析填列。

(2)"取得投资收益收到的现金"项目,反映单位本年因对外投资而收到被投资单位分配的股利或利润,以及收到投资利息而取得的现金。本项目应当根据"库存现金""银行存款""应收股利""应收利息""投资收益"等科目的记录分析填列。

(3)"处置固定资产、无形资产、公共基础设施等收回的现金净额"项目,反映单位本年处置固定资产、无形资产、公共基础设施等非流动资产所取得的现金,减去为处置这些资产而支付的有关费用之后的净额。由于自然灾害所造成的固定资产等长期资产损失而收到的保险赔款收入,也在本项目反映。本项目应当根据"库存现金""银行存款""待处理财产损溢"等科目的记录分析填列。

(4)"收到的其他与投资活动有关的现金"项目,反映单位本年收到的除上述项目之外与投资活动有关的现金。对于金额较大的现金流入,应当单列项目反映。本项目应当根据"库存现金""银行存款"等有关科目的记录分析填列。

(5)"投资活动的现金流入小计"项目,反映单位本年投资活动产生的现金流入的合计数。本项目应当根据本表中"收回投资收到的现金""取得投资收益收到的现金""处置固定资产、无形资产、公共基础设施等收回的现金净额""收到的其他与投资活动有关的现金"项目金额的合计数填列。

(6)"购建固定资产、无形资产、公共基础设施等支付的现金"项目,反映单位本年购买和建造固定资产、无形资产、公共基础设施等非流动资产所支付的现金;融资租入固定资产支付的租赁费不在本项目反映,在筹资活动的现金流量中反映。本项目应当根据"库存现金""银行存款""固定资产""工程物资""在建工程""无形资产""研发支出""公共基础设施""保障性住房"等科目的记录分析填列。

(7)"对外投资支付的现金"项目,反映单位本年为取得短期投资、长期股权投资、长期债券投资而支付的现金。本项目应当根据"库存现金""银行存款""短期投资""长期股权投资""长期债券投资"等科目的记录分析填列。

(8)"上缴处置固定资产、无形资产、公共基础设施等净收入支付的现金"项目,反映本年单位将处置固定资产、无形资产、公共基础设施等非流动资产所收回的现金净额予以上缴财政所支付的现金。本项目应当根据"库存现金""银行存款""应缴财政款"等科目的记录分析填列。

(9)"支付的其他与投资活动有关的现金"项目,反映单位本年支付的除上述项目之外与投资活动有关的现金。对于金额较大的现金流出,应当单列项目反映。本项目应当根据"库存现金""银行存款"等有关科目的记录分析填列。

(10)"投资活动的现金流出小计"项目,反映单位本年投资活动产生的现金流出的合计数。本项目应当根据本表中"购建固定资产、无形资产、公共基础设施等支付的现金""对外投资支付的现金""上缴处置固定资产、无形资产、公共基础设施等净收入支付的现金""支付的其他与投资活动有关的现金"项目金额的合计数填列。

(11)"投资活动产生的现金流量净额"项目,应当按照本表中"投资活动的现金流入小计"项目金额减去"投资活动的现金流出小计"项目金额后的金额填列;如为负数,以"-"号填列。

3. 筹资活动产生的现金流量

(1)"财政资本性项目拨款收到的现金"项目,反映单位本年接受用于购建固定资产、无形资产、公共基础设施等资本性项目的财政项目拨款取得的现金。本项目应当根据"银行存款""零余额账户用款额度""财政拨款收入"等科目及其所属明细科目的记录分析填列。

(2)"取得借款收到的现金"项目,反映事业单位本年举借短期、长期借款所收到的现金。本项目应当根据"库存现金""银行存款""短期借款""长期借款"等科目记录分析填列。

（3）"收到的其他与筹资活动有关的现金"项目，反映单位本年收到的除上述项目之外与筹资活动有关的现金。对于金额较大的现金流入，应当单列项目反映。本项目应当根据"库存现金""银行存款"等有关科目的记录分析填列。

（4）"筹资活动的现金流入小计"项目，反映单位本年筹资活动产生的现金流入的合计数。本项目应当根据本表中"财政资本性项目拨款收到的现金""取得借款收到的现金""收到的其他与筹资活动有关的现金"项目金额的合计数填列。

（5）"偿还借款支付的现金"项目，反映事业单位本年偿还借款本金所支付的现金。本项目应当根据"库存现金""银行存款""短期借款""长期借款"等科目的记录分析填列。

（6）"偿付利息支付的现金"项目，反映事业单位本年支付的借款利息等。本项目应当根据"库存现金""银行存款""应付利息""长期借款"等科目的记录分析填列。

（7）"支付的其他与筹资活动有关的现金"项目，反映单位本年支付的除上述项目之外与筹资活动有关的现金，如融资租入固定资产所支付的租赁费。本项目应当根据"库存现金""银行存款""长期应付款"等科目的记录分析填列。

（8）"筹资活动的现金流出小计"项目，反映单位本年筹资活动产生的现金流出的合计数。本项目应当根据本表中"偿还借款支付的现金""偿付利息支付的现金""支付的其他与筹资活动有关的现金"项目金额的合计数填列。

（9）"筹资活动产生的现金流量净额"项目，应当按照本表中"筹资活动的现金流入小计"项目金额减去"筹资活动的现金流出小计"金额后的金额填列；如为负数，以"-"号填列。

4. "汇率变动对现金的影响额"项目

反映单位本年外币现金流量折算为人民币时，所采用的现金流量发生日的汇率折算的人民币金额与外币现金流量净额按期末汇率折算的人民币金额之间的差额。

5. "现金净增加额"项目

反映单位本年现金变动的净额。本项目应当根据本表中"日常活动产生的现金流量净额""投资活动产生的现金流量净额""筹资活动产生的现金流量净额""汇率变动对现金的影响额"项目金额的合计数填列；如为负数，以"-"号填列。

第五节 净资产变动表的编制

一、净资产变动表的样式

根据《政府会计制度——行政事业单位会计科目和报表》，净资产变动表是反映单位在某一会计年度内净资产项目的变动情况。净资产变动表采用列表式结构，其样式如表12-5所示。

表 12-5　　　　　　　　　　　　净资产变动表　　　　　　　　　会政财 03 表
编制单位：_____　　　　　____年　　　　　　　　　　单位：元

项目	本年数				上年数			
	累计盈余	专用基金	权益法调整	净资产合计	累计盈余	专用基金	权益法调整	净资产合计
一、上年年末余额								
二、以前年度盈余调整（减少以"-"号填列）		—	—			—	—	
三、本年年初余额								
四、本年变动金额（减少以"-"号填列）								
（一）本年盈余		—	—			—	—	
（二）无偿调拨净资产								
（三）归集调整预算结转结余								
（四）提取或设置专用基金								
其中：从预算收入中提取	—				—			
从预算结余中提取								
设置的专用基金								
（五）使用专用基金	—				—			
（六）权益法调整								
五、本年年末余额								

注："—"标识单元格不需填列。

二、净资产变动表的填列

（一）基本要求

本表"本年数"栏反映本年度各项目的实际变动数。本表"上年数"栏反映上年度各项目的实际变动数，应当根据上年度净资产变动表中"本年数"栏内所列数字填列。

如果上年度净资产变动表规定的项目的名称和内容与本年度不一致，应对上年度净资产变动表项目的名称和数字按照本年度的规定进行调整，将调整后金额填入本年度净资产变动表"上年数"栏内。

（二）"本年数"栏各项目的内容和填列方法

（1）"上年年末余额"行，反映单位净资产各项目上年年末的余额。本行各项目应当根据"累计盈余""专用基金""权益法调整"科目上年年末余额填列。

（2）"以前年度盈余调整"行，反映单位本年度调整以前年度盈余的事项对累计盈余进行调整的金额。本行"累计盈余"项目应当根据本年度"以前年度盈余调整"科目转入"累计盈余"科目的金额填列；如调整减少累计盈余，以"-"号填列。

（3）"本年年初余额"行，反映经过以前年度盈余调整后，单位净资产各项目的本年年初余额。本行"累计盈余""专用基金""权益法调整"项目应当根据其各自在"上年年末余额"和"以前年度盈余调整"行对应项目金额的合计数填列。

(4)"本年变动金额"行,反映单位净资产各项目本年变动总金额。本行"累计盈余""专用基金""权益法调整"项目应当根据其各自在"本年盈余""无偿调拨净资产""归集调整预算结转结余""提取或设置专用基金""使用专用基金""权益法调整"行对应项目金额的合计数填列。

(5)"本年盈余"行,反映单位本年发生的收入、费用对净资产的影响。本行"累计盈余"项目应当根据年末由"本期盈余"科目转入"本年盈余分配"科目的金额填列;如转入时借记"本年盈余分配"科目,则以"-"号填列。

(6)"无偿调拨净资产"行,反映单位本年无偿调入、调出非现金资产事项对净资产的影响。本行"累计盈余"项目应当根据年末由"无偿调拨净资产"科目转入"累计盈余"科目的金额填列;如转入时借记"累计盈余"科目,则以"-"号填列。

(7)"归集调整预算结转结余"行,反映单位本年财政拨款结转结余资金归集调入、归集上缴或调出,以及非财政拨款结转资金缴回对净资产的影响。本行"累计盈余"项目应当根据"累计盈余"科目明细账记录分析填列;如归集调整减少预算结转结余,则以"-"号填列。

(8)"提取或设置专用基金"行,反映单位本年提取或设置专用基金对净资产的影响。本行"累计盈余"项目应当根据"从预算结余中提取"行"累计盈余"项目的金额填列。本行"专用基金"项目应当根据"从预算收入中提取""从预算结余中提取""设置的专用基金"行"专用基金"项目金额的合计数填列。

"从预算收入中提取"行,反映单位本年从预算收入中提取专用基金对净资产的影响。本行"专用基金"项目应当通过对"专用基金"科目明细账记录的分析,根据本年按有关规定从预算收入中提取基金的金额填列。

"从预算结余中提取"行,反映单位本年根据有关规定从本年度非财政拨款结余或经营结余中提取专用基金对净资产的影响。本行"累计盈余""专用基金"项目应当通过对"专用基金"科目明细账记录的分析,根据本年按有关规定从本年度非财政拨款结余或经营结余中提取专用基金的金额填列;本行"累计盈余"项目以"-"号填列。

"设置的专用基金"行,反映单位本年根据有关规定设置的其他专用基金对净资产的影响。本行"专用基金"项目应当通过对"专用基金"科目明细账记录的分析,根据本年按有关规定设置的其他专用基金的金额填列。

(9)"使用专用基金"行,反映单位本年按规定使用专用基金对净资产的影响。本行"累计盈余""专用基金"项目应当通过对"专用基金"科目明细账记录的分析,根据本年按规定使用专用基金的金额填列;本行"专用基金"项目以"-"号填列。

(10)"权益法调整"行,反映单位本年按照被投资单位除净损益和利润分配以外的所有者权益变动份额而调整长期股权投资账面余额对净资产的影响。本行"权益法调整"项目应当根据"权益法调整"科目本年发生额填列;若本年净发生额为借方时,以"-"号填列。

(11)"本年年末余额"行,反映单位本年各净资产项目的年末余额。本行"累计盈余""专用基金""权益法调整"项目应当根据其各自在"本年年初余额""本年变动金额"行对应项目金额的合计数填列。

（12）本表各行"净资产合计"项目，应当根据所在行"累计盈余""专用基金""权益法调整"项目金额的合计数填列。

第六节 财务报表附注的编制

一、附注的概念和作用

附注是对在会计报表中列示的项目所作的进一步说明，以及对未能在会计报表中列示项目的说明。附注是财务报表的重要组成部分。凡对报表使用者的决策有重要影响的会计信息，不论《政府会计制度》是否有明确规定，单位均应当充分披露。

专栏 12-4

附注的重要性

附注是财务报表的重要组成部分，其有助于使用者更加全面准确地理解会计信息，从而正确地评价单位财务状况，减少决策失误。

虽然表内信息是会计报表的主体，但却具有一定的局限性：一是表内信息只反映那些能以货币表示的经济事项；二是表内信息只能反映有关过去事项的信息；三是表内信息只提供总括性的会计信息，如货币资金就是期末库存现金、银行存款、零余额账户用款额度、其他货币资金的合计数。因此仅通过表内信息并不能全面反映编制单位的真实财务情况。

为了弥补表内信息的局限，编制报表附注的重要性和积极意义不言而喻。包括但不仅限于如下几点：第一，有助于增强会计信息的可理解性。财务报表附注对表中数据进行解释，将概括性的数据进行分解，并交代了会计方法，帮助专业或非专业人士理解报表信息；第二，更能满足使用者对信息全面性和多样化的要求。附注由于不受众多会计原则的要求，在信息的披露上内容更全面细致，形势更多样，能满足更高的信息需求；第三，有助于报表使用者对编制单位进行正确的分析和评价。相对于会计报表的固定格式和列示要求，附注信息的披露要更为灵活，除了对表内财务数据进行解释之外，还披露一部分非财务信息，这些信息对于使用者正确分析评价编制单位的财务状况，做出正确决策具有重要意义。

二、附注的主要内容

（一）单位的基本情况

单位应当简要披露其基本情况，包括单位主要职能、主要业务活动、所在地、预算管理关系等。

（二）会计报表编制基础

除现金流量表以收付实现制为基础编制外，以权责发生制为基础编制财务报表。

（三）遵循政府会计准则、制度的声明

（四）重要会计政策和会计估计

单位应当采用与其业务特点相适应的具体会计政策，并充分披露报告期内采用的重要会计政策和会计估计。主要包括以下内容：

（1）会计期间。会计核算的起讫期间，分为月度和年度。

（2）记账本位币，外币折算汇率。会计核算以人民币为记账本位币。外币折算汇率应当在初始确认时，采用交易发生日的即期汇率将外币金额折算为记账本位币金额；也可以采用按照系统合理的方法确定的、与交易发生日即期汇率近似的汇率折算。

（3）坏账准备的计提方法。事业单位可以采用应收款项余额百分比法、账龄分析法、个别认定法等方法计提坏账准备。具体参见第二章第三节，"坏账准备"的相关内容。

（4）存货类别、发出存货的计价方法、存货的盘存制度，以及低值易耗品和包装物的摊销方法。

具体参见第二章第四节，"存货"的相关内容。

（5）长期股权投资的核算方法。包括成本法或权益法。具体参见第二章第五节，"长期股权投资"的相关内容。

（6）固定资产分类、折旧方法、折旧年限和年折旧率；融资租入固定资产的计价和折旧方法。

具体参见第二章第六节，"固定资产"的相关内容。

（7）无形资产的计价方法；使用寿命有限的无形资产，其使用寿命估计情况；使用寿命不确定的无形资产，其使用寿命不确定的判断依据；单位内部研究开发项目划分研究阶段和开发阶段的具体标准。

具体参见第二章第八节，"无形资产"的相关内容。

（8）公共基础设施的分类、折旧（摊销）方法、折旧（摊销）年限，以及其确定依据。

具体参见第二章第九节，"公共基础设施"的相关内容。

（9）政府储备物资分类，以及确定其发出成本所采用的方法。

具体参见第二章第十节，"政府储备物资"的相关内容。

（10）保障性住房的分类、折旧方法、折旧年限。

具体参见第二章第十一节，"保障性住房"的相关内容。

（11）其他重要的会计政策和会计估计。

（12）本期发生重要会计政策和会计估计变更的，变更的内容和原因、受其重要影响的报表项目名称和金额、相关审批程序，以及会计估计变更开始适用的时点。

（五）会计报表重要项目说明

单位应当按照资产负债表和收入费用表项目列示顺序，采用文字和数据描述相结合的方式披露重要项目的明细信息。报表重要项目的明细金额合计，应当与报表项目金额相衔接。报表重要项目说明应包括但不限于下列内容。

1. 货币资金

货币资金的披露格式如表12-6所示。

表12-6　　　　　　　　　　　　货币资金的披露格式

项目	期末余额	年初余额
库存现金		
银行存款		
其他货币资金		
合计		

2. 应收账款

应收账款按照债务人类别披露的格式如表12-7所示。

表12-7　　　　　　　　　应收账款按照债务人类别披露的格式

债务人类别	期末余额	年初余额
政府会计主体：		
部门内部单位		
单位1		
……		
部门外部单位		
单位1		
……		
其他：		
单位1		
……		
合计		

注：1. "部门内部单位"是指纳入单位所属部门财务报告合并范围的单位（下同）。
2. 有应收票据、预付账款、其他应收款的，可比照应收账款进行披露。

3. 存货

存货的披露格式如表12-8所示。

表12-8　　　　　　　　　　　　存货的披露格式

存货种类	期末余额	年初余额
1.		
……		
合计		

4. 其他流动资产

其他流动资产的披露格式如表12-9所示。

表12-9　　　　　　　　　　其他流动资产的披露格式

项目	期末余额	年初余额
1.		
……		
合计		

注：有长期待摊费用、其他非流动资产的，可比照其他流动资产进行披露。

5. 长期投资

（1）长期债券投资的披露格式如表12-10所示。

表12-10　　　　　　　　　　长期债券投资的披露格式

债券发行主体	年初余额	本期增加额	本期减少额	期末余额
1.				
……				
合计				

注：有短期投资的，可比照长期债券投资进行披露。

（2）长期股权投资的披露格式如表12-11所示。

表12-11　　　　　　　　　　长期股权投资的披露格式

被投资单位	核算方法	年初余额	本期增加额	本期减少额	期末余额
1.					
……					
合计					

（3）当期发生的重大投资净损益项目、金额及原因。

6. 固定资产

（1）固定资产的披露格式如表12-12所示。

表12-12　　　　　　　　　　固定资产的披露格式

项目	年初余额	本期增加额	本期减少额	期末余额
一、原值合计				
其中：房屋及构筑物				

续表

项目	年初余额	本期增加额	本期减少额	期末余额
通用设备				
专用设备				
文物和陈列品				
图书、档案				
家具、用具、装具及动植物				
二、累计折旧合计				
其中：房屋及构筑物				
通用设备				
专用设备				
家具、用具、装具及动植物				
三、账面价值合计				
其中：房屋及构筑物				
通用设备				
专用设备				
文物和陈列品				
图书、档案				
家具、用具、装具及动植物				

（2）已提足折旧的固定资产名称、数量等情况。

（3）出租、出借固定资产以及固定资产对外投资等情况。

7. 在建工程

在建工程的披露格式如表 12 - 13 所示。

表 12 - 13　　　　　　在建工程的披露格式

项目	年初余额	本期增加额	本期减少额	期末余额
1.				
……				
合计				

8. 无形资产

（1）各类无形资产的披露格式如表 12 - 14 所示。

表 12-14 各类无形资产的披露格式

项目	年初余额	本期增加额	本期减少额	期末余额
一、原值合计				
1.				
……				
二、累计摊销合计				
1.				
……				
三、账面价值合计				
1.				
……				

（2）计入当期损益的研发支出金额、确认为无形资产的研发支出金额。

（3）无形资产出售、对外投资等处置情况。

9. 公共基础设施

（1）公共基础设施的披露格式如表 12-15 所示。

表 12-15 公共基础设施的披露格式

项目	年初余额	本期增加额	本期减少额	期末余额
原值合计				
市政基础设施				
1.				
……				
交通基础设施				
1.				
……				
水利基础设施				
1.				
……				
其他				
……				
累计折旧合计				
市政基础设施				
1.				
……				

续表

项目	年初余额	本期增加额	本期减少额	期末余额
交通基础设施				
1.				
……				
水利基础设施				
1.				
……				
其他				
……				
账面价值合计				
市政基础设施				
1.				
……				
交通基础设施				
1.				
……				
水利基础设施				
1.				
……				
其他				
……				

（2）确认为公共基础设施的单独计价入账的土地使用权的账面余额、累计摊销额及变动情况。

（3）已提取折旧继续使用的公共基础设施的名称、数量等。

10. 政府储备物资

政府储备物资的披露格式如表 12-16 所示。

表 12-16　　　　　　　　政府储备物资的披露格式

物资类别	年初余额	本期增加额	本期减少额	期末余额
1.				
……				
合计				

注：如单位有因动用而发出需要收回或者预期可能收回、但期末尚未收回的政府储备物资，应当单独披露其期末账面余额。

11. 受托代理资产

受托代理资产的披露格式如表 12-17 所示。

表 12-17　　　　　　　　　　受托代理资产的披露格式

资产类别	年初余额	本期增加额	本期减少额	期末余额
货币资金				
受托转赠物资				
受托储存保管物资				
罚没物资				
其他				
合计				

12. 应付账款

应付账款按照债权人类别披露的格式如表 12-18 所示。

表 12-18　　　　　　　　　　应付账款按照债权人类别披露

债权人类别	期末余额	年初余额
政府会计主体：		
部门内部单位		
单位1		
……		
部门外部单位		
单位1		
……		
其他：		
单位1		
……		
合计		

注：有应付票据、预收账款、其他应付款、长期应付款的，可比照应付账款进行披露。

13. 其他流动负债

其他流动负债的披露格式如表 12-19 所示。

表 12 - 19　　　　　　　　　　其他流动负债的披露格式

项目	期末余额	年初余额
1.		
……		
合计		

注：有预计负债、其他非流动负债的，可比照其他流动负债进行披露。

14. 长期借款

（1）长期借款按照债权人的披露格式如表 12 - 20 所示。

表 12 - 20　　　　　　　　长期借款按照债权人的披露格式

债权人	期末余额	年初余额
1.		
……		
合计		

注：有短期借款的，可比照长期借款进行披露。

（2）单位有基建借款的，应当分基建项目披露长期借款年初数、本年变动数、年末数及到期期限。

15. 事业收入

事业收入按照收入来源的披露格式如表 12 - 21 所示。

表 12 - 21　　　　　　　　事业收入按照收入来源的披露格式

收入来源	本期发生额	上期发生额
来自财政专户管理资金		
本部门内部单位		
单位 1		
……		
本部门以外同级政府单位		
单位 1		
……		
其他		
单位 1		
……		
合计		

16. 非同级财政拨款收入

非同级财政拨款收入按收入来源的披露格式如表12-22所示。

表12-22　　　　　非同级财政拨款收入按收入来源的披露格式

收入来源	本期发生额	上期发生额
本部门以外同级政府单位		
单位1		
……		
本部门以外非同级政府单位		
单位1		
……		
合计		

17. 其他收入

其他收入按照收入来源的披露格式如表12-23所示。

表12-23　　　　　其他收入按照收入来源的披露格式

收入来源	本期发生额	上期发生额
本部门内部单位		
单位1		
……		
本部门以外同级政府单位		
单位1		
……		
本部门以外非同级政府单位		
单位1		
……		
其他		
单位1		
……		
合计		

18. 业务活动费用

（1）按经济分类的披露格式如表12-24所示。

表 12 - 24　　　　　　　　　　按经济分类的披露格式

项目	本期发生额	上期发生额
工资福利费用		
商品和服务费用		
对个人和家庭的补助费用		
对企业补助费用		
固定资产折旧费		
无形资产摊销费		
公共基础设施折旧（摊销）费		
保障性住房折旧费		
计提专用基金		
……		
合计		

注：有单位管理费用、经营费用的，可比照（业务活动费用）此表进行披露。

（2）按支付对象的披露格式如表 12 - 25 所示。

表 12 - 25　　　　　　　　　　按支付对象的披露格式

收入来源	本期发生额	上期发生额
本部门内部单位		
单位 1		
……		
本部门以外同级政府单位		
单位 1		
……		
其他		
单位 1		
……		
合计		

注：有单位管理费用、经营费用的，可比照（业务活动费用）此表进行披露。

19. 其他费用

其他费用按照类别披露的格式如表 12 - 26 所示。

表 12 - 26　　　　　　　　　　其他费用按照类别披露的格式

费用类别	本期发生额	上期发生额
利息费用		
坏账损失		
罚没支出		
……		
合计		

20. 本期费用

本期费用按照经济分类的披露格式如表 12 - 27 所示。

表 12 - 27　　　　　　　　　本期费用按照经济分类的披露格式

项目	本年数	上年数
工资福利费用		
商品和服务费用		
对个人和家庭的补助费用		
对企业补助费用		
固定资产折旧费		
无形资产摊销费		
公共基础设施折旧（摊销）费		
保障性住房折旧费		
计提专用基金		
所得税费用		
资产处理费用		
上缴上级费用		
对附属单位补助费用		
其他费用		
本期费用合计		

注：单位在按照本制度规定编制收入费用表的基础上，可以根据需要按照此表披露的内容编制收入费用表。

（六）本年盈余与预算结余的差异情况说明

为了反映单位财务会计和预算会计因核算基础和核算范围不同所产生的本年盈余数与本年预算结余数之间的差异，单位应当按照重要性原则，对本年度发生的各类影响收入（预算收入）和费用（预算支出）的业务进行适度归并和分析，披露将年度预算收入支出表中"本年预算收支差额"调节为年度收入费用表中"本期盈余"的信息。有关披露格式如表 12 - 28 所示。

表 12-28　　　　　　　　　　　差异情况的披露格式

项目	金额
一、本年预算结余（本年预算收支差额）	
二、差异调节	
（一）重要事项的差异	
加：1. 当期确认为收入但没有确认为预算收入	
（1）应收款项、预收账款确认的收入	
（2）接受非货币性资产捐赠确认的收入	
2. 当期确认为预算支出但没有确认为费用	
（1）支付应付款项、预付账款的支出	
（2）为取得存款、政府储备物资等计入物资成本的支出	
（3）为购建固定资产等的资本性支出	
（4）偿还借款本息支出	
减：1. 当期确认为预算收入但没有确认为收入	
（1）收到应收款项、预收账款确认的预算收入	
（2）取得借款确认的预算收入	
2. 当期确认为费用但没有确认为预算支出	
（1）发出存货、政府储备物资等确认的费用	
（2）计提的折旧费用和摊销费用	
（3）确认的资产处置费用（处置资产价值）	
（4）应付款项、预付账款确认的费用	
（二）其他事项差异	
三、本年盈余（本年收入与费用的差额）	

（七）其他重要事项说明

（1）资产负债表中存在的重要或有事项说明。没有重要或有事项的，也应说明。

（2）以名义金额计量的资产名称、数量等情况，以及以名义金额计量理由的说明。

（3）通过债务资金形成的固定资产、公共基础设施、保障性住房等资产的账面价值、使用情况、收益情况及与此相关的债务偿还情况等的说明。

（4）重要资产置换、无偿调入（出）、捐入（出）、报废、重大毁损等情况的说明。

（5）事业单位将单位内部独立核算单位的会计信息纳入本单位财务报表情况的说明。

（6）政府会计具体准则中要求附注披露的其他内容。

（7）有助于理解和分析单位财务报表需要说明的其他事项。

【复习思考题】

1. 简述财务报表的构成和各报表的类型及内容。
2. 简述财务报表编制和列报的基本原则。
3. 简述资产负债表的填列。
4. 简述收入费用表的填列。
5. 简述现金流量表的填列。
6. 简述净资产变动表的填列。
7. 简述附注披露的主要内容。

第十三章
政府会计预算会计报表的编制与列报

【本章要点】
- 了解政府单位预算会计报表的构成
- 掌握预算收入支出表的格式及编列方法
- 掌握预算结转结余变动表的格式及编列方法
- 掌握财政拨款预算收入支出表的格式及编列方法

第一节 预算会计报表概述

一、预算会计报表的内涵

政府单位预算会计报表指综合反映一定时期内政府单位预算执行情况的书面文件。它是以日常的会计核算资料为依据,经整理汇总后,按规定的格式、内容和编制方法编制的。预算会计报表主要包括预算收入支出表、预算结转结余变动表和财政拨款预算收入支出表,三种报表均按照年度编制。政府单位财务报表的经济内容分类和编制时间分类参见表13-1。

表13-1　　　　　　　　　预算会计报表类型

编号	报表名称	编制期
会政预01表	预算收入支出表	年度
会政预02表	预算结转结余变动表	年度
会政预03表	财政拨款预算收入支出表	年度

二、关于预算会计报表的相关要求

(1) 预算会计报表应包括预算收入支出表、预算结转结余变动表、财政拨款预算收入支出表。

(2) 以收付实现制为基础进行编制,以单位预算会计核算生成的数据为准。

(3) 以上三个表均按照年度周期编制。

(4) 按照《政府会计制度》《政府会计准则》及其相关规定进行编制,遵循规范化、科学化、标准化等原则。

(5) 预算会计报表应当由单位负责人和主管会计工作的负责人、会计机构负责人

(会计主管人员)签名并盖章。

第二节 预算收入支出表的编制

一、预算收入支出表的内容与格式

(一)预算收入支出表的内容

预算收入支出表是反映政府单位在某一会计年度内各项预算收入、预算支出和预算收支差额情况的一种动态报表。其采用单步式计算公式：本年预算收入－本年预算支出＝本年预算收支差额。作为政府单位主要预算会计报表之一，其只按照年度编制。

(二)预算收入支出表的格式

首先，收入支出表的表首标题包括报表名称、编号（会政预01表）、编制时间、编制单位和金额单位等内容。由于预算收入支出表反映单位在某一时期的预算收支情况，属于动态报表，需要注明报表所属的期间，如××××年度。

其次，预算收入支出表按照本年预算收入、本年预算支出、本年预算收支差额三个一级项目分项列示，各二级科目主要按照预算收入类和预算支出类总账科目列示。

另外，需要注意的是，预算收入支出表须分为"本年数"和"上年数"两栏填列，其目的在于报表使用者可以通过比较不同时期的预算收入、预算支出和预算收支差额情况，判断政府单位预算情况的未来发展趋势。预算收入支出表"本年数"栏反映各项目的本年实际发生数。本表"上年数"栏反映各项目上年度的实际发生数，应当根据上年度预算收入支出表中"本年数"栏内所列数字填列。如果本年度预算收入支出表规定的项目的名称和内容同上年度不一致，应当对上年度预算收入支出表项目的名称和数字按照本年度的规定进行调整，将调整后金额填入本年度预算收入支出表的"上年数"栏。

二、预算收入支出表的填列方法

1. 本年预算收入

(1) "本年预算收入"项目，反映单位本年预算收入总额。本项目应当根据本表中"财政拨款预算收入""事业预算收入""上级补助预算收入""附属单位上缴预算收入""经营预算收入""债务预算收入""非同级财政拨款预算收入""投资预算收益""其他预算收入"项目金额的合计数填列。

(2) "财政拨款预算收入"项目，反映单位本年从同级政府财政部门取得的各类财政拨款。本项目应当根据"财政拨款预算收入"科目的本年发生额填列。

"政府性基金收入"项目，反映单位本年取得的财政拨款收入中属于政府性基金预算拨款的金额。本项目应当根据"财政拨款预算收入"相关明细科目的本年发生额填列。

(3) "事业预算收入"项目，反映事业单位本年开展专业业务活动及其辅助活动取得的预算收入。本项目应当根据"事业预算收入"科目的本年发生额填列。

（4）"上级补助预算收入"项目，反映事业单位本年从主管部门和上级单位取得的非财政补助预算收入。本项目应当根据"上级补助预算收入"科目的本年发生额填列。

（5）"附属单位上缴预算收入"项目，反映事业单位本年收到的独立核算的附属单位按照有关规定上缴的预算收入。本项目应当根据"附属单位上缴预算收入"科目的本年发生额填列。

（6）"经营预算收入"项目，反映事业单位本年在专业业务活动及其辅助活动之外开展非独立核算经营活动取得的预算收入。本项目应当根据"经营预算收入"科目的本年发生额填列。

（7）"债务预算收入"项目，反映事业单位本年按照规定从金融机构等借入的、纳入部门预算管理的债务预算收入。本项目应当根据"债务预算收入"的本年发生额填列。

（8）"非同级财政拨款预算收入"项目，反映单位本年从非同级政府财政部门取得的财政拨款。本项目应当根据"非同级财政拨款预算收入"科目的本年发生额填列。

（9）"投资预算收益"项目，反映事业单位本年取得的按规定纳入单位预算管理的投资收益。本项目应当根据"投资预算收益"科目的本年发生额填列。

（10）"其他预算收入"项目，反映单位本年取得的除上述收入以外的纳入单位预算管理的各项预算收入。本项目应当根据"其他预算收入"科目的本年发生额填列。

如果政府单位的其他预算收入中，利息收入、捐赠收入和租金收入较多，也可以单列项目进行列报。

"利息预算收入"项目，反映单位本年取得的利息预算收入。本项目应当根据"其他预算收入"科目的明细记录分析填列。单位单设"利息预算收入"科目的，应当根据"利息预算收入"科目的本年发生额填列。

"捐赠预算收入"项目，反映单位本年取得的捐赠预算收入。本项目应当根据"其他预算收入"科目明细账记录分析填列。单位单设"捐赠预算收入"科目的，应当根据"捐赠预算收入"科目的本年发生额填列。

"租金预算收入"项目，反映单位本年取得的租金预算收入。本项目应当根据"其他预算收入"科目明细账记录分析填列。单位单设"租金预算收入"科目的，应当根据"租金预算收入"科目的本年发生额填列。

2. 本年预算支出

（1）"本年预算支出"项目，反映单位本年预算支出总额。本项目应当根据本表中"行政支出""事业支出""经营支出""上缴上级支出""对附属单位补助支出""投资支出""债务还本支出"和"其他支出"项目金额的合计数填列。

（2）"行政支出"项目，反映行政单位本年履行职责实际发生的支出。本项目应当根据"行政支出"科目的本年发生额填列。

（3）"事业支出"项目，反映事业单位本年开展专业业务活动及其辅助活动发生的支出。本项目应当根据"事业支出"科目的本年发生额填列。

（4）"经营支出"项目，反映事业单位本年在专业业务活动及其辅助活动之外开展非独立核算经营活动发生的支出。本项目应当根据"经营支出"科目的本年发生额填列。

(5)"上缴上级支出"项目,反映事业单位本年按照财政部门和主管部门的规定上缴上级单位的支出。本项目应当根据"上缴上级支出"科目的本年发生额填列。

(6)"对附属单位补助支出"项目,反映事业单位本年用财政拨款收入之外的收入对附属单位补助发生的支出。本项目应当根据"对附属单位补助支出"科目的本年发生额填列。

(7)"投资支出"项目,反映事业单位本年以货币资金对外投资发生的支出。本项目应当根据"投资支出"科目的本年发生额填列。

(8)"债务还本支出"项目,反映事业单位本年偿还自身承担的纳入预算管理的从金融机构举借的债务本金的支出。本项目应当根据"债务还本支出"科目的本年发生额填列。

(9)"其他支出"项目,反映单位本年除以上支出以外的各项支出。本项目应当根据"其他支出"科目的本年发生额填列。其中:

"利息支出"项目,反映单位本年发生的利息支出。本项目应当根据"其他支出"科目明细账记录分析填列。单位单设"利息支出"科目的,应当根据"利息支出"科目的本年发生额填列。

"捐赠支出"项目,反映单位本年发生的捐赠支出。本项目应当根据"其他支出"科目明细账记录分析填列。单位单设"捐赠支出"科目的,应当根据"捐赠支出"科目的本年发生额填列。

3. 本年预算收支差额

"本年预算收支差额"项目,反映单位本年各项预算收支相抵后的差额。本项目应当根据本表中"本期预算收入"项目金额减去"本期预算支出"项目金额后的金额填列,如相减后金额为负数,则以"-"号填列。

【例13-1】某事业单位2020年的预算收入、支出类科目的发生额见表13-2(该行政单位无所得税缴纳)。

表13-2　　　　　　　　收入、支出类科目预算发生额　　　　　　　　单位:元

收入类	本年数	支出类	本年数
财政拨款预算收入	12 000 000	事业支出	2 000 000
其中:政府性基金收入	1 600 000	经营支出	150 000
事业预算收入	5 000 000	上缴上级支出	1 000 000
上级补助预算收入	1 000 000	对附属单位补助支出	900 000
附属单位上缴预算收入	350 000	投资支出	40 000
经营预算收入	250 000	债务还本支出	60 000
债务预算收入	180 000	其他支出	40 000
非同级财政拨款预算收入	80 000	其中:利息支出	16 000
投资预算收益	70 000	捐赠支出	24 000
其他预算收入	65 000		

续表

收入类	本年数	支出类	本年数
其中：利息预算收入	20 000		
捐赠预算收入	25 000		
租金预算收入	20 000		
收入合计	18 995 000	支出合计	4 190 000

通过表 13－2 所提供的数据，我们可以分别计算出"本年预算收入""本年预算支出""本年预算收支差额"三个一级项目的数据，并填列预算收入支出表，如表 13－3 所示。

表 13－3　　　　　　　　　　　　预算收入支出表　　　　　　　　　　会政预 01 表
编制单位：某事业单位　　　　　　　　　　2020 年　　　　　　　　　　　　单位：元

项目	本年数	上年数（略）
一、本年预算收入	18 995 000	
（一）财政拨款预算收入	12 000 000	
其中：政府性基金收入	1 600 000	
（二）事业预算收入	5 000 000	
（三）上级补助预算收入	1 000 000	
（四）附属单位上缴预算收入	350 000	
（五）经营预算收入	250 000	
（六）债务预算收入	180 000	
（七）非同级财政拨款预算收入	80 000	
（八）投资预算收益	70 000	
（九）其他预算收入	65 000	
其中：利息预算收入	20 000	
捐赠预算收入	25 000	
租金预算收入	20 000	
二、本年预算支出	4 190 000	
（一）行政支出		
（二）事业支出	2 000 000	
（三）经营支出	150 000	
（四）上缴上级支出	1 000 000	
（五）对附属单位补助支出	900 000	
（六）投资支出	40 000	

续表

项目	本年数	上年数（略）
（七）债务还本支出	60 000	
（八）其他支出	40 000	
其中：利息支出	16 000	
捐赠支出	24 000	
三、本年预算收支差额	14 805 000	

第三节 预算结转结余变动表的编制

一、预算结转结余变动表的内容与格式

（一）预算结转结余变动表的内容

预算结转结余变动表是反映单位在某一会计年度内预算结转、结余的变动情况的报表。作为政府单位会计报表的重要组成部分，预算结转结余变动表可以提供一定时期政府单位预算结转结余各个组成项目金额的变动情况。另外，需要注意的是，该报表属于动态报表，并实行年度编列。

（二）预算结转结余变动表的格式

首先，预算结转结余变动表的表首标题包括报表名称、编号（会政预02表）、编制单位、编表时间和金额单位等内容。由于预算结转结余变动表反映单位在某一时期的资产情况，属于动态报表，因此需要注明报表所属的期间，如××××年度。

其次，从编报项目来看，预算结转结余变动表按照年初预算结转结余、年初余额调整、本年变动金额、年初预算结转结余四个一级项目分项列示。另外，为便于比对各年度政府预算结转结余变动情况，本表还就各项目再分为"本年数"和"上年数"两栏分别填列。

本表"本年数"栏反映各项目的本年实际发生数。本表"上年数"栏反映各项目的上年实际发生数，应当根据上年度预算结转结余变动表中"本年数"栏内所列数字填列。

如果本年度预算结转结余变动表规定的项目的名称和内容同上年度的不一致，应当对上年度预算结转结余变动表项目的名称和数字按照本年度的规定进行调整，将调整后金额填入本年度预算结转结余变动表的"上年数"栏。本表中"年末预算结转结余"项目金额等于"年初预算结转结余""年初余额调整""本年变动金额"3个项目的合计数。

（三）预算收入支出表的填列方法

1. "年初预算结转结余"项目

"年初预算结转结余"项目，反映单位本年预算结转结余的年初余额。本项目应当根据本项目下"财政拨款结转结余""其他资金结转结余"项目金额的合计数填列。

（1）"财政拨款结转结余"项目，反映单位本年财政拨款结转结余资金的年初余额。本项目应当根据"财政拨款结转""财政拨款结余"科目本年年初余额合计数填列。

（2）"其他资金结转结余"项目，反映单位本年其他资金结转结余的年初余额。本项目应当根据"非财政拨款结转""非财政拨款结余""专用结余""经营结余"科目本年年初余额的合计数填列。

2. "年初余额调整"项目

"年初余额调整"项目，反映单位本年预算结转结余年初余额调整的金额。本项目应当根据本项目下"财政拨款结转结余""其他资金结转结余"项目金额的合计数填列。

（1）"财政拨款结转结余"项目，反映单位本年财政拨款结转结余资金的年初余额调整金额。本项目应当根据"财政拨款结转""财政拨款结余"科目下"年初余额调整"明细科目的本年发生额的合计数填列；如调整减少年初财政拨款结转结余，则以"－"号填列。

（2）"其他资金结转结余"项目，反映单位本年其他资金结转结余的年初余额调整金额。本项目应当根据"非财政拨款结转""非财政拨款结余"科目下"年初余额调整"明细科目的本年发生额的合计数填列；如调整减少年初其他资金结转结余，则以"－"号填列。

3. "本年变动金额"项目

"本年变动金额"项目，反映单位本年预算结转结余变动的金额。本项目应当根据本项目下"财政拨款结转结余""其他资金结转结余"项目金额的合计数填列。

（1）"财政拨款结转结余"项目，反映单位本年财政拨款结转结余资金的变动。本项目应当根据本项目下"本年收支差额""归集调入""归集上缴或调出"项目金额的合计数填列。

①"本年收支差额"项目，反映单位本年财政拨款资金收支相抵后的差额。本项目应当根据"财政拨款结转"科目下"本年收支结转"明细科目本年转入的预算收入与预算支出的差额填列；差额为负数的，以"－"号填列。

②"归集调入"项目，反映单位本年按照规定从其他单位归集调入的财政拨款结转资金。本项目应当根据"财政拨款结转"科目下"归集调入"明细科目的本年发生额填列。

③"归集上缴或调出"项目，反映单位本年按照规定上缴的财政拨款结转结余资金及按照规定向其他单位调出的财政拨款结转资金。本项目应当根据"财政拨款结转""财政拨款结余"科目下"归集上缴"明细科目，以及"财政拨款结转"科目下"归集调出"明细科目本年发生额的合计数填列，以"－"号填列。

（2）"其他资金结转结余"项目，反映单位本年其他资金结转结余的变动。本项目应当根据本项目下"本年收支差额""缴回资金""使用专用结余""支付所得税"项目金额的合计数填列。

①"本年收支差额"项目，反映单位本年除财政拨款外的其他资金收支相抵后的差额。本项目应当根据"非财政拨款结转"科目下的"本年收支结转"明细科目"其他结余"科目"经营结余"科目本年转入的预算收入与预算支出的差额的合计数填列；

如为负数，则以"-"号填列。

②"缴回资金"项目，反映单位本年按照规定缴回的非财政拨款结转资金。本项目应当根据"非财政拨款结转"科目下"缴回资金"明细科目本年发生额的合计数填列，如为负数，以"-"号填列。

③"使用专用结余"项目，反映本年事业单位根据规定使用从非财政拨款结余或经营结余中提取的专用基金的金额。本项目应当根据"专用结余"科目明细账中本年使用专用结余业务的发生额填列，如为负数，以"-"号填列。

④"支付所得税"项目，反映有企业所得税缴纳义务的事业单位本年实际缴纳的企业所得税金额。本项目应当根据"非财政拨款结余"明细账中本年实际缴纳企业所得税业务的发生额填列，如为负数，以"-"号填列。

4. "年末预算结转结余"项目

"年末预算结转结余"项目，反映单位本年预算结转结余的年末余额。本项目应当根据本项目下"财政拨款结转结余""其他资金结转结余"项目金额的合计数填列。

（1）"财政拨款结转结余"项目，反映单位本年财政拨款结转结余的年末余额。本项目应当根据本项目下"财政拨款结转""财政拨款结余"项目金额的合计数填列。本项目下"财政拨款结转""财政拨款结余"项目，应当分别根据"财政拨款结转""财政拨款结余"科目的本年年末余额填列。

（2）"其他资金结转结余"项目，反映单位本年其他资金结转结余的年末余额。本项目应当根据本项目下"非财政拨款结转""非财政拨款结余""专用结余""经营结余"项目金额的合计数填列。本项目下"非财政拨款结转""非财政拨款结余""专用结余""经营结余"项目，应当分别根据"非财政拨款结转""非财政拨款结余""专用结余""经营结余"科目的本年年末余额填列。

本项目下"非财政拨款结转""非财政拨款结余""专用结余""经营结余"项目，应当分别根据"非财政拨款结转""非财政拨款结余""专用结余""经营结余"科目的本年年末余额填列。

【例13-2】2020年12月31日，某事业单位结账后，预算结转结余各科目余额及发生额情况如表13-4所示。

表13-4　　　　　　　　预算结转结余发生额及余额　　　　　　　　单位：元

账户名称	年初余额	本年累计发生额	年末余额
财政拨款结转	1 900 000	2 100 000	4 000 000
年初余额调整			
归集调入		1 200 000	
归集调出		100 000	
归集上缴		200 000	
单位内部调剂			
本年收支结转		1 200 000	

续表

账户名称	年初余额	本年累计发生额	年末余额
累计结转	1 900 000	2 100 000	4 000 000
财政拨款结余	600 000	300 000	900 000
年初余额调整		300 000	
归集上缴			
单位内部调剂			
结转转入			
累计结转	600 000	300 000	900 000
非财政拨款结转	240 000	400 000	640 000
年初余额调整			
缴回资金			
项目间接费用或管理费			
本年收支结余		400 000	
累计结转	240 000	400 000	640 000
非财政拨款结余	200 000		200 000
年初余额调整			
项目间接费用或管理费			
结转转入			
累计结转	200 000		200 000
专用结余	300 000	120 000	420 000
经营结余	1 000 000	1 300 000	2 300 000
其他结余	600 000	550 000	1 150 000

上述预算结转结余发生额及余额表中专用结余、经营结余、其他结余科目的本年变动额均未涉及转入预算收入与预算支出的差额。编制财政拨款预算收入支出表，如表13-5所示。

表13-5　　　　　　　　　　预算结转结余变动表　　　　　　　　会政预02
编制单位：某事业单位　　　　　　　　2020年　　　　　　　　　　单位：元

项目	本年数	上年数
一、年初预算结转结余	2 940 000	
（一）财政拨款结转结余	2 500 000	
（二）其他资金结转结余	440 000	
二、年初余额调整（减少以"-"号填列）	300 000	

续表

项目	本年数	上年数
（一）财政拨款结转结余	300 000	
（二）其他资金结转结余		
三、本年变动金额（减少以"－"号填列）		
（一）财政拨款结转结余	2 100 000	
1. 本年收支差额	1 200 000	
2. 归集调入	1 200 000	
3. 归集上缴或调出	－300 000	
（二）其他资金结转结余	400 000	
1. 本年收支差额	400 000	
2. 缴回资金		
3. 使用专用结余		
4. 支付所得税		
四、年末预算结转结余	6 440 000	
（一）财政拨款结转结余	4 900 000	
1. 财政拨款结转	4 000 000	
2. 财政拨款结余	900 000	
（二）其他资金结转结余	1 540 000	
1. 非财政拨款结转	900 000	
2. 非财政拨款结余	640 000	
3. 专用结余		
4. 经营结余（如有余额，以"－"号填列）		

第四节　财政拨款预算收入支出表的编制

一、财政拨款预算收入支出表的内容与格式

（一）财政拨款预算收入支出表的内容和结构

财政拨款预算收入支出表是反映单位本年财政拨款预算资金收入、支出及相关变动的具体情况的报表。作为政府单位会计报表的重要组成部分，财政拨款预算收入支出表可以提供一定时期单位财政拨款收入支出各个组成项目金额的变动情况。作为动态报表的一种，财政拨款预算收入支出表只编制年度报表。

（二）财政拨款预算收入支出表的格式

财政拨款预算收入支出表中的"项目"栏内各项目，应当根据单位取得的财政拨

款种类分项设置。其中,"项目支出"项目下,根据每个项目设置;单位取得除一般公共财政预算拨款和政府性基金预算拨款以外的其他财政拨款的,应当按照财政拨款种类增加相应的资金项目及其明细项目。

财政拨款预算收入支出表纵栏主要包括"一般公共预算财政拨款"和"政府性基金预算财政拨款"两个项目。横栏填列"年初财政拨款结转结余""调整年初财政拨款结转结余""本年归集调入""本年归集上缴或调出""单位内部调剂""本年财政拨款收入""本年财政拨款支出""年末财政拨款结转结余"八栏数据。

二、财政拨款预算收入支出表的填列方法

(1)"年初财政拨款结转结余"栏中各项目,反映单位年初各项财政拨款结转结余的金额。各项目应当根据"财政拨款结转""财政拨款结余"及其明细科目的年初余额填列。本栏中各项目的数额应当与上年度财政拨款预算收入支出表中"年末财政拨款结转结余"栏中各项目的数额相等。

(2)"调整年初财政拨款结转结余"栏中各项目,反映单位对年初财政拨款结转结余的调整金额。各项目应当根据"财政拨款结转""财政拨款结余"科目下"年初余额调整"明细科目及其所属明细科目的本年发生额填列;如调整减少年初财政拨款结转结余,以"-"号填列。

(3)"本年归集调入"栏中各项目,反映单位本年按规定从其他单位调入的财政拨款结转资金金额。各项目应当根据"财政拨款结转"科目下"归集调入"明细科目及其所属明细科目的本年发生额填列。

(4)"本年归集上缴或调出"栏中各项目,反映单位本年按规定实际上缴的财政拨款结转结余资金,及按照规定向其他单位调出的财政拨款结转资金金额。各项目应当根据"财政拨款结转""财政拨款结余"科目下"归集上缴"科目和"财政拨款结转"科目下"归集调出"明细科目,及其所属明细科目的本年发生额填列,以"-"号填列。

(5)"单位内部调剂"栏中各项目,反映单位本年财政拨款结转结余资金在单位内部不同项目等之间的调剂金额。各项目应当根据"财政拨款结转"和"财政拨款结余"科目下的"单位内部调剂"明细科目及其所属明细科目的本年发生额填列;对单位内部调剂减少的财政拨款结余金额,以"-"号填列。

(6)"本年财政拨款收入"栏中各项目,反映单位本年从同级财政部门取得的各类财政预算拨款金额。各项目应当根据"财政拨款预算收入"科目及其所属明细科目的本年发生额填列。

(7)"本年财政拨款支出"栏中各项目,反映单位本年发生的财政拨款支出金额。各项目应当根据"事业支出"等科目及其所属明细科目本年发生额中的财政拨款支出数的合计数填列。

(8)"年末财政拨款结转结余"栏中各项目,反映单位年末财政拨款结转结余的金额。各项目应当根据"财政拨款结转""财政拨款结余"科目及其所属明细科目的年末余额填列。

【例 13-3】 2020 年 12 月 31 日,某事业单位结账后,预算结转结余各科目余额及发生额情况如表 13-6 所示。

表 13-6　　　　　　　　　预算结转结余发生额及余额　　　　　　　单位:元

账户名称	年初余额	本年累计发生额	年末余额
财政拨款结转	1 900 000	2 100 000	4 000 000
年初余额调整			
归集调入		1 200 000	
归集调出		100 000	
归集上缴		200 000	
单位内部调剂			
本年收支结转		1 200 000	
累计结转	1 900 000	2 100 000	4 000 000
财政拨款结余	600 000	300 000	900 000
年初余额调整		300 000	
归集上缴			
单位内部调剂			
结转转入			
累计结转	600 000	300 000	900 000
非财政拨款结转	240 000	400 000	640 000
年初余额调整			
缴回资金			
项目间接费用或管理费			
本年收支结转		400 000	
累计结转	240 000	400 000	640 000
非财政拨款结余	200 000		200 000
年初余额调整			
项目间接费用或管理费			
结转转入			
累计结转	200 000		200 000
专用结余	300 000	120 000	420 000
经营结余	1 000 000	1 300 000	2 300 000
其他结余	600 000	550 000	1 150 000

上述预算结转结余发生额及余额表中专用结余、经营结余、其他结余科目的本年变动额均未涉及转入预算收入与预算支出的差额。编制财政拨款预算收入支出表,如表 13-7 所示。

表 13-7　某事业单位

财政拨款预算收入支出表

2020 年

编制单位：某事业单位　　　　　　　　　　　　　　　会政预 03 表
单位：元

项目	年初财政拨款结转结余-结转	年初财政拨款结转结余-结余	调整年初财政拨款结转结余	本年归集调入	本年归集上缴或调出	本年财政拨款收入	本年财政支出	单位内部调剂-结转	单位内部调剂-结余	年末财政拨款结转结余-结转	年末财政拨款结转结余-结余
一、一般公共预算财政拨款	500 000	300 000		1 000 000	200 000	2 000 000	2 000 000			1 300 000	300 000
（一）基本支出	300 000	200 000	300 000		200 000	1 200 000	1 200 000			100 000	200 000
1. 人员经费	220 000	120 000	300 000		200 000	200 000	200 000			20 000	120 000
2. 日常公用经费	80 000	80 000	120 000			1 000 000	1 000 000			80 000	80 000
（二）项目支出	200 000	100 000	180 000	1 000 000		800 000	800 000			1 200 000	100 000
1. ××项目	180 000	20 000		800 000		300 000	300 000			980 000	20 000
2. ××项目	20 000	80 000		200 000		500 000	500 000			220 000	80 000
……											
二、政府性基金预算财政拨款	1 400 000	300 000	300 000	200 000	100 000	6 000 000	4 800 000			2 700 000	600 000
（一）基本支出	500 000	270 000	300 000		100 000	2 000 000	2 000 000			400 000	570 000
1. 人员经费	200 000	250 000	120 000			1 200 000	1 200 000			200 000	370 000
2. 日常公用经费	300 000	20 000	180 000		100 000	800 000	800 000			200 000	200 000
（二）项目支出	900 000	30 000		200 000		4 000 000	2 800 000			2 300 000	30 000
1. ××项目	600 000	15 000		200 000		2 000 000	2 000 000			800 000	15 000
2. ××项目	300 000	15 000				2 000 000	800 000			1 500 000	150 000
……											
总计	1 900 000	600 000	300 000	1 200 000	300 000	8 000 000	6 800 000			4 000 000	900 000

【复习思考题】

1. 什么是政府单位预算会计报表？有哪几种类型？
2. 什么是预算收入支出表？如何填列？
3. 什么是预算结转结余变动表？如何填列？
4. 什么是财政拨款预算收入支出表？如何填列？

第十四章
政府会计的综合财务报告

【本章要点】
- 熟悉合并财务报表的内容
- 掌握部门（单位）合并财务报表的编制
- 掌握本级政府合并财务报表的编制
- 掌握本级政府合并财务报表的编制
- 行政区政府合并财务报表的编制
- 掌握合并财务报表附注的编制

政府综合财务报告，是以权责发生制为基础，以政府财务信息为主要内容，由政府财政部门编制，主要反映了政府整体财务状况、运行情况和财政中长期可持续性等信息。其内容包括财务报表、政府财政经济分析和政府财政财务管理情况。

> **专栏 14-1**
>
> **政府综合财务报告的特征**
>
> 与企业财务报告及政府预算决算报告等相比，政府综合财务报告的特征集中体现为综合性。
>
> 首先，合并范围的综合性。按照国际惯例，编制政府综合财务报告时通常基于控制的基础来对报表进行合并。根据我国财政部《关于印发年度权责发生制政府综合财务报告试编办法的通知》，我国政府综合财务报告的合并范围包括本级政府财政、行政单位、事业单位、社会团体、公益性国有企业和土地储备基金。
>
> 其次，报告内容的综合性。在政府综合财务报告制度较为成熟的西方发达国家，政府要披露的不仅包括预决算信息和资产负债等财务信息，还包括非财务信息、绩效信息、成本分析、风险分析等。

编制权责发生制的政府综合财务报告，有利于全面梳理政府的资产和负债事项，推进政府会计改革。通过编制政府财务报表，对政府各级和各部门的公共资源进行核算，能够反映出政府资源的存量和流量情况，进而反映出政府受托责任的履行情况。

权责发生制的政府综合财务报告制度的建立，对我国有重要意义。

第一节 合并财务报表的编制

一、合并财务报表的定义

（1）财务报表是对政府会计主体财务状况、运行情况和现金流量等信息的结构性表述。财务报表包括会计报表和附注。会计报表又包括资产负债表、收入费用表和现金流量表以及净资产变动表。政府会计主体应当根据相关规定编制合并财务报表。

（2）合并财务报表，是指反映合并主体和其全部被合并主体形成的报告主体整体财务状况与运行情况的财务报表。合并财务报表应当以合并主体和其被合并主体的财务报表为基础，根据其他有关资料加以编制。政府合并财务报表是政府综合财务报告的核心。

（3）合并主体，是指有一个或一个以上被合并主体的政府会计主体。合并主体通常也是合并财务报表的编制主体。我国一级政府本级合并报表的合并主体包括财政总预算、行政单位和事业单位。被合并主体，是指符合本准则规定的纳入合并主体合并范围的会计主体。

专栏 14-2

澳大利亚权责发生制政府财务报告对我国的启示

澳大利亚的政府会计改革比较彻底，采用的是一步到位的路径，即在改革初始就将完全的权责发生制直接引入了政府会计核算中，并要求各政府部门以完全的权责发生制为基础编制部门财务报告。如今，完全的权责发生制的编制基础地位已基本被确立。

地方政府和多数政府部门均按照会计准则等要求，通过汇总计算等编制合并财务报表（有通用目的），其构成主要为运营报表、财务状况表、现金流量表、权益变动表（地方政府有，部门没有）。

政府财务报告通常由财务报表和文字说明两部分组成，其中财务报表主要包括三种用于披露相关信息的报表，即财务业绩表（收入和费用表、收益表、经营表）、资产负债表、现金流量表；文字部分主要是围绕财务报表所作的书面陈述，目的在于帮助报表使用者更好地理解、读懂财务报表。

二、合并财务报表的内容

合并财务报表至少包括三部分：合并资产负债表、合并收入费用表、附注。

(一) 合并资产负债表

合并资产负债表应当按照资产、负债和净资产分类分项列示,反映了政府整体年末财务状况。

1. 合并资产负债表的合并范围包括的会计主体

(1) 以法律、国务院法规或财政部规章规定其运算(或财务)管理办法的资金(或基金)会计主体。这类主体具体包括:财政总预算会计主体、预算外资金财政专户会计主体、国际金融组织贷款转贷资金会计主体、社会保险资金以及新型农村合作基金等基金会计主体。

(2) 行政单位和国有事业单位等会计主体。

2. 合并资产负债表的样式

合并资产负债表的样式见表14-1。

表 14-1　　　　　　　　　　　　合并资产负债表

编制单位:_____　　　____年__月__日　　　　　　　　　单位:元

项目	年初数	年末数
流动资产		
货币资金		
应收及预付款项		
应收利息		
短期投资		
存货		
一年内到期的非流动资产		
非流动资产		
长期投资		
应收转贷款		
固定资产净值		
在建工程		
无形资产净值		
政府储备资产		
公共基础设施净值		
公共基础设施在建工程		
其他投资		
受托代理资产		
资产合计		
流动负债		
应付短期政府债券		

续表

项目	年初数	年末数
短期借款		
应付及预收款项		
应付利息		
应付职工薪酬		
一年内到期的非流动负债		
非流动负债		
应付长期政府债券		
应付转贷款		
长期借款		
长期应付款		
其他负债		
受托代理负债		
负债合计		
净资产		
负债及净资产合计		

3. 合并资产负债表的合并程序

（1）年终，各个受控会计主体按现行制度编制年终结账后的资产负债表。

（2）行政事业单位按部门逐级汇总，由主管会计单位将本部门汇总的资产负债表报财政部门。汇总过程中应将部门内部的往来对应数额相互抵销。

（3）财政部门分别按行政单位和事业单位再一次汇总，形成本级行政单位资产负债汇总表和事业单位资产负债汇总表。

（二）合并收入费用表

收入费用表应当按照收入、费用和盈余分类分项列示。本表反映了政府整体年度运行情况，见表14-2。

表14-2　　　　　　　　　　　合并收入费用表

编制单位：_____　　　　　　　_____年　　　　　　　　　　　单位：元

项目	本年数	上年数
一、本期收入		
（一）财政拨款收入		
其中：政府性基金收入		
（二）事业收入		
（三）上级补助收入		

续表

项目	本年数	上年数
（四）附属单位上缴收入		
（五）经营收入		
（六）非同级财政拨款收入		
（七）投资收益		
（八）捐赠收入		
（九）利息收入		
（十）租金收入		
（十一）其他收入		
二、本期费用		
（一）工资福利费用		
（二）商品和服务费用		
（三）对个人和家庭补助费用		
（四）对企事业单位补贴费用		
（五）固定资产折旧费用		
（六）无形资产摊销费用		
（七）公共基础设施折旧（摊销）费用		
（八）保障性住房折旧费用		
（九）计提专用基金		
（十）所得税费用		
（十一）资产处置费用		
三、本期盈余		

（三）附注

重点对会计报表涵盖的主体范围、重要会计政策和会计估计、会计报表中的重要项目、或有和承诺事项及未在报表中列示的重大项目等做进一步解释说明。

三、合并财务报表的分类

合并财务报表按照合并级次分为部门（单位）合并财务报表、本级政府合并财务报表和行政区政府合并财务报表。

（1）部门（单位）合并财务报表，是指以政府部门（单位）本级作为合并主体，将部门（单位）本级及其合并范围内全部被合并主体的财务报表进行合并后形成的，反映部门（单位）整体财务状况与运行情况的财务报表。部门（单位）合并财务报表是政府部门财务报告的主要组成部分。

（2）本级政府合并财务报表，是指以本级政府财政作为合并主体，将本级政府财政及其合并范围内全部被合并主体的财务报表进行合并后形成的,反映本级政府整体财务状况与运行情况的财务报表。本级政府合并财务报表是本级政府综合财务报告的主要组成部分。

(3)行政区政府合并财务报表,是指以行政区本级政府作为合并主体,将本行政区内各级政府的财务报表进行合并后形成的,反映本行政区政府整体财务状况与运行情况的财务报表。行政区政府合并财务报表是行政区政府财务报告的主要组成部分。

部门(单位)合并财务报表由部门(单位)负责编制;本级政府合并财务报表由本级政府财政部门负责编制。各级政府财政部门既负责编制本级政府合并财务报表,也负责编制本级政府所辖行政区政府合并财务报表。

四、合并财务报表的编制程序

合并财务报表的编制应当以合并主体和其被合并主体的财务报表为基础,根据其他有关资料加以编制。合并主体和其合并范围内被合并主体个别财务报表应当采用权责发生制基础编制,按规定未采用权责发生制基础编制的,应当先调整为权责发生制基础的财务报表,再由合并主体进行合并。

编制合并财务报表时,应当将合并主体和其全部被合并主体视为一个会计主体,遵循政府会计准则制度规定的统一的会计政策。合并范围内合并主体、被合并主体个别财务报表未遵循政府会计准则制度规定的统一会计政策的,应当先调整为遵循政府会计准则制度规定的统一会计政策的财务报表,再由合并主体进行合并。

编制合并财务报表的程序主要包括:

(1)对需要进行调整的个别财务报表进行调整,以调整后的个别财务报表作为编制合并财务报表的基础;

(2)将合并主体和被合并主体个别财务报表中的资产、负债、净资产、收入和费用项目进行逐项合并;

(3)抵销合并主体和被合并主体之间、被合并主体相互之间发生的债权债务、收入费用等内部业务或事项对财务报表的影响。

对于在报告期内,因划转而纳入合并范围的被合并主体,合并主体应当将其报告期内的收入、费用项目金额包括在本期合并收入费用表的本期数中,合并资产负债表的期初数不做调整。对于在报告期内因划转而不再纳入合并范围的被合并主体,其报告期内的收入、费用项目金额不包括在本期合并收入费用表的本期数中,合并资产负债表的期初数也不作调整。合并主体应当确保划转双方的会计处理协调一致,确保不重复、不遗漏,并在合并财务报表附注中对划转情况及其影响进行充分披露。

对于在报告期内,被合并主体撤销的,其期初资产、负债和净资产项目金额应当包括在合并资产负债表的期初数中,其期初至撤销日的收入、费用项目金额应当包括在本期合并收入费用表的本期数中,其期初至撤销日的收入、费用项目金额所引起的净资产变动金额应当包括在合并资产负债表的期末数中。

事业单位采用权益法核算长期股权投资且被投资单位编制合并财务报表的,在持有投资期间,应当以被投资单位合并财务报表中归属于母公司的净利润和其他所有者权益变动为基础，计算确定应当调整长期股权投资账面余额的金额，并进行相关会计处理。

此外，在编制合并财务报表时，被合并主体除了应当向合并主体提供财务报表外，还应当提供下列有关资料：

（1）采用的与政府会计准则制度规定的统一的会计政策不一致的会计政策及其影响金额；

（2）其与合并主体、其他被合并主体之间发生的所有内部业务或事项的相关资料；

（3）编制合并财务报表所需要的其他资料。

五、部门（单位）合并财务报表

部门（单位）合并财务报表合并范围一般应当以财政预算拨款关系为基础予以确定。有下级预算单位的部门（单位）为合并主体，其下级预算单位为被合并主体。合并主体应当将其全部被合并主体纳入合并财务报表的合并范围。部门（单位）所属的企业不纳入部门（单位）合并财务报表的合并范围。

（一）部门（单位）合并财务报表范围的确定原则

通常情况下，纳入本部门预决算管理的行政事业单位和社会组织（包括社会团体、基金会和社会服务机构，下同）都应当纳入本部门（单位）合并财务报表范围。

除满足一般原则的会计主体外，以下会计主体也应当纳入部门（单位）合并财务报表范围：

（1）部门（单位）所属的未纳入部门预决算管理的事业单位。

（2）部门（单位）所属的纳入企业财务管理体系执行企业类会计准则制度的事业单位。

（3）财政部规定的应当纳入部门（单位）合并财务报表范围的其他会计主体。

以下会计主体不纳入部门（单位）合并财务报表范围：

（1）部门（单位）所属的企业，以及所属企业下属的事业单位。

（2）与行政机关脱钩的行业协会商会。

（3）部门（单位）财务部门按规定单独建账核算的会计主体，如工会经费、党费、团费和土地储备资金、住房公积金等资金（基金）会计主体。

（4）挂靠部门（单位）的没有财政预算拨款关系的社会组织以及非法人性质的学术团体、研究会等。

单位内部非法人独立核算单位的核算及合并问题，按照《政府会计制度》及相关补充规定执行。

（二）部门（单位）合并资产负债表

部门（单位）合并资产负债表应当以部门（单位）本级和其被合并主体符合"个别资产负债表或合并资产负债表为基础，抵销内部业务或事项对合并资产负债表的影响"的要求，由部门（单位）本级合并编制。部门（单位）合并资产负债表应当列示资产总计项目、负债和净资产总计项目。

编制部门（单位）合并资产负债表时，需要抵销的内部业务或事项包括：

(1）部门（单位）本级和其被合并主体之间、被合并主体相互之间的债权（含应收款项坏账准备，下同）、债务项目。

（2）部门（单位）本级和其被合并主体之间、被合并主体相互之间其他业务或事项对部门（单位）合并资产负债表的影响。

部门（单位）合并资产负债表中的资产类应当包括流动资产、非流动资产的合计项目，并且至少应当单独列示反映下列信息的项目：

（1）货币资金；

（2）短期投资；

（3）财政应返还额度。

（4）应收票据；

（5）应收账款净额；

（6）预付账款；

（7）应收股利；

（8）应收利息；

（9）其他应收款净额；

（10）存货；

（11）待摊费用；

（12）一年内到期的非流动资产；

（13）长期股权投资；

（14）长期债券投资；

（15）固定资产净值；

（16）工程物资；

（17）在建工程；

（18）无形资产净值；

（19）研发支出；

（20）公共基础设施净值；

（21）文化文物资产；

（22）政府储备物资；

（23）保障性住房净值；

（24）长期待摊费用；

（25）待处理财产损溢；

（26）受托代理资产。

部门（单位）合并资产负债表中的负债类应当包括流动负债、非流动负债和负债的合计项目，并且至少应当单独列示反映下列信息的项目：

（1）短期借款；

（2）应交增值税；

（3）其他应交税费；

（4）应缴财政款；

(5) 应付职工薪酬；

(6) 应付票据；

(7) 应付账款；

(8) 应付政府补贴款；

(9) 应付利息；

(10) 预收款项；

(11) 其他应付款；

(12) 预提费用；

(13) 一年内到期的非流动负债；

(14) 长期借款；

(15) 长期应付款；

(16) 预计负债；

(17) 受托代理负债。

部门（单位）合并资产负债表中的净资产类应当包括净资产的合计项目，并且至少应当单独列示反映下列信息的项目：

(1) 累计盈余；

(2) 专用基金；

(3) 权益法调整。

（三）部门（单位）合并收入费用表

部门（单位）合并收入费用表应当以部门（单位）本级和其被合并主体符合"个别收入费用表或合并收入费用表为基础，抵销内部业务或事项对合并收入费用表的影响"的要求，由部门（单位）本级合并编制。

编制部门（单位）合并收入费用表时，需要抵销的内部业务或事项包括部门（单位）本级和其被合并主体之间、被合并主体相互之间的收入、费用项目。

部门（单位）合并收入费用表中的收入，应当按照收入来源进行分类列示，包括收入的合计项目，并且表中收入类至少应当单独列示反映下列信息的项目：

(1) 财政拨款收入；

(2) 事业收入；

(3) 经营收入；

(4) 非同级财政拨款收入；

(5) 投资收益；

(6) 捐赠收入；

(7) 利息收入；

(8) 租金收入。

部门（单位）合并收入费用表中的费用，应当按照费用的性质进行分类列示，包括费用的合计项目，并且至少应当单独列示反映下列信息的项目：

(1) 工资福利费用；

(2) 商品和服务费用；

（3）对个人和家庭补助费用；

（4）对企事业单位补贴费用；

（5）固定资产折旧费用；

（6）无形资产摊销费用；

（7）公共基础设施折旧（摊销）费用；

（8）保障性住房折旧费用；

（9）计提专用基金；

（10）所得税费用；

（11）资产处置费用。

部门（单位）合并收入费用表应当列示本期盈余项目。本期盈余，是指部门（单位）某一会计期间收入合计金额减去费用合计金额后的差额。

六、本级政府合并财务报表

本级政府合并财务报表的合并范围一般应当以财政预算拨款关系为基础予以确定。本级政府财政为合并主体，其所属部门（单位）等为被合并主体。

本级政府合并财务报表的编制，应当以本级政府财政和其被合并主体符合"个别财务报表或合并财务报表为基础，抵销内部业务或事项对合并财务报表的影响"的要求，由本级政府财政部门合并编制。

编制本级政府合并财务报表时，需要抵销的内部业务或事项包括：

（1）本级政府财政和其被合并主体之间的债权债务、收入费用等项目；

（2）被合并主体相互之间的债权债务、收入费用等项目。

（一）本级政府合并资产负债表

本级政府合并资产负债表应当列示资产总计项目、负债和净资产总计项目。

本级政府合并资产负债表中的资产类应当包括流动资产、非流动资产的合计项目，并且至少应当单独列示反映下列信息的项目：

（1）货币资金；

（2）短期投资；

（3）应收及预付款项；

（4）存货；

（5）一年内到期的非流动资产；

（6）长期投资；

（7）应收转贷款；

（8）固定资产净值；

（9）在建工程；

（10）无形资产净值；

（11）公共基础设施净值；

（12）政府储备物资；

（13）文物文化资产；

(14) 保障性住房净值；
(15) 受托代理资产。

本级政府合并资产负债表中的负债类应当包括流动负债、非流动负债和负债的合计项目，并且至少应当单独列示反映下列信息的项目：

(1) 应付短期政府债券；
(2) 短期借款；
(3) 应付及预收款项；
(4) 应付职工薪酬；
(5) 应付政府补贴款；
(6) 一年内到期的非流动负债；
(7) 应付长期政府债券；
(8) 应付转贷款；
(9) 长期借款；
(10) 长期应付款；
(11) 预计负债；
(12) 受托代理负债。

（二）本级政府合并收入费用表

本级政府合并收入费用表中的收入，应当按照收入来源进行分类列示，并且应当包括收入的合计项目。

本级政府合并收入费用表中的收入类至少应当单独列示反映下列信息的项目：

(1) 税收收入；
(2) 非税收入；
(3) 事业收入；
(4) 经营收入；
(5) 投资收益；
(6) 政府间转移性收入。

本级政府合并收入费用表中的费用，应当按照费用的性质进行分类列示，并且应当包括费用的合计项目、列示本期盈余项目。

本级政府合并收入费用表中的费用类至少应当单独列示反映下列信息的项目：

(1) 工资福利费用；
(2) 商品和服务费用；
(3) 对个人和家庭补助费用；
(4) 对企事业单位补贴费用；
(5) 政府间转移性费用；
(6) 折旧费用；
(7) 摊销费用；
(8) 资产处置费用。

七、行政区政府合并财务报表

行政区政府合并财务报表的合并范围一般应当以行政隶属关系为基础予以确定。行政区本级政府为合并主体，其所属下级政府为被合并主体。县级以上政府应当编制本行政区政府合并财务报表。

行政区政府合并财务报表应当以本级政府和其所属下级政府合并财务报表为基础，在抵销内部业务或事项对合并财务报表的影响后，由本级政府财政部门合并编制。

编制行政区政府合并财务报表时，需要抵销的内部业务或事项包括：

（1）本级政府和其所属下级政府之间的债权债务、收入费用等项目；

（2）本级政府所属下级政府相互之间的债权债务、收入费用等项目。

行政区政府合并财务报表的项目列示与本级政府合并财务报表一致。

第二节　合并报表附注的编制

一、合并财务报表的信息

合并财务报表附注一般应当披露下列信息：

（1）合并财务报表的编制基础。

（2）遵循政府会计准则制度的声明。

（3）合并财务报表的合并主体、被合并主体清单。

（4）合并主体、被合并主体个别财务报表所采用的编制基础，所采用的与政府会计准则制度规定不一致的会计政策，编制合并财务报表时的调整情况及其影响。

（5）本期增加、减少被合并主体的基本情况及影响。

（6）合并财务报表重要项目明细信息及说明。

（7）未在合并财务报表中列示但对报告主体财务状况和运行情况有重大影响的事项的说明。①本级政府社保基金情况。②按投资对象列示政府股权投资的投资成本。③资产负债表日后重大事项。④或有和承诺事项。⑤政府部门管理的公共基础设施、文物文化资产、保障性住房、自然资源资产等重要资产的种类和实物量等相关信息。⑥在建工程中土地收储项目金额、面积等情况。⑦其他未在报表中列示，但对政府财务状况有重大影响的事项。

（8）需要说明的其他事项。①会计政策变更。②会计估计变更。③以前年度差错更正。

二、合并财务报表的具体披露

1. 货币资金

货币资金明细信息如表14-3所示。

表 14-3　　　　　　　　　　　货币资金明细表　　　　　　　　　　　单位：万元

项目	年初数	年末数
库存现金		
国库存款		
国库现金管理存款		
其他财政存款		
银行存款		
其中：土地储备资金存款		
物资储备资金存款		
其他货币资金		
合计		

2. 应收及预付款项

应收及预付款项明细信息如表 14-4 所示。

表 14-4　　　　　　　　　　应收及预付款项明细表　　　　　　　　　　单位：万元

主体	年初数	年末数
财政		
政府部门		
部门1		
部门2		
……		
其他		
合计		

注：1. 本表中的"财政"是指承担核算财政预算资金、农业综合开发资金等各类资金职能的政府财政部门。"政府部门"是指纳入本级政府综合财务报告合并范围的部门。"其他"是指土地储备资金和物资储备资金等资金主体。

2. 本表反映被合并主体抵销后的应收及预付款项金额。

3. 短期投资

短期投资明细信息如表 14-5 所示。

表 14-5　　　　　　　　　　　短期投资明细表　　　　　　　　　　　单位：万元

主体	年初数	年末数
财政		
政府部门		

续表

主体	年初数	年末数
部门1		
部门2		
……		
合计		

注：本表中的"财政"是指承担核算财政预算资金、农业综合开发资金等各类资金职能的政府财政部门。"政府部门"是指纳入本级政府综合财务报告合并范围的部门。

4. 长期投资及投资收益

长期投资及投资收益明细信息如表14-6所示。

表14-6　　　　　　　　　　　长期投资及投资收益明细表　　　　　　　　　单位：万元

项目	长期投资				投资收益	
	年初数	本年增加	本年减少	年末数	上年数	本年数
股权投资（××家）						
对企业股权投资（××家）						
企业1						
企业2						
企业3						
……						
其他企业（××家）						
对投资基金股权投资（××家）						
投资基金1						
投资基金2						
投资基金3						
……						
其他股权投资						
债券投资						
合计						

注：1. 本表按照长期投资年末数从大到小排列。
2. 对企业股权投资原则上列示前50家，超过部分合并填入其他企业。

5. 应收转贷款

应收转贷款明细信息如表14-7所示。

表 14 – 7　　　　　　　　　　　应收转贷款明细表　　　　　　　　　　单位：万元

项目	年初数	年末数
应收地方政府债券转贷款		
地区 1		
地区 2		
地区 3		
……		
应收主权外债转贷款		
地区 1		
地区 2		
地区 3		
……		
合计		

注：1. 本表按照转贷对象列示明细。
2. 本表仅包含本金金额。

6. 固定资产

固定资产明细信息如表 14 – 8 所示。

表 14 – 8　　　　　　　　　　　固定资产明细表　　　　　　　　　　单位：万元

项目	年初数	本年增加	本年减少	年末数
原值合计				
房屋及构筑物				
通用设备				
专用设备				
文物和陈列品				
图书、档案				
家具、用具、装具及动植物				
累计折旧合计				
房屋及构筑物				
通用设备				
专用设备				
文物和陈列品	—	—	—	—
图书、档案	—	—	—	—
家具、用具、装具及动植物				

续表

项目	年初数	本年增加	本年减少	年末数
净值合计				
房屋及构筑物				
通用设备				
专用设备				
文物和陈列品				
图书、档案				
家具、用具、装具及动植物				

7. 在建工程

在建工程明细信息如表 14-9 所示。

表 14-9　　　　　　　　　　在建工程明细表　　　　　　　　　　单位：万元

主体	年初数	本年增加	本年减少	年末数
部门 1				
部门 2				
……				
合计				

8. 无形资产

无形资产明细信息如表 14-10 所示。

表 14-10　　　　　　　　　　无形资产明细表　　　　　　　　　　单位：万元

项目	年初数	本年增加	本年减少	年末数
原值合计				
著作权				
土地使用权				
专利权				
非专利技术				
其他				
累计摊销合计				
著作权				
土地使用权				
专利权				
非专利技术				
其他				

续表

项目	年初数	本年增加	本年减少	年末数
净值合计				
著作权				
土地使用权				
专利权				
非专利技术				
其他				

9. 政府储备资产

政府储备资产明细信息如表 14 - 11、表 14 - 12 所示。

表 14 - 11　　　　　　　　政府储备资产明细表　　　　　　　　单位：万元

主体	年初数	本年增加	本年减少	年末数
部门 1				
部门 2				
……				
合计				

注：本表按照政府储备资产持有部门列示明细。

表 14 - 12　　　　　　　　政府储备资产明细表　　　　　　　　单位：万元

项目	年初数	本年增加	本年减少	年末数
战略储备物资				
综合物资				
成品油				
火工物资				
天然铀				
其他				
粮、棉、糖、肉、药				
粮食				
棉花				
食糖				
肉				
医药				

续表

项目	年初数	本年增加	本年减少	年末数
自然灾害救助物资				
防汛抗旱储备物资				
森林（草原）防火储备物资				
城市排水防涝设备物资				
应急储备物资				
石油				
其他储备物资				
合计				

注：本表按照政府储备资产种类列示明细。

10. 公共基础设施

公共基础设施明细信息如表 14-13 ~ 表 14-15 所示。

表 14-13　　　　　　　　公共基础设施明细表（原值）　　　　　　　　单位：万元

项目	年初数	本年增加	本年减少	年末数
交通运输基础设施				
公路				
航道				
港口				
水利基础设施				
市政基础设施				
市政道路设施				
城市轨道交通				
城市排水与污水处理				
城市公共供水				
城市环卫				
城市道路照明				
公园绿地				
公共文化体育				
其他公共基础设施				
原值合计				

表14-14　　　　　　　　　公共基础设施明细表（累计折旧）　　　　　　　单位：万元

项目	年初数	本年增加	本年减少	年末数
交通运输基础设施				
公路				
航道				
港口				
水利基础设施				
市政基础设施				
市政道路设施				
城市轨道交通				
城市排水与污水处理				
城市公共供水				
城市环卫				
城市道路照明				
公园绿地				
公共文化体育				
其他公共基础设施				
累计折旧合计				

表14-15　　　　　　　　　公共基础设施明细表（净值）　　　　　　　　　单位：万元

项目	年初数	本年增加	本年减少	年末数
交通运输基础设施				
公路				
航道				
港口				
水利基础设施				
市政基础设施				
市政道路设施				
城市轨道交通				
城市排水与污水处理				
城市公共供水				
城市环卫				
城市道路照明				
公园绿地				
公共文化体育				

续表

项目	年初数	本年增加	本年减少	年末数
其他公共基础设施				
净值合计				

11. 公共基础设施在建工程

公共基础设施在建工程明细信息如表 14-16 所示。

表 14-16　　　　　公共基础设施在建工程明细表　　　　　单位：万元

项目	年初数	本年增加	本年减少	年末数
交通运输基础设施				
公路				
航道				
港口				
水利基础设施				
市政基础设施				
市政道路				
城市轨道交通				
城市排水与污水处理				
城市公共供水				
城市环卫				
城市道路照明				
公园绿地				
公共文化体育				
其他公共基础设施				
合计				

12. 应付及预收款项

应付及预收款项明细信息如表 14-17 所示。

表 14-17　　　　　应付及预收款项明细表　　　　　单位：万元

主体	年初数	年末数
财政		
政府部门		
部门 1		

续表

主体	年初数	年末数
部门2		
……		
其他		
合计		

注：1. 本表中的"财政"是指承担核算财政预算资金、农业综合开发资金等各类资金职能的政府财政部门。"政府部门"是指纳入本级政府综合财务报告合并范围的部门。"其他"是指土地储备资金和物资储备资金等资金主体。

2. 本表反映被合并主体抵销后的应付及预收款项金额。

13. 应付长期政府债券

应付长期政府债券明细信息如表14-18、表14-19所示。

表14-18　　　　　应付长期政府债券明细表　　　　　单位：万元

项目	年初数	年末数
国债		
地方政府一般债券		
地方政府专项债券		
合计		

注：本表按照长期政府债券种类列示明细。

表14-19　　　　　应付长期政府债券明细表　　　　　单位：万元

到期期限	年初数	年末数
1～3年（不含1年）		
3～5年（不含3年）		
5年以上（不含5年）		
合计		

注：本表按照长期政府债券到期期限列示明细。

14. 应付转贷款

应付转贷款明细信息如表14-20、表14-21所示。

表14-20　　　　　应付转贷款明细表　　　　　单位：万元

项目	年初数	年末数
应付地方政府债券转贷款		
其中：地方政府一般债券		

续表

项目	年初数	年末数
地方政府专项债券		
应付主权外债转贷款		
合计		

注：1. 本表按照应付转贷款种类列示明细。
2. 本表仅列示本金金额。

表 14 – 21　　　　　　　　　　应付转贷款明细表　　　　　　　　　　单位：万元

到期期限	年初数	年末数
1～3 年（不含 1 年）		
3～5 年（不含 3 年）		
5 年以上（不含 5 年）		
合计		

注：本表按照应付转贷款到期期限列示。

15. 长期借款

长期借款明细信息如表 14 – 22～表 14 – 24 所示。

表 14 – 22　　　　　　　　　　长期借款明细表　　　　　　　　　　单位：万元

债务人	年初数	年末数
财政		
政府部门		
部门 1		
部门 2		
……		
其他		
合计		

注：1. 本表按照债务人列示明细，并按长期借款年末数从大到小排列。
2. 本表中的"财政"是指承担核算财政预算资金、农业综合开发资金等各类资金职能的政府财政部门。"政府部门"是指纳入本级政府综合财务报告合并范围的部门。"其他"是指土地储备资金和物资储备资金等资金主体。

表 14 – 23　　　　　　　　　　长期借款明细表　　　　　　　　　　单位：万元

债权人	年初数	年末数
机构 1		
机构 2		

续表

债权人	年初数	年末数
机构 3		
……		
其他机构		
合计		

注：1. 本表按照债权人列示明细，并按长期借款年末数从大到小排列。
2. 本表债权人原则上列示前 100 家，超过部分合并填入其他机构。

表 14-24　　　　　　　　　　　长期借款明细表　　　　　　　　　单位：万元

到期期限	年初数	年末数
1~3 年（不含 1 年）		
3~5 年（不含 3 年）		
5 年以上（不含 5 年）		
合计		

注：本表按照长期借款到期期限列示明细。

16. 政府间转移性收入

政府间转移性收入明细信息如表 14-25 所示。

表 14-25　　　　　　　　　政府间转移性收入明细表　　　　　　　　单位：万元

主体	上年数	本年数
上级政府		
下级政府		
其他		
合计		

注：本表按照政府间转移性收入来源主体列示明细。其中，上下级政府转移性收入填列上下级政府财政间的转移性收入。

17. 政府间转移性支出

政府间转移性支出明细信息如表 14-26 所示。

表 14-26　　　　　　　　　政府间转移性支出明细表　　　　　　　　单位：万元

对象	上年数	本年数
上级政府		
下级政府		

续表

对象	上年数	本年数
其他		
合计		

注：本表按照政府间转移性支出对象列示明细。其中，上下级政府转移性支出填列上下级政府财政间的转移性支出。

【复习思考题】

1. 单位合并财务报表分为哪几类？
2. 简述编制合并财务报表的程序。
3. 简述部门（单位）合并收入费用表的内容。
4. 简述本级政府合并财务报表的内容。
5. 简述合并报表附注的内容。

第十五章
政府会计的财务分析

【本章要点】
- 了解政府财务会计分析的原则
- 熟悉政府财务会计分析的总体目标和具体目标
- 掌握政府财务会计的分析方法
- 掌握行政单位财务会计分析的指标
- 掌握事业单位财务会计分析的指标
- 熟悉传统预算会计模式下资金绩效评价存在的问题
- 掌握新政府会计制度下资金运行绩效评价体系的创新之处
- 掌握建立某一政府公共部门资金运行综合绩效评价表，并根据其计算出绩效评价结果的方法

公共部门的财务分析，主要是指依据会计核算资料和其他有关信息资料，如会计报表、统计数据等，运用专门的方法，对其财务活动过程及其结果进行研究、分析和评价的一种方法。财务分析既是已完成的财务活动的总结，又是财务预测的前提，在财务管理的循环中起着承上启下的作用。

第一节 政府财务分析的原则及目标

一、财务分析的原则

财务分析通过搜集各种财务信息并加以分析解释，为管理者、投资者、债权人等不同的主体提供直观化、多指标综合分析的信息，为其了解现阶段的财务发展状况及调整未来的政策走向、资金分配等。财务分析的本质是以客观数据为准绳，遵循新政府会计制度，运用科学的研究方法进行财务分析。在财务分析的过程中，需要遵循全面性原则、客观性原则、相关性原则、可比性原则、灵活性原则。

（一）全面性原则

财务分析需要全面地看待问题。有时计算得出的数据具有不同的解释方法，这就要求投资者结合相关行业特点、国家经济政策等背景知识进行分析，防止就事论事，片面地看待。

（二）客观性原则

财务分析需要严格遵守新政府会计制度中的各项规章制度，保持一手数据的真实

性和客观性，不应为了迎合需求主体的个人偏好或为了满足某项既定的目标任务，而人为主观故意地产生篡改数据、有选择地呈现片面结果、故意失误遗漏数据等行为。同时，在这个过程中，也需要严格遵守政府会计制度的相关专业知识，避免过多的主观臆想推测。

（三）相关性原则

财务分析中涉及的各项指标都并非完全独立的个体，尤其是同一科目下的各个指标之间都是相互联系的。在进行财务分析中，对于某一项能力的判断，应该综合多项指标的评价结果。例如，在分析盈利能力时，要把每股盈利指标和资产收益率指标结合起来。因为评价盈利能力，一般主要运用的是每股收益和净资产收益率两个指标。但每股收益不多，并不一定是净资产收益率不高，而净资产收益率高，并不一定是每股收益多。如果一旦股票存在溢价发行的情况下，净资产收益更能反映总体盈利水平以及经营者运用资本的能力。

（四）可比性原则

在横向比较不同主体同一项财务能力时，应该对比较主体的性质、运作模式、资金规模、资产状况等进行全方位的评估，以确保用于比较的两个或多个对象间的整体情况处于同一水平之上，否则如果比较不同层次主体的财务状况会使结果有失偏颇。另外，在纵向比较同一主体不同时期的财务状况时，也需要综合考虑处于不同时间阶段的比较主体所处的客观环境、所适用的制度规则、所发展的总体态势等，仅仅机械式地比较难以得出让人信服的结果。例如，衡量偿债能力时，就需分为短期偿债能力和长期偿债能力。分析短期偿债能力时，要把流动比率指标与公司性质、行业特点结合起来。比如说流动比率高，说明流动负债有较多的流动资产保证，也就是说，公司的偿债能力强。但流动比率的高低，受流动资产中的应收账款比重和存货周转速度的影响比较大。所以，在分析短期偿债能力时，还要结合公司性质和其他经营环境因素进行综合分析；而分析长期偿债能力时，要把资产负债率指标与资产报酬率指标结合起来分析。资产负债率是反映公司长期偿债能力的指标，比率低，反映债务负担轻，还本付息压力小，财务状况相对稳定。但如果资产报酬率比较高，说明资产盈利能力强，资产的利用效率好，适度举债是有利的。

（五）灵活性原则

财务运作过程是一个动态发展的过程，相关的财务数据、规则制度、政策都处于实时变化之中。对于财务分析的结果，要紧密结合所处时期、所处部门、所属行业的特点科学看待，而不可盲目套用相同的评判标准。同时，在基于财务分析结果预测未来发展走向或调整相关资金流向、制度变更时，也需要灵活根据相关情况的变化进行未来规划，而不是完全依赖于财务报告中所传递信息。

二、财务分析的目标

财务分析的目标是指财务分析者通过对账务状况进行分析研究想要达到的，或者应该达到的预期效果。财务分析的目标包含由不同层次、不同系列、不同等级和不同阶级的目标所构成的网络体系，贯穿这一网络体系的两个方面是财务分析的总体目标和具体目标。

（一）财务分析的总体目标

财务分析的总体目标是指在财务分析目标不同层次、不同系列和不同等级的网络体系中所存在并起主导作用的目标。主要包括以下三个方面：一是评估公共部门往期的绩效。各财务分析主体进行公共部门财务分析的目标是要通过了解过去一段时期的资金使用绩效，如投资报酬率的高低、资金流量流动速度的快慢、债务率等。通过对公共部门财务分析的结果，各分析主体可以评估过去一段时期内公共部门资金使用的绩效情况，并与同类型或同性质的部门进行相互比较，以评估该部门的财务潜力。二是衡量公共部门目前的财务状况。掌握公共部门目前的财务状况也是各财务分析主体进行财务分析的目标之一。如公共部门现阶段所拥有的资产价值是多少，各项资金使用的方式渠道是否合理高效，负债与权益的比例关系是否恰当。各财务分析主体通过公共部门财务分析，可展示公共部门目前财务状况的真相，从而更客观地评价公共部门的财务现状。三是预测公共部门未来发展的前景。财务分析主体需要拟订数项可供选择的未来发展方案，并针对现阶段的情形，预测未来的发展趋势，以便做出最佳选择。方案一经选定，将影响公共部门未来的发展，尤其对财务方面的影响更为深刻。因此，财务分析主体通过对公共部门现实的财务状况进行深入细致的分析研究，科学地预测未来的发展趋势，并做出相关抉择。

（二）财务分析的具体目标

财务分析的具体目标是在总体目标的制约下，体现不同财务分析主体的特定目标。具体目标具有直接性和特殊性。

1. 管理者的财务分析目标

公共部门的经营管理是一个复杂的系统性工程。在公共部门的日常运作中往往会由于资金调配不合理、组织控制不佳、工作失误等许多客观和主观的因素，而导致不良后果的发生。因此，管理者需要在较短的时间内获得组织的重要财务信息，从而在第一时间采取必要的措施和有效的方案，以更好地应对瞬息万变的情况，而进行财务分析是管理者得到此项财务信息的最有效途径之一。因此，对于管理者来说，财务分析的目标主要包括以下三个方面：一是通过财务分析，将专业复杂化的会计数字转化为简明清晰的财务信息，以使财务会计资料能提供给管理者更多有效信息；二是通过财务分析，使管理者能够更加直观地观察所领导的公共部门目标完成得如何，目前财务状况是怎样的，并进一步了解影响公共部门目标完成的好坏以及财务状况优劣的各类原因，以便其更好地实施财务对应措施，改进工作；三是通过财务分析，为管理者预测未来的发展前景，为作出正确的决策提供更多客观的财务信息。

2. 投资者的财务分析目标

投资者是风险的最后承担者，其对财务分析的重视程度远远超过其他财务分析主体。一般来说，投资者的利益与组织绩效的高低、获利能力的强弱、财务状况的优劣以及资本结构的合理程度等因素息息相关。因此，投资者的财务分析目标主要包括以下两个方面：一方面是通过财务分析，了解组织的盈利能力、投资回报率、利润分配率和分配政策等；另一方面是通过财务分析，了解组织的财务结构、资产结构和中长期的财务规划，预测未来的发展前景，以便及时调整相关的投资策略与决策，即是否保持现有投资、是否转移现有投资、是否增加或减少投资等。通常来说，投资者分析财务时，一般不进行查找原因的归因分析，而是更加注重现阶段呈现出来的可视化的成果、相关政策变化及未来的发展前景等。

3. 债务人的财务分析目标

债权人按照信用授予的期间可分为短期债权人和长期债权人，但两者都因契约的签订形成而具有固定的性质。如果债务主体的财务状况较好，则债权人的权益不受影响，但如果债务主体的财务状况不佳或出现任何的突发情况及意外的话，则债务人固有的权益将受到影响和威胁。因此，债权人在决定是否采取放贷行为时，事前必然会全面审慎地分析债务主体的财务状况。对于短期债权人，财务分析的目标在于了解债务主体的短期财务状况、短期偿债能力以及资金流动性等，以便决定是否收回贷款或停止贷款。对于长期债权人，一般更为重视借款主体未来较长一段时间内的偿债能力，所以需要更为详细具体的财务信息，所需要分析的范围也比较广泛。因此，长期债权人财务分析的目标在于根据借款主体现阶段的财务状况，预测其未来较长时间内的偿债能力、发展前景以及其在竞争中的核心竞争力和应变能力，以便作出是否提供长期贷款的决策。

4. 注册会计师和审计人员财务分析的目标

注册会计师和审计人员进行财务分析的主要资料是财务报表，经会计师和审计人员对某一公共部门的财务报表进行审查签证后，必须提交审计报告文书，并明确指出被查单位的会计处理是否符合一般的会计原则，对所提供的财务报告是否足以公正表达某一特定期间的财务状况和经验成果表示意见。

5. 其他有关主体进行财务分析的目标

除了管理者、投资者、债权人、注册会计师和审计人员的财务分析目标各有不同的侧重点之外，与公共部门存在利益关系的其他单位也具有各自的财务分析目标。例如税务部门可以采用财务分析的特定方法，了解公共部门及其人员所得报税是否合理、计税方法是否正确、应纳税额是否及时上交。上级部门则可以通过财务分析，监督所管辖的部门各项预算指标的执行情况，以便做出综合平衡与评估。律师可以采用财务分析方法作为深入追查各项涉及经济案件的有效手段。

第二节 财务分析的方法与指标

一、行政单位财务分析的方法

财务分析的方法主要包括比较分析法、比率分析法、趋势分析法、对比分析法、结构分析法。

（一）比较分析法

比较分析法，就是将实际达到的财务数据同特定的各种标准相比较，从数量上确定其差额，分析和判断当前财务状况和投资理财业绩的一种分析方法。通过比较分析，剖析财务活动中的数量关系和存在的差距，从中发现存在的问题。具体来说，比较分析法包括水平比较分析法和纵向比较分析法。水平比较分析法，又被称为横向比较分析法，就是将报告期的财务数据与市场上的数据进行差异比较；而纵向比较分析法，则又被称为垂直分析法或动态分析法，它是通过计算报表中各项占总体的比重或结构，反映报表中的项目与总体关系情况及其变动情况。

（二）比率分析法

比率分析法是财务分析最重要的方法之一。它将影响财务状况的各项指标之间，两两对比地建立起相关科学的比率指标体系，以此来确定经济活动变动程度的分析方法。行政单位的比率分析主要包含以下两种方法：一是静态指标比率分析。静态指标比率是指以两个相互关联的某一会计期间的财务指标的绝对数字相除得到的比值。这些比值在进行对比分析后，进行研究评判的过程就是静态指标比率分析。静态指标比率分析对于行政单位是一种重要的财务分析方法，采用相对值对比则能从更深层析剖析事物的内在矛盾，而如果仅仅采用相关指标的绝对数值进行对比分析则难以达到这样的效果。二是动态比率分析。所谓动态比率，是指某项财务指标在不同时期的数据相除后求得的比值。动态比率分析就是计算出一系列表示逐期变化情况的动态比率，从而便于考察某项财务指标的发展趋势。进一步地，通过多个时期的同一指标的数据相除，可以计算出一系列表示远期变化情况的动态比率，这对于剖析较长一段时间内的发展变化及增长速度是较为有效的方法。

相关的财务指标可以反映资产、负债的构成、效率等情况。所涉及的比率指标主要包括以下三类：一是构成比率，又被称为结构比率。主要用于计算某一项经济指标的各个组成部分占总体的比重，从而反映部分与总体的关系，利用构成比率，可以考虑总体中各个部分安排是否合理，以便协调各项财务活动。构成比率的计算方式表示为：构成比例＝某一组部分数额／总体数额×100%。二是效率比率。它是用以计算某项经济活动中所费与所得的比例，反映投资与回报的关系。利用效率比率指标可以进行得失比较、考察经营成果、评价经济效益的水平。三是相关比率。它是以某个项目与相互关联，但性质不相同的项目加以对比所得的比率，用于反映有关经济活动的相互关系。

（三）趋势分析法

趋势分析法，就是根据连续各时期的会计报表中的相同指标，运用指数或完成率的计算，确定分析各期有关项目的变动情况和趋势的一种财务分析方法。趋势分析法，既可用于对会计报表的整体分析，也可以对某些主要指标的发展趋势进行分析。趋势分析法主要包括以下三个步骤：第一步是运用定基指数和环比指数这两种方法计算趋势比率或指数。具体地说，定基指数就是各个时期的指数，都是以某一固定时期为基期来计算的；而环比指数，就是将各个时期的指数，以前一期为基期来计算，但是对于"今年"的选择要具有代表性，否则如果"今年"选择不当，那么会导致以其为基数计算出的百分比趋势会造成判断失误或作出不准确的评价。第二步是根据计算指数的结果，评价与判断个人财务状况的合理性。第三步是根据以前各期的变动情况，预测未来发展的变动趋势。

（四）对比分析法

对比分析法是行政单位进行财务分析时所采用的基本方法，它与比较分析法有着异曲同工之处，所以有时也被归并为比较分析法。具体地说，对比分析法就是将两个或两个以上的可比数字或指标进行直接对比，从而能够达到分析目标的一种财务分析方法。在实际运用中，行政单位主要从以下三个方面进行对比分析：一是本期实际完成情况与计划、预算情况进行对比；二是本期实际数与往期的实际数进行对比；三是本单位实际数与同类型单位的实际数进行对比。在运用对比分析法时，最为重要的是所选取的对比指标的可比性。如果所选择的指标本身缺乏可比性的话，那么根据这种对比结果进行分析，所得出的结论就会是错误的或者有失偏颇的。因此为了最大限度地保证对比指标之间存在可比性，需要使对比双方的指标在内容、计算方法、时间单位、口径等方面保持尽可能的一致，这样才会使对比结果比较真实客观。

（五）结构分析法

结构分析法，又被称为比重分析法，是行政单位常用的财务分析方法之一，就是以某项财务指标的某个组成部分的数据除以该项财务指标的总额，从而计算出该项指标某个部分的结构比率。通过分析各行政单位经济互动中相互联系的各个因素的结构或比重，可以找出各因素的变化规律，评价其结构或成分的合理性，以保证经济活动健康发展。同时，结构分析法通过对各种结构或比重情况的分析，研究其符合相关规定和要求，是否符合社会发展与经济发展的规律，以便促进行政单位更好地完成行政任务和履行政府部门的责任。

二、财务分析的指标

（一）行政单位财务分析的指标

1. 支出增长率

行政单位的支出增长率是本期支出增长数与上期支出数的比率，用于衡量行政单位的支出增长水平。其计算公式为：支出增长率=（本期支出总额/上期支出总额-1）×100%。

2. 当年预算支出完成率

行政单位的当年预算支出完成率是年终预算执行数与年初预算批准数的比率，是用来反映行政单位当年支出总预算及分项预算完成的程度。其计算公式为：当年预算支出完成率=年终执行数/（年初预算数±年中预算调整数）×100%。其中，计算当年预算支出完成率公式中的年终执行数不包含上年结转和结余支出数。

3. 人均开支

行政单位的人均开支指标是本期支出数与本期平均在职人员数的比率，用于反映行政单位人均年消耗经费的水平。其计算公式为：人均开支=本期支出总额/本期平均在职人员数×100%。其中，计算人均开支公式中的本期平均在职人员数是在职职工期初数与期末数的平均数。

· 455 ·

4. 项目支出占总支出的比率

行政单位项目支出占总支出的比率是当期项目支出数除以支出总数的比率，用于反映行政单位的支出结构。其计算公式为：项目支出比率＝本期项目支出数/本期支出总额×100%。

5. 人员支出、日常公用支出占总支出比率

行政单位的人员支出、日常公用支出占总支出的比率是人员支出数除以支出总数、日常公用支出数除以支出总数的比率，用于反映行政单位的支出结构的指标。其计算公式为：人员支出比率＝本期人员支出数/本期支出总数×100%；日常公用支出比率＝本期日常公用支出数/本期支出总数×100%。

6. 人均办公使用面积

行政单位的人均办公使用面积是本期末单位办公用房的使用面积除以期末在职人员数的比率，用于衡量行政单位办公用房配备情况的指标。其计算公式为：人均办公使用面积＝本期末单位办公用房使用面积/本期末在职人员数。

7. 人车比例

行政单位的人车比例是本期末在职人员除以本期末公务用车实有数的比率，是用于反映行政单位小汽车占有情况的指标。其计算公式为：人车比例＝本期末在职人员数/本期末公务用车实有数。对于人车比例这一指标，其在行政单位是具有历史作用的，伴随着行政单位公务用车改革的推进，人车比例这一指标的作用已经逐渐减弱。

（二）事业单位财务分析指标

1. 预算收入和支出完成率

事业单位的预算收入完成率是年终预算执行数与年初预算批准数的比率，是用来反映行政单位当年收入总预算及分项预算的完成程度。其计算公式为：当年预算收入完成率＝年终执行数/（年初预算数±年中预算调整数）×100%。

事业单位的预算支出完成率是年终预算执行数与年初预算批准数的比率，是用来反映行政单位当年支出总预算及分项预算的完成程度。其计算公式为：当年预算支出完成率＝年终执行数/（年初预算数±年中预算调整数）×100%。

2. 资产负债率

事业单位的资产负债率是负债总额与资产总额的比率，是用以衡量事业单位利用债权人提供资金开展业务活动的能力，以及反映债权人提供资金的安全保障程度。其计算公式为：资产负债率＝负债总额/资产总额×100%。

3. 人员支出、公用支出占事业支出的比率

事业单位的人员支出、日常公用支出占事业支出的比率是人员支出数除以事业支出总数、日常公用支出数除以事业支出总数的比率，是用于反映行政单位的支出结构的指标。其计算公式分别为：人员支出比率＝本期人员支出数/本期事业支出总数×100%；日常公用支出比率＝本期日常公用支出数/本期事业支出总数×100%。

4. 人均基本支出

事业单位的人均基本支出指标是本期支出数与本期事业单位平均在职人员数的比率，用于反映事业单位人均年消耗经费的水平。其计算公式为：人均基本支出＝本期

支出总额/本期事业单位平均在职人员数×100%。其中，计算人均基本支出公式中的本期事业单位平均在职人员数是在职职工期初数与期末数的平均数。

三、政府会计的综合财务分析

由于财务报表中任何单一的财务指标都存在不足与局限，因此使得研究者开始探索设计一套能够使财务报表中的信息最大限度综合起来的方法，形成了杜邦财务分析体系、沃尔评分法、企业绩效评价法等的综合财务分析方法。随着政府会计制度的建立健全，在对政府公共部门进行财务分析时，除了传统的单一评价指标以外，可以适度借鉴企业中综合财务分析的方法指标运用到政府会计的综合财务分析中，尝试建立政府会计的综合财务评价体系。

（一）引入可持续性的杜邦财务分析体系研究

企业在运用杜邦分析体系进行综合财务分析时尚未涉及可持续发展能力的评估，容易造成为了追求短期高效经济利益，而忽略长期的战略发展。针对杜邦财务分析体系在企业运用中的不足，并借鉴"帕利普财务分析体系"的基础上，对政府公共部门进行可持续性的杜邦财务分析体系。

政府公共部门的可持续发展关乎总体财务状况是否处于良性发展的循环之中，资金规模是否持续保持相对稳定，资金分配结构是否合理，资金运用是否兼具效率与效益。评估政府公共部门财务资金的可持续发展状况，既能够了解该部门过去的发展情况，又能够合理预测其未来的发展前景。政府公共部门的可持续发展体现在一方面是保持部门财务政策和资金使用策略的不变作为其发展的前提，在此基础上追求资金使用效率和效益的最大化；另一方面如何在不同的发展周期内，面对内外部环境、资源的变化，力求延长鼎盛时期的发展态势，同时在衰落时期能够采取恰当的措施促使其再次发展。

政府公共部门担负着履行各项职能、提供社会公共服务的责任，对于维持社会稳定和满足人民日益增长的物质文化需要有着难以替代的作用。因而，政府公共部门的可持续发展可以促进国家社会的可持续发展，财务的可持续性又直接影响着公共部门的可持续发展。为了更好地衡量政府公共部门的综合财务状况，可以尝试将可持续性发展指标综合到杜邦财务分析体系这个系统中，使得能够在一定程度上克服杜邦财务分析体系在企业运用中局限性的同时发挥其已有的优势，即：可持续发展率＝盈利率×总资产周转率×权益乘数×（1－资金投入率）。综上所述，引入可持续性的杜邦财务分析体系在政府会计中的运用框架如图15－1所示。

（二）沃尔评分法在政府会计综合财务分析中的运用

最初，为了评价企业的信用能力，沃尔评分法要求用线性关系结合若干个财务比率。该方法赋予了某些关键财务比率一定的权重，同时依据相应的行业平均数确定相应的标准比率，并将实际比率与之相比，得到相对比率。最后，将各个财务比率的权重与相应的相对比率相乘，得到财务状况的综合评价评分。一般企业使用沃尔评分法的指标分别是流动比率、产权比率、固定资产比率、存货周转率、应收账款周转率、销售额/规定资产、销售额/净资产，其权重分别为25%、25%、15%、10%、10%、10%、

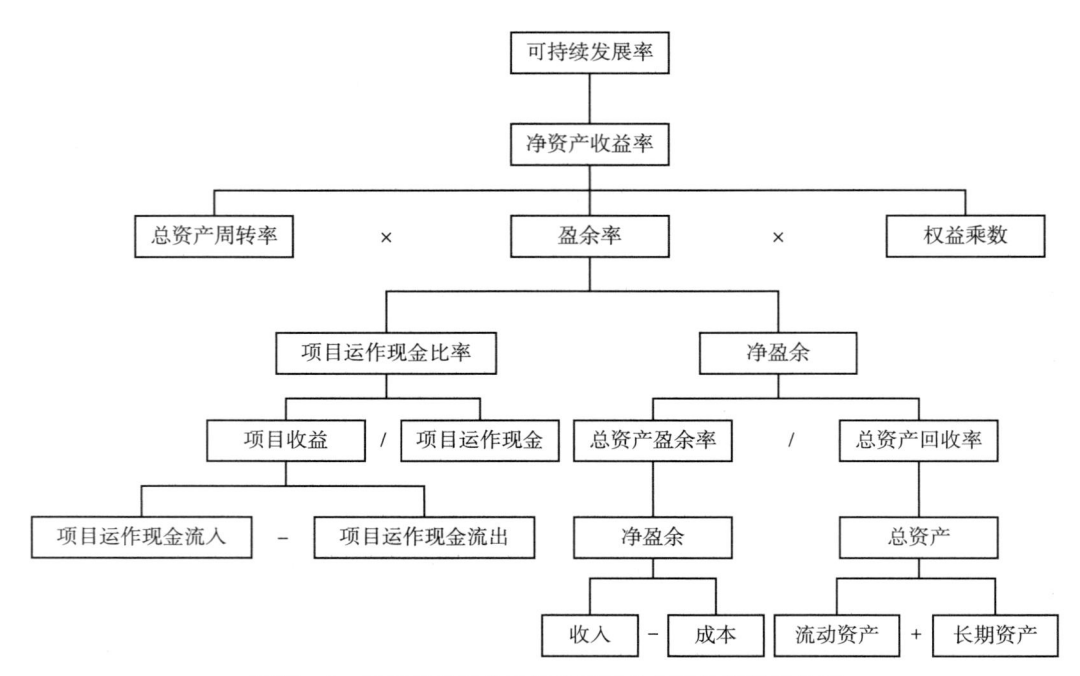

图 15-1 运用于政府会计综合财务分析的杜邦财务体系

5%。将这七个指标进行归类，可以分为收益性指标、稳定性指标和增长性指标，三者的权重比例分别为 4.5∶3.5∶2。收益性指标即盈利能力，稳定性指标即偿债能力和营运能力，增长性指标即发展能力。但是考虑到政府公共部门与企业有着本质的不同，企业财务管理是为了实现利益最大化的目标，而政府公共部门具有为人民服务的性质，因此，可以尝试将盈利能力、偿债能力、营运能力和发展能力四者之间的比例调整为 2.5∶2.5∶3∶2。在具体运用时，还可结合不同公共部门的属性及具体情况做适当的调整。

同时，沃尔评分法在企业中所运用的七个指标未必完全适用于政府公共部门的实际情况，因此，在运用沃尔评分法进行政府会计的综合财务分析时，可以适当调整选取具有代表性、可操作性、系统性的指标组成以及指标体系。当指标选取相对固定之后，需要进一步考虑各项指标标准值的确定。同一个政府公共部门运用沃尔评分法进行评价时，会因标准值确定的不同，而产生两种不同的评分结果。同一个标准也难以通用于不同性质和不同职能的所有政府公共部门，会因地域差异、职责差异、结构差异等因素的影响，导致同一个标准值不能正确地评价公共部门的财务状况。各公共部门应该根据自身财务分析的需要，结合同属性部门，反复测算标准值后再运用沃尔评分法进行综合财务分析。

第三节 政府会计资金运行的绩效评价

一、传统预算会计模式下绩效评价存在的问题

政府会计资金运行的绩效评价是利用会计核算资料等数据，对组织成本控制、资金运用效果、资源合理配置等结果进行分析评价。绩效评价是一个全面系统的评价，为了能够真实客观地反映资金运行在成本控制、资金使用和管理上的效果，政府会计资金的绩效评价本应包括了资金使用结构、使用数量、管理效果等多维度指标，但从传统预算会计模式下的绩效评价看，存在评价指标片面化、评价标准主观化、产出导向评价体系不健全等问题。

（一）绩效评价片面化

传统预算会计模式下，对于公共部门政府会计绩效评价的资金面过于狭窄，基本集中于针对项目资金的绩效评估，而对于日常公用经费等资金渠道有所忽略。伴随着近年来各类项目经费的逐渐精简与压缩控制，使得公共部门政府会计绩效评价所涉及的资金过少，使得绩效评价覆盖的资金深度和广度都不足，难以从全局反映出公共部门的成本、支出等财务状况。同时，由于会计资金绩效评价集中于项目资金，使得公共部门内部更加重视项目经费的管理，包括项目经费所涉及资金的使用情况、工作的开展情况以及工作目标的实现程度，但对其他领域公用经费支出资金使用的经济性、效率性和效益性的关注度则明显降低，甚至出现资金转移使用、交叉重叠的问题。这种过分关注于某一领域资金使用效率和效益的问题，难以准确完整地反映公共部门整体资金的运行情况及使用效果。

（二）评价标准过于主观化

绩效评价指标可分为定性指标和定量指标。定性指标是指使用描述性语句来表述具体内容和目标程度，而不能通过使用量化数据计算呈现的指标；与之不同的是定量指标，其是通过使用财务和相关业务数据来反映、衡量并体现财务状况。对于政府会计资金运行的绩效评价来说，定量指标更为客观清晰，且易于实践推广，具有比定性指标更强的独立性和约束性，也更利于可视化的量化结果能够在不同公共部门之间、不同资金领域之间进行或横向或纵向的比较。而定性指标相对侧重于评估公共部门工作人员的工作过程与工作行为，往往难以完全规避考核者的个人主观倾向和考核方案制定者个人偏好的弊端，客观性容易受到影响，其公信力和准确性也会受到更多的质疑与挑战，据此得出的评价结果难以进行横向比较，认同感和适用范围也随之大大减弱。因此，在关于政府会计资金运行的绩效评价中，更适合采用定量指标为主、定性指标为辅的方式。但在传统预算会计模式下，对于政府会计资金运行的绩效评价中无论是指标个数还是指标权重，却都存在定性指标多、定量指标少的问题。同时，在定性指标的打分上，频繁出现只能以"有""无"作为唯一评分标准的指标模式，如果"有"，即为满分，如果"无"，即为零分。这种"非是即否"的极端化评价模式，容易使得评价结果抑或相差甚远抑或相差无几，有悖于真实客观的绩效情况。此外，在

定性指标的描述中也经常出现类似于"充足性""相关性""完整性"等文字表述,这些过于抽象的字眼往往并不存在具体标准,所有的评估判断都仅存在于人的潜意识认知判断之中,影响最终绩效评价的结果。

(三)产出导向评价体系不健全

"3E"理论阐述到政府管理要追求经济性、效率性、效益性的"3E"目标,其中,效率性是指投入和产出的关系,也就是说基于产出导向型的绩效评价维度,探究支出是否具有效率,具有多大的效率。而效益性是指多大程度上达到政策目标制定和预期结果,也就是说基于结果导向型的绩效评价维度,探究是否达到目标。在传统预算会计模式下,资金的绩效评价往往更重视的是结果导向评价,集中评估方案制定的"项目产出"和"项目效益"目标的实现程度,而相对忽略了产出导向评价,对于所投入的资金多少考虑甚少。由此使得出现了产出效益越高的资金使用领域反而产生效率越低,形成了"高效益"与"低效率"之间的矛盾。进一步,作为资金分配主要参考依据的绩效评价结果使得资金多流向了低效率但绩效评价高的区域,一方面造成了资金的浪费,另一方面使得效率高的部门或项目缺乏足够的资金支持和保障,其高效优势和能力发挥受到较大程度的制约和影响。因此,这种只追求资金在多大程度上实现了预期目标,而忽视了业务目标量、业务预期大小和资金配比的影响,难以从全面的、准确的角度衡量出公告部门资金使用的绩效,也难以为下一阶段的措施改进和资金分配等提供具有较强参考性的分析结果。

二、政府会计制度下资金运行绩效评价体系的构建

政府会计制度并行"权责发生制"的财务会计和"收付实现制"的预算会计,成为共同核算我国政府公共部门日常财政资金和国有资产运行的方式。"双功能""双基础""双报告"的政府会计制度,革新了以往政府公共部门传统预算会计下的财务核算模式,对我国政府部门构建更为科学高效的财务绩效评价体系具有重要的推动作用。

(一)"费用"概念的应用

在财务会计要素中,以"费用"要素取代了以往单位会计制度中"支出"要素,并在宏观层面和微观层面,对费用进行细化核算。在"费用"下设置了费用类会计科目,使得行政单位费用的组成成分和结构布局变得明晰化,强化了政府会计资金运行的绩效评价管理中评价费用分配的合理性和评估费用投入-产出效率的功能。因此,新政府会计制度对费用进行核算,能更为直观清晰地获取到政府部门为了履行经济建设、政治建设、文化建设、社会组织建设等各项职能所需的费用和各领域管理费用的多少和占比方面的信息。这些信息能够更好地对费用分配进行横向对比分析,也能够更全面地对不同政府部门的费用效率进行纵向对比,由此产生了如下的绩效评价指标:管理-业务费用比=单位管理费用/业务活动费用;户均业务活动费用=业务活动费用/当年服务企业。

从微观维度上看,政府会计核算模式在财务会计的"费用"的每个会计科目下设置了"工资福利费用""业务活动费用""商品和服务费用""对个人和家庭补助费用""应付职工薪酬""固定资产折旧费用""单位管理费用""无形资产摊销费用""经营费用""计提专用基金""资产处置费用""资本性支出""对企业补助费用""对附属

单位补助费用""债务利息及费用支出"等费用方向明细核算项和"直接支付""授权支付"等费用支付方式核算项。由于不同的会计科目实质上与辅助核算项存在一一对应关系，财务会计费用类会计科目下设辅助核算项，不仅可以准备辨别费用的具体支出方向，而且能够更好地衡量是否存在财政资金违规使用问题。总的来说，在政府会计支出类科目下细化设置了50余个具体的经济分类科目，尽可能多地涉及政府公共部门日常运作和项目运行中的各个方面，对每一笔费用的准确去向进行直接可视化的呈现，也有利于准备掌握控制各领域财政资金的流动情况。

（二）债务核算范围的扩大

政府会计制度中进一步扩大了政府公共部门的债务核算覆盖范围，同时也缩小了其资产核算价值，主要是为了在一定程度上解决公共部门大量隐性债务长期以来"隐而不报"且虚报资产价值的问题。在"债务类"要素下设置"预计债务"的跨级科目，能够将长期以来的大量隐性债务在新政府会计制度中有所反映，也能够尽可能考虑全面地罗列出所有事项可能产生的现时义务，提高了政府公共部门合法合规的履职效率。同时，新政府会计制度中将应缴财政款的覆盖范围从仅仅单一核算的银行账户利益，扩大到包括固定资产报废收入、行政非税收入罚款等政府公共部门更多履行领域，所涉及的资金都被纳入财务核算中并予以反映。如此覆盖面的延展，使得新政府会计制度能够更为准确、具体、全面地衡量出政府公共部门的资产负债情况，这一方面有利于评估政府公共部门履行各项服务职能的财政资金的使用效率及效益；另一方面也有利于政府公共部门及时剖析自身资产结构存在的问题并加以实施改进的措施。延展后的债务核算范围衍生出相对应的财务绩效评价指标：业务活动费用使用效果＝当年应缴财政款中的罚没款/当年业务活动费用；固定资产成新率＝固定资产净值/固定资产原值；资产负债比率＝负债总额/资产总额。

（三）资产和费用的跨期摊派

政府部门执行"权责发生制"的财务会计和"收付实现制"的预算会计并行的会计制度，成为共同核算我国政府公共部门日常财政资金和国有资产运行的方式。财务会计核算形式的改革，有利于政府公共部门更为真实客观地呈现出所拥有资产的真实情况及实现费用的跨期摊派，也在一定程度上减少政府公共部门旨在通过大数额支付或超前支付以提升预算执行效率的行为。具体体现在以下三个方面：一是在"其他应收款"的会计科目之下新增设了二级科目的"财政代管专户"，将其运用于核算政府公共部门特有的代管户资金。由于这部分代管户资金有所区别于零余额用款账户中的资金，并没有收支均衡的要求，因此可以使其留存在政府公共部门内部，不断地滚动结余。二是设置了"待摊费用"和"预付账款"的会计科目。如此设置，能够将诸如预付合同款、预付租金等当期已经完成全部支付但又不属于当期费用的权益作为资产记入账簿，从而能够在一定程度上减少政府公共部门以通过支付预付款项的方式来实现提升预算完成率的行为举措。三是在固定资产的会计科目下允许自定义设置辅助项，从而能够将其用于准确分类核算"在用"和"未使用"的固定资产。新政府会计制度中关于费用跨期摊派和资产呈现方式状态的改革，能够更为全面精确地反映政府公共部门的实际资产情况及使用效率情况，也由此产生了相应的绩效评价指标：固定资产利用率＝在用的固定资产金额/总固定资产金额；消耗性物资占比率＝库存物品/资产总额；（资金闲置率＝银行存款＋其他应收款－财政代管专户）/全年资金流动总量。

三、政府会计制度下资金运行绩效评价的方案

（一）主体思路

政府会计制度下资金运行绩效评价是一个综合性和系统性兼具的评价体系，包括了资金管理、资金使用、资金运转、资金投入－产出评估等多方面、全方位的内容。为了提升资金运行绩效评价方案的客观性、真实性、可行性和科学性，在设计资金运行绩效评价方案时，首先应该全面考量政府公共部门在财政资金、国有资产和日常业务的常规运行模式及绩效评价使用主体的信息需求，从而在此基础上选择恰当的研究方法进行新政府会计制度下资金运行评价方案的思路设计。

（二）评价方法

（1）定量分析为主、定性方法为辅。根据定量指标和定性指标所适用范围的差异及其优缺点，将定量指标和定性指标结合适用，在数量设计和权重赋值的占比上使定量指标高于定性指标。

（2）加权平均法。对资金运行绩效评价体系中的每个指标的重要性赋予权重认定，将多个绩效指标划分为不同层级级别的评价指标，最后通过加权平均计算出各个指标的权重及综合评分结果。

（3）实地调查法。主要用于某一具体的政府公共部门资金运行绩效评级体系基本框架体系构建，通过实地调查其绩效评价目标、评价内容、评价信息需求等，并以此为设计绩效评价方案。

（三）框架体系的构建及指标的选取

政府会计制度下资金运行绩效评价的框架体系构建包括明晰绩效评价主体、评价目的和评价内容这三个方面。

首先，对于政府公共部门的资金运行绩效评价主体来说，其资金的使用范围主要是向公众提供各领域的服务并接受民众监督。因此，政府公共部门资金运行绩效评价主要包括以下三个主体：一是政府公共部门的领导管理者，他们需要通过绩效评价结果发现其中存在的问题，并及时采取相应的措施加以改善；二是预算安排部门，他们需要对政府行政机构每年资金运行的经济效率和社会效益进行评估分析，从而决定下一年度的预算安排情况；三是媒体、社会公众等，他们需要对资金使用的绩效进行监督。

其次，对于政府公共部门的资金运行绩效评价目的来说，主要包括以下两个方面：一方面是客观、真实地反映政府公共部门财政资金、国有资产等的运作效率和效益，从中发现财务管理现阶段存在的问题，从而为制订提升财政资金、资产效益效率的方案提供有效信息；另一方面是为决策者和管理者及时准确地掌握财务现状、财务风险、资金运作问题等情况，以便使其能够及时修订财务管理制度，督促相关工作人员提升资金使用绩效。

最后，对于政府公共部门的资金运行绩效评价内容来说，主要包括以下三个方面：

一是政府公共部门财政资金使用情况，主要包括财政预算资金使用效率、预算执行率、收支预算完成度等方面；二是政府公共部门对于年初预定目标的完成程度，也就是资金投入使用后的目标实现程度、投入-产出效益等方面；三是政府公共部门资产的使用效率，主要体现出资产的利用程度、发展潜力、经济效率及产生效益等方面。

（四）具体方案

根据前面的研究结果，建立新政府会计制度下资金运行综合绩效评价表，如表15-1所示。

表15-1　　　　　　　某政府公共部门资金运行综合绩效评价表

一级指标	二级指标	权数	分项计分	汇总比重	总得分
资金成本控制情况	预算执行率				
	预算调整率				
	管理业务费用占比				
	人员支出、日常办公用品支出占总支出比率				
财务运行绩效情况	资产负债率				
	资产闲置率				
	固定资产使用效益				
	固定资产使用效率				
财务流程管理情况	收支合规性				
	财务管理情况				
	风险防控情况				
	审计管理情况				
财务发展潜力情况	收支比率				
	资金流动比率				

需要注意的是，从会计的角度关注资金运行的绩效情况是出于会计核算的质量的目的。目前，政府在大力推进全面预算的绩效管理，2020年3月，已经推出了《项目资产绩效评价办法》，本书的第十一章也阐述了政府与社会资本合作（PPP）的绩效评价，所以可以结合国家不断出台的有关规定，与时俱进地进行财务会计的分析与资金运行绩效的评价。

【复习思考题】

1. 简述政府财务会计分析的原则。
2. 简述政府财务会计分析的总体目标和具体目标。
3. 简述政府财务会计的分析方法。
4. 简述行政单位财务会计分析的指标。

5. 简述事业单位财务会计分析的指标。
6. 简述传统预算会计模式下资金绩效评价存在的问题。
7. 简述新政府会计制度下资金运行绩效评价体系的创新之处。
8. 结合具体案例，建立某一政府公共部门资金运行综合绩效评价表，并根据其计算出绩效评价结果。

参 考 文 献

[1] 财政部. 关于印发《事业单位成本核算基本指引》的通知 [Z]. 财会〔2019〕25 号.

[2] 财政部. 关于印发《政府会计准则制度解释第 1 号》的通知 [Z]. 财会〔2019〕13 号.

[3] 曾尚梅. 政府会计 [M]. 北京：经济科学出版社, 2018.

[4] 陈慧娟. 制造成本法与作业成本法的比较 [J]. 中国农业会计, 2016 (8)：48 - 53.

[5] 陈志平. 政府会计 [M]. 昆明：云南大学出版社, 2018.

[6] 高培勇. 中国财税改革 40 年：基本轨迹、基本经验和基本规律 [J]. 经济研究, 2018 (3)：4 - 20.

[7] 郭磊, 郭玲. 政府会计 [M]. 天津：南开大学出版社, 2005.

[8] 国际货币基金组织. 政府会计统计手册 [M]. 北京：中国金融出版社, 1988.

[9] 贾相碧. 编制政府综合财务报告问题及对策 [J]. 现代经济信息, 2019 (11)：279.

[10] 焦霞. 关于事业单位实施成本核算管理的思考 [J]. 企业管理, 2020 (10)：110 - 111.

[11] 李启明. 政府单位会计实务 [M]. 北京：中国人民大学出版社, 2019.

[12] 李霞. 政府会计理论与实务 [M]. 昆明：云南大学出版社, 2016.

[13] 刘淼, 王勇, 等. 政府会计 [M]. 北京：人民邮电出版社, 2019.

[14] 刘薇. PPP 模式理论阐释及其现实例证 [J]. 改革, 2015 (1)：78 - 89.

[15] 刘晓凯, 张明. 全球视角下的 PPP：内涵、模式、实践与问题 [J]. 国际经济评论, 2015 (4)：53 - 67.

[16] 鲁敏. 当代中国政府概论 [M]. 天津：天津人民出版社, 2019.

[17] 陆志平. 政府会计 [M]. 昆明：云南大学出版社, 2018.

[18] 吕俊, 沈晓峰. 绩效评估视角下政府会计信息披露探讨 [J]. 财会通讯, 2016 (25)：50 - 53.

[19] 马蔡琛, 桂梓椋. 全面预算绩效管理视域下的政府会计准则体系构建：基于国际比较视野的考察 [J]. 河北学刊, 2020 (3)：132 - 139.

[20] 潘晓波, 杨海峰. 我国政府合并财务报表研究：主体及合并标准 [J]. 会计研究, 2018 (4)：3 - 10.

[21] 司倩. 政府综合财务报告编制探讨 [J]. 合作经济与科技, 2020 (11): 168 - 169.

[22] 孙琳. 政府会计 [M]. 上海: 复旦大学出版社, 2015.

[23] 田高良, 曹文利. 政府会计实务 [M]. 大连: 东北财经大学出版社, 2020.

[24] 王天义. 全球化视野的可持续发展目标与 PPP 标准: 中国的选择 [J]. 改革, 2016 (2): 20 - 34.

[25] 武月华, 李卫超. 政府会计准则与制度解读: 行政事业单位会计核算实务 [M]. 北京: 人民邮电出版社, 2019.

[26] 邢俊英. 政府会计 [M]. 大连: 东北财经大学出版社, 2018.

[27] 徐双敏. 公共管理学 [M]. 武汉: 武汉大学出版社, 2007.

[28] 张通. 关于我国进行国库集中支付制度改革的思考 [J]. 财政研究, 2000 (5): 8 - 9.

[29] 张雪芬. 我国预算会计 60 年改革探索及启示 [J]. 会计之友 (下旬刊), 2010 (4): 20 - 22.

[30] 张雪芬. 政府会计与对策 [M]. 北京: 中国时代经济出版社, 2006.

[31] 赵莉, 秦国华. 政府与非营利组织会计 [M]. 北京: 北京理工大学出版社, 2019.

[32] 政府会计制度编审委员会. 政府会计制度详解与实务: 事业单位会计实务与接 [M]. 北京: 人民邮电出版社, 2019.

[33] 政府会计制度编审委员会. 政府会计制度详解与实务: 条文解读 + 实务应用 + 案例讲解 [M]. 北京: 人民邮电出版社, 2018.

[34] 中国注册会计师协会. 财务成本管理 [M]. 北京: 中国财政经济出版社, 2020.

[35] 周绿林, 孙晓阳. 沃尔评分法在医院财务综合分析中的应用研究 [J]. 会计之友, 2012 (9): 100 - 102.